Auxiliando a humanidade a encontrar a Verdade

O Chanceler de Ferro do Antigo Egito

© 2008 – Conhecimento Editorial Ltda.

O Chanceler de Ferro do Antigo Egito
J. W. Rochester
obra psicografada pela médium russa
Vera Ivanovna Kryzhanovskaia

Todos os direitos reservados à
CONHECIMENTO EDITORIAL LTDA
www.edconhecimento.com.br
conhecimento@edconhecimento.com.br
Caixa Postal 404 – CEP 13480-970
Limeira – SP – Fone: 19 34510143

Nos termos da lei que resguarda os direitos autorais, é proibida a reprodução total ou parcial, de qualquer forma ou por qualquer meio — eletrônico ou mecânico, inclusive por processos xerográficos, de fotocópia e de gravação — sem permissão por escrito do editor.

Tradução:
Carmem Cacciacarro
Revisão:
Smirna Cavalheiro
Pesquisa iconográfica:
Antonio Rolando Lopes Júnior
Projeto Gráfico:
Sérgio Carvalho
Colaborou nesta edição:
Paulo Gontijo de Almeida

ISBN 978-85-7618-133-0
2ª Edição – 2008

• Impresso no Brasil • Presita en Brazilo

Dados Internacionais de Catalogação na Publicação (CIP)
(Câmara Brasileira do Livro, SP, Brasil)

Rochester, John Wilmot, Conde de (espírito)
   O Chanceler de Ferro do Antigo Egito / J. W. Rochester; obra mediúnica psicografada pela médium russa Vera Ivanovna Kryzhanovskaia; (tradução de Carmem Cacciacarro). 2ª ed. — Limeira, SP : Editora do Conhecimento, 2008.

   ISBN 978-85-7618-133-0

   1. Espiritismo 2. Ficção espírita 3. Psicografia I. Kryzhanovskaia, Vera Ivanovna (1861-1924). II Título

03-3252   CDD – 133.93

Índices para catálogo sistemático:
1. Ficção mediúnica : obras psicografadas : espiritismo 133.93

J. W. Rochester

O Chanceler de Ferro do Antigo Egito

Obra psicografada pela médium russa
Vera Ivanovna Kryzhanovskaia

Obras de J. W. Rochester, psicografadas por Vera Ivanovna Kryzhanovskaia editadas pela Editora do Conhecimento:

- O Castelo Encantado – 2001
- Num Outro Mundo – 2001
- Dolores – 2001
- O Terrível Fantasma (Trilogia – Livro 1) – 2001
- No Castelo Escocês (Trilogia – Livro 2) – 2001
- Do Reino das Trevas (Trilogia – Livro 3) – 2002
- Os Luciferianos (Bilogia: Os Servidores do Mal – Livro 1) – 2002
- Os Templários (Bilogia: Os Servidores do Mal – Livro 2) – 2002
- Ksenia – 2003
- A Filha do Feiticeiro – 2003
- O Paraíso sem Adão – 2003
- A Teia – 2003
- O Chanceler de Ferro do Antigo Egito – 2004
- No Planeta Vizinho – 2004
- O Faraó Mernerphtah – 2005
- A Vingança do Judeu – 2005
- Episódio da Vida de Tibério – 2005
- Herculanum – 2007
- A Abadia dos Beneditinos – 2008
- Hatasu – História de uma Rainha – 2009

Obs: A data após o título se refere à nossa primeira edição.

J. W. Rochester

O Chanceler de Ferro do Antigo Egito

Obra psicografada pela médium russa
VERA IVANOVNA KRYZHANOVSKAIA

2ª edição
2008

EDITORA DO
CONHECIMENTO

"A História enterra os mortos, a lenda e a poesia os traz à vida."

G. M. Valtour[1]

---

1 G. M. Valtour - Pensador francês, autor de inúmeras frases, pensamentos e ditos populares.

Sumário

PREFÁCIO. 9

PIMEIRA PARTE — Do abismo ao topo
CAPÍTULO 1 — O patriarca e seus filhos. 15
CAPÍTULO 2 — José é vendido pelos irmãos. 29
CAPÍTULO 3 — A força mágica 50
CAPÍTULO 4 — A esposa de Putifar. 66
CAPÍTULO 5 — O que a História não conta 85
CAPÍTULO 6 — José na prisão 101
CAPÍTULO 7 — O copeiro real e o padeiro 114
CAPÍTULO 8 — O sonho do faraó. 124
CAPÍTULO 9 — O faraó e seu chanceler .135
CAPÍTULO 10 — Em Tebas. 144
CAPÍTULO 11 — O Adon em Heliópolis. .153
CAPÍTULO 12 — O faraó e o grão-sacerdote. 167
CAPÍTULO 13 — O Adon e seu novo parentesco. 186
CAPÍTULO 14 — A noite de núpcias. 205

SEGUNDA PARTE — O poder real e o poder sacerdotal
CAPÍTULO 1 — O Adon e sua esposa 225
CAPÍTULO 2 — Israel no Egito e a fome. 237
CAPÍTULO 3 — O apetite vem com a comida 250
CAPÍTULO 4 — Água mole em pedra dura tanto bate até que fura. . . .261
CAPÍTULO 5 — O Adon e o caldeu. 277
CAPÍTULO 6 — O ambicioso não conhece obstáculos. 291
CAPÍTULO 7 — Os primeiros estrondos da tempestade. 306
CAPÍTULO 8 — Rá manifesta sua vontade. 321
CAPÍTULO 9 — Quem semeia vento, colhe tempestade. 332
CAPÍTULO 10 — A noiva do Nilo. 345
CAPÍTULO 11 — O povo revoltado precisa odiar alguém 360
CAPÍTULO 12 — A aurora da XVIII Dinastia. 366

EPÍLOGO 380

ROCHESTER
(W. KRIJANOWSKY)

O

Chanceller de Ferro

DO

Antigo Egypto

Traducção de M. CURVELLO DE MENDONÇA

H. GARNIER, LIVREIRO-EDITOR

71, RUA DO OUVIDOR, 71   6, RUE DES SAINTS-PERES, 6
RIO DE JANEIRO   PARIS

1903

Folha de rosto da primeira edição brasileira do livro *O Chanceler de Ferro do Antigo Egito*, publicado pela editora Garnier em 1903, sendo a primeira obra do Conde Rochester publicada em nosso idioma.

Prefácio

A **EDITORA DO CONHECIMENTO** tem a satisfação de presentear o leitor com a edição comemorativa do centenário da primeira publicação no Brasil de *O Chanceler de Ferro do Antigo Egito*, mais um *best-seller* do autor espiritual Conde de Rochester que completa a série de romances históricos psicografados por Vera Kryzhanovskaia, publicados na França no final do século XIX e que valeu à médium russa o título de Oficial da Academia Francesa, concedido pela Academia de Ciências daquele país.

A história se passa durante a XVII Dinastia do Antigo Egito, entre 1640 e 1540 a.c., período de intenso e conturbado domínio de povos estrangeiros, oriundos da Ásia, que conseguiram transpor a cadeia de fortalezas do delta oriental do Nilo e se instalaram naquela região fértil do país.

Por mais de três séculos, o Egito viveu mergulhado em conflitos que deram origem a três dinastias concorrentes: a XII Dinastia, com autoridade sobre todo o Alto Egito e que foi substituída pela XIII Dinastia; a fugaz XIV Dinastia, constituída pelos egípcios no delta ocidental para defenderem-se dos sírios e hicsos; e, por fim, a XV Dinastia, fundada na cidade de Avaris, no delta oriental, pelos próprios hicsos, que depois de conquistarem as regiões do delta ocidental estabeleceram a XVI Dinastia.

Esses povos semitas provavelmente vieram do sul de Canaã ou da Síria; os egípcios os chamavam de "hak chasou", termo que significa "governantes de terras estrangeiras". Por volta de 1700 a.C., depois de já terem submetido todo o delta ao poder de Avaris, sua capital fortificada, começaram a subir o Nilo. Uma a uma, as cidades do Alto Egito foram sendo tomadas e rapidamente a XIII Dinastia foi deposta do poder. O Egito passou, então, pela primeira vez em sua história, a ser controlado por estrangeiros.

Essas movimentações militares fizeram com que o país tivesse sua soberania completamente fragmentada. Com o maior coeficiente geográfico do país — o delta — nas mãos dos estrangeiros, o comércio com o Mediterrâneo se tornou impossível. Mas, embora tivessem tentado, os hicsos não conseguiram dominar totalmente o Egito; algumas regiões no extremo sul, onde se concentravam os governantes da XVII Dinastia, se mantiveram independentes.

Então, ao invés de marcharem para o ocidente, os invasores decidiram permanecer no país, parecendo ter gostado da língua e da cultura egípcias; tanto que, ao tomarem o poder, adotaram o título de "faraó" e o culto a "Set", efetuando posteriormente uma fusão desse deus com "Sutekh", que passou a representar, ao mesmo tempo, o deus dos estrangeiros, dos desertos, dos animais e do caos, em detrimento a Amon, uma das principais divindades do panteão egípcio.

Os hicsos mudaram o estilo de vida dos egípcios e inovaram os seus costumes: eram excelentes construtores, implantaram a fundição do bronze para confecção de armas, incrementaram a construção de carros puxados por cavalos e, conseqüentemente, a criação de eqüinos.

O povo egípcio já havia sofrido um duro golpe ao ser obrigado a lidar com os estrangeiros de igual para igual. Imaginem então que sensação lhes causava o fato de serem governados pelos "hak chasou"!

Amon havia sido o responsável pela reunificação do Egito por volta de 2130 a.C., na VII Dinastia. Agora, numa situação mais difícil que a anterior, deveria combater um inimigo externo dentro do próprio país. A articulação para a expulsão do rei Apopi, o faraó hicso da época da trama, era, como se podia esperar, comandada pelos sacerdotes de Amon e centralizada na cidade de Tebas, a sede do governante Sekenen-Ra-Taa III, em quem os egípcios depositavam suas esperanças de liberdade.

Os hicsos governaram os egípcios por quase 500 anos com extrema crueldade; a lembrança dos seus feitos marcaram fundo as consciências egípcias. Aquele rude povo semita destruiu rolos de papiros e objetos de arte preciosíssimos, e torturou impiedosamente os cativos, rachando suas cabeças, arrebentando seus dentes e arrancando-lhes os olhos.

Sempre que a História revive os passos dos cruéis conquistadores do Egito, associa a eles os judeus, que são apontados como seus descendentes. Por isso, os autores gregos e romanos que historiaram o Egito a partir de Manetho e Josephus perpetuaram a infindável necessidade de odiar esse povo — iniciava--se assim o anti-semitismo.

Neste cenário é que aparecem os protagonistas de *O Chanceler de Ferro do Antigo Egito* — a história de José, filho do patriarca bíblico Jacó, vendido por seus irmãos aos ismaelitas, e destes a Putifar, o comandante da Guarda Real no Egito, que chega ao poder com as prerrogativas de "vizir", "chanceler", ou ainda "Adon, o Senhor do Egito", como fora denominado pelo seu povo.

Rochester despe a história do peso excessivo da religiosidade, na qual o Senhor Jeová (no livro da Gênese) era o principal protagonista, fazendo de José sua extensão para distribuir benesses, e extrai do herói a figura de médium celestial, apresentando-o como uma figura mística que manipulava as forças ocultas. O conhecimento das energias astrais lhe foi transmitido por um misterioso mago caldeu, e sua indevida utilização provocou no personagem os sentimentos de cobiça, riqueza, orgulho e sede de poder, que nortearam sua trajetória.

Poderes ocultos levaram José a ocupar o alto posto de Adon, garantido a ele a vitória na competição com os sacerdotes de Amon e Sutekh: ele adivinhou, narrou e deu a real interpretação ao sonho que tanto atormentava o adoentado faraó Apopi, deixando perplexa toda a audiência. Tal sonho versava sobre "as sete vacas gordas" saídas do Nilo e "as sete vacas magras" que comeram as primeiras, sem que tivessem melhorado na aparência, mas sim agravado a sua fome. Foram "os sete anos de fartura seguidos por sete anos de fome" que assolou principalmente o Alto e Médio Egito.

Para dar brilho ao enredo, Rochester tece a trama desta obra utilizando-se dos fios do amor, do ciúme e do ódio, antagonismos reais na história daquele povo. Aí estão os ingredientes comuns que ainda vicejam na humanidade. Neste campo de batalha, significativas mensagens sobre a sobrevivência da vida após a morte e a existência de um mundo extrafísico são claramente registradas pelo autor.

Rochester possui uma fantástica capacidade de descrever os ambientes e a conjuntura do momento histórico. Como profundo conhecedor do comportamento humano, discorre detalhadamente sobre cada personagem, realçando suas características físicas e emocionais, ressaltando a origem de suas qualidades e defeitos, de seus sonhos e desilusões, do amor e ódio, da bondade e da maldade.

Assim, personagens são envolvidos com manipulações de energias do Astral, acessando formas-pensamento atuantes, como a serpente do poder do mundo oculto, a figura mitológica da esfinge do poder e da justiça, seres elementais da natureza, premonições, visões extrafísicas, talismã do poder, manifestações acessadas em benefício próprio ou em prejuízo de outros. Nessas oportunidades, o autor espiritual materializa o imponderável e aguça no leitor o desejo de buscar informações complementares para continuar desvendando o mundo desconhecido.

Mas... não vamos estragar a surpresa de quem adquiriu esta edição comemorativa de *O Chanceler de Ferro do Antigo Egito*! Deixemos que o leitor atravesse a noite dos tempos e se veja trilhando as margens do Nilo, sob o sol escaldante, em busca das instigantes cenas planejadas pelo Alto para enriquecer a existência dos mortais com belas lições de amor.

Waldir de Oliveira

Primeira parte

Do abismo ao topo

Capítulo 1
O PATRIARCA E SEUS FILHOS

> Esta é a história de Jacó: tendo José dezessete
> anos, apascentava os rebanhos com seus irmãos;
> sendo ainda jovem, acompanhava os filhos de
> Bila e os filhos de Zilpa, mulheres de seu pai; e
> trazia más notícias deles a seu pai.
> Vendo, pois, seus irmãos, que o pai o amava
> mais que a todos os outros filhos, odiaram-no e
> já não podiam falar pacificamente.
> (Gênese, cap. XXXVII, vv. 2 e 4)

O Sol se punha, inundando com seus raios, ainda inflamados, um vasto e fértil vale, ladeado no horizonte por colinas
arborizadas. Sombreada por um pequeno bosque de árvores
frondosas, erguia-se uma casa construída grosseiramente com
pedras e troncos, mas suficientemente espaçosa para alojar uma
numerosa família. Cabanas entremeadas de tendas espalhavam-
-se em torno da habitação principal e, um pouco mais longe,
avistavam-se vastos cercados, destinados ao rebanho. Nesse
acampamento tudo era animação e atividade: as mulheres, ves-
tidas com túnicas de lã ou linho, ocupavam-se às pressas da
preparação da refeição da noite, e o aroma apetitoso da carne
grelhada e dos pães assados sob a cinza enchia o ar. Do poço,

cercado por uma sólida parede de pedra, aproximava-se, rindo e tagarelando, uma fileira de moças, trazendo sobre a cabeça ou sobre os ombros, com a graça natural e inimitável das mulheres do Oriente, pesados jarros de grés cheios de água, enquanto grupos de crianças brincavam ruidosamente sobre a relva, coberta de flores multicoloridas.

Sozinho e sem tomar parte no que se passava à sua volta, um homem de aspecto imponente encontrava-se sentado em um banco junto à porta da casa; um largo chapéu de palha trançada e um cajado nodoso estavam ao seu lado, sobre um tamborete, perto de uma jarra cheia de vinho.

Esse personagem era Jacó, o venerado chefe da tribo, o legendário patriarca cuja história preservou seu nome. Sua espessa cabeleira e sua barba longa, que se estendia sobre a túnica de lã escura, embranqueciam, as rugas faziam sulcos em seu rosto, de traços pronunciados e enérgicos, mas seus grandes olhos negros cintilavam, sob espessas sobrancelhas, o fogo dos anos de juventude, e seu corpo robusto parecia que desafiaria por muito tempo ainda os ataques da velhice. Com um olhar pensativo, ele fixava o leve vapor azulado que envolvia o horizonte, atento aos mugidos cada vez mais próximos do rebanho que voltava das pastagens. De súbito, porém, ele se reergueu, protegeu os olhos com a mão bronzeada e musculosa, e seu olhar se fixou com amor e orgulho na alta e esbelta figura de um adolescente, que surgia de repente por trás do bosque e avançava em sua direção rapidamente.

A aparência sedutora do jovem, de dezoito anos, justificava plenamente o orgulho paternal: seu rosto alongado, pálido e delicado como o de uma moça, parecia desafiar o calor; uma boca pequena, rebaixada nos cantos, dava aos seus traços, de uma regularidade clássica, uma expressão altiva e desdenhosa. Espessos e cuidados cachos escuros sombreavam uma fronte larga e potente, mas o que imprimia um estilo particular a essa notável fisionomia eram os olhos grandes, de um castanho esverdeado, límpidos, mas insondáveis; eles pareciam transpassar quem os fixassem, disfarçando-se, ante a observação, sob seus longos e espessos cílios, que, muito oportunamente, ocultavam o olhar do jovem hebreu quando ele julgava necessário esconder dos que o importunavam o que agitava sua alma.

— Salve, meu bom pai, e que Elohim[1] proteja todos os seus passos! — disse o jovem com uma voz sonora e melodiosa, saudando o velho com respeito.

O homem passou a mão carinhosa pelos cachos arrumados de seu filho predileto; depois, perguntou, com um sorriso, puxando-o para o banco:

— O que você fez hoje? Esteve pelos pastos ou, como de hábito, na casa de Schebna? E que mistérios ele lhe ensinou?

— Oh! Sua sabedoria é grande e pretendo estudar sem descanso para também me tornar um sábio. É o que preciso fazer, pois os astros me predizem um grande destino — diz José, com os olhos brilhando.

Jacó meneou a cabeça:

— Não duvido da sabedoria de Schebna; no entanto, temo que ele se confunda com a linguagem dos astros e o embale com sonhos enganosos.

— Pai, a ciência jamais se engana; é preciso somente saber compreendê-la — respondeu impacientemente o rapaz. — Mas quero lhe dizer outra coisa: estive também nos pastos e obtive a prova de que Judá e Dan o enganam; eles venderam o gado que supostamente havia morrido, e também a lã e outros objetos. Entre as mulheres existe uma querela à respeito de um cinto que Judá comprou dos ismaelitas[2] e deu à mãe daquela que o senhor me destinou como esposa, Thamar, que ele cobiça assim como a tudo o que a generosidade do senhor me concede.

— Eu não posso crer que seu irmão tenha por você sentimentos tão ruins, mas ficarei atento para as malversações que

---

1 Elohim - Os israelitas têm inúmeros nomes para designar a Divindade, mas dois são muito utilizados, sobretudo Elohim e Jeová. Se um pagão fala de Deus, ele deve dizer Elohim, e mesmo um israelita raramente falará de Deus a um pagão sem utilizar esse mesmo nome. Em contrapartida, no momento em que o Deus de Israel é colocado em oposição aos deuses dos gentis, ele deve falar de Jeová. Ademais, temos um testemunho formal do Pentateuco que nos obriga a isso. O Livro do Êxodo contém a esse respeito um texto clássico que é preciso inserir aqui: "Deus (Elohim) fala ainda a Moisés e lhe diz: 'Eu sou Jeová. Eu apareci para Abraão, Israel e Jacó como o Todo-Poderoso, mas não fui conhecido por eles pelo nome de Jeová'." (Êxodo, cap. VI, vv. 2 e 3) — A. Kuenen, *L'Historie Critique des Livres de l'Ancien Testament.*

2 Ismaelitas - Designação dada aos descendentes de Ismael, fruto da união entre o patriarca bíblico Abraão e a escrava Agar, e que viviam, segundo a Bíblia, numa confederação de tribos no deserto da Arábia.

você me aponta e cuidarei também para que reine a paz entre as mulheres.

Um sorriso de orgulhoso desdém vagou pelos lábios de José:

— Quanto a mim, eu não disputo Thamar, embora ela seja muito formosa. Acredito que a sorte tenha me reservado uma esposa mais ilustre. Digo, apenas, que todos me invejam e que não podem deixar de ver sem despeito a bela veste que o senhor me deu.

A aproximação do rebanho, cujo mugido entremeado pelos gritos dos pastores enchiam o ar, interrompeu a conversa, e a atenção do velho chefe concentrou-se em seus filhos, que recolhiam ao acampamento longas fileiras de gado, com a ajuda de numerosos pastores.

Eram, na maioria, belos homens robustos, verdadeiros filhos do deserto, de pele bronzeada, olhos ardentes, aspecto selvagem, vestidos com curtas túnicas de lã ou de pele de cabra. Cansados e esfaimados, eles se aproximavam, procurando com os olhos a comida já preparada e não deixando de lançar sobre José um olhar indiferente ou hostil.

Saudando Jacó e respondendo às suas perguntas sobre o estado do rebanho, os filhos do chefe agruparam-se em torno dele. Uma parte dos pastores logo se reuniu a eles e, então, o velho se ergueu apoiado em José e, colocando-se no centro do círculo formado pelos assistentes, voltou-se para o Oriente, prostrando-se três vezes. Depois, elevando os braços para o céu, entoou um canto religioso.

Terminada essa prece, os homens apressaram-se em começar a refeição, da qual as mulheres não tomavam parte.

Jacó e seus filhos sentaram-se em uma mesa colocada ao ar livre, na ponta da qual uma parte dos criados se colocou; os demais convivas instalaram-se sobre a relva, fazendo jus ao jantar frugal.

Sentado junto ao pai, somente José comia pouco, e seu olhar sonhador contemplava o nada.

— Em que pensa, criança, a ponto de deixar de se alimentar? — perguntou Jacó em tom de desaprovação.

— Ele sonha com sua futura grandeza, conforme predisse

Schebna, ou talvez com algum sonho profético tão sedutor quanto aquele em que onze pastores o vêm saudar — observou um dos irmãos, com uma risada ruidosa e um olhar zombeteiro.

José o mediu com um olhar altivo e desdenhoso.

— Você não devia rir do que não compreende, Rubem. No mais, você adivinhou, eu estava tendo um sonho estranho: eu vi que o Sol, a Lua, e onze estrelas me saudavam e imploravam meus favores e...

Uma verdadeira torrente de risos o impediu de continuar, enquanto Jacó franzia as sobrancelhas.

— Sua presunção começa a ultrapassar os limites — disse ele severamente, assim que a algazarra ficou um pouco mais calma. — Você quer anunciar com seu sonho tolo que eu, sua mãe e todos os seus irmãos nos prostraremos diante da sua grandeza?

— De forma alguma — respondeu o rapaz, com desagrado. — Vocês é que sempre pensam que além de vocês não existe mais nada sobre a terra e que ela termina na pradaria onde o nosso gado pasta. Para mim, o sonho tem um significado maior: o Sol significa o rei de um grande país, a Lua, a sua rainha, e as estrelas, os onze anos após os quais um grande povo e seu soberano virão se inclinar diante dos meus méritos e me conferir poder sobre eles...

— Cale-se e saia da minha vista, filho presunçoso e orgulhoso — gritou Jacó com raiva. — Vá e reze para que Elohim perdoe a sua tolice e não o castigue por suas palavras vãs. Todos os seus irmãos são pastores humildes e trabalhadores; você também será, e eu o proíbo de recomeçar com suas gabolices.

Um vermelho ardente inundou o rosto de José, mas, sem responder, ele se levantou e deixou a mesa.

— Aquele feiticeiro caldeu[3] que o senhor permitiu que vivesse entre nós virou a cabeça de nosso irmão — observou Dan.

— Abusando de sua bondade paternal, José passa dias inteiros na casa dele e acabará se tornando um feiticeiro também.

— Ora, você exagera, Dan! — interveio Rubem com bondade. — E se nosso pai nos confiar o menino quando formos às

3 Caldeu - Indivíduo de um antigo povo semita que originalmente ocupava a terra baixa, aluvial, ao redor dos estuários dos rios Tigre e Eufrates e que gradualmente se tornou nação dominante da Babilônia.

O Chanceler de Ferro do Antigo Egito

José revela seus sonhos aos seus irmãos, de Orazio Borgiani - 1615.

montanhas de Gilboa, em breve José deverá trabalhar e esquecerá rápido todas as besteiras que Schebna lhe insinua.

Com o cenho franzido e os lábios trêmulos, José tinha se dirigido à casa, na entrada da qual encontrou uma senhora idosa que estava ocupada com uma fogueira ao ar livre e, de longe, tinha observado a altercação que ocorrera na mesa do chefe. Detendo o rapaz, ela lhe deu um tapinha no ombro e acariciou sua face.

— Não dê ouvido às palavras de seu pai; em uma hora a raiva dele terá passado — disse ela, em tom afetuoso. — Você não comeu nada, quer que eu lhe traga alguma coisa?

— Não, Rispa, não tenho fome, mas se você quiser encher uma cesta com toda sorte de coisas apetitosas para meu velho amigo Schebna, me deixará muito feliz — respondeu José, sorrindo para a velha protetora que cuidara dele pequenino e o adorava cegamente.

— Certamente, meu menino querido; trarei o que você me pede, apesar de não entender qual o prazer que um rapaz da sua idade pode encontrar na companhia de um velho feiticeiro como esse caldeu.

Quinze minutos mais tarde, José, levando nos braços um

cesto cheio de provisões, deixava a casa pela porta oposta, esgueirava-se habilmente entre as árvores e, tomando um atalho pouco utilizado, dirigia-se rapidamente para uma das colinas mais próximas do acampamento.

A noite tinha caído, mas o rapaz não parecia sentir nenhum medo e, com um passo vivo e firme, continuava seu caminho, às vezes, erguendo a cabeça e contemplando a abóbada sombria do céu, que, pouco a pouco, se iluminava de milhares de estrelas. E, quando chegou perto da montanha, a Lua ergueu-se, inundando a terra com sua doce claridade. José parou e, erguendo os braços, murmurou com entusiasmo:

— Astro misterioso, rainha da noite, ensine-me os teus segredos; embebede-me com teus eflúvios, fonte das forças invisíveis!

Seu olhar embriagado fixou-se no disco prateado, mas, de repente, ele estremeceu e deu um passo para trás, pois, por trás de um rochedo, surgia a figura alta de um homem vestido de branco, que a luz brilhante da Lua parecia diluir em um vapor esbranquiçado. Essa emoção durou apenas um segundo; avançando vivamente em sua direção, José exclamou:

— É você, mestre! Se soubesse como a sua visão me assustou! Nessa claridade mágica, com essa túnica branca e sua barba prateada, você tinha o ar de um enviado de Elohim.

— Meu aspecto era assim tão assustador? — perguntou com um ligeiro sorriso o caldeu, um ancião de alta estatura, rosto respeitável e olhos penetrantes. — Eu vim simplesmente tomar um pouco de ar e admirar a calma da noite e os esplendores do céu estrelado.

— E eu, mestre, vim para trazer-lhe algumas guloseimas e cuidar para que você coma um pouco, pois, absorvido pelos trabalhos do espírito, você esquece de alimentar o corpo — disse alegremente o jovem.

— Vamos, então, até minha casa; você deixará seus presentes e conversaremos. Tenho muitas coisas a dizer, meu filho, pois os eflúvios dos astros me falaram de você.

Continuando a conversar, os dois retomaram o passo e alcançaram um plano nos rochedos, ao fundo do qual, encoberto por arbustos, encontrava-se a entrada de uma gruta bem espaçosa, iluminada por uma tocha fixada à parede. A arrumação dessa habitação agreste era das mais simples: um banco de pedra, sobre o qual estavam empilhadas algumas peles de animais, servia de cama; uma mesa e bancos de madeira grosseiramente trabalhados estavam colocados no meio da gruta; sobre essa mesa, assim como dentro de uma arca aberta, podiam-se ver rolos de papiro, placas de argila cobertas de caracteres e pacotes de ervas secas. Ao fundo da gruta, havia uma espécie de pequeno santuário, sobre três degraus havia uma pedra cônica, negra e polida como se tivesse sido esmaltada, uma lâmpada de bronze, suspensa por correntes, clareava essa espécie de altar e mostrava signos e caracteres misteriosos gravados sobre a pedra negra.

José apressou-se em colocar numa prateleira fixada à parede, perto da cama, o mel, os bolos, as frutas e a pequena ânfora de vinho que trazia e, depois, voltando-se para o sábio, que havia se detido próximo à pedra negra e colocado a mão sobre a ponta do cone, disse com emoção:

— Sou todo ouvidos, mestre, e estou pronto para escutar os vaticínios sobre meu futuro.

— Sim, aquele que sabe decifrar os signos traçados sobre esta pedra sagrada pode ler o futuro como um livro aberto — disse solenemente o velho caldeu. — Seu destino é estranho e embaralhado, meu filho; duras provas e triunfos extraordinários o aguardam, o que, de resto, está dentro da ordem das coisas: qualquer um que queira vencer e se elevar deve lutar contra os elementos desencadeantes que impedem seu caminho e dominá-los; não se adquire nada nesta terra sem esforço.

Suas agruras começarão em breve: a humilhação cobrirá seu orgulho; de livre que é, você se tornará escravo, mil perigos o cercarão, você deverá até mesmo encobrir e dissimular seu saber, mas, se permanecer firme, você dominará a fortuna, comandará onde teve que obedecer, reinará sobre aqueles que o humilharam. Todavia, sobre o seu fim paira uma sombra que ainda não pude desvendar. Não importa! Posso recompensar você por seu zelo pelo estudo, pelo seu trabalho tenaz, armando-lhe para a luta contra o destino. Quero dar-lhe o talismã do seu futuro poder, que o fará rico quando você for privado de tudo, pois você será maleável como a serpente, agradável aos homens de quem se aproximar e a quem dominará, como o olho da serpente fascina a pomba que lhe apetece. Mas você jejuou e executou os ritos que lhe prescrevi?

— Sim, mestre — respondeu o jovem hebreu, com voz trêmula de emoção.

O caldeu pegou, então, na arca que estava aberta, uma pequena flauta de junco e uma garrafinha cheia de um líquido escuro, e, com um gesto, convidou José a segui-lo. No fundo da gruta havia uma fenda estreita; os dois homens esgueiraram-se por ela, atravessaram um emaranhado de rochas que formavam um corredor estreito, depois, desembocaram sobre uma pequena plataforma que parecia o fundo de uma cratera, cercada por uma muralha elevada de pedras e rochas de formas bizarras que a Lua clareava, dando-lhes um aspecto ainda mais fantástico.

— Antes de começar a prova que lhe propiciará o talismã, devo preveni-lo, meu filho, de que o que você verá congelará de medo o seu sangue e que qualquer fraqueza lhe custará a vida — disse o caldeu, com gravidade. — Hoje é o dia em que as serpentes destas montanhas virão se reunir aqui, sob a luz da Lua; eu as farei dançar e, então, virá também, atraída por mim, uma serpente que chamaremos de rainha. Ela trará na boca uma pedra misteriosa que concede àquele que a possui o dom da fascinação, da adivinhação, e o poder sobre as forças ocultas. A um sinal meu, você deverá apanhar esse animal, estrangulá-lo e arrancar-lhe a pedra. Então, todos os poderes misteriosos que ele possui passarão para você; se fraquejar, ele é que o matará. Agora, você quer passar por essa prova?

— Sim — respondeu José com voz rouca, mas um olhar flamejante.

Schebna, então, borrifou o solo e as rochas com o conteúdo da garrafinha, que encheu a atmosfera com um aroma suave e inebriante; depois, aproximou a flauta dos lábios e começou a tocar: era um som estranho, doce e voluptuoso e, no entanto, com modulações agudas e vibrantes que faziam fremir cada nervo do rapaz. Seu olhar errante e ansioso logo notou uns pontos brilhantes, com uma luminosidade fosforescente, que sur-

O Chanceler de Ferro do Antigo Egito

giam lá e cá entre as pedras e as moitas. A seguir, alguns corpos cobertos de escamas reluzentes ergueram-se sobre a areia e, balançando suas cabeças informes, puseram-se a ondular sobre si mesmos com um contentamento visível e como que embalados pelo ritmo da melodia.

Rapidamente, o número de estranhas dançarinas aumentou. De cada fissura, de cada vão, elas pareciam surgir, grandes e pequenas, torcendo seus anéis maleáveis e reluzentes, com um barulho sinistro. O canto também tinha mudado de característica: mais rápido, mais estridente, mais impetuoso; ele parecia envolver os seres medonhos em uma sarabanda infernal: como que tomadas por uma vertigem, as serpentes rodopiavam, assobiando e batendo as mandíbulas, enquanto seus olhos esverdeados e flamejantes pareciam sair das órbitas. Nesse instante, surgiu, dominando o agitado bando, uma enorme serpente, erguida sobre a própria cauda e trazendo na boca um objeto brilhante e azulado.

Apesar da calma intrépida que havia sustentado até esse instante, José sentiu um suor frio brotar de sua fronte.

A música de Schebna tinha se transformado ainda mais: ouvia-se agora um som selvagem e dissonante, que lembrava o assobio da tempestade e os gritos lamuriosos dos chacais. Atingindo o auge da efervescência, as serpentes enrolavam-se e saltavam, lançando sua baba, e, neste instante, o caldeu ergueu a mão e fez um sinal a José. Como se também tivesse entendido o sinal, a rainha das serpentes parou subitamente, endireitou-se sobre a potente cauda, e sua enorme cabeça ficou à altura do rosto do rapaz; seus olhos terrificantes, vermelhos de sangue, pareciam transpassá-lo, uma baba espumante escorria de sua boca entreaberta, todo o seu maleável corpo se balançava, como que para saltar e enlaçá-lo. José se lembrou das palavras do caldeu; rápido como um raio, lançou-se para o terrível animal e, com suas mãos finas e nervosas, mas sólidas como pinças de ferro, pegou a serpente pelo pescoço e o apertou até sufocá-la. Travou-se uma luta desesperada entre o homem e o animal, que se contorcia, assobiando e procurando enlaçar seu inimigo; mas a superexcitação duplicava as forças do rapaz: bufando, dobrando-se como um bambu sob a pressão dos maciços anéis do monstro, ele não soltava a presa, continuando a sufocá-la. De súbito, a serpente enfraqueceu e desmoronou, levando José em sua queda; mas, num último esforço, ele agarrou a pedra brilhante, arrancou-a da boca babosa e ainda ameaçadora; depois, rolou inanimado sobre o solo.

Quando reabriu os olhos, encontrava-se estendido sobre a cama.

— Eu venci? — perguntou ansiosamente para o caldeu, que se inclinava sobre ele.

— Abra a mão e você se convencerá de sua vitória — respondeu Schebna, estendendo-lhe uma taça.

— E agora beba! — acrescentou, enquanto José fixava, trêmulo, uma pedra alongada, transparente e azulada, que trazia na mão crispada.

Depois que ele bebeu, o caldeu o cobriu e disse:

— Bem, eu acordarei você ao amanhecer para que retorne à casa de seu pai; mas, dentro de três dias, volte aqui, eu lhe darei as instruções necessárias a respeito do talismã que você acabou de conquistar.

A terrível emoção sentida pelo jovem deixou-o esgotado moral e fisicamente. Ele havia retornado adoentado e abalado à casa paterna, e, inquieto com o estado do seu favorito, Jacó o havia dispensado de qualquer trabalho, ordenando-lhe que repousasse. José aceitou com prazer essa injunção; ele queria apenas refletir no silêncio e na solidão sobre a cena extraordinária que havia assistido e da qual tinha tomado parte.

Todavia, na noite do terceiro dia, após o término do jantar, ele deixou a casa às escondidas e dirigiu-se rapidamente à gruta habitada pelo caldeu.

Encontrou Schebna ocupado, lendo sob a fraca claridade de uma lâmpada a óleo, mas, ao perceber seu pupilo, ele deixou as placas e estendeu-lhe a mão com um sorriso.

— Sente-se, meu filho, você está pálido e um pouco fraco, mas essa fraqueza do corpo é pouca coisa; eu vi que sua alma é forte e de fibra para suportar a luta. Eis o talismã — acrescentou, puxando um lenço colocado sobre a mesa e descobrindo um objeto roliço no centro do qual brilhava a pedra misteriosa, projetando uma luz doce como a da Lua.

O Chanceler de Ferro do Antigo Egito

— Esta é a pele da serpente que despelei e que você usará como um cinto, em torno do quadril, sobre a pele nua; bem entendido. As escamas encontram-se no interior; quanto à pedra, ela serve de fivela desse cinto. E quando você tiver usado esses dois objetos durante nove luas consecutivas, o poder e as forças do ser misterioso ao qual elas pertenceram estarão completamente identificados com você, e quando você contemplar a pedra com o desejo de que ela descubra o que está oculto, até mesmo o pensamento humano, ela lhe revelará, na água límpida, com a qual você a recobrirá. Coloque logo o cinto!

José obedeceu e, ao contato gelado da pele da serpente, um arrepio percorreu sua pele. Mas ele dominou essa fraqueza, fechou o cinto de maneira a esconder a pedra, e perguntou:

— E o meu próprio futuro, o talismã mostrará?

— É no que concerne a si mesmo que o homem tem mais dificuldade em entender os sinais dos deuses — respondeu o sábio. — Mas, eu mesmo quero, hoje, tentar uma experiência para decifrar mais claramente o que o destino reserva para você. Ajude-me a livrar a mesa das placas que a encobrem.

Quando tudo foi tirado, o caldeu trouxe um pequeno disco de metal, polido e brilhante como um espelho, uma caixa cheia de areia fina e um pequeno frasco cheio de um líquido avermelhado.

— Pegue um punhado de areia, espalhe-a sobre o disco, depois esvazie, por cima, o conteúdo deste frasco — ordenou.

José obedeceu e observou curiosamente como o líquido escorreu, formando pequenas veias rosas sobre a superfície do disco. Ele já havia aprendido o suficiente da ciência de Schebna para entender que essas linhas caprichosas, esses montículos, essas poças de água, representavam os acidentes, as quedas e os triunfos de seu futuro, misteriosos hieróglifos traçados por forças invisíveis. Ele já dominava a adivinhação, mas desta vez examinou o disco em vão e não compreendeu nada. Em contrapartida, o caldeu parecia absorvido na contemplação de um quadro vivo; seu olhar brilhante seguia os meandros traçados pelo líquido e, com o cenho franzido, as veias da fronte saltadas, parecia ler um futuro distante.

Por fim, ele se endireitou, e seu olhar insinuou-se sobre

José com uma expressão indefinível.

— Seu futuro é estranho, soberbo e, no entanto, misturado com sombras — disse à meia-voz.

— E você não irá me dizer nada sobre esse futuro, esse destino que você chama de estranho e soberbo? — perguntou José, trêmulo.

— Sim, meu filho, eu direi o que posso. Já lhe disse que em breve começará para você uma dura prova: pobre e privado de liberdade, você chegará a um país distante e rico, um lugar onde um dia você exercerá o poder, se nada vier a mudar o seu destino. Nessa região, a natureza produzirá uma calamidade rara nessas paragens e os anos de prosperidade serão seguidos de anos de seca e esterilidade. Por um singular acaso, esse povo será envolvido no seu destino e fará a sua felicidade.

Um serviço que você prestará ao rei desse país, e que terá relação com esse acontecimento, será a fonte da sua elevação. Não se esqueça, então, de que o homem, em qualquer ocasião, pode usar, mas não deve abusar, dos favores do destino, e que esse abuso pode se tornar o perigo do futuro. Eu ia esquecendo: o talismã que você conquistou colocará à sua disposição forças poderosas, mas ele também lhe criou um inimigo: o espírito da serpente, que, invisível, o seguirá, e que, no aniversário do dia da sua luta, retomará forma e substância para tentar arrancar de você a pedra misteriosa. Se ainda uma vez você for vencedor, o réptil se tornará seu servo, pois você o terá abatido na matéria e na essência.

José tinha escutado, pálido, trêmulo, com o olhar em fogo.

— Diga-me, mestre, além desse inimigo invisível que, espero, abaterei, haverá um outro? Pois você já mencionou as sombras no meu futuro.

— Sim, eu vejo um inimigo, e esse inimigo terá mil línguas, mil olhos, mil chifres e o fará em pedaços se você abusar de seu poder — respondeu gravemente Schebna.

José ergueu-se e, com um gesto enérgico, arrumou os cachos castanhos que sombreavam sua fronte.

— O que importa? Não há luz sem sombras, e quem quer se elevar deve correr riscos. Seguirei em frente sem medo, sem me deixar abater, quaisquer que sejam as vicissitudes que me acometerão. Minha fé inquebrantável em suas palavras será o meu apoio; um futuro de grandeza é minha meta luminosa. E agora me deixe lhe agradecer, nesta hora solene, por todo o bem que você me fez, pelas sábias lições, pelo saber misterioso que me proporcionou. Meu reconhecimento pelos seus favores só terminará com a minha vida.

Ele ajoelhou-se e pressionou contra os seus lábios a mão enrugada do ancião. Um misterioso sorriso insinuou-se sobre os lábios do caldeu:

— A sorte nos separará em breve, mas daqui a vinte anos, meu filho, eu aparecerei; e serei eu, então, que me prostrarei diante de você. Ninguém, além de você e eu, a Lua e os gênios invisíveis, conhecerá o elo secreto que nos une, e, então, você me recompensará conforme o tamanho do seu reconhecimento. E, agora, criança, vá para casa, eu ainda tenho que trabalhar esta noite.

Agitado por pensamentos tumultuosos, o jovem hebreu retomou o caminho de sua casa. Os quadros do futuro, evocados pelo caldeu, reluziam diante do seu olhar espiritual; mas somente os quadros de grandeza e poder. Sobre os males preditos, a humilhação e os sofrimentos, seu pensamento se esgueirava sem se deter. Eles lhe pareciam mínimos, comparados com a meta a atingir.

Levantando a cabeça para o céu estrelado, ele murmurou com um selvagem entusiasmo:

— Em breve, pois, direi adeus a esta vida de pastor, obscura, estreita, odiosa. Oh! Que venham as provações e sofrimentos! Eu lhes desafio, pois são o princípio, os degraus da minha elevação. Temeroso e poderoso eu quero ser... e serei!

CAPÍTULO 2

JOSÉ É VENDIDO PELOS IRMÃOS

> Disse Jacó: "Vai agora e vê se vão bem os teus
> irmãos e o rebanho; e traze-me notícias." Assim,
> o enviou do vale de Hebron, e ele foi a Siquem.
> De longe o viram e, antes que chegasse, conspi-
> raram contra ele para o matar.
> E, passando os mercadores midianitas, os ir-
> mãos de José o alcançaram, o tiraram da cister-
> na, e o venderam por vinte siclos de prata aos
> ismaelitas; estes levaram José ao Egito.
>
> (Gênese, cap. XXXVII, vv. 14, 18 e 28)

Os dias que se seguiram trouxeram inquietação e aumento de trabalho no acampamento.

Muitos dos filhos de Jacó, e uma parte do rebanho, se separaram do grosso da tribo para seguir para Siquem,[1] e o velho chefe tinha o propósito de juntar a eles José, que era um observador atento e, há algum tempo, havia despertado a desconfiança do pai, relatando-lhe as pequenas falcatruas que seus irmãos cometiam e até suas conversas. Todavia, apesar de seu gosto pelo papel de vigilante, o rapaz desta vez encontrou o meio de se dispensar da viagem; por nada no mundo ele teria deixado Schebna, a quem visitava assiduamente e que lhe ensinava a utilizar a pedra misteriosa, confundindo-o com os resultados verdadeiramente maravilhosos que obtinham. De mais a mais, o caldeu assegurava que, decorridas as nove luas, durante as quais ele deveria usar o cinto feito com a pele da serpente, o poder do talismã aumentaria.

Para grande tristeza do rapaz, uma noite o sábio declarou que aquela seria sua última reunião, pois deveria se ausentar por muitas semanas. Quando José, apesar desse aviso, retornou no dia seguinte, encontrou a gruta vazia, e qualquer traço da permanência de Schebna tinha desaparecido. Durante alguns dias, ele se sentiu muito triste e desanimado, mas logo em seguida seu espírito irrequieto despertou, ele se deu conta

---

1 Siquem - Antiga cidade israelita na tribo de Efraim, a primeira capital do Reino de Israel.

O Chanceler de Ferro do Antigo Egito

da ausência de parte de seus irmãos e foi tomado pelo desejo de controlar o comportamento deles longe do olhar paterno. Nascido esse desejo, ele provocou uma conversa na qual, insidiosamente, lembrou Jacó dos pecadilhos de seus filhos, e este, sem suspeitar das segundas intenções do filho, propôs que ele se juntasse aos irmãos para saber de sua saúde, do estado do rebanho e, também, para fazer uma pequena investigação sobre seus atos.

José declarou-se pronto para partir e, vestindo a bela túnica de listas resplandecentes que já lhe havia valido tantos olhares de inveja, pôs-se a caminho. Todavia, em vão, ele percorreu os campos que rodeavam Siquem, todos os lugares onde os filhos de Jacó poderiam acampar; ele não os encontrou e já pensava em retornar à casa paterna, quando um viajante que encontrou contou que um acampamento parecido com o que ele procurava estava montado em um lugar chamado Dothain.[2] José ouviu atentamente: esse lugar era uma pequena planície ao pé de um desfiladeiro das montanhas de Gilboa,[3] e seu nome se devia à uma abundante cisterna que ali se encontrava e ao pé da qual paravam habitualmente as caravanas que, da Babilônia,[4] se dirigiam ao Egito ou de lá retornavam.

Essa paragem dos seus irmãos, junto à grande rota comercial que ligava a Palestina ao Egito, não deixava nenhuma dúvida a José acerca da intenção de trocarem algumas cabeças de gado, a lã das ovelhas, por vidrilhos de Tyr[5] ou um desses tecidos de cores resplandecentes que, como todos os orientais, eles adoravam.

O Sol se punha quando o jovem rapaz chegou ao acampamento. Logo ele se convenceu de que não estava enganado: uma numerosa caravana ali descansava das fadigas da viagem, os camelos descarregados estavam agachados perto da cisterna, enquanto que, em torno de um grande fogo, estavam agru-

---

2 Dothain -Antiga cidade israelita, atualmente Tell-Dothan, situada cerca de 22 km ao norte de Siquem.
3 Gilboa - Cadeia de montanhas situada em Israel, atualmente conhecida por Jabal Faqquah.
4 Babilônia - Antiga e importante cidade da Mesopotâmia, capital do império do mesmo nome (cerca de 2100 a 539 a.C.), célebre pelo esplendor e pelos costumes dissolutos.
5 Tyr - Antiga cidade fenícia, atualmente Sur, no Líbano.

pados os filhos de Jacó e diversos mercadores ismaelitas. O grupo conversava, observando o assar de um cabrito, cujo aroma apetitoso se espalhava para longe.

Reconhecendo José, um murmúrio de descontentamento correu entre seus irmãos e olhares hostis e fulminantes se fixaram sobre ele.

— Lá vem de novo o espião que o pai envia para nos vigiar — murmurou Judá no ouvido de Levi.

— E ele não poderia ter chegado em pior hora. Talvez se nós dermos um tratamento que o nosso futuro senhor não espere... — este retrucou, crispando furiosamente os punhos.

Sem parecer prestar atenção à acolhida pouco amigável de seus irmãos, José cumprimentou o grupo e sentou-se junto ao fogo. A seguir, como os rudes filhos de Jacó permanecessem sombrios e silenciosos, pôs-se a conversar com um dos mercadores, que, com um olho de conhecedor e um interesse crescente, examinava o belo adolescente. Terminado o jantar, os ismaelitas se retiraram para junto de seus camelos e José dirigiu-se para uma das tendas sob o pretexto de dormir. De fato, ele estava cansado; no entanto, ele não pôde resistir ao desejo de, antes, proceder a uma pequena revista na tenda, e a descoberta de uma pequena ânfora de óleo odorante e de alguns pequenos objetos de adorno confirmou a convicção de que tinham sido feitas compras clandestinas. Prometendo a si mesmo descobrir ainda mais no dia seguinte, estendeu-se sobre uma esteira e dormiu profundamente.

Enquanto isso, uma discussão das mais violentas prosseguia entre os filhos de Jacó, que tinham permanecido reunidos ao redor do fogo. Os ferozes e selvagens pastores há muito tempo odiavam o irmão preferido e temiam vê-lo imposto como chefe pelo pai. As pequenas espionagens e tagarelices de José, que relatava a Jacó suas falcatruas e contava às suas mulheres se eles se divertiam com as moças estrangeiras, assim como o orgulho e a presunção do jovem rapaz, tornaram seus irmãos positivamente raivosos, e todos esses sentimentos de inveja e raiva transbordaram nessa noite, atiçados pelas veementes palavras de Judá, que, em primeiro, propôs matar José, a fim de se livrar dele para sempre.

O Chanceler de Ferro do Antigo Egito

José vendido pelos irmãos, de Alexander Maximilian Seitz.

Somente Rubem, o primogênito, que era bom e indulgente por natureza, protestou contra um crime tão abominável. Contudo, vendo o ódio de seus irmãos, ele quis usar um estratagema e propôs jogar José em uma cisterna vazia e lá o abandonar, pensando em retirá-lo assim que os outros se dispersassem.

Sua opinião acabou prevalecendo e, excitados pela cólera e pela discussão, muitos homens se precipitaram para a tenda, onde José acabava de acordar e, assustado, se dispunha a fugir. Ele não teve tempo; num piscar de olhos foi agarrado, amarrado, levado ao outro extremo do acampamento e atirado em um fosso bem fundo, batendo a cabeça ao cair e perdendo a consciência.

Com a raiva saciada, os homens se dispersaram, com exceção de Judá e Asser, que deveriam ficar em vigília até o amanhecer e manter o fogo. Já tinha passado, talvez, uma hora e os dois homens discutiam em voz baixa a melhor explicação que dariam a Jacó sobre o desaparecimento de seu favorito, quando, para sua grande surpresa, viram um dos mercadores ismaelitas, que eles imaginavam profundamente adormecido, se aproximar da fogueira. Ele se agachou perto deles e, declarando sem preâmbulos que tinha ouvido o que ocorrera, propôs que os dois homens lhe vendessem o rapaz de quem queriam se desembaraçar.

— Eu o levarei ao Egito — disse ele —, e o venderei como escravo. Ele é bem talhado, inteligente e poderá, de bom grado, ser tomado como serviçal em alguma rica residência, enquanto vocês estarão livres, sem sujar as mãos de sangue.

Judá e Asser trocaram um olhar de ávida satisfação: a cupidez, própria dos semitas, despertou imediatamente; fazer de sua vingança um bom negócio pareceu-lhes uma coisa muito simples e, sem hesitar, Judá perguntou:

— O que você nos dará pelo rapaz se nós o vendermos?

O mercador enumerou diversos objetos tentadores e, por último, uma pele de tigre.

— Vocês poderão dizer que um animal devorou seu irmão e que vocês mataram o animal — acrescentou o ismaelita com um leve sorriso.

— Negócio fechado! — declararam os dois homens, cheios de avidez, e correram para acordar os outros três irmãos para contar-lhes a novidade, mas evitaram incomodar Rubem, que não passava de um desmancha-prazeres.

Sem perda de tempo, todos se dirigiram para a cisterna vazia, retiraram José, ainda desmaiado, e o entregaram ao ismaelita, que, em troca, lhes pagou o preço combinado. Constatando que o adolescente estava apenas desmaiado, o mercador fez com que ele fosse transportado para sua tenda, esfregou-lhe as têmporas com uma essência narcótica, pois não queria que o rapaz acordasse antes do tempo, e, com seus gritos, atraísse o único dos irmãos que tinha se oposto a que ele fosse morto e que, talvez, não concordassem com a venda. Sem fazer barulho, a caravana levantou acampamento, os camelos foram carregados; sobre um deles, José foi amarrado e coberto com uma manta, e a manhã apenas começava a clarear no horizonte quando o último camelo desaparecia ao longe, levando para seu misterioso destino o futuro chanceler do antigo Egito.

Rubem ficou fora de si ao saber da verdade e reprovou amargamente seus irmãos por sua covarde e pérfida conduta. Todavia, estando o mal feito e sendo irreparável, acabou por se calar e não fez nenhuma observação quando os outros rasgaram e encharcaram de sangue a famosa túnica multicolorida que José havia tirado para dormir e que tinha ficado na tenda.

Em seguida, enviaram dois deles até Jacó, para lhe anunciar a triste notícia.

Seria difícil descrever o desespero do velho hebreu com o anúncio da morte de seu filho preferido, diante de sua veste ensangüentada. Com gritos e bramidos, rolou por terra, arrancando a barba e sujando os cabelos de poeira. O acampamento todo se encheu dos clamores das mulheres. Durante muitos dias reinou a desordem na tribo e temia-se pelo juízo do velho chefe. Contudo, ele acabou se acalmando e, somente uma profunda tristeza e as lágrimas inesgotáveis, a cada vez que uma coisa o lembrava do filho destruído de forma tão miserável, provavam que seu sofrimento resistia à persuasão de seus filhos, embora ele não suspeitasse de sua perfídia.

※❂⁂

Somente no dia seguinte José acordou de seu longo desmaio. Ele se sentia quebrado e tão fraco que lhe era difícil reunir seus sentidos; não podia explicar como tinha dormido sobre um camelo e o que significava o barulho e os gritos de uma caravana, no meio da qual evidentemente se encontrava. Extenuado e com a cabeça vazia, ele voltou a dormir e só reabriu os olhos quando a caravana fez uma parada, à noite. Desta vez, ele estava mais forte, suas idéias eram mais claras e ele se via entre estrangeiros, no meio de uma caravana, em marcha para um destino desconhecido, certamente já bem longe dos seus. Uma apavorante mistura de angústia tomou conta do jovem rapaz; ele tentou se aprumar, mas a corda que o atava firmemente pela cabeça o impediu, e ele caiu novamente, soltando um grito surdo.

Nesse instante, o camelo parou e se ajoelhou, sob a ordem de seu condutor, que desamarrou a corda e, sem cerimônia, fez José descer. Todavia, os membros do adolescente estavam inchados e suas pernas, doloridas, recusaram o movimento. Após alguns passos titubeantes, ele caiu e, desesperado, furioso, começou a chorar e a se lamentar ruidosamente.

O velho negociante, chefe da caravana, ouviu esses clamores e, aproximando-se, disse secamente que ele era agora seu escravo, uma vez que seus irmãos o tinham vendido, e que, se quisesse evitar ser maltratado, deveria se resignar e suportar sua nova sorte com humildade e paciência.

José tinha escutado, pálido e bestificado; mas, de repente, agarrou a cabeça com as duas mãos e, arrancando os cabelos com força, rolou pelo solo, urrando como uma fera ferida. Depois, agarrando uma corda que estava no chão, tentou se enforcar. Uma saraivada de golpes de bastão e um jarro de água fria despejado sobre ele impediram essa tentativa de suicídio. Chorando, mas desprovido de sua raiva desesperada, o adolescente endireitou-se.

— Esses são os frutos do seu desatino. Se quiser evitar os golpes, seja humilde e paciente, eu torno a repetir — observou o chefe da caravana. — Vamos dar-lhe o que comer; a seguir, deite-se e durma; mas, sobretudo, deixe de fazer escândalo, pois seus companheiros fatigados necessitam de repouso.

José abaixou a cabeça e, reprimindo corajosamente a tempestade que crescia dentro dele, arrastou-se silenciosamente para perto de um fogo que alguém acabara de ascender e ao pé do qual eram distribuídos alimentos. Após comer um pedaço de pão e algumas tâmaras, que umedeceu com água fresca, o adolescente pegou uma coberta de lã de camelo que um dos ismaelitas lhe deu, enrolou-se e deitou ao pé de uma árvore, à alguns passos da fogueira.

Ninguém lhe deu atenção e ele pôde, enfim, se abandonar livremente à dor. A humilhação, uma amargura pungente, um sentimento de abandono e isolamento o dominavam, e, enterrando a cabeça nas dobras da coberta, chorou longamente, mas disfarçando os soluços, pois a dor que cada movimento causava só fazia com que se lembrasse claramente de que ele não era mais um livre filho do deserto, mas um escravo sobre os ombros de quem o bastão poderia dançar conforme as fantasias do seu dono.

Nesse instante, a vida de pastor, que ele julgava tão miserável e monótona, parecia um paraíso, perdido para sempre.

Por fim, suas lágrimas se esgotaram, mas, muito excitado para dormir, ele continuou a pensar. De repente, lembrou-se de Schebna e estremeceu: "O sábio não havia predito a escravatura e duras provações que, em breve, começariam? O que acabara de acontecer não seria o cumprimento literal da profecia, conseqüentemente, o prólogo obrigatório da sua futura grandeza? Essa caravana, à qual o destino o havia juntado, talvez o conduzisse àquela rica região cujo rei o elevaria ao topo das honras. Mas, para que lado se dirigiam seus novos donos, para a Babilônia ou para o Egito?" Ainda não lhe era possível se orientar, e um longo suspiro ergueu o peito do adolescente.

Quase de imediato ele sorriu com um ar de desafio: "O que importava para onde ia? O futuro lhe pertencia e, além disso, não possuía ele a pedra misteriosa que lhe daria o poder de fascinar os homens? Mas será que não lhe teriam roubado o talismã durante sua inconsciência?"

Com um gesto febril, ele procurou sob suas vestes e se assegurou: o místico cinto ainda cercava seus rins e seus dedos batiam na pedra que lhe servia de fecho.

Durante essas reflexões, o barulho e o movimento tinham desaparecido em torno dele, os animais de carga e seus condutores dormiam, e somente a voz lamurienta de um chacal, que se erguia ao longe, perturbava vez ou outra o silêncio da noite. José desfez-se da coberta, endireitou-se com precaução e dirigiu o olhar à sua volta; a noite estava magnífica, milhares de estrelas formavam uma trama cintilante sobre o sombrio azul do céu; a Lua, em quarto crescente, desprendia vigorosamente sua crescente curva, e sua doce luz inundava com uma claridade prateada os buquês de palmeiras, desfazendo-se em pepitas muito brancas sobre a pequena tenda do chefe, afogando em uma misteriosa penumbra, o pitoresco grupo da caravana adormecida.

José, contudo, não deu nenhuma atenção à paisagem; ele queria somente se assegurar de que ninguém o observava. Ao se certificar disso, agachou-se, desprendeu a pele da serpente e, colocando a pedra na palma da mão, fixou-a, murmurando as palavras cabalísticas que Schebna havia lhe ensinado. Uma palidez profunda logo invadiu os traços do adolescente, seus olhos se dilataram e seu olhar parecia pregado à pedra, que, semelhante a uma colossal safira, clareava a palma da sua mão com raios azulados e trêmulos. Parecia a José que esses raios se dilatavam e envolviam, pouco a pouco, todo o acampamento com uma bruma espessa e cinzenta. Depois, esse fundo nebuloso pareceu clarear e da bruma surgiu uma cidade com construções incríveis e estranhas, atravessada por um rio que era rasgado em todos os sentidos por centenas de embarcações. Deslizando e, pouco a pouco, se transformando, o quadro representou, a seguir, a sala aberta de um palácio; sobre um assento elevado estava sentado um homem ricamente vestido, rodeado por um séquito numeroso, cuja bela aparência não parecia desconhecida a José. Diante desse funcionário ou desse rei, prostravam-se, humildes e temerosos, diversos homens barbudos e bronzeados, entre os quais ele reconheceu instantaneamente seus irmãos, os traidores que o haviam vendido.

Um arrepio sacudiu o corpo do jovem rapaz e uma surda exclamação escapou de seus lábios, mas, como se essa emoção, esse movimento, tivesse rompido o encanto, a visão se desfez bruscamente e tudo retomou o seu aspecto habitual, na calma profunda de uma noite do Oriente.

— Era eu esse poderoso senhor que eles, Judá, Asser, Levi e os outros perversos, que acreditavam que eu estava perdido, adoravam com a face contra a terra. Mas, paciência! Minha desforra virá e, em vez de me lamentar e me revoltar, devo observar e aprender — murmurou José, reajustando o cinto e enrolando-se com a coberta para tentar dormir.

✺⟨✶⟩✻

A partir desse dia, José não demonstrou mais nenhuma hostilidade aos seus senhores. Parecia resignado com sua sorte, conformava-se docilmente com as ordens que recebia e procurava, com zelo, contentar todo mundo. Uma conduta assim tão boa logo atraiu a benevolência do chefe e dos outros membros da caravana; sua beleza rara contava ainda mais em seu favor, e, quando mereceu a gratidão do chefe, ao curar uma ferida que este tinha feito na perna, com a ajuda de uma pomada cuja receita o caldeu lhe havia dado, a posição do jovem rapaz melhorou ainda mais; tratavam-no com respeito, poupavam-no dos trabalhos fatigantes e, durante as paragens, os ismaelitas

O Chanceler de Ferro do Antigo Egito

se punham a ouvir as melodias selvagens e melancólicas que cantava para eles, acompanhando-se com uma pequena lira de três cordas.

José sabia agora que era para Mênfis,[6] no Egito, que se dirigia a caravana, e estava impaciente para ver essa rica terra de Kemi[7] que ele considerava como a sede da sua futura grandeza. Em uma noite, após o jantar, finalmente chegaram à antiga capital, que a caravana atravessou obliquamente até chegar a um bairro distante, destinado aos estrangeiros. Embora só tivessem passado por ruas distantes do centro e habitadas pelas classes pobres, José apreciava, curioso e fascinado, a animação da grande cidade que ele via pela primeira vez, mas que lhe parecia ser a mesma que a visão havia mostrado. Do alto do camelo, sobre o qual estava sentado, ele distinguia, à distância, os maciços edifícios dos templos e a fina silhueta dos obeliscos, cujas pontas douradas cintilavam sob os raios do Sol, que se punha.

De vez em quando, cruzava-se com uma liteira, ocupada por mulheres enfeitadas ou com carroças puxadas por fogosos corcéis, guiados pelas mãos firmes de oficiais ricamente armados ou de sacerdotes vestidos de linho. Com o coração palpitante e os olhos brilhantes, José observava esses elegantes representantes de uma vida luxuosa e elegante, que lhe era desconhecida. Enfim, ele murmurou com um ar de inveja e desafio:

— Quem sabe, magnífica cidade, um dia você não saudará este pobre escravo que hoje penetra em seus domínios, ignorando que amanhã ele se tornará seu mestre, depois de ter passado em teus palácios pela pesada provação de trabalho e humilhação?

Como o bairro que atravessavam se tornava mais pobre e os elegantes passantes haviam desaparecido, o jovem rapaz deixou-se absorver por seus pensamentos e só voltou à realidade quando seu camelo parou diante de uma casa muito ampla, evidentemente uma hospedaria, já que outros viajantes ali se encontravam reunidos. O dono do local, um homem grande, de rosto ossudo e lábios grossos, recebeu o chefe da caravana

---

6 Mênfis - Cidade do Antigo Egito, na margem esquerda do Nilo, a 18 km da atual Cairo. Construída por Menes, o unificador e fundador da 1ª Dinastia Egípcia, foi capital do país até cerca de 2258 a.C. Tinha por divindade local o deus Ptah.
7 Kemi - Nome egípcio do Antigo Egito, que significa "Terra Negra", uma referência ao solo fértil das margens do Nilo.

com grandes demonstrações de alegria; ele era seu parente e logo chamou sua esposa e seus filhos para saudarem o hóspede desejado. Depois, ele o fez entrar na casa, enquanto um criado levava os camelos para um amplo pátio, onde os animais foram descarregados e os fardos empilhados sob um abrigo. Em seguida, o mesmo homem conduziu os cameleiros para uma sala onde lhes foi servida uma refeição, enquanto José foi convocado para perto do chefe, que tinha algumas ordens a dar.

A mulher do hospedeiro e sua sobrinha, bela moça de aspecto matreiro, examinaram curiosamente o belo adolescente que estava diante delas, modesto e com os olhos baixos.

— De quem você conseguiu esse rapaz, Mohar? Eu não o vi em sua última vinda — perguntou a hospedeira.

— Eu o comprei no caminho, de uns hebreus nômades que queriam se livrar dele, e espero vendê-lo aqui — respondeu Mohar. — Mas me ocuparei desse negócio mais tarde. No momento, tenho outros mais importantes. Enquanto aguarda que eu o venda, ele pode ficar aqui e ajudá-las nos trabalhos da casa. Se você já decidiu onde acomodá-lo, que Sitkha o leve, pois o rapaz precisa de descanso.

Após trocar algumas palavras com a tia, a moça levantou-se, fez um sinal para que José a seguisse, e o levou para um quartinho, que continha um catre, uma mesa de madeira tosca e um banco.

— Acomode-se aqui e descanse. Amanhã você começará seu serviço e nos ajudará a servir os visitantes que se hospedam aqui ou que vêm apenas se reconfortar com um copo de cerveja — observou a moça com um sorriso. — Mas, diga-me — acrescentou ela com curiosidade —, você não tem nenhum parente que o ame, já que deixaram você ser vendido como escravo? Você não tem o jeito de um pastor nômade e selvagem e fala o fenício fluentemente, como se o houvesse aprendido.

— Aprendi essa língua com um velho caldeu que visitava nossa tribo e tenho um pai que me ama e teria o suficiente para me comprar de volta se soubesse que eu vivo miseravelmente como escravo — respondeu tristemente José. — Mas ele ignora que os meus perversos irmãos me venderam e talvez esteja sofrendo, acreditando que estou morto — acrescentou, enxugando do uma lágrima furtiva.

O Chanceler de Ferro do Antigo Egito

Durante algumas semanas que se seguiram, José devotou-se com zelo ao novo serviço que lhe fora imposto e soube cair nas boas graças do hospedeiro e de sua família. Sitkha, sobretudo, estava encantada com ele, e, enquanto lavavam a pilha de louça ou arrumavam os quartos dos viajantes, os jovens conversavam, e José começou a aprender o egípcio imediatamente, graças a essas conversas. Ele pouco via seu verdadeiro dono, Mohar, desde a chegada a Mênfis. Totalmente absorvido por seus negócios, o ismaelita saía muito e recebia em seu quarto os compradores mais importantes, que vinham se assegurar pessoalmente da qualidade de suas mercadorias. Os elogios que seus parentes faziam a José e seu desejo, nitidamente expresso, de adquirirem eles mesmos o jovem escravo, foram acolhidos favoravelmente por Mohar, e provavelmente o negócio seria concluído entre eles se um acaso não houvesse mudado tudo...

Um dia, Mohar chegou em casa acompanhado de um velho obeso, com aparência jovial e alegre, a quem o mercador dispensava uma deferência obsequiosa. Sitkha confiou a José que esse personagem era Ptah, o intendente da casa do nobre Putifar, "os ouvidos do faraó", o grande chefe da polícia e superintendente das prisões, se nos expressarmos em termos mais modernos.

— Ele sempre compra grandes quantidades de incenso, bálsamo e substâncias aromáticas, e também tecidos e tapetes de Tyr e da Babilônia, quando trazidos pelo tio, pois o nobre Putifar é imensamente rico — acrescentou Sitkha, com um ar de confidência.

Pouco depois, o adolescente foi chamado para servir aos dois homens alguns refrescos e, enquanto enchia de vinho a taça de Ptah e lhe apresentava um cesto de frutas, este o examinou com complacência e, quando o jovem saiu, perguntou quem era ele e se Mohar não estaria disposto a vendê-lo.

— Precisamos de um escravo desse gênero para servir ao patrão — disse ele.

A avidez do ismaelita foi despertada de imediato; diante de um bom negócio ele até esqueceu os desejos de seus parentes e estipulou uma soma considerável como preço para ceder José. Uma vez que Ptah aceitou sem muito regatear, o acordo foi concluído e decidiu-se que, no dia seguinte, Mohar levaria o jovem e receberia o valor da venda.

O hospedeiro e, sobretudo, sua esposa e Sitkha, ficaram desolados com a partida de José, mas ele mesmo afligiu-se apenas aparentemente: aspirava entrar em uma casa rica; e foi com o coração cheio de desejos e curiosidade que seguiu seu dono à casa do velho Ptah.

Os primeiros dias na casa de Putifar foram muito interessantes para José. Ele ainda não tinha visto seu novo senhor, ausente à negócios, mas lhe ensinavam o serviço que deveria fazer e o utilizavam para a limpeza dos quartos reservados especialmente para Putifar.

Para José, tudo era novo e interessante nessa rica habitação. Sua vida simples e pobre na tribo, assim como sua estada em um albergue de arrabalde, jamais lhe havia dado alguma idéia do luxo refinado do qual se cercavam os egípcios das altas classes. E, com uma curiosidade infantil, o jovem rapaz não deixava de admirar as pinturas e os tapetes que ornavam as paredes, os móveis incrustados, os vasos preciosos, o toque dos tecidos bordados dos reposteiros, as almofadas macias das cadeiras e as esculturas douradas da cama, que representavam um leão deitado de costas.

Por fim, uma noite, o barulho retumbante de uma carroça sobre o ladrilho do primeiro pátio e a vida, o movimento que se espalhava por toda a casa, anunciaram a José a chegada do seu senhor. Contudo, ele não o viu nessa noite, nem na manhã seguinte; Putifar tinha se dirigido ao palácio. Foi somente para a refeição que, por ordem do supervisor dos escravos, ele se vestiu cuidadosamente com uma túnica fresca, untou com óleo seus belos cachos castanhos e, com uma ânfora à mão, postou-se atrás da cadeira do patrão, enquanto outros escravos se colocavam junto aos lugares reservados para diversos convidados.

A sala de refeição ainda estava vazia. Ptah e o supervisor dos escravos circulavam sozinhos, sem barulho, lançando olhares fulminantes aos jovens criados e dando-lhes as últimas instruções relativas ao serviço. Na sala contígua, ouvia-se falar ruidosamente e, alguns minutos mais tarde, quatro homens adentraram a sala de refeição. A atenção de José se concentrou

O Chanceler de Ferro do Antigo Egito

naquele que, com uma desenvoltura amável, convidava os outros a tomarem seus lugares e era, claramente, o dono da casa. Putifar era um homem de cerca de trinta e dois anos, o tipo puramente egípcio: grande, desembaraçado, esguio, tez bronzeada, ele tinha os cabelos curtos, cílios espessos, muito próximos da raiz do nariz, que lhe davam um aspecto sombrio e severo, suavizado pelo sorriso franco e agradável da sua boca, de lábios púrpura, descobrindo, a cada palavra, os dentes de ofuscante brancura. O olhar vivo e penetrante de seus olhos negros revelava um homem habituado a comandar e a perscrutar a alma daqueles que se aproximavam.

No momento de se sentar, o olhar de Putifar parou um instante sobre o novo escravo, mas ele não lhe disse nada e retomou com seus convidados a conversa interrompida. Somente à noite, quando José levou-lhe água para lavar as mãos e depois o despiu com a ajuda de Anúbis, o segundo escravo, Putifar dirigiu a palavra ao seu novo criado, perguntando-lhe sobre sua origem, idade etc. Visivelmente satisfeito com as respostas do rapaz, elogiou Ptah, que tinha vindo lhe desejar uma boa noite, por essa aquisição, e ordenou que ele cuidasse do adolescente e o ocupasse especialmente de seu serviço particular.

A partir desse dia, José teve a tarefa de vestir e despir seu senhor, de lhe servir a taça de vinho que ele costumava tomar à noite e de ficar à sua porta para atender ao primeiro chamado. Todavia, como o chefe da polícia de Mênfis era, até por força do seu cargo, um homem sobrecarregado de afazeres, que, às vezes, durante dias inteiros não voltava para a casa e que, ainda, a residência formigava de criados, o jovem hebreu não tinha grande coisa a fazer. Ele pensava em ocupar de forma útil essas horas de lazer aprendendo a ler e a escrever no idioma egípcio.

A fim de atingir esse objetivo ardentemente almejado, José procurou, de todas as formas, ser agradável e útil à um jovem escriba que vivia na casa e servia de secretário a Putifar.

Chnoum era um bravo rapaz bonachão, alegre e um tanto inconseqüente; as atenções de José, seu zelo em despertar a tempo, em servir, nem mais nem menos do que ao patrão, uma taça de vinho ao deitar ou esperar para colocá-lo na cama se ele chegasse um pouco embriagado, ganharam logo a sua benevolência, e, quando o jovem hebreu suplicou-lhe, um dia, que o ensinasse a ler e a escrever, o egípcio Chnoum acolheu favoravelmente seu pedido e ocupou-se nas horas livres em dar lições, cujos resultados impressionaram positivamente o professor. José estudava com ardor, seus progressos eram espantosos e, ao fim de alguns meses, os caracteres que ele traçava em tinta vermelha ou negra sobre as faixas de papiro eram tão corretos e elegantes que Chnoum passou a lhe confiar cópias e outras pequenas tarefas.

🙰⊙🙰

Um ano se passou. Em meio à sua incessante atividade, José observava apenas que o tempo havia passado muito depressa, levando numa névoa, já distante, os acontecimentos ainda tão recentes da sua separação de seu pai e de sua tribo.

Uma noite, quando estava ocupado em copiar para Ptah a conta de um transporte de provisões, José sentiu-se tomado por um súbito mal-estar. Sua cabeça ardia, seus membros estavam pesados como chumbo e arrepios gelados percorriam sua pele.

Após ter lutado em vão contra essa indisposição, ele terminou por se dirigir a Ptah para pedir que o autorizasse a se deitar, já que se sentia doente. O intendente fixou por um momento o seu rosto pálido e desfeito.

— Vá descansar, vejo que você está mesmo indisposto — respondeu com bondade. — Mas como seus camaradas o incomodariam com suas tagarelices, vá para o quarto onde conservamos as esteiras; lá você poderá dormir tranqüilo e eu espero que amanhã tudo tenha passado.

Após agradecer Ptah por sua bondade, José foi para o quarto designado, que era uma ampla peça sem janela, mas plenamente iluminado por uma grande porta que se abria para um pequeno pátio interno, cercado de muros e no centro do qual crescia uma palmeira.

José estendeu perto dessa porta um dos fardos de esteiras que estavam empilhados contra as paredes, desenrolou-o e se estendeu sobre ela. Seu mal-estar só fazia aumentar e, pela primeira vez depois de muito tempo, o adolescente pensou no

O Chanceler de Ferro do Antigo Egito

passado, em seu pai e em Schebna.

Ele recordou também a cena estranha e terrível da evocação das serpentes e do combate desesperado que havia travado para conquistar a pedra misteriosa. Como naquela ocasião a Lua estava plena, seus raios inundavam o pequeno pátio e a folhagem da palmeira projetava sobre o ladrilho sombras alongadas e oscilantes que lhe lembravam os movimentos cadenciados dos répteis.

Um arrepio de horror supersticioso sacudiu o corpo do adolescente e seus dentes bateram como numa febre.

— Poderia dizer que algum espírito impuro e nefasto volteia ao meu redor — murmurou.

Depois, tomando a pedra mágica que trazia sempre consigo, acrescentou:

— Vou tentar apertar o talismã contra a minha testa. Talvez ele possua poderes que ainda não conheço e possa me curar.

Examinou por um instante a pedra cintilante, de cujo interior o luar azulado parecia surgir, depois a apertou contra o peito, murmurando com devoção:

— Conceda-me a chave das forças misteriosas que possui, pedra maravilhosa! Eu o conquistei, enfrentando a morte; eu o possuo, mas não conheço a extensão do seu poder.

Nesse instante, uma vertigem o tomou; um suor gelado inundava seu corpo, enquanto uma corda escaldante parecia enlaçar seu peito, apertando-o até sufocar. Faltava-lhe a respiração e, tomado por uma angústia mortal, ele se ergueu e arrancou as vestes. Entretanto, dominado pela fraqueza, tornou a cair.

Por quanto tempo permaneceu nesse estado de prostração? Ele não saberia dizer. Um ligeiro barulho às suas costas fez com que voltasse a cabeça e, como que movido por um impulso, saltou sobre os pés. Lá, erguida sobre sua poderosa cauda, lançando sobre ele suas pupilas esverdeadas, injetadas de sangue, estava a serpente que ele havia derrotado um ano antes; um tremor sacudia seus anéis flexíveis e um silvo ameaçador escapava da sua boca entreaberta.

Fascinado, paralisado, inundado de suor, José fixava o espectro animal; seus olhos pareciam grudados um ao outro, e, como um lampejo, veio à mente do adolescente a lembrança das palavras do caldeu: "Ela retomará forma e matéria, desejará retomar a pedra, e uma só fraqueza significará a sua derrota."

Reunindo toda a sua vontade, José ergueu o braço e, brandindo o talismã sobre a cabeça da serpente, disse com voz abafada:

— Quem é você, monstro do Amenti,[8] e o que quer?

E, de repente, uma voz humana, surda, rouca, mas clara, respondeu:

— Eu sou o seu destino e venho para combater. Se você me vencer, eu o obedecerei e servirei; se você sucumbir, eu me enrolarei à sua volta e o sufocarei, pois ai dos vencidos pelo destino. Ele os enlaça como uma serpente, e o fraco torna-se seu escravo, mas o forte domina e lhe dá ordens como mestre.

— Ah! Você é o meu destino? Então eu o vencerei! — exclamou José, colocando a pedra entre os dentes e se lançando sobre o monstro, agarrando-o com as duas mãos.

Silenciosa e assustadora, a luta do ano precedente se repetiu.

José sentia os anéis viscosos e gelados apertando seus membros para esmagá-los; o hálito fétido do animal batia-lhe no rosto e seu silvo agudo causava-lhe vertigem; mas suas mãos, como ganchos de aço, cerravam o pescoço do monstro, enquanto um único pensamento lhe vinha à mente: "Para vencê-lo, destino pérfido e perigoso, devo apertá-lo contra o meu coração e sufocá-lo em meus braços!"

Passou-se um curto momento, mas uma eternidade para José. Depois, a serpente, uma segunda vez, distendeu seus anéis e tombou pesadamente sobre o solo. Tremendo, extenuado, o adolescente encostou-se na parede com o olhar ainda pregado em seu inimigo destruído. De repente, ele viu com assombro o corpo da serpente se agitar, inchar, se fundir em uma massa enegrecida, que, por sua vez, sofria uma estranha metamorfose. A cabeça do réptil ergueu-se, arredondou-se e, nessa massa disforme, se modelou uma cabeça de mulher de serena e altiva beleza. Os olhos, insondáveis e inflexíveis, pareciam transpassar o que fixassem, enquanto um misterioso sorriso errava sobre

---

8 Amenti - A morada dos mortos segundo a tradição egípcia, onde suas almas eram julgadas pelo deus Osíris, sendo punidas ou recompensadas por seus atos durante a vida.

os lábios fechados; um claft[9] listrado atenuava essa cabeça de suas rugas severas, e sobre sua fronte cintilava uma estrela resplandecente. Em seguida, surgiu um torso feminino, nu até a cintura, saindo do corpo acocorado de um touro com patas de leão, enquanto duas asas imensas, com reflexos esverdeados, elevavam-se das costas.

— Quem é você? E por que me aparece, ser estranho e terrível? — murmurou José, de forma palpitante.

— Sou o segredo de todas as coisas, a fortuna do sábio, a chave dos mistérios — respondeu uma voz sonora e harmoniosa.

Subjugado pelo temor e o respeito, José prostrou-se com o rosto voltado para a terra.

— Levante-se e escolha uma parte de mim, que consinto em lhe conceder! — disse a mesma voz. — Você quer meus flancos de touro? Eles o dotarão de uma vontade incansável e de uma paciência à toda prova. Quer minhas garras de leão? Elas o ensinarão a ousar quando o querer não for suficiente, e a conservar pela força o que foi conquistado pela inteligência. Quer minhas asas? Elas o levarão ao infinito, onde brilha uma estrela resplandecente que é o saber absoluto, a suprema recompensa da inteligência humana que minha face representa.

— Que terrível escolha você impõe a mim, um miserável verme da terra! — murmurou José, enquanto seu olhar parou sobre o peito nu. — Deixe-me sugar seu seio e beberei a própria essência do seu ser — balbuciou.

Um estranho e misterioso sorriso insinuou-se nos lábios da esfinge.

— Beba! — disse. — Você escolheu habilmente, filho de Israel, o dom mais precioso e a tarefa mais fácil, a riqueza sem trabalho: beba, portanto, mas com moderação.

E o gênio simbólico do Egito estendeu suas poderosas asas para abrigar o estrangeiro, enquanto José colava avidamente seus lábios em seu seio, verdadeiro protótipo desse povo que, no correr dos séculos, devia se pendurar à teta de todos os povos, sugando sua seiva fecunda, sua riqueza, até secar essa fonte nutritiva.

---

9 Claft - Espécie de turbante ou toca raiada, comumente utilizada pelos egípcios, e que fazia parte de suas vestimentas.

E José bebia, bebia, até a embriaguez... De repente, ressoou um trovão, um clarão fulgurante surgiu da estrela, a esfinge desapareceu e José caiu como que fulminado, acreditando estar rolando por um abismo sem fundo.

Quando reabriu os olhos, fazia um grande dia, os raios de Sol se refletiam sobre os ladrilhos do pátio. Ele se sentia fraco e alquebrado, mas sua mente estava lúcida e ele se lembrava perfeitamente da aparição da serpente e da esfinge.

— Era um sonho ou uma visão? — murmurou, passando a mão sobre a fronte. Em seguida, constatou que a pedra mágica se encontrava intacta em sua mão, mas que a pele de serpente que usava como cinto havia desaparecido.

Com a autorização de Ptah para que repousasse por mais um dia, José permaneceu deitado sobre a esteira, pensando no estranho acontecimento da noite e não conseguindo entender se tinha estado diante de uma realidade ou assombrado por uma visão fantástica. Durante a noite seguinte, sonhou com Schebna: o caldeu estava em pé à sua cabeceira e dizia, com sua voz grave e profunda:

— Agora o talismã adquiriu todo o seu poder; além da adivinhação pela água, que lhe ensinei, você pode utilizá-lo para curar feridas, esfregando a pedra em uma roupa branca, que você aplicará sobre o ferimento, que se fechará prontamente. A água na qual você embeberá o talismã é um poderoso antídoto contra o veneno dos répteis e das plantas venenosas; aplicando-a sobre a fronte, você curará os problemas do espírito, se não forem provocados por lesões do cérebro. Por fim, colocando-a sobre o peito de alguém, você imporá a sua vontade.

Esse sonho causou ao adolescente uma impressão tão profunda quanto a visão, e ele prometeu a si mesmo experimentar as qualidades da pedra que lhe foram mostradas no sonho profético.

Algumas semanas após sua visão noturna, José aproveitou-se habilmente de um infeliz acidente ocorrido na família de Ptah para experimentar a força do talismã e passar a ter no velho intendente um amigo e protetor.

Ocorreu que o pequeno Rui, filho único da filha de Ptah, foi mordido por uma serpente. O veneno agiu tão rapidamente que era evidente que o menino teria morrido antes mesmo de se ter tempo de chamar um sacerdote médico ou de levá-lo ao Templo. José, então, pediu que Ptah o escutasse sem a presença de testemunhas, e disse:

— Você sabe que é proibido a um escravo possuir os conhecimentos secretos, mas a gratidão que sinto por você e pelos seus fazem-me enfrentar tudo, e confesso-lhe que, por ter nascido livre e filho de um chefe, possuo um remédio secreto que Elohim, nosso Deus, ensinou aos meus pais. Se você quiser me deixar a sós com Rui, eu conseguirei, espero, salvá-lo.

O velho intendente, desesperado, concordou com tudo e introduziu José no quarto onde agonizava a criança, estendida, lívida, os lábios azulados, sobre uma cama. Assim que se viu só, o rapaz mergulhou a pedra mágica em uma vasilha cheia d'água e, enquanto pronunciava as palavras cabalísticas que conjuravam os efeitos do veneno, viu o líquido ganhar uma cor azulada e se agitar, como se fervesse levemente. Em seguida, derramou uma colherada dessa água na boca da criança e, molhando uma roupa branca nessa vasilha, lavou também a ferida e aplicou sobre ela a pedra. Um instante mais tarde, a superfície brilhante do talismã embaçou-se e, a seguir, ele pareceu se encher interiormente com uma fumaça negra, enquanto os raios que a pedra mágica exalava se fundiam em um vapor vermelho brilhante que, pouco a pouco, adquiriu uma tonalidade azul, depois amarela, em seguida verde e, por último, retomou a sua transparência habitual.

A criança repousava ainda com os olhos fechados, mas quando José se inclinou sobre ela constatou que dormia profundamente, ao mesmo tempo em que um suor abundante escorria de todo o seu corpo. A ferida tinha perdido seu aspecto enegrecido, algumas gotículas de sangue salpicavam sua superfície e, era evidente, iria se fechar prontamente. Rui estava salvo.

O reconhecimento de Ptah e dos seus foi silencioso, mas profundo, e desse dia em diante o jovem escravo teve nele um amigo que, pouco a pouco, o retirou do meio da multidão de valetes e lhe ofereceu um serviço mais elevado junto a Putifar, a quem o intendente confiou essa cura e algumas outras, não menos impressionantes, realizadas pelo jovem escravo em homens e animais.

Um segundo incidente, que aproximou José do próprio Putifar e conquistou-lhe a confiança, foi provocado por Chnoum. Teria, o escriba, se deixado levar pelo mau hábito de beber e sido indiscreto sob os efeitos da embriaguez ou se deixado tentar por um ganho ilícito? O fato é que toda sorte de negócios secretos e íntimos de Putifar passaram a ser do conhecimento de um dignatário, que era seu inimigo e aspirava substituí-lo. José, que tinha olhos e ouvidos para tudo e que vigiava Chnoum de quem desejava o cargo de secretário, descobriu a verdade e apressou-se em prevenir seu dono. Furioso com as delações e mexericos do escriba, Putifar quis, em primeiro lugar, puni-lo rigorosamente, mas, bom e indulgente, apiedou-se assim que passou a raiva e se contentou em enviá-lo como contador em uma propriedade distante. Quanto ao cargo de secretário, ele coube a José.

E foi nessa qualidade que ele acompanhou seu mestre durante uma estada de três meses próximo a Sais,[10] onde possuía uma propriedade e onde vivia um velho sacerdote, seu parente e antigo tutor. O hebreu procurou conquistar esse velho sábio por todos os meios humanos e ocultos, prestando-lhe os mais respeitosos serviços e homenagens. Impondo-lhe secretamente o jugo de sua vontade, ele fez o velho sábio se interessar por ele e ensinar-lhe, em seguida, muitas das coisas que só se ensinavam aos membros das altas classes. E, apesar do seu rigorismo aristocrático, Putifar consentiu com isso, pois estimava em particular a inteligência excepcional e impecável de seu jovem secretário.

Insensivelmente, José tornou-se também ajudante de Ptah, aliviando-o nos trabalhos a seu cargo; e, quando, ao final de quatro anos, o velho morreu, Putifar não acreditava poder substituir Ptah mais dignamente do que nomeando José como intendente. Com mão de ferro, o jovem apoderou-se da administração da casa e dos domínios, e tais eram seu zelo, sua atividade, seu conhecimento de todos os detalhes administrativos dessa grande fortuna, que, em um ano, tudo adquiriu um novo aspecto e os lucros aumentaram, pois qualquer malversação,

10 Sais - Antiga cidade do Egito, na margem oeste do Delta do Nilo.

O Chanceler de Ferro do Antigo Egito

qualquer negligência, ainda que mínima, eram imediatamente descobertas pelo incansável intendente, que parecia tudo ver, tudo sondar, e que era temido mil vezes mais do que jamais tinha sido o bom velho Ptah. Sem se mostrar injusto, José era altivo, severo e, às vezes, punia cruelmente; também os escravos tremiam quando os grandes olhos esverdeados se fixavam sobre eles, lançando um olhar penetrante e mordaz como o de uma serpente.

Em contrapartida, Putifar estava satisfeito: tudo corria às mil maravilhas. As inúmeras preocupações domésticas, as querelas e punições que Ptah submetia ao seu julgamento pareciam não mais existir. Sua riqueza aumentava regularmente, as contas eram de uma clareza, de uma precisão ideal, e tudo isso ele devia a José. Ele tinha no jovem uma confiança ilimitada e o gratificava com honrarias particulares e ricos presentes.

Capítulo 3

A FORÇA MÁGICA

> O copo que ocultastes é aquele no qual o meu Senhor bebe e do qual se serve para suas adivinhações. Agistes muito mal.
> Disse José: 'Por que agistes comigo dessa forma? Ignoras que não há ninguém que se iguale a mim na ciência de adivinhar as coisas ocultas?
>
> (Gênese, cap. XLIV, vv. 5 e 15)

Em um dos bairros mais ricos e elegantes de Mênfis, erguia-se uma habitação luxuosa, que os grandes mastros plantados à sua entrada designavam como a residência de um grande senhor. De fato, essa casa de cores resplandecentes, cercada por um jardim frondoso e impecável, pertencia a um grão-sacerdote, o ilustre Potífera,[11] que vinha ali raramente, quando os negócios o chamavam à capital, visto que morava em Heliópolis,[12]

11 O nome Putifar, o mestre de José, de acordo com Ebers, significa em egípcio "Consagrado a Rá". Potífera significa "Dádiva de Rá". Os dois nomes embora se pareçam, têm, portanto, significado e ortografias diferentes.
12 Heliópolis - Antiga cidade do norte do Egito, no Delta do Nilo, situada atualmente a 10 km abaixo da cidade do Cairo. Foi o centro do culto a Rá, o deus Sol,

onde ocupava o elevado cargo de sacerdote do Templo do Sol.

Uma noite, após o jantar, à hora em que o calor tórrido do dia começa a dar lugar a uma atmosfera mais respirável, duas mulheres encontravam-se sentadas num vasto terraço dessa residência, e conversavam, vigiando com atenção uma encantadora menina, de cerca de seis anos, que brincava sob os degraus com um grande gato, que se deixava fantasiar com toda sorte de panos, representando um turbante e uma túnica. Essa criança era Asnath, a filha única do grão-sacerdote, e justificava, com sua rara beleza, a adoração de seus pais, que não se cansavam de admirar seus cabelos, de um castanho claro e dourado, e seus grandes olhos, de um azul escuro como uma safira, que constituíam uma verdadeira raridade entre os egípcios. Se Potífera conduzia com mão firme e severa a educação de seu filho Armais, que tinha dez anos, com sua filha ele era indulgente até a fraqueza.

Uma das duas mulheres sentadas no terraço era Maia, a esposa do grão-sacerdote, bela mulher, com ar imponente, vestida com a mais requintada riqueza. A segunda era a irmã dele, Ranofrit, encantadora moça de dezessete anos, esbelta, morena, com grandes olhos plenos de fogo e com espessas tranças cor de ébano. Sedutoramente vestida, com transparentes túnicas bordadas de vermelho, ela se abanava com um grande leque de plumas e parecia agitada e nervosa.

— Sua persistência em recusar um pretendente como Putifar sugere uma série de suposições. Seja franca, Ranofrit, e confesse que, para recusar o amor e a mão de um homem tão digno, rico e bem situado, é preciso ter em vista alguém que a agrade mais — observou Maia, devorando com um olhar perscrutador a face subitamente enrubescida da cunhada.

— Já que não se pode esconder nada de você, Maia, confesso que você adivinhou — respondeu Ranofrit, escondendo atrás do leque seu embaraço e sua face em fogo. — Sim, existe um homem, menos rico e não tão bem situado quanto Putifar, mas mil vezes mais dileto ao meu coração.

— Foi aqui em Mênfis que você o conheceu?

— Sim, durante os meses que passei aqui com tia Nefert.

até cerca de 2100 a.C., quando Tebas se tornou capital.

O Chanceler de Ferro do Antigo Egito

Irmãos mostrando a Jacó a roupa de José manchada de sangue, de Diego Rodriguez de Silva y Velazquez - 1630.

No mais, espero que você o conheça hoje, e aí poderá julgar por si mesma se minha preferência é legítima.

Um escravo, anunciando que o nobre Hor solicitava a honra de cumprimentar a esposa de Potífera e sua cunhada, interrompeu a moça, e Maia precisou apenas observá-la para se convencer de que esse que se anunciava era o eleito do coração de Ranofrit.

As duas mulheres mal tiveram tempo de ajeitar as vestes e trocar sua postura relaxada por um ar mais cerimonioso, quando o reposteiro foi erguido e um jovem oficial, adentrando o terraço, veio saudar as damas, com a graça desenvolta de um homem da corte.

Hor tinha vinte anos, era filho de um alto funcionário e há dez anos servia no séquito do faraó. Ele era muito estimado na sociedade, por seu caráter leal e agradável, e as mulheres eram apaixonadas pelo rapaz em virtude de sua rara beleza. De fato, Hor, cuja mãe era de origem estrangeira, tinha a pele de uma brancura mate e cabelos loiros dourados; seus traços lembravam, por sua pureza, o tipo grego, e suas formas ágeis, esbeltas, porém vigorosas, poderiam servir de modelo para um escultor.

Maia examinou o jovem com complacência e declarou, com palavras amáveis, que já o conhecia, tendo ouvido falar dele coisas muito lisonjeiras, por uma irmã de seu pai, casada com Hapou, sacerdote em Heliópolis.

— Venha em breve ver sua tia e também nos visitar, nobre Hor. Meu marido ficará encantado em ver você — acrescentou, com um sorriso.

— Eu agradeço por essa amável autorização, nobre Maia. Ficaria feliz em cumprimentá-la, assim como à bela Ranofrit e seu ilustre esposo, a quem tive a honra de conhecer quando de sua última vinda aqui — respondeu Hor, inclinando-se, visivelmente satisfeito. E, nesse momento, avistando Asnath, que se aproximara e o fixava curiosamente, disse:

— Esta, sem dúvida, é sua filha, nobre Maia! Minha tia me havia contado que é uma criança encantadora, mas a realidade supera em muito a descrição. Que olhos magníficos! Prevejo que um dia eles conquistarão muitos corações e despertarão perigosas paixões!

Maia o ameaçou com o dedo e disse com bom humor:

— Você vai estragar minha filhinha; veja como ela ouve seus elogios e a satisfação que ela sente! Se vier a se tornar vaidosa e orgulhosa, você será o responsável. E eu lamento muito que você já esteja na idade de se casar e que Asnath seja tão pequena, do contrário, ela talvez tivesse a honra de ver a seus pés um homem sedutor como você.

— Ah, sem dúvida! — retrucou Hor alegremente. — Estou muito tentado a permanecer livre até que a pequena Asnath seja grande o suficiente para aceitar as humildes homenagens de um pobre guerreiro como eu.

— Nesse caso, arme-se de paciência; será preciso esperar oito anos, pois antes dos dezesseis anos eu não casarei minha filha — respondeu Maia, sorrindo junto com Ranofrit.

— Ah, o que são oito anos diante de tal prêmio! E o que você me diz — acrescentou ele amigavelmente para Asnath. — Aceitará os meus galanteios?

A menina ergueu seus belos olhos luminosos e límpidos para o jovem oficial e o fitou com ar perscrutador:

— Com muito gosto! Você é belo e seus cabelos de ouro me agradam. Mas você quer esperar até que eu seja grande? Isso levará muito tempo — concluiu com um suspiro.

— Fique tranqüila, esperarei, e você verá como o tempo passa rápido! Mas, você não me concederia um beijo por conta dos favores futuros? — disse Hor, com fingida gravidade.

Asnath fechou os olhos e refletiu um momento:

— Sem dúvida, pode me beijar — declarou ela, resoluta-

O Chanceler de Ferro do Antigo Egito

mente, estendendo-lhe sua boca rosada. — Todos me beijam, por que não você, que me agrada?

Ele a beijou sem hesitação, depois Asnath puxou um banco e sentou-se perto de Hor, colocando sua pequena mão sobre a dele. Maia estava se divertindo ao máximo com essa cena, mas Ranofrit, que ria como louca, exclamou:

— Asnath, Asnath! Você concede seus beijos com muita imprudência. Creia-me, quando você for maior, Hor não a agradará mais, ele estará velho e talvez já seja pai de família.

Asnath ergueu a cabeça com ar de desafio e ia abrir a boca para uma resposta, quando o negro que havia anunciado o oficial reapareceu e declarou que um enviado do nobre Putifar solicitava o favor de ser admitido na presença da nobre Ranofrit, desejando depositar a seus pés flores enviadas por seu senhor.

— Que ele venha! — respondeu a moça, enrubescendo fortemente. — Não posso ofender Putifar, recusando-me a receber seu emissário. Quem sabe ele poderia vingar-se de meu desprezo em meu irmão Rameri, que é seu subordinado — acrescentou ela com um olhar de desculpa, vendo uma ruga se aprofundar na fronte de Hor.

Ela não teve tempo de dizer mais nada, pois o núbio já erguia o reposteiro franjado, dando passagem a dois meninos ricamente trajados, que carregavam um grande cesto, artisticamente trançado, ornado com fitas e repleto de flores admiráveis. Atrás das duas crianças vinha um homem alto, que, diante das duas mulheres, inclinou-se com respeito e, depois, erguendo-se a um sinal de Maia, disse com uma voz sonora e metálica:

— Em nome do meu senhor, o poderoso e ilustre Putifar, deposito estas flores a seus pés. Queira se dignar a aceitar sua oferenda com benevolência, nobre Ranofrit, e que os deuses possam abençoar cada um dos seus passos e conceder-lhe felicidade, saúde e dias infinitos!

Todos os olhares estavam fixados no mensageiro de Putifar, que, pelo porte desenvolto, elegante, embora modesto, poderia ser tomado por um nobre, não por um serviçal. Quanto ao emissário, ele só tinha olhos para Ranofrit; seus grandes olhos de um castanho esverdeado pareciam fixos na moça, e esse olhar, afiado como um dardo, pesado como o chumbo, parecia penetrar até o fundo do seu ser. Fascinada, subjugada, esquecendo-se de tudo que a cercava, Ranofrit fixava esse homem cujos olhos a queimavam e faziam seu coração bater como jamais havia batido sob o olhar de um de seus iguais. Parecia-lhe que, sob o peso desse olhar estranho e poderoso, algo nela se curvava e contraía, que lhe faltava a respiração e que uma vertigem tomava conta dela.

Livrando-se com esforço desse súbito torpor, Ranofrit murmurou com uma voz baixa e trêmula:

— Agradeça a seu senhor a encantadora oferenda que me envia e certifique-lhe da minha gratidão.

Ela fez um sinal com a mão, dispensando o enviado de Putifar, e este, após inclinar-se novamente, desapareceu com os dois meninos que haviam carregado o cesto.

Ranofrit suspirou aliviada e passou a mão pelo rosto empalidecido. Agora que a estranha fascinação exercida pelo olhar desse homem não mais pesava sobre si, um sentimento de surda aversão apoderou-se dela subitamente. Expressando, de alguma forma, o pensamento da tia, Asnath exclamou inesperadamente:

— Que homem desagradável! Ele tem olhos como os da grande serpente que vi uma vez... e é justo ele que Putifar envia com o presente! — acrescentou, com um ar de desaprovação que fez todos rirem, e apagou a penosa sensação que todos, inconscientemente, sentiram.

— Esse homem é o primeiro intendente de Putifar — observou Hor. — Dizem que desempenha um papel importante na casa e que conta com a confiança absoluta do seu senhor, embora tenha sido um simples escravo, comprado há alguns anos. Sua visão sempre produz em mim uma impressão desagradável, e Asnath tem razão: ele tem o olhar de uma serpente.

A conversa mudou de tema, Hor contou as novidades da corte e da cidade, mas, notando que Ranofrit permanecia silenciosa e pensativa, despediu-se e se retirou. Alegando uma dor de cabeça, a moça deixou o terraço e recolheu-se aos seus aposentos; dispensou as criadas, proibindo-as de incomodá-la, depois se estendeu sobre um cômodo sofá, próximo à janela.

Era um estado estranho aquele em que Ranofrit se encon-

O Chanceler de Ferro do Antigo Egito

trava: sua cabeça estava pesada, seus pensamentos se embaralhavam, ela tinha esquecido Hor, a quem amava, e a imagem de Putifar surgia em seu espírito em meio a uma claridade quase doída, enquanto uma voz desconhecida murmurava ao seu ouvido: "Você deve desposá-lo, ele é bom, ama você. Ele a fará feliz".

Cansada, quase inconsciente, a moça arrastou-se para o leito e adormeceu de cansaço. Porém, em sonho, o mesmo pesadelo a perseguiu, só que, desta vez, não era Putifar que ela via, mas seu emissário. A cabeça característica do intendente inclinava-se sobre ela, o brilho de seus olhos esverdeados expressava uma ordem implacável, enquanto sua boca murmurava como um sopro: "Você desposará Putifar, compreende? Eu ordeno!"

Na véspera do dia em que o cesto de flores foi enviado a Ranofrit, uma conversa singular ocorreu entre José e seu senhor. O hebreu conhecia Putifar muito bem para não notar sua mudança após alguns meses, e logo lhe ocorreu a idéia de que ele estava apaixonado pela encantadora irmã do grão-sacerdote de Heliópolis, que tinha vindo passar uns tempos em Mênfis em companhia de uma velha parente. A perspectiva de ter uma jovem senhora na casa onde mandava e desmandava desagradou imensamente José, a princípio. Ele julgava, não sem razão, que a mulher que subjugasse um celibatário convicto como Putifar, que, aos trinta e sete anos, havia se esquivado habilmente de esplêndidas alianças, exerceria sobre o marido um imenso poder; e se esse poder se voltasse contra ele, poderia causar-lhe sérios inconvenientes.

O primeiro desejo de José foi de impedir esse casamento, mas, a seguir, ele mudou de idéia, acalmou-se e aguardou os acontecimentos. Creio que é preciso acrescentar que o jovem hebreu tinha como certo que um homem rico e bem colocado como Putifar seria aceito de braços abertos por qualquer mulher a quem desse a honra de ser escolhida, e que até o dia anterior, jamais havia atribuído a tristeza e o mau humor de seu senhor à infelicidade no amor.

Todavia, na véspera, à noite, Putifar havia entrado tão ferido e furioso, tinha dispensado todos de forma tão rude, que José se espantou. Em vez de se retirar com os outros, escondeu-se na sombra do reposteiro e observou seu senhor, que, acreditando-se sozinho, atirou-se em um banco e murmurou, cobrindo os olhos com as mãos:

— Maldito Hor! Sinto que é a ele que Ranofrit ama e que por causa desse velhaco ela não irá me desposar!

Já há muito tempo Putifar suspeitava da preferência da moça pelo belo oficial. Contudo, nesse dia, em uma reunião, ele surpreendera os olhares apaixonados, mal disfarçados, entre os dois. Seu ciúme saíra, então, do controle, e ele chegou devorado pela cólera e pela tristeza, pois seu afeto era profundo, honesto e sério como a sua natureza.

Ele estava absorto em seus pensamentos pouco agradáveis, quando um leve toque o fez estremecer.

— O que você quer de mim? — perguntou bruscamente, reconhecendo José, que tinha se aproximado como uma sombra.

— Meu bom senhor — murmurou o jovem, inclinando-se — deseja desposar a bela e nobre Ranofrit? Se o deseja, assim será, e antes de três dias o senhor será o seu noivo.

Putifar fitou-o, surpreso e desconfiado:

— Você está em pleno juízo? O que significa esse disparate? Seria você um feiticeiro para declarar com tanta convicção que me basta querer para me tornar o noivo de Ranofrit? E se, por acaso, ela preferir um outro?

— Não sou feiticeiro, mas o senhor sabe, mestre, que possuo algumas noções sobre a ação dos eflúvios dos astros, que podem lhe ser favoráveis se houver quem saiba manipulá-los. Antes de tudo, porém, rogo a Elohim, o deus do meu povo. Ele ouve a voz do seu servo; nele reside a minha força.

Putifar levantou-se agitado, deu algumas voltas pelo quarto, depois, parando diante do hebreu, colocou a mão sobre seu ombro.

— Faça, então, o que você puder, e saiba que se Ranofrit se tornar minha esposa eu o recompensarei regiamente. Mas, eu não posso ajudar?

— Não, mestre, conceda-me somente três dias para que eu ore e atraia sobre o senhor os eflúvios favoráveis. Além disso, autorize-me a levar amanhã, em seu nome, flores para a nobre moça; e quando eu pedir, confie a mim seu pedido de casamento, escrito em umas tabuinhas que eu mesmo lhe darei.

Voltando de sua missão junto a Ranofrit no dia seguinte, José trancou-se em seu quarto, proibindo a qualquer um de o incomodar até a manhã seguinte. O jovem intendente ocupava agora uma vasta peça, que se abria para um pequeno pátio interno transformado em um pequeno jardim. Esse quarto era mobiliado com um luxo que teria surpreendido Putifar, se lá tivesse posto os pés.

As cortinas preciosas que disfarçavam as portas e janelas, os vasos cheios de flores e a mesa de cedro, sobrecarregada de tabuinhas e papiros, não fariam feio diante do aposento do próprio mestre. A cama, ricamente adornada, era recoberta com uma pele de pantera, e esteiras multicoloridas cobriam o chão. Mas o jovem hebreu não temia a ira de Putifar, mesmo que este tivesse visto o luxo inapropriado de que se cercava seu intendente. José sabia que era indispensável e que já dera muitas provas de sua integridade e zelo para que seu senhor visse seu gosto excessivamente elegante como um indício de malversação.

Pensativo e com as sobrancelhas franzidas, o jovem hebreu caminhava pelo quarto: pensava em sua visita a Ranofrit e nas conseqüências que lhe acarretariam sua súbita resolução de ajudar Putifar a suplantar um rival e utilizar seu conhecimento secreto para conquistar-lhe o coração da mulher amada. "Sim, fiz bem. Putifar deve ser persuadido do meu poder e me será devedor por sua felicidade", pensou. "Quanto à jovem, ela é mais sensível ao meu olhar do que eu esperava; será escrava da minha vontade, minha aliada, e me elevará em vez de me rebaixar, como eu temia... Eu me empenharia em me fazer libertar e... se, por um azar, Putifar morresse, sua viúva, se me amasse, me desposaria. Uma vez elevado a senhor dessa bela e ilustre mulher e dessa imensa fortuna, eu atingiria a gloriosa posição que me prometeu Schebna. Quanto a ser amado por Ranofrit, isso não é difícil."

Um sorriso brincava em seus lábios e, pegando um espelho de metal de cabo entalhado sobre uma mesa, mirou-se por um momento. Sim, era belo, com sua pele pálida e delicada, seus cachos espessos e cuidados, seus grandes olhos cheios de ardor e o sorriso fascinante de sua boca avermelhada.

Quando veio a noite, a imensa cidade foi envolvida por sombra e silêncio, e na casa de Putifar todos repousavam adormecidos. José tirou do pescoço o pequeno saco que sempre trazia consigo, retirando dele a pedra mágica. Então, pressionando-a entre as mãos unidas, agachou-se no chão, murmurando palavras cabalísticas.

Pouco a pouco, sua voz tornou-se mais fraca, até desaparecer completamente. Seu olhar adquiriu uma estranha fixação, as veias de seu pescoço e de sua fronte inchavam como cordas e sobre seu rosto imóvel congelou-se a expressão de uma concentração que se estendia até a dor.

Ao final de cerca de meia hora, José estremeceu, seus olhos readquiriram o brilho e ele ergueu-se cambaleando. Colocando a pedra mágica em seu lugar habitual, o jovem serviu-se de um copo de vinho e, esvaziando-o, deitou-se, visivelmente extenuado, e logo adormeceu num sono profundo.

Enquanto isso acontecia na casa de Putifar, Ranofrit dormia em seu quarto, iluminado por uma lamparina. A doce e vacilante luz espalhava-se em reflexos avermelhados sobre as estatuetas de madeira e couro dos deuses, arranjadas em altar portátil, e sobre as brancas vestes de noite da jovem estendida sobre a cama. Durante toda a noite, a eleita de Putifar tinha sofrido com uma violenta dor de cabeça e, a conselho de Maia, deitou-se cedo. Todavia, à medida que a noite avançava, seu sono se tornava mais inquieto, ela se agitava sobre o leito, e suspiros e gemidos abafados escapavam de seus lábios.

Um sonho incômodo, estranho e impressionante perseguia a jovem egípcia: parecia que ao lado de seu leito surgia, espessa e dilatada, uma nuvem cinzenta, que logo tomou a forma de um homem de quem ela não podia distinguir o rosto, mas cujos olhos, fixos e fulgurantes, trespassavam seu cérebro, causando-lhe uma dor aguda.

— Ranofrit, você me ouve? — perguntava, ao mesmo tempo, uma voz surda e desconhecida.

— Sim — murmurou a adormecida, com esforço.

— Então, se você está me escutando, eu ordeno... Veja bem, eu ordeno que, quando, daqui a três dias, eu lhe entregar o pedido de casamento de Putifar, você responda que o aceita por esposo.

— Hor! Eu quero Hor como esposo! — murmurou Ranofrit com esforço, debatendo-se sobre o leito para lutar contra qualquer coisa que a asfixiava, comprimindo sua cabeça como um anel de ferro. Pareceu-lhe, então, que a sombra cinzenta se inclinava sobre ela, apoiava um dedo abrasador sobre sua fronte, entre as sobrancelhas, e gritava com uma voz retumbante:

— Você esquecerá Hor! Putifar se tornará seu marido, e a mim, seu mestre, você obedecerá, pois me amará.

Cada uma dessas palavras ecoava nos ouvidos da jovem como o ruído de um martelo batendo em um disco de bronze, e as vibrações do metal reverberavam dolorosamente em cada fibra do seu corpo.

— Em três dias você dirá sim e será a noiva de Putifar — repetiu a voz.

A seguir, a sombra cinzenta fundiu-se em um vapor transparente e desapareceu... Ranofrit, porém, contorceu-se sobre o leito, jogando-se de um lado para outro com tal violência que por pouco não caiu. Quase instantaneamente, uma profunda prostração sucedeu essa agitação, e ela caiu para trás, pálida e imóvel.

De manhã, Ranofrit despertou tão alquebrada, tão fraca, que permaneceu deitada durante todo o dia; a cabeça lhe doía, uma pressão dolorosa serrava suas têmporas e ela se mostrou nervosa e irritável como nunca. Às perguntas aflitas de Maia sobre a sua indisposição, nada respondeu. Além da dor de cabeça, sentia-se fraca. No segundo dia, ela se sentiu um pouco mais forte e se levantou. Todavia, em contrapartida, sua inquietação aumentou. De hora em hora, esperava alguma coisa; o quê? Ela não podia definir.

Triste, agitada, não sabendo onde ficar, a jovem vagava pelos aposentos e pelo jardim; no entanto, quando Hor chegou, recusou-se a vê-lo sob o pretexto de que seu mal-estar tornava difícil qualquer contato.

— Você está doente, algum mau-olhado terrível caiu sobre você — declarou Maia na manhã do terceiro dia. — Veja, suas mãos ardem e você está perturbada. É muito provável que al-

60   J. W. Rochester

guém que inveja o amor de Putifar ou de Hor por você tenha jogado um malefício. Não é sem razão que essa horrorosa da Tachot devora você com os olhos quando a vê conversar com o chefe das prisões; e não é segredo para ninguém que Taa está apaixonada por Hor. Precisamos ir ao Templo para que alguém a purifique e lhe dê um amuleto sagrado. Vou me arrumar rapidamente e mandar preparar a liteira; vista-se também, enquanto isso, iremos juntas ao Templo.

— Você tem razão, eu mesma creio que estou sendo vítima de uma influência perniciosa e que, na noite de anteontem, alguém utilizou bruxaria contra mim, pois despertei alquebrada e, desde então, uma angústia contínua me atormenta.

Ranofrit terminava sua toalete quando uma das mulheres anunciou que um mensageiro de Putifar queria lhe entregar pessoalmente uma mensagem de seu senhor. Tomada por uma súbita agitação, a jovem ordenou que o emissário fosse conduzido a uma galeria aberta, contígua aos seus aposentos. Percebendo a alta estatura de José, que logo reconheceu, o coração da jovem bateu tão violentamente que ela precisou se apoiar em uma das colunas, fazendo sinal para que o intendente se aproximasse.

Este inclinou-se, depois declarou respeitosamente que a mensagem que trazia era da mais alta importância e destinada somente aos seus ouvidos e que, por essa razão, solicitava o favor de poder transmiti-la sem testemunhas. A um sinal da senhora, duas amas, que a acompanhavam, retiraram-se para uma sala ao lado da galeria, enquanto Ranofrit, cujos joelhos tremiam nervosamente, sentou-se em um sofá próximo e perguntou, com uma voz tão firme quanto possível:

— O que quer Putifar? Fale, estamos a sós.

José ajoelhou-se, beijou a barra de seu vestido, apresentou as tabuinhas, ao mesmo tempo em que, por um instante, seu olhar de fogo fitou a jovem, que, cada vez mais perturbada, leu o seguinte:

De Putifar, o escriba real, chefe das prisões e dos arqueiros de Mênfis, para a nobre Ranofrit.

Imploro a Hathor,[13] *sua divina irmã, para que você*

---

13 Hathor - Deusa egípcia do amor e da festividade, cultuada como uma deusa

desfrute sempre de uma boa saúde e que seu coração me seja favorável ao ler este escrito, pois não posso calar por mais tempo o grande amor que você me inspira. Estou triste e infeliz em meu vasto lar. Embora, graças aos deuses, ele seja pleno de bens terrenos, está vazio para mim, pois lhe falta uma ama. Contudo, essa tristeza se transformará em alegria se você aceitar o coração fiel que deposito a seus pés e consentir em se tornar o sol da minha vida, a alma de minha casa vazia, se você me aceitar por esposo!

Respirando com dificuldade, a jovem apoiou-se na parede, e seu olhar vagou distraidamente das tabuinhas que repousavam sobre seus joelhos para o jovem hebreu em pé, a alguns passos, numa pose respeitosa, mas cujo olhar, carregado e estranho, continuava a agir sobre ela. Involuntariamente, ela fixou José, que logo baixou os olhos, e, à medida que observava o jovem, despertava dentro dela o desejo de revê-lo, de ouvir sua voz, de mantê-lo junto a si, em uma palavra, de ser servida por ele e, ainda, de ver esse criado de Putifar se ajoelhar e erguer para ela essas pupilas esverdeadas, cujo olhar a fascinava e arrebatava.

— Concede-me a resposta para que eu possa levar a meu amo, nobre senhora? — perguntou por fim, José, rompendo o silêncio que começava a se tornar penoso.

— Sim, diga a Putifar que sua mensagem me agradou e que ficarei feliz se ele vier procurar uma resposta mais explícita e de acordo com o desejo de seu coração — respondeu Ranofrit, com uma calma resoluta que contrastava estranhamente com a agitação febril de antes.

José inclinou-se profundamente e Ranofrit não viu o brilho de irônica satisfação que clareou furtivamente seus olhos sob os cílios espessos.

Na noite desse mesmo dia, Putifar chegou inebriado de felicidade em casa. Vinha da casa de Ranofrit, que o havia acolhido bem, e, ainda que um pouco pálida, repetira que o aceitava por esposo e não se esquivara quando ele selou o noivado com

---

com cabeça de vaca, ou como uma mulher com cornos e um disco solar na cabeça. Na Grécia, foi associada à deusa Afrodite.

um ardente beijo em seus lábios rosados.

Mandando chamar José e dispensando todos, Putifar disse alegremente:

— Você manteve a palavra, meu fiel criado, e eu não esquecerei que você contribuiu para a minha felicidade. Mas, diga-me, como você fez para conquistar tão prontamente o coração da jovem, fazendo-a desistir de Hor?

— Não me peça isso, mestre, pois não saberia explicar o que eu mesmo não compreendo bem. Sei apenas que na tribo de meu pai, entre os pastores, conhecemos a força misteriosa dos astros e a maneira de torná-los favoráveis. Se alguém consegue dirigir para si ou para outrem uma das boas correntes, tudo dá certo, os homens e as coisas tornam-se propícios a esse mortal.

— Não o questionarei sobre o seu segredo, meu fiel servidor, mas, já que você conseguiu dirigir para mim uma corrente assim favorável, receba isto como prova da minha gratidão e também aceite este anel de prata.

Putifar estendeu-lhe um anel, que tirou do dedo, e um alamar de manto em ouro entalhado. Agradecendo calorosamente o mestre e beijando sua mão, José retirou-se.

A notícia do casamento de Putifar e Ranofrit não surpreendeu ninguém, mas despertou um certo ciúme entre as mulheres. Quanto a Hor, ele entristeceu-se com o fim de suas esperanças, mas não se surpreendeu que a jovem, talvez persuadida por seus parentes próximos, tivesse preferido um homem imensamente rico, bem colocado e suficientemente jovem e belo para agradar qualquer mulher.

Os preparativos para as bodas foram realizados rapidamente. Para celebrá-las, aguardava-se somente a chegada de Potífera, o irmão da noiva, que deveria vir de Heliópolis tão logo as numerosas ocupações de seu alto cargo permitissem.

Em vista do alegre acontecimento que se preparava, a casa toda estava plena de barulho e movimento. As damas de companhia de Maia e sua cunhada trabalhavam dia e noite para terminar a tempo as vestimentas de festa de sua senhora e o enxoval de Ranofrit. Sozinha, a noiva ficava pensativa e silenciosa; um sentimento de alegria misturada com angústia apertava seu coração, e ela pensava muito mais no intendente do que em seu futuro marido. Entretanto, ninguém desconfiava disso, e todos, inclusive Putifar, atribuíam esse devaneio à mistura de felicidade e apreensão que toda moça experimenta no momento mais importante da sua vida.

Em contrapartida, a pequena Asnath estava totalmente feliz e se relacionava nos melhores termos com Putifar.

Ele a mimava sem limites, cobria-a de presentes, e a amizade entre eles era tão grande que Ranofrit, brincando, se declarava com ciúme.

Dois dias antes do casamento, Potífera chegou. Era um homem de quarenta anos, sério e imponente em cada um dos seus movimentos. Seu rosto regular e altivo expressava energia e uma vontade inflexível, mas seus grandes olhos negros, sob a calma serena imposta pelo hábito, encobriam uma alma apaixonada e sentimentos de orgulho e ambição. Seu olhar penetrante era capaz de ler a alma do outro, sem jamais revelar o segredo de suas próprias emoções. Ademais, independentemente do que se passasse no fundo de sua alma, o grão-sacerdote de Heliópolis era universalmente amado pela amenidade e igualdade do seu caráter. Sua sabedoria impunha respeito, e a indulgente bondade que demonstrava para com o próximo o fazia adorado por todos. Ele mesmo era o melhor dos esposos e o melhor dos pais e tinha por sua irmã, Ranofrit, um sentimento paternal, pois essa criança, nascida de um segundo casamento de seu pai, ficara a seu cargo quando uma tragédia a deixou órfã: seus pais morreram afogados no Nilo.

O grão-sacerdote era muito observador para não perceber logo que sua irmã não correspondia ao intenso amor de Putifar, e se perguntava, com espanto, que razão poderia levar uma jovem bela, rica e cercada de galanteios, a desposar um homem que lhe era indiferente. Ele observou atentamente e constatou que ela andava pensativa, triste, às vezes, e atormentada por uma surda inquietação. Ocorreu-lhe, então, que um amor infeliz talvez a tivesse impelido a procurar o esquecimento desse sentimento no casamento, e resolveu questioná-la.

Na véspera da cerimônia, ele aproveitou um momento de solidão para conversar com a irmã e, nos termos mais afetuosos, pediu-lhe que confessasse seus verdadeiros sentimentos. Acrescentou ainda que ele, seu irmão e amigo, saberia assegurar a sua felicidade de outro modo que não por meio do casamento com um homem que ela não amava. Ranofrit atirou-se em seu pescoço, chorou, mas declarou que desposaria Putifar de livre vontade e sem segundas intenções.

Potífera não insistiu, mas continuou a observá-la. As núpcias, apesar da massa de convidados que a assistiu, não lhe deu nenhuma indicação. Porém, no dia seguinte, em uma festa oferecida pelas recém casadas, ele subitamente notou José, que, com firme desenvoltura, comandava os escravos, e cujo olhar era suficiente para comandar inúmeros criados. Os olhos perscrutadores do grão-sacerdote fixaram-se na alta e esbelta estatura do jovem hebreu, em seu belo rosto, tão fino, tão inteligente, que atraía a atenção até mesmo entre a aristocrática multidão que enchia a sala.

Quanto mais observava José, mais sentia por ele um sentimento de aversão que não conseguia explicar. Como se tivesse sentido que alguém o observava, o hebreu voltou a cabeça e seus grandes olhos esverdeados mergulharam como uma chama nos olhos de Potífera, mas quase imediatamente suas pálpebras se abaixaram e ele virou a cabeça.

"Não é um homem comum, um escravo bruto, mas o que significa o sentimento de ódio que ele me inspira?", pensou o sacerdote. "Seria um pressentimento, um presságio sobre algum acontecimento futuro? Será que esse homem, que sente meus pensamentos, possui emanações desastrosas, que se tornarão fatais para Ranofrit?"

Como um clarão, surgiu-lhe a suspeita de que o criado de Putifar talvez fosse o amante misterioso que havia atraído sua irmã a esta casa, com a inferioridade social não sendo um impedimento ao amor.

— Devo descobrir quem é esse homem e qual o seu papel aqui — resmungou Potífera, a quem o pensamento de que sua irmã pudesse esquecer os deveres com o marido fez subir o sangue à cabeça.

Sem perda de tempo, procurou seu cunhado, conduziu-o para um local solitário e o questionou. Putifar, sem titubear, contou o que sabia sobre José e elogiou o zelo e a atividade sem par de seu criado, assim como sua cultura, bem acima para um homem da sua condição.

— Muito conhecimento em um escravo pode ser perigoso, eu não confiaria e temo, Putifar, que você esteja abrigando uma serpente sob seu teto. Esse homem causa-me aversão e o orgulho que recende de cada um de seus traços não pressagia nada de bom. Venda-o, desfaça-se dele.

O chefe dos arqueiros soltou uma gargalhada e declarou que por nada no mundo se separaria de um criado que adivinhava seus desejos e era insubstituível.

Capítulo 4
A ESPOSA DE PUTIFAR

> Ora, José era belo e agradável. Muito tempo depois, sua senhora lançou os olhos sobre ele.
> Quando seu marido retornou à casa, ela lhe mostrou o tecido que havia mantido com ela como uma prova de sua fidelidade.
> (Gênese, cap. XXXIX, vv. 6, 7 e 16)

Durante os primeiros meses que sucederam seu casamento, Putifar sentiu-se tão inebriado com sua felicidade que nem mesmo notou que Ranofrit continuava pensativa e distraída, e que seu amor era muito menos intenso do que o que ele sentia por ela. Além disso, o chefe dos arqueiros era obrigado a sair muito, e a jovem mulher tinha muitos momentos de solidão, durante os quais era assaltada por pensamentos cada vez mais perturbadores e perigosos. Nada mais impedia seus devaneios, pois o grão-sacerdote havia partido com sua família, as visitas e as recepções tomavam um tempo relativamente curto, enquanto ela via José todos os dias, deixando-se levar, cada vez mais, por sua paixão pelo belo intendente, que somente lhe devotava a mais respeitosa humildade, jamais notando os olhares flamejantes que se fixavam sobre ele.

O jovem hebreu traçara uma linha de conduta da qual jamais se afastava: parecendo respeitar servilmente a autoridade da jovem, ele nada fazia sem as suas ordens. Acerca de cada assunto, mesmo mínimo, ele solicitava a sua decisão, sem jamais abandonar a atitude de reserva humilde e modesta que convinha a um criado.

Na realidade, ele via muito bem a paixão que inspirava a Ranofrit, e que esse sentimento começava a ultrapassar os limites que havia traçado. Ele via na jovem somente uma aliada, um instrumento dócil que não obstruía as liberdades e privilégios de que desfrutava na casa de Putifar. Enfim, uma presa preciosa, caso se tornasse viúva. Este último plano, que despontou furtivamente em sua mente no dia em que pôs em jogo a força oculta que os sábios modernos chamam de hipnotismo, havia desvanecido há muito tempo.

O chefe dos arqueiros possuía a têmpera dos que vivem muito tempo, e José não imaginava de forma alguma abreviar seus dias. E, já que Putifar estava vivo, muito amor por parte de Ranofrit constituía um perigo para o hebreu. Entretanto, não era em vão que a jovem era uma filha do Egito: o sentimento primitivamente implantado em sua alma desenvolvia-se rapidamente, inundando-a de sensações desconhecidas. Assim, ela podia sentir, a muitos aposentos de distância, a proximidade do jovem; qualquer proposta que ele fazia acerca dos assuntos domésticos parecia emanar dela mesma, e quando o tinha diante de si, modesto, reservado, olhos baixos, uma impaciência misturada com cólera apossava-se dela.

O bom Putifar não suspeitava dos tormentos secretos no coração de sua esposa, e Ranofrit os dissimulava com a astúcia própria das mulheres. Quando, um dia, o marido a surpreendeu agitada, com os olhos úmidos, e perguntou com espanto o que ela tinha, a jovem declarou firmemente que se aborrecia muito quando ele não estava presente, que ele a abandonava por dias inteiros. Putifar riu com benevolência, explicou à bela caprichosa as necessidades do serviço, que o retinham, contra a vontade, fora do lar, e, por fim, acrescentou:

— Sei que você admira o canto e a harpa. Bem, nosso intendente José é um músico mais talentoso que os melhores chantres[14] do Templo; se você quiser, ordenarei que ele a distraia quando estiver aborrecida, com os cantos de sua terra que eu mesmo gosto de ouvir, pois são estranhos e impressionantes. Ranofrit abraçou o marido e agradeceu muito confusa. Putifar, muito satisfeito por ter inventado essa forma de distração, mandou chamar José e ordenou-lhe que cantasse e tocasse para distrair a jovem senhora, após o jantar, nos dias em que estivesse ausente. O intendente agradeceu humildemente a alta honra que lhe era concedida, mas Putifar não viu a expressão de descontentamento misturado com chacota, que franziu seus lábios enquanto ele se inclinava até o chão.

Alguns dias mais tarde, Putifar tinha saído novamente e Ranofrit, na açotéia, respirava o ar fresco da noite, escutando distraidamente uma jovem escrava que entoava um lamento monótono, acompanhando-se com os sons magros de uma bandurra. De repente, surgiu José, acompanhado por um escravo que trazia uma harpa. O hebreu perguntou, com a reserva modesta que lhe era habitual, se a jovem patroa o autorizava a distraí-la com a música e o canto.

— Sim, está bem, cante-me alguma ária da sua terra. Meu esposo disse que também aprecia ouvi-las e que elas o agradam por sua originalidade — respondeu Ranofrit, apoiando-se comodamente nas almofadas do leito de repouso e fixando o jovem.

Ele posicionou sua harpa um pouco mais perto dela e tocou um prelúdio com perfeição extraordinária. Depois, os brilhantes arpejos fundiram-se em uma melodia bizarra e melancólica, que acompanhava como um melodioso murmúrio o canto do hebreu. José tinha uma voz soberba, sonora, maleável, aveludada, e seu canto expressivo fazia vibrar e palpitar cada fibra do coração de Ranofrit. Como que fascinada, ela não conseguia despregar seu olhar do belo rosto pálido do jovem escravo, de seus grandes olhos sonhadores, que miravam o vazio e pareciam não ver nada que o rodeava.

Na verdade, nesse momento, José tinha esquecido até mesmo a existência de Ranofrit; sua mente estava voltada para si mesmo e, sob a impressão do seu próprio canto, reportou-se

---

14 Chantre - Cantor eclesiástico que dirige o coro ou entoa os salmos nos templos.

ao passado. O passado, já distante e geralmente esquecido, readquiriu forma. Ele revia as vastas planícies verdejantes, os rebanhos numerosos sob a guarda de seus irmãos, as virgens da tribo dançando à noite, o som de sua lira e, por fim, seu pai, que, sem dúvida, chorava a sua morte. As cenas de sua vida simples, rústica, pobre, mas livre, desenrolavam-se uma a uma diante do seu espírito, despertando sentimentos há muito tempo entorpecidos. O filho do deserto aspirou, de repente, ao ar puro das pradarias, aos vastos horizontes da sua pátria; o luxo, o refinamento de sua vida atual, parecia-lhe somente a cobertura dourada da sua canga de escravo, e uma lancinante amargura apertou seu coração.

Quase sem ter consciência, sua voz metálica havia modulado essas impressões de sua alma. Por fim, ele se calou, enquanto seus dedos ainda erravam pelas cordas, arrancado-lhes um último acorde. O sonho desse passado, ao qual não mais pertencia, apagou-se bruscamente dentro dele: acabara de encontrar o olhar de sua senhora e caíra novamente na realidade. Porém, ainda sob as impressões dos pensamentos e das recordações que acabavam de agitá-lo, sentiu pela egípcia apenas uma frieza sarcástica. O sentimento que ele mesmo causara causou-lhe repugnância, e seu olhar resvalou para o rosto arrebatado da jovem. "O que ainda posso querer de você?", dizia claramente esse olhar, mas Ranofrit não o percebeu; tinha se levantado e, tomando uma taça cheia de vinho, próxima a ela, sobre uma pequena mesa, estendeu-a a José, fazendo-lhe sinal para se aproximar.

— Beba e refresque-se; a seguir, vá repousar. Agradeço-lhe o prazer que me proporcionou. Seu canto é verdadeiramente admirável. Gostaria muito de aprender a cantar, eu mesma, essas melodias estranhas e comoventes. Talvez eu lhe peça para me dar algumas lições.

José inclinou-se, os braços cruzados.

— Se é uma ordem, senhora, este seu escravo ficará feliz em ensinar o pouco que sabe.

Ao ficar sozinha, Ranofrit encolheu-se entre as almofadas, fechou os olhos e refletiu. Acabara de compreender que uma paixão fatal tinha se apoderado dela, e essa descoberta enchia seu coração de terror. A idéia de uma ligação ilícita ainda não lhe vinha ao espírito, mas ela era muito impulsiva, imprudente e apaixonada para procurar um remédio radical para o mal de sua alma. Ao contrário, pensava somente em usufruir o máximo possível da visão do objeto amado, em embriagar-se com o som dessa voz poderosa e fascinante que fazia vibrar todo o seu ser com novas sensações.

Putifar aceitou de bom grado que ela tomasse aulas de canto com José, e até mesmo que ela aprendesse a tocar harpa. A ternura que sua esposa lhe dedicava o deixava completamente feliz, e a idéia de que ela pudesse ter olhos para um de seus criados não lhe passava pela cabeça.

As aulas, portanto, começaram, e logo, como primeiro resultado, Ranofrit encantou seu marido cantando para ele de forma bem razoável uma dessas pequenas canções selvagens e originais. O segundo resultado foi que a jovem perdeu definitivamente o controle e somente a muito custo conseguia esconder a paixão que ardia dentro dela. José via o que se passava, sentia uma certa inquietação, e tinha até tentado, pelo poder da sugestão, diminuir o transbordar excessivo da chama que havia criado. Porém, a tentativa não teve sucesso e ele não queria correr o risco de destruir completamente um sentimento que poderia se transformar em raiva. É preciso acrescentar que o hebreu não sabia manejar completamente a força oculta que utilizava; Schebna transmitiu-lhe somente parte de seu conhecimento e, embora ele tivesse aprendido muitas coisas no Egito, sua condição de escravo havia lhe fechado as portas que conduziriam à iniciação. Essas lacunas em seu saber o faziam cometer equívocos com freqüência, prejudiciais a ele mesmo.

Um dia, quando Putifar acompanhava o faraó em uma caçada e deveria voltar muito tarde, José encontrava-se novamente aos pés da jovem senhora. A lição tinha acabado e, sentado em um banco baixo, ele cantava, a seu pedido, uma de suas melodias preferidas. Apoiada no espaldar de sua poltrona, Ranofrit devorava-o com os olhos, impacientando-se com a humilde reserva que ele jamais abandonava. O que ela não teria dado, naquele instante, para que aqueles grandes olhos castanhos, que fixavam o espaço, cheios de melancolia sonhadora, mergulhassem nos seus, o que não teria dado por um olhar de amor, por um desses brilhos fulgurantes que, às vezes, surgiam neles furtivamente!

Levada por essa loucura, esquecendo-se de tudo, ela pousou subitamente a mão no ombro de José; sua bela cabeça inclinou-se tanto que os cachos negros roçaram o rosto do cantor. Ela, então, murmurou, com a voz abafada pela paixão:

— Eu te amo!

O jovem calou-se, estremecendo, depois, sem erguer os olhos, respondeu, com uma voz velada, e um olhar foi suficiente para constatar que a açotéia estava vazia e que os serviçais estavam distantes.

— Eu sei, nobre senhora, que sua generosidade com este seu escravo não tem limites e que a senhora ama os modestos talentos que os deuses me concederam para distraí-la.

Os lábios de Ranofrit estremeceram; ela o queria mais ousado naquele momento e, inclinando-se ainda mais, repetiu:

— É você que eu amo!

Uma ruga cruzou a fronte do hebreu, seu olhar frio e cortante pousou um instante nos olhos ardentes da jovem, depois, retirando a mão que ainda repousava em seu ombro, ergueu-se e recuou alguns passos.

— Grande e preciosa é a sua oferenda, nobre esposa do poderoso Putifar — respondeu com uma voz baixa, mas distinta —; tão preciosa que não posso aceitar, pois a senhora esquece que o homem por quem sente esse amor ilícito é o escravo de seu esposo. Temo por minha cabeça, nobre Ranofrit, e conheço os castigos que a lei egípcia infringe ao adúltero. Porém, mesmo que essas leis não existissem, seu esposo cobriu-me com tantas graças, sendo sempre para mim não um senhor, mas um pai, que eu preferiria a morte a atentar contra a sua honra. Lembre-se disso, poderosa senhora, e no futuro não tente mais, com sua beleza e palavras inebriantes, este pobre escravo que sempre a serviu com fidelidade.

Lívida e trêmula, Ranofrit ouviu essa dura resposta do homem que pensava deixar louco de felicidade, que esperava ver cair a seus pés em adoração.

E ele, insolente, lembrava-a de seu dever; ele não a queria!

Ela teve a sensação de receber uma bofetada em pleno rosto e cambaleou, tomada por uma vertigem, sob o olhar gelado das pupilas esverdeadas que a fixavam impassíveis.

José não se moveu, não fez sequer um gesto para ampará-la, mas logo a egípcia se aprumou e, com as mãos crispadas, deu um passo em direção a ele. Seu desfalecimento dera lugar a uma raiva louca.

— Ao chão, cão impuro e abjeto — gritou com uma voz sibilante —; o que me ousa responder? Se você, agora, mendigasse aos meus pés um olhar de amor, eu o repeliria como um animal repugnante! Sim, você é meu escravo, posso fazer de você o que quiser e o farei pagar por isto. Tome! E agora saia! — acrescentou, dando-lhe um tapa no rosto. E, fora de si, deu-lhe as costas.

José estava tão branco quanto o tecido plissado que cerrava sua cintura. Sua face queimava como o fogo e a raiva o sufocava. Contudo, dominando-se corajosamente, deixou rapidamente a açotéia, enquanto Ranofrit tombava sobre sua poltrona e desatava a chorar.

Sufocado de raiva e apreensão, José correu direto para seus aposentos e lá se fechou.

— Abjeta e impudica criatura! — vociferou, crispando os punhos. — Como me vingarei por ter sido agredido ao lembrar-lhe de seus deveres?

Como um leão enjaulado, andava pelo quarto, ruminando os mais mirabolantes planos de vingança, esquecendo-se de que ele mesmo instigara o sentimento que lhe valera a bofetada.

Todavia, sua raiva foi arrefecendo pouco a pouco e, à medida que meditava mais friamente sobre a situação, o temor de que Ranofrit procurasse se vingar da afronta que sofrera se apoderou dele. Esse temor não era infundado e, de fato, a jovem possuía mais meios para destruí-lo do que ele para vingar-se dela. Sombrio e preocupado, José apoiou-se na janela e pensou. De repente, um pensamento audacioso surgiu em sua mente; se ele conseguisse, esse plano temerário e perigoso transformaria de vez o seu destino e o levaria ao topo da fortuna: se Putifar desaparecesse agora, libertando Ranofrit, seria muito simples se reconciliar com a tresloucada jovem, que faria tudo o que ele quisesse. E, como esposo de Ranofrit, ele, José, atingiria o objetivo que o movia: uma vida rica e independente.

Esse pensamento, nascido inopinadamente, logo o absorveu completamente, e quanto mais amadurecia esse plano, mais ele lhe parecia fácil de executar, até menos perigoso que o rancor da mulher caprichosa e apaixonada que havia ofendido. Era preciso agir rápido. Ele sabia que o chefe dos arqueiros tinha o hábito de tomar um copo de vinho ao deitar, que já ficava preparado. Ele não deixaria de cumprir esse hábito naquele dia, embora fosse chegar tarde e cansado da excursão e da festa do faraó que deveria se seguir. Se ele conseguisse introduzir nesse copo algumas gotas de um veneno vegetal que Schebna o havia ensinado a preparar!...

Dois anos antes, ele havia fabricado um frasco desse veneno, tão sutil que não deixava nenhum traço, mas jamais o havia utilizado. Agora ele poderia servi-lo sem que a menor suspeita o atingisse, pois, desde o casamento de Putifar, ele nunca mais adentrou o quarto de dormir de seus senhores.

Enquanto assim pensava, amadurecendo o plano nascido de forma tão repentina, a noite caíra. Contudo, ele ainda aguardava. Depois, quando julgou que Ranofrit já tivesse se deitado e dormido, pegou o frasco e esgueirou-se pelo jardim. Andando sem fazer barulho, como um fantasma, chegou às janelas dos aposentos ocupados por Putifar e sua esposa. Em uma saleta contígua, sempre ficava uma escrava para o caso de a senhora precisar de algum serviço. Habitualmente, era Acca, uma jovem acompanhante sempre pronta para o belo intendente, quem ocupava essa saleta. E, aproximando-se, José percebeu-a, sob o luar de uma pequena lamparina, dobrando e arranjando algumas roupas.

— Acca! — chamou docemente.

A jovem voltou-se, assustada, mas logo, reconhecendo a alta estatura do hebreu, acorreu à janela. Era uma jovem encantadora, frágil, morena, com grandes olhos de gazela das egípcias.

Ela amava José, e como ele a tratava com menos arrogância e severidade que aos outros, supunha ser amada por ele e se iludia com a esperança de que, no fim das contas, ele a pediria como esposa a seu amo.

— Gostaria de falar com você um momento, Acca, sem sermos importunados — disse em voz baixa. — Mas, antes, vá ver se sua senhora está dormindo e, em seguida, corra até o caramanchão no fim do jardim e veja se a charrete de Putifar não se aproxima.

A jovem enrubesceu vivamente, pensou que José iria enfim se declarar, e, acenando afirmativamente com a cabeça, desapareceu, ligeira como uma sombra, no aposento de Ranofrit. Logo depois reapareceu.

— Ela dorme... Agora, vou correndo ao caramanchão — murmurou, subindo na beira da janela.

O jovem amparou-a e, erguendo-a como uma criança, colocou-a no chão. Entretanto, apenas Acca desapareceu na sombra das árvores, ele alcançou sorrateiramente a janela e, na ponta dos pés, dirigiu-se ao aposento contíguo.

Uma lâmpada com óleo perfumado iluminava docemente o aposento, a larga cama dourada rodeada de tecidos fenícios e a pequena mesa esculpida, sobre a qual brilhava, na penumbra, o cálice dourado de Putifar.

Esparramada sobre as almofadas, com os olhos fechados, Ranofrit estava estendida, mas não dormia, como acreditara Acca. Apenas absorvida em seus pensamentos, ela não havia se mexido à entrada da jovem serviçal, supondo que pensara que tinha sido chamada. Durante toda a noite, uma tormenta havia bramido na alma da jovem. Hesitante entre o amor e o ódio, ela tentava pôr ordem no caos dos seus sentimentos. Depois, a lembrança do ultraje sofrido, do seu amor desprezado, despertava um novo acesso de raiva.

Um leve ruído veio atrapalhar novamente seus pensamentos tumultuados. Acreditando que fosse Acca mais uma vez, abriu os olhos, decidida a repreendê-la por ser importuna. Mas, no mesmo instante, a voz sumiu em sua garganta: acabara de ver José, que, ágil e leve, deslizava em direção à sua cama.

Um caos de sentimentos contraditórios ergueu-se dentro dela ao ver o homem sobre o qual se concentravam todos os seus pensamentos. Ele estava lá, portanto, se arrependera de sua conduta, o amor triunfava sobre a prudência e o impelia a implorar seu perdão, enquanto Putifar ainda estava fora, pois, que outro motivo, que não o desejo de uma reconciliação, poderia tê-lo trazido ao seu quarto? Ante essa conclusão, Ranofrit esqueceu o ultraje sofrido e seus planos de vingança. Não via nada além do porte elegante e esbelto do jovem hebreu e seu perfil regular, que se inclinava sobre a mesa.

Com o frasco nas mãos, José tinha se aproximado da cama e erguia a mão para derramar as gotas mortais no cálice de vinho, quando, de repente, uma sombra branca se dirigiu para o seu lado, dois braços ágeis enlaçaram seu pescoço e uma voz vibrante murmurou:

— Então você me ama; você veio! Oh, eu sabia!

Apanhado de surpresa, o jovem permaneceu imóvel por um momento. Parecia-lhe ver um abismo se abrir sob seus pés. Se Acca ou o amo o surpreendesse nesse aposento, se alguém encontrasse a garrafinha em sua mão, ele estaria perdido.

Um suor glacial inundava seu corpo e, sob o império de sua prostração, deixou-se enlaçar sem resistência. Foi somente quando sentiu em seus lábios um beijo ardente que saiu de seu torpor e tentou se desvencilhar, exclamando com voz rouca:

— Largue-me!

Mas, quanto mais ele queria se soltar desse elo vivo que o retinha, mais Ranofrit, em sua fé cega, se agarrava a ele. Uma luta muda acontecia, quando, de repente, a audição aguçada e extremamente atenta do jovem hebreu percebeu um barulho de rodas que penetravam no primeiro pátio. Sem sombra de dúvida, era Putifar quem chegava.

Um terror descontrolado apoderou-se de José; ele recuou, arrastando para fora da cama a jovem que ainda estava agarrada ao seu pescoço, mas não tinha mais tempo de empregar delicadezas e, usando da superioridade de sua força masculina, repeliu-a com tal força que ela caiu bruscamente. Depois, se apressou em fugir.

Uma vez no jardim, respirou aliviado. Mas não havia notado que, na agitação da luta, a jovem havia se agarrado à sua túnica e que, ao cair, ela arrancara, próximo ao pescoço, um pedaço de tecido. Evitando Acca, que voltava pelo outro lado, José correu como um cervo para seu quarto, despiu-se no escuro

O Chanceler de Ferro do Antigo Egito

75

e estendeu-se na cama. "Talvez", pensou, suspirando, "talvez eu tenha escapado!".

Ranofrit ergueu-se lívida e trêmula. Ao cair, chocou-se contra um ornamento entalhado da cama e era possível ver, em sua fronte, um traço azulado, do tamanho de uma noz. Seu pescoço, braços, mãos, estavam cobertos de arranhões, e a fina túnica de linho que usava tinha sido rasgada em quase todo o comprimento.

Respirando penosamente, sentou-se à beira da cama. Desta vez, somente a sede de vingança enchia sua alma. Perguntava-se como agir, quando ouviu os passos de seu marido ressoarem no assoalho do aposento vizinho. Foi então que um plano tipicamente feminino surgiu em sua mente:

— Ah, miserável, cão ingrato — resmungou. — Você não quis meu amor, experimente, então, o meu ódio!

Nesse instante, uma velha negra, com um archote na mão, ergueu o pesado reposteiro e deixou entrar Putifar, que, diante da visão de sua jovem esposa meio caída sobre a cama e vestida de uma forma que sugeria claramente uma batalha, parou petrificado.

— Ranofrit, minha bem-amada, o que aconteceu? Você está pálida como uma morta — exclamou ele, enlaçando-a e tomando sua mão trêmula.

Num primeiro momento, ela nada respondeu às reiteradas perguntas do marido. Seus dentes batiam e sua cabeça caiu sem forças sobre o peito de Putifar. De súbito, porém, ela se ajeitou e disse com voz entrecortada:

— Um... um ultraje sem nome atingiu-me em sua ausência. Ele veio, o miserável, e... — os soluços impediram-na de continuar.

Uma onda de sangue ganhou a face do chefe dos arqueiros, mas ele procurou se dominar, recostou a jovem, fez com que ela bebesse alguns goles de vinho de sua taça, que felizmente não continha veneno, e somente então perguntou:

— Quem ousou penetrar aqui e insultar você? Diga-me e esteja certa de que o culpado pagará caro por essa audácia.

Ranofrit endireitou-se, com os olhos flamejantes.

— Foi José, o miserável hebreu que você cobriu de favores,

quem se esgueirou até aqui e tentou ultrajar-me com seu amor impuro. Veja os traços da sua brutalidade! — ela estendeu-lhe os braços arranhados. — Com o barulho dos seus passos ele fugiu, mas eis aqui ainda, em minha mão, um pedaço de sua veste, arrancada durante a luta.

Ela abriu a mão e estendeu para o marido um pedaço de tecido amarelo com listras azuis.

Putifar sobressaltou-se com essas palavras.

— José, aquele infame, ingrato, em retribuição aos meus favores ousa erguer os olhos para minha esposa? Isso ultrapassa todos os limites. Dê-me — disse ele, arrancando o retalho da mão de sua esposa —, farei com que ele seja detido, e amanhã será julgado.

Ele retornou a toda pressa para seu aposento de trabalho, chamou dois criados e, acompanhado por eles, se fez conduzir até os aposentos de José.

Este fingia dormir, ao mesmo tempo em que prestava atenção, ansiosamente, aos ruídos de fora. De repente, arrepiou-se e seu coração parou de bater; os passos de diversos homens ressoavam na galeria. Depois, a porta foi aberta bruscamente. A claridade das tochas iluminou o aposento, e a voz de Putifar soou com ironia:

— Vejam como esse cachorro está bem instalado! Ah! Ele dorme? Pegue sua veste, Bebi, e mostre-me.

Como esperado, constatou-se que o pedaço se adaptava exatamente ao rasgo e, convencido por esse exame silencioso, Putifar deu um rude golpe no ombro de José, que, voltado para a parede, ainda não sabia que prova terrível de sua culpa se encontrava nas mãos de seu senhor. Todavia, fingir dormir por muito mais tempo era impossível; ele reergueu-se, como se tivesse sido despertado em sobressalto, e seu primeiro olhar recaiu sobre Bebi, que segurava sua túnica e o retalho delator. Tomado por uma vertigem, caiu sobre a cama, sem consciência.

— Eis uma confissão suficientemente clara — vociferou Putifar. E, virando-se para os escravos, acrescentou: — Amarrem-no e vigiem-no até amanhã!

Retornando junto a Ranofrit, Putifar abraçou a esposa, exortou-a a se acalmar e contou o que acabara de ocorrer.

O Chanceler de Ferro do Antigo Egito

A jovem, que havia escutado com curiosidade, perguntou que espécie de punição esperava o culpado. Porém, quando soube o terrível castigo que a lei egípcia infringia para os delitos desse gênero, estremeceu, e um súbito remorso apertou seu coração, já que José não era tão culpado quanto ela havia dado a crer a seu marido.

O casal dormiu pouco nessa noite, pois Putifar, bom e generoso por natureza, sempre indulgente com seus escravos, afligia-se de antemão com a cruel punição que deveria infringir ao homem que há tanto tempo o servia fielmente e que tinha se tornado indispensável para ele. Não podia esquecer que José o havia ajudado até mesmo a conquistar Ranofrit, a quem temia ofender caso viesse a se mostrar muito indulgente. Ele deplorava a sorte do jovem insensato, cuja louca paixão havia acarretado sua perda, e a idéia de mutilar esse jovem ser, de torná-lo infeliz para o resto da vida, o repugnava.

Quanto à jovem, ela tinha o espírito torturado e tentava encontrar um pretexto para aliviar a sorte de José. Ouvindo seu marido suspirar e se revolver na cama, presumiu que ele também lamentava por seu favorito e, nesse suspiro, descobriu a saída que procurava.

O dia apenas despontava quando Putifar se levantou e sentou próximo à janela. Ele refletia, absorvido por pensamentos sombrios, quando um braço enlaçou seu pescoço, um rosto aveludado comprimiu-se contra o seu e uma voz carinhosa murmurou:

— Meu amo e esposo bem-amado, percebo que você sofre por ser obrigado a pronunciar uma sentença tão cruel contra um bom criado, que até hoje jamais mereceu a sua ira.

Pois bem, eu não gostaria que esse jovem insensato padecesse por minha causa. Ele tentou ultrajar-me, é verdade, mas os deuses me protegeram, e ele estava cego pela paixão impura. Se minha súplica atingir seu coração, seja indulgente com José: em vez de mutilá-lo, faça com que ele seja açoitado em sua presença e mande-o para uma propriedade distante. Uma lição, assim tão dura, lhe devolverá a razão e, dentro de alguns anos, você poderá perdoá-lo e dar-lhe um cargo, exceto este que ele ocupava.

Putifar puxou para si a jovem esposa e abraçou-a calorosamente; uma pedra parecia ter saído de seu coração.

— Obrigado por suas doces palavras, minha querida, e pela generosidade que me dispensa de uma sentença assim tão cruel, talvez severa demais. Entendo agora que ninguém que a veja pode não amar você, talvez seja essa a única desculpa do miserável. Agirei como você sugeriu e, na presença de toda a nossa gente, farei com que lhe seja dado um castigo do qual se lembrará por muito tempo; a seguir, eu o mandarei para minhas terras perto de Tanis.[15] Será que você estará vingada?

— Sim, sim — murmurou Ranofrit, comprimindo seu rosto enrubescido contra o peito do marido.

José passara por momentos infernais: amarrado pelos pés e pelas mãos, atirado como um saco num canto do aposento, cuja entrada era guardada por dois negros vigorosos, ele podia ver, pela maneira como o haviam amarrado, que não era mais o poderoso intendente da residência e das terras de Putifar, e sim um miserável criminoso, que esperava, em algumas horas, um assustador e infamante suplício. O jovem se contorcia, rangendo os dentes, e nuvens de sangue obscureciam seus olhos quando pensava em Ranofrit, a miserável mentirosa que o havia condenado. Ele sabia a que Putifar poderia condená-lo e que, por certo, a esposa ultrajada não o pouparia.

Este era, portanto, o fim de seus sonhos de grandeza! A força, o poder que o caldeu lhe prometera: mentira, mentira! E toda essa infelicidade, e toda essa vergonha, ele devia à abominável mulher, que ele odiava a tal ponto nesse momento, que seria capaz de matá-la com satisfação. Não, matar seria pouco; ele a teria torturado, destruído como ela o destruíra. E foi uma sorte para José que os dois negros, seus guardiões, não compreendessem nenhuma das palavras em hebreu que lhe escapavam em sua raiva, pois, do contrário, eles o espancariam pelas palavras tão ofensivas que proferia sobre seus amos.

Enfim, essa noite, que lhe pareceu uma eternidade, passou, o dia se levantou e, por fim, surgiu Pinéhas, o segundo intendente, que anunciou, com um sorriso malicioso, que iria conduzir José até Putifar, "que, diante de todos, fará com que você seja açoitado. Depois disso, ele o enviará para uma propriedade

15 Tanis - Antiga cidade egípcia, situada na parte leste do Delta do Nilo. Atingiu grande esplendor durante o reinado dos hicsos e, posteriormente, se tornou capital durante o reinado de Ramsés II.

distante, não para comandar, bem entendido?", terminou com satisfação escarnecedora o bravo Pinéhas, que, como legítimo egípcio, sempre detestara José, o estrangeiro, o escravo que havia sido elevado tão alto por um capricho do amo.

O primeiro sentimento de José foi de imenso alívio: uma punição corporal não era nada se comparada a uma mutilação. Mas, instantaneamente, o orgulho feroz do jovem ergueu-se com toda a força. Algo nele se revoltava diante da idéia de ser açoitado na presença dos criados aos quais havia comandado e mais de uma vez feito sentir sua severidade; sua cabeça girava e, fechando os olhos, cambaleou sobre os joelhos entorpecidos. Alguns chutes vigorosos e uma mão brutal, que o agarrou pela gola e o segurava até quase lhe quebrar o pescoço, devolveram a José o sentido da realidade, e foi sob uma saraivada de pancadas e de grosserias acerca do seu desmaio, sobre sua coragem de arriscar a cabeça e sua covardia diante de um risco muito menor, que ele foi conduzido para um pátio interno, onde já se encontravam reunidos todos os escravos, e onde, um instante depois, apareceu Putifar.

Era possível ver o terror e a incredulidade nos rostos dos pequenos e grandes criados que se comprimiam no pátio e por todas as saídas; eles não podiam acreditar que seu intendente, o homem de confiança do amo, sofreria uma punição tão vergonhosa.

— Miserável, ingrato, que retribui meus favores com um insulto inominável — disse Putifar, fixando com um olhar severo o rosto lívido e crispado de José. — Você sabe qual a punição que a lei lhe infringiria, mas, por piedade e em memória dos seus serviços passados, contento-me em açoitar você e em bani-lo de minha presença.

— Meu bom e poderoso mestre, sou inocente, jamais ousaria tocar sua esposa — respondeu José, e sua voz metálica, vibrante, ressoou por todo o pátio. — Ela mesma me perseguiu e ordenou que eu fosse ao seu quarto, sob o pretexto de me dar ordens. Depois, quando obedeci, ela se dirigiu a mim com palavras vergonhosas, pedindo-me que o traísse em sua ausência. Quando eu quis fugir, ela se agarrou a mim e...

— Cale-se, língua viperina, dissoluto infame, que, ao insulto, acrescenta a calúnia! — gritou o chefe dos arqueiros, pálido de cólera. — Como você ousa acusar sua ama? Por acaso minha esposa sonharia em se desonrar ao contato com um escravo abjeto? Você mereceria que lhe fosse arrancada sua língua mentirosa e que ela fosse atirada aos cães. Agarrem-no, vocês outros, e açoitem-no de forma exemplar!

Fervendo de raiva e orgulho, José tentou estoicamente suportar em silêncio os golpes que caíam sobre ele, mas, vencido por uma dor atroz, contorceu-se e soltou urros qual um animal selvagem.

Ranofrit ficara no jardim. Pálida, trêmula, as mãos comprimidas sobre o peito, ela ouvia os gritos lancinantes, misturados com bramidos, que, amortecidos pela distância, chegavam até seus ouvidos. Ela sabia que esses gritos eram de José, que sofria naquele momento sua cruel punição. Tapou os ouvidos, fugiu para o outro lado do jardim e, respirando penosamente, encostou-se em uma árvore. Ela não sabia o quanto pagaria por esse momento.

Quando o castigo terminou, José estava desmaiado, e Putifar, cuja bondade mitigava a severidade, ordenou que ele fosse levado para um dos quartos comuns, que suas feridas fossem tratadas, que lhe fosse dado algum alimento e que o fizessem partir quando estivesse suficientemente restabelecido, mas que o mantivessem sob vigilância para que não fugisse.

Quando José voltou a si, contorceu-se de dor e de uma raiva impetuosa. Encontrava-se deitado sobre a palha, suas costas pareciam uma só ferida, cada movimento lhe causava dores ardentes, mas estava só e não estava amarrado, e uma bilha de água tinha sido colocada perto dele e lhe permitia saciar a sede que o devorava. O barulho e os passos diante da porta do reduto o fizeram compreender que estava sob guarda, mas essa circunstância não o abalou. José não pensava em fugir, pensava em se vingar, em fazer Putifar e sua esposa pagarem caro pela vergonha e pelo sofrimento que acabara de sofrer.

— Aguarde — murmurou, crispando os punhos. — O cão abjeto saberá se vingar dessas torturas, nobre Ranofrit. Ele a cobrirá com uma vergonha que nem mesmo a água mais perfumada poderá lavar. Vocês não conhecem a força invisível que possuo!

Totalmente absorvido por esse pensamento, esqueceu, mo-

O Chanceler de Ferro do Antigo Egito

81

mentaneamente, até mesmo os seus sofrimentos, e a primeira conclusão de suas reflexões foi de que deveria readquirir um pouco de força antes de tentar alguma coisa. Portanto, fingiu uma total prostração. E, como Putifar ordenara que não o fizessem partir antes que estivesse recuperado, o deixaram tranqüilo.

Na noite do terceiro dia, sentiu-se mais forte e, receando demorar demais, resolveu tentar sua vingança naquela mesma noite. Quando o pálido luar, tombando pela abertura do teto, encheu seu cárcere de um crepúsculo pálido e sem brilho, José retirou a pedra mágica do pequeno saco que sempre trazia ao pescoço. Depois, comprimindo-a entre as mãos, concentrou toda a sua vontade. Seu rosto pálido e emagrecido adquiriu uma aparência lívida, seus olhos selvagens lançaram chamas, uma espuma esbranquiçada brotou dos cantos de sua boca entreaberta e seu corpo ágil inclinou-se sobre si mesmo como o de uma pantera que espreita sua presa. Em seguida, ele ergueu a mão que segurava a pedra e, com uma voz baixa, mas distinta, pronunciou estas palavras:

— Ranofrit, venha até aqui dormindo, eu lhe ordeno!

Após repetir esse apelo por três vezes, ergueu a segunda mão com um gesto imperativo e permaneceu imóvel. Tudo estava silencioso; o escravo que vigiava a entrada adormecera e somente sua respiração ruidosa e regular perturbava a calma da noite. Agachado na penumbra, José fixava a porta, erguendo sempre a pedra mágica, cujos raios azulados clareavam seus dedos crispados.

De repente, soou um leve ruído, a esteira grosseira que servia de porta ergueu-se, Ranofrit surgiu na soleira e, com um passo incerto e automático, avançou na direção do hebreu. Seus longos cabelos negros estavam desfeitos, seus olhos fechados e sua cabeça inclinada para trás; vestida apenas com uma túnica de noite branca e transparente, ela se aproximava, como que atraída pelo amante, da cama de palha de seu inimigo, que logo agarrou sua mão e a puxou para si.

O rosto de José tinha adquirido uma expressão indefinível de cruel triunfo e de infernal maldade. A hora da vingança havia chegado. Agora ele poderia pôr a perder para sempre a bela Ranofrit, graças a quem havia sofrido tanto, e cobri-la, assim como a Putifar, de uma vergonha indelével.

Gritos agudos, oriundos dos aposentos dos comuns, assustaram, subitamente, a casa toda. Os escravos se precipitavam de seus leitos, supondo um incêndio, e esse alarme se propagou rapidamente até os aposentos dos amos. Putifar acordou num sobressalto e, não vendo Ranofrit junto a ele, lançou-se para fora do leito e se precipitou na direção dos gritos incessantes. Nesse mesmo instante, José inclinava-se sobre a jovem e sussurrava em seu ouvido com voz imperativa:

— Acorde!

A jovem estremeceu e abriu os olhos, mas achando-se inesperadamente em um local meio escuro e desconhecido, junto a um homem que não reconheceu num primeiro momento, recuou assustada e quis fugir. Entretanto, uma mão de ferro a reteve e uma voz vibrando de cruel ironia gritou:

— Fique, fique, bela senhora. Que Putifar e sua gente vejam que sou inocente!

Ele parou para um riso seco, depois recomeçou com seus clamores.

O escravo guardião, logo despertado, precipitara-se para o reduto e tentara ajudar, ao ver uma mulher que se debatia, tentando se livrar das mãos de José e fugir. Porém, reconhecendo nessa mulher a jovem senhora, recuara assustado.

Alguns minutos mais tarde, ouviram-se passos tumultuados se aproximarem de todos os lados. Inúmeros homens portando tochas penetraram no recinto e, quase ao mesmo tempo, a alta estatura de Putifar surgiu na entrada. Ao ver sua esposa ainda detida por José, parou petrificado, ao mesmo tempo em que o jovem gritou, estendendo-lhe as mãos:

— Veja, amo, mesmo aqui ela veio me importunar, esta mulher impudica, propondo-me seu amor ilícito. Acredita agora que sou inocente? Você e seus criados: vejam que é ela quem veio tentar, uma vez mais, um infeliz prisioneiro, machucado e degradado.

Muda de espanto, com os olhos dilatados, Ranofrit ouvia as acusações sem entender por que fatalidade se encontrava naquele local desconhecido, que seus pés jamais haviam pisado antes. O rosto crispado de José, seus gritos agudos, o toque de sua mão fria e úmida que segurava seu braço, causavam-lhe um terror indescri-

O Chanceler de Ferro do Antigo Egito

tível, mas a visão dos criados espantados e do rosto decomposto de Putifar encheu-a de vergonha e desespero. Compreendia que estava perdida e, com um grito rouco, caiu desfalecida.

O rosto bronzeado do chefe dos arqueiros estava coberto por uma palidez esverdeada e seu olhar permanecia pregado no hebreu, que, abaixado imóvel sobre a palha, ao lado de Ranofrit, lançava sobre ele um olhar de rancoroso triunfo. José estava medonho naquele instante: com a face pálida, os cabelos em desordem e os sulcos ensangüentados que percorriam seu corpo. Putifar foi tomado por uma tal cólera, misturada com vergonha e dor, que sua mão instintivamente procurou o punhal que habitualmente trazia à cintura. Ele não se encontrava ali, e o chefe dos arqueiros estava tão habituado a se dominar que reprimiu a tormenta que crescia dentro si ao pensar que José gritara para atrair toda a casa e se vingar dele e Ranofrit, a indigna, cuja baixa traição o atingira em pleno coração.

Após se recompor, disse com voz rouca:

— Que esse cão impuro não passe nem mais uma hora nesta casa. Que seja levado à prisão da Casa Branca.[16] Amanhã darei minhas ordens a Harmahou.

Ele, então, se abaixou e, com uma brutalidade que jamais dirigira ao último dos escravos, agarrou Ranofrit pelos longos cabelos negros e tentou colocá-la de pé com um choque violento. Contudo, como ela estava inconsciente e caiu inerte novamente, ele a arrastou para fora do recinto e ao longo do corredor, sempre pelos cabelos. No entanto, seu velho criado de confiança e Nefrou, a ama-de-leite que ele tanto amava, barraram a sua passagem. De joelhos, eles gritaram, chorando e erguendo as mãos suplicantes:

— Senhor, senhor, tenha piedade de sua esposa, não lave seu coração na primeira cólera, talvez o senhor se arrependa.[17] Veja, ela parece morta, e sempre foi boa e pura. O mau-olhado do maldito hebreu caiu sobre ela e arrastou-a para a desgraça. Oh! Permita-nos levá-la para longe deste lugar nefasto!

Putifar parou, tremendo, e passou a mão pela fronte. Sim,

16 Casa Branca - Cidadela de Mênfis onde se situavam os cárceres dos prisioneiros do Estado e os criminosos mais perigosos.
17 Lavar seu coração, em egípcio, significa vingar-se; é uma expressão típica e usual, e é preciso conservá-la.

se alguém possuía mau-olhado, esse alguém só poderia ser aquele homem de olhar de serpente. Sem responder, soltou os cabelos negros de Ranofrit e precipitou-se para casa.

Enquanto os dois velhos criados se apressavam junto de Ranofrit, alguns escravos tiraram José de seu cárcere, e um deles gritou com raiva:

— Feiticeiro, bruxo maldito, os demônios, teus irmãos, sabem com certeza por qual malefício você causou esse infortúnio! Corto minha cabeça se tudo isso não for um sortilégio, uma calúnia inventada por sua língua terrível! — e, cheio de cólera, atingiu-lhe o rosto com tanta violência que o sangue jorrou do nariz e da boca do hebreu. Alguns minutos mais tarde, José, cambaleando, ensopado de sangue, tinha deixado a casa de Putifar.

Capítulo 5
O QUE A HISTÓRIA NÃO CONTA

Tendo o senhor ouvido as palavras de sua mulher, então se lhe acendeu a ira e o senhor de José o tomou e o lançou no cárcere, no lugar onde os presos do rei estavam encarcerados.

(Gênese, cap. XXXIX, vv. 19 e 20)
Assim, se supormos que Putifar é um ministro de polícia, ou chefe dos arqueiros (soldados, não da guarda do rei), nós lhe atribuímos um cargo elevado, conforme já foi mencionado mais acima.

Como chefe dos arqueiros, ele é, em razão do seu cargo, um cortesão do faraó. No cumprimento de sua função, as prisões, as punições físicas e as execuções capitais estão sob a sua jurisdição. Portanto, pode-se também considerá-lo como chefe dos carrascos.

G. Ebers,[18] *L'Egypte et les livres de Moses.*

18 George Moritz Ebers (1837-1898) - Egiptólogo e romancista alemão. Em 1870 foi nomeado professor de arqueologia egípcia em Leipzig. Além de várias obras importantes sobre egiptologia, publicou uma série de romances históricos pintando a vida do Antigo Egito; entre as mais conhecidas estão: *Uma Princesa Egípcia*, *Uarda*, *Homo Sun*, *Serapis*, *A Noiva do Nilo* e *Cleópatra*.

O Chanceler de Ferro do Antigo Egito

Ajudada pelo velho Thot, a ama levou Ranofrit para os aposentos e, dispensando duramente Acca, que acreditava ser a amante do detestado hebreu, prestou seus cuidados à jovem, tentando fazê-la voltar a si. Por muito tempo, ela, em vão, friccionou essência aromática no rosto e no peito da enferma, massageou-lhe os pés e as mãos, derramou-lhe vinho pela boca, chamando em seu auxílio todos os deuses de Mênfis e entremeando essas evocações com maldições contra José, a quem odiava, como todos os criados de Putifar.

Por fim, Ranofrit reabriu os olhos. Diante da lembrança do que se passara, soltou um grito de desespero e se debateu como louca em seu leito.

— Ah, querida ama, o que a senhora fez? Como pôde se expor dessa maneira à vergonha? — gemeu a velha, afogando-se em lágrimas.

— Sou inocente, Nefrou — gritou Ranofrit, atirando-se nos braços da velha escrava. — Esse feiticeiro hebreu fez cair sobre mim uma maldição. Que todos os juízes de Amenti me condenem se eu souber como fui parar no antro onde apodrecia aquele animal abjeto! Eu juro, jamais tinha visto aquele lugar e tampouco me levantei para ir ao seu encontro.

— Ah! É bem verdade que ele é um feiticeiro, e dos mais perigosos! Pois ele não enfeitiçou o senhor Putifar, que lhe confiava tudo e preferia esse estrangeiro, esse servidor de Tifon,[19] aos seus mais fiéis criados? Por meio dessas mesmas forças ocultas, ele a atraiu para lá, desejando vingar-se das chibatadas que recebeu por seus malefícios.

— Ah, o maldito! Mas como provarei minha inocência? O que diz Putifar? — perguntou ansiosamente a jovem.

Nefrou pôs-se a gemer e a bater no peito.

— Ah, querida senhora, sua cólera é tão grande que meu coração se enregela só de pensar. Estremeço pela senhora e não ouso imaginar sua vingança, pois, o que a senhora poderá dizer para se desculpar?

Vendo a jovem recair lívida e trêmula sobre o leito, a boa Nefrou enlaçou-a em seus braços, chorou com ela, tentando

---

19 Tifon - Originalmente, monstro da mitologia grega que foi associado ao deus Set, no Egito.

consolá-la com carinho e palavras ternas, como teria feito com uma criança. Mas o coração da boa senhora estava cheio de tristeza e o de Ranofrit se enregelava sob a angústia.

Durante esse tempo, Putifar permanecia fechado em seu gabinete de trabalho; as horas que se passaram foram as mais penosas de sua vida. No primeiro momento, abandonara-se à ira louca, tripudiara, arrancando as roupas, proferindo blasfêmias sufocadas. A essa superexcitação sucedeu um sombrio desespero: sua honra tinha sido manchada, seu amor destruído, a mulher que amava, perdida para sempre. Ela havia preferido um escravo a ele. José, portanto, era verdadeiramente inocente. Ele o havia punido injustamente, mas este também tinha se vingado, reunindo com seus clamores toda a casa e fazendo dos criados as testemunhas do opróbrio de seu senhor!

A essa lembrança, o sangue de Putifar tornou a ferver, sua cólera e seus pensamentos se concentraram em Ranofrit. Ele deveria repudiá-la e desejava puni-la com toda a severidade prescrita pela lei; faria que seu nariz fosse cortado pelo carrasco, depois a enxotaria.

Contudo, ao pensar em desfigurar aquele rosto encantador, cujos traços tão finos e o sorriso radiante não cansava de admirar, o coração do chefe dos arqueiros enfraqueceu. Ele soltou um gemido e algumas lágrimas amargas correram dos seus olhos. Mas era preciso puni-la e ele não poderia mantê-la. Decidiu, por fim, que expulsaria Ranofrit a golpes de varas da casa que ela desonrara; isso na presença de todos os escravos. Notificou-se a si mesmo dessa sentença, que faria com que fosse executada naquele mesmo dia.

À entrada de seu marido e em vista do seu rosto lívido e sombrio, Ranofrit, tremendo como uma folha, atirou-se de joelhos, ergueu para ele suas mãos juntas e exclamou com voz entrecortada:

— Misericórdia! Misericórdia! Sou inocente! O maldito hebreu me enfeitiçou.

Putifar cruzou os braços e, fixando-a com um olhar flamejante, respondeu com um riso seco:

— A desculpa é boa, mas pouco convincente. Você, de fato, acredita, mulher indigna, mancha da minha honra, que perdoarei a cena atroz em que você me abandonou ao riso de todos os meus criados? Não; sua visão me é odiosa, renego-lhe como esposa e ainda hoje eu a expulsarei desta casa a golpes de vara. Os escravos a atirarão na rua para que a multidão de passantes contemple e persiga a vil criatura que cobiçou o amor de um escravo, de um impuro!

Ranofrit soltou um grito e agarrou a cabeça com as mãos, depois se precipitou como louca para o marido, abraçando seus joelhos, agarrando-se às suas vestes, suplicando, com gritos e torrentes de lágrimas, que ele a perdoasse e permitisse que ela o deixasse sem alarde, por consideração ao seu irmão, à sua família, enfim, por piedade a ela mesma.

O desespero e as lágrimas da mulher, que apesar de tudo ainda amava, perturbaram Putifar. Seu coração apertou-se dolorosamente e ele, temendo fraquejar, ceder a um sentimento que lhe parecia desonroso, retesou-se, gritando:

— Deixe-me! — repeliu Ranofrit com violência, e saiu.

O choque foi tão brusco que a jovem caiu para trás. Mas ela não desfaleceu e, quando Nefrou, em lágrimas, a reergueu, deixou-se sentar em um sofá e, com as mãos cruzadas convulsivamente, os olhos secos e brilhantes, mergulhou em um sombrio delírio.

Por fim, ela se aprumou e, acariciando a face da ama fiel abaixada a seus pés, disse com ar fatigado:

— Vá e deixe-me só, bondosa Nefrou. Quero pedir aos deuses que me aliviem e me apóiem em minha desgraça. Mais tarde eu a chamarei e você poderá me prevenir se alguma coisa odiosa estiver sendo preparada.

Assim que a velha escrava saiu, Ranofrit saltou de sua cadeira, torceu o braço e, com gemidos sufocados, caminhou pelo aposento. Ela tentava pôr ordem em seus pensamentos, lembrar-se de algum detalhe de sua terrível aventura. Mas sua memória permanecia vazia. Ela havia se deitado como de hábito. "Por que, por incompreensível acaso, encontrou-se no cárcere do hebreu ao despertar?". Isso era um mistério para ela.

Com um arrepio de horror e desgosto, lembrou-se do terrível rosto pálido do escravo, seu corpo ferido, seus olhos transbordando vingança e uma infernal satisfação, e a mão úmida e gelada que, como uma pinça de ferro, a mantinha ao seu lado. "Ah! Ela estava perdida! E como viveria desonrada, desprezada por todos? O que diriam seu irmãos, o orgulhoso Potífera, a recatada Maia, até mesmo a alegre Rameri? Eles também a repeliriam com horror. Oh, como ela era infeliz! Não, seria mil vezes melhor morrer, e o mais rápido possível, pois Putifar não acreditava nela e a qualquer momento os escravos poderiam entrar, agarrá-la e, com golpes e injúrias, atirá-la na rua." Enterrou a cabeça entre as mãos, e uma torrente de lágrimas ardentes escorria entre seus dedos. Nesse instante, pareceu-lhe ouvir passos no aposento contíguo. Ranofrit retesou-se, os olhos desvairados, depois se lançou em direção a um tamborete ao pé da cama, sobre o qual ainda se encontravam um gládio e o curto estilete que Putifar ali depositara na véspera. Numa superexcitação febril, agarrou este último e, com uma das mãos, sem firmeza, cravou-o ao flanco.

A jovem ainda permaneceu em pé por um instante, o rosto em brasa, os olhos exageradamente abertos. De súbito, empalideceu, cambaleou, uma nuvem obscurecia seus olhos, uma torrente de sangue a inundava, e, com um grito rouco, caiu bruscamente sobre o chão.

✵❀✿

Com um estado de espírito difícil de descrever, oscilando entre o amor, a cólera e o desespero, Putifar caminhava por seu aposento com passos febris. Apesar de sua decisão imutável de vingar-se cruelmente de sua mulher pelo ultraje causado à sua honra, a ordem para enxotar Ranofrit se recusava a sair de seus lábios, e muitas vezes sua mão, já erguida para fazer soar a sineta de bronze, caíra novamente indecisa. Sob o império desse tormento, ele não notou de pronto o barulho, o tumulto que se erguia na casa. Logo, porém, os clamores entremeados de soluços se tornaram tão ruidosos, chegando à porta de seu aposento, que, tomado por um sinistro pressentimento, ele abriu bruscamente a porta e deu com o velho Thot, que corria como um louco, arrancando os cabelos, batendo a cabeça contra as paredes, repetindo:

O Chanceler de Ferro do Antigo Egito

— Dia de desgraça, dia nefasto!

— O que está se passando? O que significam esses seus gritos? — perguntou Putifar, com um tom imperioso, agarrando o escravo pelo braço.

— Oh! Oh! Nossa ama se matou! — berrou Thot.

O chefe dos arqueiros recuou como que abatido por um golpe de clava. Em um instante tudo ficou escuro diante dos seus olhos. Porém, dominando essa emoção, precipitou-se para o quarto de Ranofrit. Em todas as peças contíguas, viam-se escravos e escravas correndo afobados, gritando e gesticulando, e uma multidão compacta se comprimia à entrada do quarto de dormir, do interior do qual se erguiam os gritos lancinantes.

Ao avistarem o amo, todos se separaram para lhe dar lugar, e Putifar se deparou, então, com Ranofrit, estendida no chão em um mar de sangue. Em torno dela, estavam agachadas Nefrou e várias de suas acompanhantes, soltando os lúgubres gemidos, que ainda hoje a dor arranca das mulheres do Oriente.

Respirando com dificuldade, sacudido por um arrepio nervoso, Putifar ajoelhou-se junto à jovem, que realmente parecia morta, depois colocou o ouvido em seu peito: pensou ter ouvido um fraco batimento do coração e se retesou resolutamente. Ordenando aos criados que corressem ao Templo em busca dos médicos, e a todos os outros que retomassem suas ocupações, ergueu Ranofrit e, ajudado por Nefrou, levou-a até o leito. Em seguida, retirou-lhe o estilete do ferimento, lavou a ferida e tapou-a provisoriamente para estancar a efusão do sangue.

Cheio de intensa e sincera compaixão, inclinou-se sobre o rosto imóvel da jovem. Ela devia estar sofrendo muito para vencer o temor da destruição, inato no homem, e procurar sua salvação na morte.

Com fúria e desespero, crispou os punhos. "E se ela tivesse dito a verdade, se o malefício do hebreu, transtornado de vingança, a houvesse atraído para perto dele? Sabia que esse homem dispunha de forças ocultas, afinal, não forçara essa mesma mulher a aceitar a ele, Putifar, como esposo?"

— Se você retornar à vida, eu lhe perdoarei tudo, tudo! —

murmurou com súbita certeza. — Rá,[20] senhor do céu, eu lhe tomo como testemunha desse juramento!

Como se o deus, distribuidor da luz e da vida, tivesse escutado essa promessa e quisesse provar que a aceitava, Ranofrit, nesse instante, fez um movimento, soltou um fraco gemido, depois reabriu os olhos. Reconhecendo o marido, que, pálido e desfeito, se inclinava sobre ela, uma expressão de indescritível pavor assomou os traços da jovem mulher.

— Sua honra será vingada, estou morrendo. Peço apenas que me deixe morrer aqui, porque não fui ter com o hebreu esta noite — proferiu com voz entrecortada.

O coração de Putifar cerrou-se dolorosamente:

— Viva, pobre mulher, e eu lhe perdoarei tudo — respondeu com emoção, pousando a mão sobre a fronte de Ranofrit.

Um sorriso de alegria e de inefável gratidão iluminou a face encantadora da jovem ferida; ela quis se endireitar, mas, com esse movimento, o ferimento lhe causou uma dor tão atroz que ela tornou a cair, soltando um grito; seus olhos se turvaram e ela murmurou:

— Adeus! Seu perdão chega tarde demais! — e perdeu novamente a consciência.

Com as mãos trêmulas, o chefe dos arqueiros tentava fazê-la voltar a si, quando a cortina da porta foi erguida e um sacerdote do Templo de Ptah,[21] acompanhado de um ajudante que trazia um pequeno baú, penetrou no aposento.

Com um suspiro de alívio, Putifar avançou ao seu encontro. Se fosse possível a salvação, o homem de ciência a traria.

Minuciosamente, o velho sacerdote examinou e sondou a ferida; em seguida, aplicou um bálsamo, envolveu-a e fez as prescrições necessárias.

— A ferida é perigosa, mas não mortal. Se os deuses forem clementes, sua esposa viverá! — declarou, afastando-se.

Algumas horas mais tarde, um mensageiro partia para

20 Rá (ou Rê) - Deus egípcio do Sol e da Criação, um dos mais importantes do panteão do Egito, do qual o faraó se considerava filho e encarnação. O centro de seu culto estava em Heliópolis, onde também era venerado nas formas de Aton (o disco solar) e Khepri (o sol nascente) e justamente ao Sol da manhã, como Rê-Harachte. Rá também foi combinado a outros deuses para elevar seu prestígio, como em Rá-Aton e Amon-Rá.

21 Ptah - Deus egípcio cultuado em Mênfis. Era considerado o criador do mundo e o patrono dos artesãos; em seus templos era venerado o boi Ápis.

O Chanceler de Ferro do Antigo Egito

Heliópolis a fim de anunciar ao grão-sacerdote que sua irmã estava gravemente doente e pedir que ele viesse ou, ao menos, autorizasse sua esposa a vir para cuidar dela.

Com o coração carregado, Putifar passava todas as horas livres à cabeceira da jovem, que se torcia com uma febre ardente e o chamava, em seu delírio, jurando-lhe que não cruzara voluntariamente a soleira do hebreu, amaldiçoando o criado que a havia perdido. A casa toda parecia sob o peso de uma opressão: Ranofrit era muito amada, por sua bondade e indulgência, e os escravos unanimemente se compadeciam dela e se recusavam a acreditar em sua culpa. O feiticeiro maldito, o intrigante, tinha usado de um malefício para perdê-la, esse era um axioma indiscutível nas cozinhas e aposentos comuns, e com um zelo respeitoso, toda essa pobre gente procurava servir e aliviar sua jovem senhora; todas as discussões a seu respeito terminavam com palavras de lamento e olhos úmidos.

A notícia de uma grave doença de sua irmã, sem nenhum detalhe explicativo, abalou muito o grão-sacerdote, e como lhe fosse impossível deixar Heliópolis naquele momento, foi Maia quem, com toda presteza, se colocou a caminho, com Asnath. Chegando em Mênfis, ela ficou chocada com a grande mudança da aparência de seu cunhado: não apenas havia emagrecido, como uma sombria tristeza, algo de duro e severo pairava sobre o seu ser. A visão de Ranofrit espantou Maia ainda mais: ela era apenas uma sombra de si mesma; seu delírio havia dado lugar a uma completa prostração.

Ao ver sua tia jazendo como morta, a pequena Asnath pôs-se a chorar ruidosamente, e Putifar, lendo um pedido de explicação no olhar agitado de sua cunhada, quis falar sobre o que ocorrera. Contudo, Maia percebeu tão claramente que o que ele iria contar lhe causaria uma dor lancinante, que a suspeita de que fosse algum drama íntimo brotou instantaneamente em seu espírito. Então, apertando fraternalmente a mão fria de Putifar, disse-lhe:

— Deixe as explicações, meu irmão; mais tarde você me contará tudo. Agora, leve a criança, seu choro pode incomodar a enferma.

Três semanas se passaram. Os médicos haviam declarado

que Ranofrit estava fora de perigo e, lentamente, ela recuperava a saúde; porém, sombria e silenciosa, ela nada havia confiado à sua cunhada sobre as causas de sua doença, e Maia nada sabia acerca do estranho drama que ocorrera. Putifar visitava a esposa raramente, desde que ela entrara em convalescença, e qualquer coisa em seu tom e em suas maneiras, como seu olhar triste e severo, provava à esposa do grão-sacerdote que um grave incidente ocorrera e tornara sombrio o céu conjugal do jovem casal. Assim, apesar da curiosidade, Maia se abstinha de questionar Ranofrit por achá-la ainda muito fraca, e Putifar porque evitava visivelmente tocar no assunto.

Nesse meio tempo, chegou Potífera, cujos mensageiros o tinham mantido informado regularmente sobre o estado da irmã. Ele também notou imediatamente a mudança ocorrida nas relações entre o casal, mas não fez nenhuma observação, e apenas à noite, quando se viu a sós com sua esposa, perguntou-lhe se ela sabia o que ocorrera.

— Não sei de nada, mas suponho que algo terrível se passou entre eles — respondeu Maia. — Em primeiro lugar, devo dizer que a enfermidade de Ranofrit provém de uma perigosa ferida que ela tinha no flanco; não lhe escrevi nada sobre isso, pois você ficaria ainda mais inquieto, e um estranho mistério paira sobre toda essa história. Todos estão mudos, e até mesmo a velha Nefrou, que tentei interrogar, evidentemente tem medo de falar; sem dúvida, alguém a proibiu. Não sei o que pensar. Talvez Putifar a tenha agredido, mas por quê? Ranofrit teria negligenciado seus deveres de esposa?

— O que você está dizendo? — interrompeu Potífera, com as sobrancelhas franzidas. — Que minha irmã teria faltado com a honra e o pudor? Impossível! Hor seria o único que poderia induzi-la a cair em tentação; ele a agradava, eu sei, mas ele é muito honesto para estender a mão à mulher de outro.

— Estou enganada, talvez, e as razões da infelicidade são outras. Sem dúvida, Putifar lhe dirá a verdade. No dia em que cheguei, ele queria, creio, confiar-me o ocorrido, mas eu não quis aumentar seu sofrimento.

O Chanceler de Ferro do Antigo Egito

Passaram-se dois dias. Putifar parecia atormentado por uma inquietação contínua. Às vezes, abria a boca como se quisesse dizer alguma coisa, depois, recaía em um sombrio devaneio.

O grão-sacerdote nada perguntou, mas observou atentamente e, em primeiro lugar, notou a ausência do intendente hebreu que seu cunhado tanto considerava e que ele mesmo detestava como jamais havia detestado alguém. A suspeita de que pudesse existir uma relação entre esse belo jovem e a enfermidade de sua irmã surgiu bruscamente em sua mente, mas o orgulho de Potífera se revoltou só de pensar que Ranofrit pudesse ter olhos para um impuro.

Após a refeição da noite, que os dois homens fizeram silenciosamente, Potífera perguntou, encarando seu cunhado com um olhar inquisidor:

— Diga-me, por que não tenho visto o jovem hebreu, seu intendente, com quem você estava tão satisfeito? Ele está doente?

Um lampejo de ódio e de cólera brotou dos olhos de Putifar:

— Ele está na prisão, onde apodrecerá até que morra! — respondeu, com uma voz curta e rouca.

O grão-sacerdote inclinou-se, posou sua mão sobre a do chefe dos arqueiros, e disse afetuosamente:

— Alivie seu coração, meu irmão, e conte-me o que aconteceu. Percebo que você sofreu muito e desconfio que o hebreu esteja ligado a seu sofrimento. Um instinto que jamais se engana me disse que esse homem é odioso desde a primeira vez em que o vi, e um pensamento profético que tive ultimamente me faz temer que esse maldito seja ainda a fonte de muitas outras desgraças.

— O que lhe direi já será suficiente para justificar sua aversão — disse Putifar, passando a mão pela fronte molhada de suor.

A seguir, apoiando os cotovelos sobre a mesa, relatou, com uma voz baixa e entrecortada, tudo o que se passara.

— Você compreende que a idéia de ter como rival um escravo que me servia jamais me havia ocorrido e que ainda agora meu espírito se recuse a admitir essa idéia? E, no entanto, ele esteve no quarto de Ranofrit; o que teria ido fazer lá? Ela alega que ele atentou contra a sua honra; ele diz que foi ela quem o chamou e o tentou. Ela tinha contusões e um pedaço da veste de José ficou em sua mão, e, além disso, jurou-me, num momento solene em que pensava morrer, que o maldito havia jogado um sortilégio sobre ela. Mas, se ele a enfeitiçou, o que ele iria fazer nesse aposento durante a minha ausência? Eu me perco entre todos esses mistérios, e o que sofri ao encontrá-la, naquela noite, no cárcere do miserável, somente os deuses sabem! Eu estava louco de desespero e vergonha e, certamente, Ranofrit merecia a punição que eu desejava lhe infringir se tivesse se deixado guiar por uma paixão tão abjeta. Todavia, eu li nos olhos do hebreu uma satisfação tão cruel, que, às vezes, creio na verdade de um sortilégio. Diga-me, Potífera, você, o sensato, o sábio, o que pensa de tudo isso? De qualquer forma, as aparências estão contra ela e um abismo se abriu entre nós.

O grão-sacerdote nada respondeu; com a fronte apoiada na mão, meditava profundamente. Após um silêncio, que pareceu uma eternidade para Putifar, ele retesou-se e disse gravemente:

— Longe de mim a idéia de querer desculpar Ranofrit; todas as evidências estão contra ela e sua ira é justa. Quero apenas tentar aprofundar e corroborar todos os indícios que possuímos e, se possível, extrair deles a verdade ou, ao menos, a probabilidade.

Em primeiro lugar, o hebreu é belo, inteligente; é bem mais instruído do que pode e deve ser um escravo comum. Por fim, ele é ambicioso e astuto, já que soube elevar-se à posição de seu primeiro intendente e homem de confiança. Você me disse que ele é oriundo de uma dessas tribos nômades que erram entre as regiões de Kewa[22] e Naharana[23] e que realizou curas maravilhosas em sua casa. Isso me confirma a suspeita de que, antes de ter sido feito escravo, ele pode ter tido contato com algum outro feiticeiro caldeu, que lhe ensinou a manejar forças secretas, e um detalhe a mais, o poder de fascinação que ele possui, assim como a serpente. A serpente fascina o pássaro que cobiça e que, irremediavelmente atraído, vem se jogar à sua garganta.

22 Kewa - Nome egípcio da Fenícia.
23 Naharana (ou Naharina) - Nome egípcio do antigo reino de Mitanni, situado no vale do Eufrates caldeu.

O homem impõe sua vontade a um outro homem e pode impeli-lo a atos reprováveis por sua consciência e sua razão.

Estou falando mais do que se convém dizer a um não "iniciado", mas o caso que nos ocupa é excepcional, e a sua discrição é do meu conhecimento. Então, admitindo esse ponto, imaginemos que José, enérgico e ambicioso como é, e armado do assustador poder oculto de que acabo de falar, poderia muito bem conceber um plano maior do que o de apenas seduzir uma bela mulher, e querer fazer de Ranofrit um instrumento para crescer ainda mais. Após ter despertado um amor ilícito em seu coração, pela força do encanto, ele poderia sonhar em ser elevado por ela, e talvez tenha sido para se desfazer de você, para matar você, para o envenenar, que se esgueirou pelo seu quarto de dormir. Ranofrit, que não estava dormindo ou que despertou, talvez tenha desejado retê-lo, e ele, por medo de ser apanhado, fugiu. É nessa luta que o pedaço de tecido teria sido arrancado. Fica claro que, se o hebreu, sabendo-se amado, não a quis, é porque possuía um plano mais complexo e certamente mais criminoso. Quanto à presença de Ranofrit no cárcere, é possível que ela tenha sido levada até lá pela vontade do hebreu, ávido de vingança.

Pálido e tremendo, Putifar escutou, depois, levantando-se bruscamente, deu algumas voltas pelo aposento. Um súbito lampejo veio-lhe ao espírito: lembrava-se da proposta de José de lhe obter o consentimento dessa mesma Ranofrit, e o escravo mantivera a palavra, obtendo o sim da jovem, que, no entanto, parecia preferir Hor. Se naquela ocasião ele havia forçado a vontade de Ranofrit por meio de um encantamento, poderia tê-lo feito uma segunda vez, e, assim, ela teria sido vítima do perigoso feiticeiro. No passado, ele considerara somente a felicidade de possuir a mulher amada, sem pensar no meio que fora empregado; agora, por sua vez, era vítima do mesmo poder criminoso.

Com um suspiro profundo, ele parou diante de Potífera:

— Suas palavras esclareceram bem as coisas, e suas suposições são realidade para mim. Deixemos, pois, esse triste acontecimento. Perdoei Ranofrit, e esse homem maldito jamais cruzará pela porta de minha casa. Preciso me esforçar para esquecer essa nuvem que obscureceu minha felicidade.

≈(3)≈

Quinze dias mais tarde, o grão-sacerdote e sua família partiram para Heliópolis. O estado de Ranofrit não apresentava mais nenhum perigo e, visivelmente, sua natureza jovem e robusta recuperava suas forças e sua mobilidade. Na véspera da partida, Maia teve uma conversa de coração aberto com a cunhada, e a jovem jurou, derramando torrentes de lágrimas, que era inocente e que durante a noite fatal não havia, conscientemente, deixado seus aposentos.

Após a partida de seus parentes, uma vida triste e monótona começou para Ranofrit; ela não saía, fugia dos homens, pois a simples visão dos escravos lhe era odiosa, e durante dias inteiros devaneava, sozinha no terraço ou na açotéia, ruminando pensamentos sombrios, pensando na vergonha que se abatera sobre ela e havia destruído sua honra e sua felicidade.

Todos os dias, Putifar vinha passar alguns instantes com sua jovem esposa; ele não lhe demonstrava nenhuma raiva, mas em seu olhar triste e grave ela lia que ele não sentia mais por ela o afeto de antigamente.

Ranofrit não ousava se lamentar; sentia que o marido tivera por ela a maior indulgência ao perdoar esse escândalo inaudito. Mas a frieza nascida deste incidente, o isolamento ao qual ele a condenava, pesava sobre ela, e um severo pesar, uma dolorosa amargura apertava seu coração.

A lembrança de José, agora, inspirava-lhe somente aversão; em contrapartida, Putifar ganhava cada vez mais o seu coração. Pensava muito nele, ele começava a lhe interessar, a ocupar seus pensamentos; achava-o bonito, além de bom; sua voz clara e imperiosa, quando ela o ouvia dar ordens, fazia o seu coração bater mais forte, e um terrível sentimento de isolamento tomava conta do seu ser quando se lembrava do amor e dos cuidados com que Putifar a cercava outrora, os presentes com os quais a cobria, a orgulhosa satisfação com a qual a conduzia pelo mundo, e como ficava feliz em lhe consagrar cada hora de liberdade permitida por seu trabalho.

A única confidente de suas mágoas e de suas lágrimas era a

velha Nefrou, que, após a desgraça, nunca a deixava e tinha se tornado mais que uma criada, uma amiga. Por seu intermédio, Ranofrit estava sempre ao corrente do que Putifar fazia: sabia que ele saía muito, voltava tarde e trabalhava, às vezes, até o meio da noite. A jovem imaginou que ele se consumia assim para sufocar o sofrimento.

Mais de dois meses se passaram sem que houvesse mudança nessa situação. Porém, à medida que Ranofrit readquiria sua beleza, suas forças e sua vivacidade de espírito, o humilhante abandono lhe pesava cada vez mais. Então, após uma madura reflexão, ela resolveu dar um fim a isso, tentando a reconciliação definitiva. Putifar era bondoso e a amara apaixonadamente; será que continuaria duro, insensível ao seu arrependimento, se ela se jogasse a seus pés, implorando seu perdão?

A jovem confiou seu plano a Nefrou, que beijou seus pés e suas mãos com lágrimas de alegria, exortou-a a perseverar nessa boa resolução e, no dia seguinte mesmo, informou-lhe que o momento de tentar era dos mais favoráveis, pois Putifar, tendo chegado do palácio, onde havia jantado, encontrava-se sozinho no aposento de trabalho e, ao que tudo indicava, ficaria acordado até bem tarde.

A boa velha vestiu sua senhora com particular cuidado. Após perfumá-la com as mais preciosas essências, penteou e untou seus longos cabelos negros, envolveu-os por uma fina rede de ouro que rodeava sua fronte, cobriu-a com uma túnica de linho finamente bordada, mas o que lhe tomou mais tempo foi a escolha dos amuletos que Ranofrit levaria no pescoço e que deveriam tornar as divindades favoráveis aos seus intentos. Por último, Nefrou colocou-lhe na sandália direita uma folha de árvore da felicidade e, na esquerda, um pedaço mole de cera, pronunciando um conjuro, cujo segredo conhecia e que, segundo acreditava, deveria amolecer o coração de Putifar infalivelmente e trazer felicidade do casal.

Assim, armada de encantos visíveis e ocultos, a jovem dirigiu-se ao aposento do marido. À porta, agachado e com os braços cruzados, encontrava-se Thot, o fiel criado. Com um gesto imperioso, Ranofrit ordenou-lhe que se retirasse, depois ergueu a cortina de lã e lançou um olhar ansioso para o interior do quarto.

Uma lâmpada de bronze, cheia de óleo e suspensa por correntes, clareava vagamente o aposento e a figura do chefe dos arqueiros que, curvado sobre um longo rolo de papiro, escrevia com ardor. Uma segunda lâmpada, elevada sobre uma base de couro, derramava sua pálida luz sobre o rosto regular e enérgico de Putifar, sua mão armada com uma pena, o longo tinteiro e as pilhas de tábuas e rolos que cobriam a mesa. Por um momento, Ranofrit, com o coração palpitando, observou o marido, tão absorvido em seu trabalho que não ouvia nem via nada; mas ele lhe pareceu tão severo, tão frio, que o medo tomou conta dela. E se seus olhos lançassem sobre ela um olhar de desconfiança e desprezo? E se essa boca fechada, em vez do perdão esperado, pronunciasse uma sentença dura, embora merecida?

Respirando com dificuldade, a jovem apoiou-se um instante no lambri da porta, mas, dominando essa fraqueza, aproximou-se da mesa sem fazer barulho e, caindo de joelhos, agarrou a mão do marido e pressionou-a contra os lábios.

Putifar estremeceu e, reconhecendo a esposa, um sombrio rubor inundou seu rosto.

— O que significa sua vinda a esta hora, Ranofrit, e o que você quer? — perguntou, com o cenho franzido.

— Eu quero que você me perdoe, que você me dê seu amor. Não posso mais suportar esta vida isolada, coberta de desprezo — balbuciou Ranofrit com uma voz abafada pelos soluços. — Oh! Que eu morra, se devo levar uma existência tão miserável longe de você!

Putifar não retirou a mão que ela mantinha apertada entre as suas; seu coração também batia com dificuldade, o amor apaixonado que tinha por ela estava latente sob as cinzas acumuladas pelo ultraje, e a ardente súplica das pupilas de veludo erguidas para ele não deixavam de causar efeito. Contudo, o orgulho e a dignidade masculina lutavam contra essa fraqueza.

— Levante-se, Ranofrit, é penoso ver você assim diante de mim — disse com sincera tristeza. — Eu a perdoei, você continua a ser a senhora da minha casa, mas o que me pede é impossível: meu coração sangra, pois a amei demais. Porém, como posso lhe dar meu afeto depois desse passado sobre o qual ignoro até mesmo a verdade?

— Deixe-me a seus pés, é o meu lugar. Vou contar tudo como se estivesse diante de Osíris[24] e dos juízes de Amenti, depois aceitarei sua sentença — murmurou tremendo. — A seguir, com uma voz baixa e entrecortada, relatou a estranha impressão produzida sobre ela por José, desde o primeiro encontro, e todas as peripécias de seu louco arrebatamento, reprovado por sua razão, até o momento em que o escravo, com palavras duras, a lembrara de seus deveres.

— Quando, algumas horas mais tarde, ele entrou em meu quarto, acreditei, em meu delírio, que ele vinha a mim — confessou, rubra, sob a vergonha e as lágrimas. — Mas ele tinha algum outro objetivo ao se inclinar sobre a mesa, pois me repeliu quando segurei seu braço. Nós lutamos, e ele fugiu, deixando em minha mão um pedaço de sua veste.

Desde então, eu não revi José até o instante em que o vi debruçado sobre mim em um lugar escuro e desconhecido, sem compreender como tinha ido parar lá. Ainda hoje, minha presença naquele lugar permanece um mistério para mim. Lembro-me somente do horror indescritível que me causaram a face lívida do miserável, seus olhos faiscantes de maldade e os dedos úmidos e gelados que se cravavam na minha carne. Eu quis fugir, repeli-lo, mas não consegui; e como se ele escarnecesse dirigindo-me palavras insultantes, perdi a consciência. Agora você sabe de tudo. Seja misericordioso comigo.

Putifar escutara, respirando com dificuldade; cada palavra de sua jovem esposa era uma confirmação das engenhosas suposições de Potífera. E ele sequer poderia se vingar, condenando à morte o miserável feiticeiro que intentara envenená-lo para assenhorear-se da mulher que havia tão habilmente conquistado, supostamente para seu amo! Intentar um processo escandaloso contra o pérfido seria muito mais vergonhoso para ele e sua esposa do que para um obscuro escravo. Ao pensar em sua impotência, seus punhos se crisparam.

Ranofrit, que o observava ansiosa, tremeu com esse gesto e perguntou, com voz suplicante:

---

24 Osíris - Deus egípcio da fertilidade e personificação do rio Nilo. Assassinado por seu irmão Set, foi encontrado por Ísis, sua irmã e esposa, que recolheu seus restos mortais e lhe devolveu a vida, passando Osíris a ser o deus do Além.

— Você me esqueceu ou sua cólera aumentou em vez de se acalmar?

Arrancado bruscamente de suas reflexões, Putifar inclinou-se para ela e a atraiu para seus braços:

— Agradeço sua corajosa e franca confissão e lhe perdôo com o coração e os lábios. Esqueçamos, portanto, esse passado nefasto e, a partir desta hora, comecemos uma nova vida. Prometa-me que uma confiança absoluta sempre reinará entre nós, assim seremos fortes contra qualquer influência nefasta.

— Eu dedicarei o resto da minha vida a provar o meu reconhecimento e a lhe fazer feliz — balbuciou Ranofrit, enlaçando o pescoço de seu marido.

Contudo, seus nervos superexcitados se distenderam bruscamente e ela foi tomada por um tal acesso de gritos e soluços que Putifar teve que levá-la para o quarto, e somente um sono profundo, produzido pelo esgotamento, devolveu-lhe a calma.

Capítulo 6
JOSÉ NA PRISÃO

Mas o Senhor assistiu José, estendeu sobre ele sua bondade e lhe fez encontrar graça aos olhos do carcereiro-chefe. O carcereiro-chefe confiou a José todos os detidos que estavam na prisão; tudo o que se fazia passava por ele.

(Gênese, cap. XXXIX, vv. 21 e 22)

A esta cidadela ou fortaleza José foi levado e lá aprisionado.

G. Ebers, *Egypten und die Bücher Moses*

Dominando parte da cidade com suas espessas muralhas ameadas, erguia-se na cidadela de Mênfis o Castelo Branco, como era chamado pelos habitantes por causa da brancura de seus muros caiados. A vasta cerca da fortaleza encerrava os templos, os arsenais, as prisões do Estado, as casernas da guarnição, os imensos depósitos de forragens e, por fim, os alojamentos de toda a pequena armada de oficiais e funcionários que essa complicada administração requeria. Soldados recrutados, em grande parte entre a tribo semita que dominava o Egito naquele tempo, comandados exclusivamente por oficiais de sua própria raça, ocupavam a cidadela, impondo respeito à população nativa, agitada e surdamente rancorosa em relação aos opressores estrangeiros.

Os hicsos, ou pastores, ocupavam o Delta do Nilo e grande parte do Egito há quatrocentos anos, e durante esses longos séculos os vencedores tinham civilizado seus vencidos, que, pouco a pouco, adotaram seu idioma, seus costumes e mesmo sua religião. A camada popular continuava a adorar Sutekh,[25] a sombria e sanguinária divindade síria, mas um dos ancestrais do monarca reinante, chamado Apopi, como ele, substituíra os deuses bárbaros de seu povo por um deus egípcio, cujo culto oficial era celebrado, com pompa, por um clero especial e ao qual ele havia erguido templos magníficos em Tanis, sua residência habitual, e em Avaris,[26] a inexpugnável fortaleza e ponto de referência dos hicsos.

Se essa inovação foi inspirada pelo desejo de assimilar mais as duas nações ou por alguma simpatia pessoal do rei, é difícil de dizer. A verdade é que a escolha do deus Set[27] em todo o panteão egípcio prova não apenas um conhecimento aprofundado da religião, mas, também, uma intenção política bem determinada.

De fato, Set-Tifon, o assassino de Osíris, rival de Horus, o pastor do rebanho de Kemi, é também o símbolo da preponderância do Norte sobre o Sul, do território do rei dos hicsos sobre as províncias do Sul, onde vegetavam, miseravelmente, como simples nomarcas pagadores de tributos, os descendentes dos antigos faraós, os únicos e verdadeiros reis do Egito aos olhos dos sacerdotes e de todos os patriotas.

25 Sutekh - Divindade síria adorada pelos hicsos e associada por eles ao deus egípcio Set.

26 Avaris - Antiga cidade-fortaleza egípcia fundada pelos hicsos e situada no nordeste do Delta do Nilo; foi a capital de alguns reis hicsos durante o Segundo Período Intermediário.

27 Set (ou Seth) - Originalmente deus do Sol do Egito pré-dinástico e governador do Alto Egito, mas gradualmente degenerado no deus do Mal. Segundo o mito egípcio, Set matou seu irmão Osíris e então foi derrotado por Horus, filho de Osíris. Os gregos o identificaram como Tifon.

No tempo dessas inovações religiosas do rei pastor, o representante da legítima dinastia residia em Tebas e chamava-se Taa I, cujo sobrenome real era Sekenen-Rá, e seus súditos o nomearam "O Grande". Embora esse príncipe portasse somente o simples título de Hak, ou nomarca, e pagasse um tributo ao rei pastor, que o tratava como vassalo, ele desfrutava de uma incontestável superioridade sobre os outros chefes de nomos das províncias do Sul, e em torno dele se concentravam todas as esperanças e todas as surdas conspirações de todos os partidários da independência nacional, que esperavam o momento propício para romper o jugo odioso dos estrangeiros, pois os reis pastores, apesar de terem tomado para si o título de faraós, de terem se apoiado em um colégio hierático, de terem modelado sua corte na dos antigos soberanos e adotado seu idioma e seus costumes, de se cercarem de funcionários escolhidos entre a nobreza egípcia, que contava com a crença do povo, e, sobretudo, das altas castas sacerdotais e militares, permaneciam intrusos e usurpadores; "hak chasou", como eram chamados desdenhosamente quando não estavam presentes.

O papiro Sallier,[28] conservado no museu Britânico, relata um curioso episódio da época das inovações religiosas do rei Apopi e das negociações que teriam ocorrido a esse respeito entre ele e o rei Sekenen-Rá-Taa I, chefe da região do Sul. A pretensão do rei pastor de excluir todos os deuses egípcios, à exceção de Amon-Rá para substituí-los pelo culto de Set-Tifon, foi a gota d'água que fez transbordar a paciência e a submissão secular do povo do Egito.

Então, assim como em nossos dias, as questões religiosas agravaram, mais que qualquer outra, as paixões políticas; uma sublevação geral se produziu, todo o Sul se agrupou em torno de Taa I, que ergueu o estandarte da revolta e, antes de todos, ousou atacar abertamente os poderosos opressores.

Mais de cem anos tinham transcorrido desde então e, contudo, os pastores ainda não haviam sido expulsos da região; a guerra pela independência continuara, com oportunidades di-

---

28 Papiro Sallier - O papiro que narra "A Querela entre Apopi e Sekenen-Rá-Taa", conhecido como papiro "Sallier I", é datado da XIX Dinastia. Leva o nome de um colecionador francês que o comprou num lote de objetos egípcios escavados entre Mênfis e Saqqara por volta de 1820, na época da invasão napoleônica.

O Chanceler de Ferro do Antigo Egito

versas, sob os sucessores de Taa I, sem gerar resultados positivos. Por fim, foram os hicsos que triunfaram: ocuparam Mênfis novamente e pareciam mais poderosos do que nunca. Esse poder, entretanto, perdera a solidez: o germe da revolta penetrara no povo, a lembrança dos êxitos passados mantinha o entusiasmo e a esperança e tornava duplamente pesado o jugo dos estrangeiros, que também cerravam fileiras, observando com desconfiança as intrigas surdas dos vencidos. Sem dúvida, não faltavam covardes e aduladores na corte dos reis pastores, os que entre o povo fossem indiferentes, aqueles que a pobreza e o medo forçam ao silêncio, e um bom número de nobres egípcios que, por necessidade, curvando-se ao fato consumado e à força, serviam no exército e na administração. Todos, porém, eram silenciosamente descontentes, sentiam duplamente cada injustiça e, no fundo do coração, odiavam seu amo, apesar das genuflexões que lhe faziam abertamente.

A época em que se passa nosso o relato, Apopi era quem ocupava o trono novamente. Homem de meia idade, doente, caprichoso e inconstante, sujeito a ataques de epilepsia, a dores de cabeça nervosas e a cruéis insônias. Afirmava-se que o mau-olhado tombara sobre ele na infância e os mais instruídos cochichavam que era vítima de um terrível malefício, já que nenhum remédio conseguira curá-lo. Sobre o autor do malefício, as opiniões se dividiam: os hicsos atribuíam-no aos sacerdotes egípcios, e estes a uma mulher do harém do rei, incitada pela raiva e o ciúme contra aquele que herdara o trono em detrimento de seu próprio filho.

Parte desses rumores chegara aos ouvidos do próprio Apopi, enchendo-o de surda raiva contra a casta sacerdotal e inspirando-lhe, ao mesmo tempo, uma predileção doentia pelas ciências ocultas, que cultivava com ardor.

Esses trabalhos de ciências ocultas se alternavam com um entusiasmo apaixonado por festas, mulheres, caçadas perigosas e emocionantes; ora cercava-se de uma multidão ruidosa, ora confinava-se na solidão e procurava acalmar o enervamento e os sofrimentos físicos que o atormentavam com o canto e a harpa. O luxo de que se cercava era exorbitante e suscitava firmes advertências dos seus conselheiros, pois, para satisfazer os gostos dispendiosos do faraó, era necessário aumentar os impostos, que já eram suficientemente pesados. Sombrio e desconfiado, Apopi julgava-se constantemente ameaçado por conspirações, e como se a prudência o impedisse de punir com a severidade que gostaria, espalhou espiões por todas as camadas da sociedade, que se infiltravam até mesmo nas famílias e relatavam qualquer palavra que lhes parecesse suspeita. Tal situação rendia poucos amigos ao caprichoso faraó; ele percebia isso e freqüentemente mudava seus favoritos, destruindo bruscamente aqueles a que, na véspera, cobrira de honras. Assim, suas benesses, quando muito evidentes, despertavam mais medo que alegria no coração dos eleitos, que passavam a sentir a cabeça vacilar sobre os ombros.

O autor crê que é necessário mencionar algumas passagens da obra especial de M. Chabas, *Les pasteurs en Egypte* (Os pastores no Egito), e também a obra de M. Brugach, *Histoire de l'Egypte sous les Pharaons* (História do Egito sob os faraós). Essas passagens confirmam a base histórica sobre a qual se apóia o nosso relato. Vejamos, em primeiro lugar, o que diz M. Chabas. Antes de se referir ao fato relatado pelo papiro Sallier e fazer menção à inscrição funerária de Ahmes, filho de Baba, que nasceu sob o reinado de Sekenen-Rá e tomou parte sob o reinado de Ahmes I da tomada de Avaris e da expulsão definitiva dos hicsos, o sábio egiptólogo diz:

"O rei Apopi, a que se refere o papiro, era contemporâneo de Sekenen-Rá, um dos chefes do Sul que trabalharam para a libertação da região; sem nenhuma dúvida, ele reinou no último século da dominação dos pastores. Esse Apopi é o único pastor estabelecido historicamente. Não se sabe nada sobre o nome nem sobre os atos de seus predecessores, como os de seus sucessores, que, evidentemente, se enfraqueceram mais e mais até a expulsão final. O Sekenen-Rá, contemporâneo de Apopi, e o Sekenen-Rá, de Baba, pai de Ahmes, são dois personagens diferentes, são duas pessoas da mesma raça.

O Chanceler de Ferro do Antigo Egito

Que o rei egípcio tenha tido alguns êxitos está provado pelo seu nome real — 'O Sol Belicoso' —, mas se persistirmos em confundi-lo com Sekenen-Rá-Taa-Kene, o predecessor do vencedor de Avaris, será preciso desistir de atribuir à sua época o início da guerra da independência, pois o tempo não corresponderia à longa duração que Manetho [5] atribui a essa guerra.

Qualquer dificuldade deixa de existir, porém, quando aprendemos que existiram dois outros personagens de nome Sekenen-Rá-Taa, que distinguiremos da seguinte forma:

1. Sekenen-Rá-Taa, 'O Grande'.
2. Sekenen-Rá-Taa, 'O Muito Grande'.
3. Sekenen-Rá-Taa-Kene, 'O Muito Vitorioso'."

Portanto, agora podemos considerar Taa, "O Grande" como o primeiro chefe do Sul que se revolta contra os pastores; Taa, "O Muito Grande" continua sua obra e, por fim, Taa, "O Muito Vitorioso" obtém, contra os bárbaros, os sucessos retumbantes que permitiram a Ahmes I expulsá-los definitivamente.

É sob o seu reinado que nasce Ahmes, filho de Baba, o chefe dos marinheiros que relata a tomada de Avaris. Sekenen-Rá-Taa-Kene III, único designado como predecessor da XVIII Dinastia, prova que os êxitos dos dois primeiros foram apenas parciais.

Brugsch, na obra já mencionada, diz que uma tradição cristã muito antiga, conservada pelo padre Syrcell, relata que José governou o Egito sob o reinado de um rei pastor chamado Apopi, que precedeu, em apenas alguns anos, o início da XVIII Dinastia; e, mais adiante, que foi encontrada uma interessante confirmação dos sete anos de fome no tempo de José, e isso na inscrição funerária de um egípcio chamado Baba, que viveu em El-Kab e, indubitavelmente, foi contemporâneo do patriarca Jacó, de seu filho José, assim como do rei Sekenen-Rá.

Na inscrição funerária de Baba, em El-Kab, fala-se de uma fome que durou longos anos. Os termos do texto funerário

José e a esposa de Putifar, de Guercino (Giovanni Francesco Barbieri) - 1649.

não deixam nenhuma dúvida quanto à realidade do fato histórico ao qual se faz alusão. Tendo em vista que uma fome que se prolongou por alguns anos é mencionada na história do Egito somente uma vez, no tempo de José, e que Baba, que porta o nome do pai de Ahmes, o marinheiro, vivia como ele em El-Kab, no tempo de Sekenen-Rá-Taa III, pode-se tirar a conclusão de que a fome mencionada por Baba e a que teve lugar no tempo de José são um único e mesmo acontecimento.

Por último, mencionemos que Sayce, em seu livro, *Alle Denkmater im lichte euer forschung*, conta que o egípcio Baba, sepultado em El-Kab, o qual, na inscrição de seu túmulo, menciona a longa fome que desolou o Egito, vivia, segundo a opinião geral, à época que precedeu em alguns anos a XVIII Dinastia, o que fixa, de maneira mais positiva, a época na qual José governou o Egito.

Ainda doente e sofrendo as conseqüências da cruel punição que lhe fora infringida, José foi atirado em uma cela que fazia parte do edifício reservado aos prisioneiros do Estado, que, por essa razão, era o mais severamente vigiado, e seus habitantes submetidos à mais dura disciplina.

O carcereiro ao qual ele foi confiado era um hicso chamado Quapour, homem bonachão que logo notou a submissão e a paciência de seu prisioneiro e sentiu uma certa piedade pelo intendente degradado por seu chefe, degradação da qual ele ignorava a causa.

Tendo muito o que fazer no exercício de seu cargo, Quapour às vezes se fazia substituir por seu filho de nove anos na distribuição de víveres aos prisioneiros menos importantes. Com a agilidade e a engenhosidade que lhe eram próprias, José soube entabular conversas cada vez mais amigáveis com o jovem rapaz e, por fim, propôs-se a lhe ensinar a escrever, visto que era escriba e tinha muito tempo livre, infelizmente. O pequeno Atou pediu a seu pai, que autorizou com prazer as lições, e, feliz com os progressos do filho, passou a se interessar pelo preceptor.

O primeiro resultado dessa benevolência foi que José acabou transferido para uma prisão arejada e mais confortável, onde recebeu um colchão de palha e uma coberta. A seguir, a mãe de Atou passou a lhe enviar ora um bom prato de carne, ora um bolo de mel ou uma pequena ânfora de vinho ou de cerveja. Por fim, o próprio Quapour veio, um dia, conversar com ele, e, após discutirem as belas qualidades de Atou e o brilhante futuro de escriba real que elas lhe reservavam indubitavelmente, perguntou-lhe sobre sua origem, seu passado e as razões da sua desgraça.

Embora com reserva, José deu a entender que era a inocente vítima da paixão impura de sua senhora, que, lembrada por ele de seus deveres, o caluniara diante do marido.

Desde essa conversa confidencial, o carcereiro tomou gosto em vir conversar com seu prisioneiro. Um dia, quando tornara a vir, trazendo uma jarra de leite por parte de sua esposa, José notou seu ar triste e preocupado, e perguntou a razão.

— Ah! — respondeu Quapour, suspirando. — Tive um sonho esta noite, certamente um presságio de alguma coisa, e não tenho ninguém para me ajudar a explicá-lo. Um primo meu, especialista nessas questões, morreu no ano passado, e ir aos adivinhos do Templo custa muito caro.

— Você não gostaria de me contar o que viu? Talvez eu pudesse explicar. Em nossa tribo, há uma mulher conhecida por sua capacidade divinatória; como ela era minha guardiã e me adorava, ensinou-me um pouco de sua arte.

— Com muito gosto! Vou contar-lhe o meu sonho. Eu me vi sentado em minha residência, próximo à janela; de súbito, percebi um grande pássaro negro, trazendo uma pomba branca em seu bico. Batendo as asas ruidosamente, o pássaro entrou no recinto, deixou a pomba cair e desapareceu pelo cômodo contíguo. Lá, eu o ouvi soltar três gritos agudos, depois ele retornou, trazendo em seu bico uma outra pomba, porém, cinza e morta. Esse sonho não é um mau presságio? Mas espere! Espere! Esqueci de dizer que, antes de entrar, o pássaro deu voltas diante da janela e soltou sete gritos lamuriosos e prolongados.

— É verdade, seu sonho é nefasto — respondeu José, após refletir. — Eis o que, na minha opinião, ele significa: daqui a sete meses, você terá uma filha, que viverá; contudo, três dias após o seu nascimento, sua esposa morrerá.

Com essa explicação, o pobre Quapour desabou em lágrimas e, durante alguns, dias arrastou-se pela prisão, cabisbaixo e acabrunhado. Pouco a pouco, porém, acalmou-se e acabou por se convencer de que José não era um adivinho por profissão e poderia ter se enganado, e que Sutekh poderia livrá-lo da desgraça se ele lhe oferecesse os sacrifícios apropriados.

Os acontecimentos não confirmaram essas esperanças: o deus ingrato aceitou as oferendas e deixou a esposa de Quapour morrer três dias após ter dado a luz a uma menina. Esse acontecimento gerou no carcereiro um temor respeitoso por seu prisioneiro e, mais tarde, o desejo de se reconciliar com as boas graças do adivinho, aliviando sua sorte. Com essa intenção, aproveitou um momento favorável para interceder junto ao seu chefe imediato, e inspetor das prisões, o nobre Hormahou, alegando que José, homem jovem e saudável, de conduta exemplar, poderia ser utilizado com proveito em pequenos serviços.

Hormahou aprovou a proposição, mas não se arriscou a aceitar antes de submetê-la a Putifar, o senhor do escravo. Este, cuja cólera se apaziguara há muito tempo, autorizou seu subordinado a dispor de José, mas somente no próprio edifício, sem que ele jamais ousasse cruzar os domínios da cidadela, e ordenando que ele fosse utilizado mais especialmente para servir aos outros prisioneiros.

José, portanto, deixou sua estreita cela, passando a circular livremente pela prisão, e logo seu zelo, sua modéstia, sua obediência lhe renderam as boas graças de seus chefes e a gratidão dos presos, aos quais demonstrava bondade e interesse.

※ ③ ☀

Em uma ala do Palácio Real de Mênfis, cujas janelas se abriam sobre os jardins, e onde não chegava nenhum barulho de fora, podia-se ver uma sala muito vasta, decorada com o luxo mais refinado. As paredes estavam cobertas de pinturas e incrustações de cornalina, lápis-lazúli e esmalte. Quatro colunas maciças, pintadas com cores resplandecentes, sustentavam o teto; espessas esteiras multicoloridas cobriam o assoalho, e os móveis de cedro ou bronze entalhado e dourado eram dignos da riqueza arquitetônica do aposento.

No fundo da sala, erguido sobre dois degraus cobertos de pele de leão, encontrava-se um leito de repouso de ouro maciço, com almofadas púrpuras bordadas em ouro. Sobre esse leito amarfanhado e em desordem, encontrava-se estendido, de olhos fechados, um homem de trinta e seis anos, magro e esbelto. Seu rosto ossudo, com as maças do rosto salientes e o nariz recurvado, era a imagem dessas cabeças de esfinge, com o estranho penteado e os traços característicos descobertos em Tanis que os egiptólogos reconheceram como efígies dos reis hicsos.

Ao pé da cama, permaneciam imóveis dois sacerdotes, de cabeça raspada e trajando a longa vestimenta de linho, própria de sua casta. Abaixo dos degraus, estavam agrupados alguns dignatários pertencentes ao serviço particular do faraó e, no fundo da sala, uma multidão de oficiais, funcionários e cortesãos, o séquito obrigatório que acompanhava um rei do Egito desde o seu acordar até o seu recolher.

Toda essa gente se mantinha imóvel e muda, com os olhos fixados no faraó, cuja respiração, rouca e entrecortada, era a única coisa que perturbava o silêncio profundo.

Há dias Apopi encontrava-se em um estado de marasmo que o impelia a evitar as pessoas, e não deixava seus aposentos. Contudo, durante a última noite fora tomado por um ataque de epilepsia. Alquebrado pelas convulsões que tinham torcido seus membros, jazia assim há horas, com a cabeça caída, a face lívida, os olhos revirados, e somente as crispações dolorosas que contraíam suas mãos e parte de seu rosto denotavam que ele sofria de uma dessas intoleráveis dores de cabeça que algumas vezes se seguem aos ataques de epilepsia.

Cada vez que um doloroso tremor sacudia o corpo do doente, os dois sacerdotes se aproximavam; um molhava um pano em uma bacia, que um jovem ajoelhado à cabeceira segurava, e enxugava o rosto do faraó, enquanto o segundo derramava entre seus lábios algumas gotas de um líquido escuro. A cada vez, uma expressão de calma e bem-estar esboçava-se sobre os traços extenuados de Apopi, e sua respiração tornava-se mais calma. Esse pequeno descanso, entretanto, era curto.

Cansados e nervosos por essa interminável vigília, à qual estavam condenados pelo cargo e pela etiqueta, os funcionários mantinham os olhos fixos no rei, perguntando-se quando ocorreria uma melhora. De repente, Apopi ergueu-se, seus grandes olhos flamejantes vagaram um momento pela multidão ansiosa e emudecida, depois chamou, com voz rouca:

— Héka!

Do fundo da sala, um jovem avançou rapidamente, carregando uma harpa, e se ajoelhou diante do leito.

— Toque — disse o faraó, tornando a cair sobre as almofadas.

O músico fez vibrar levemente as cordas do seu instrumento; uma melodia doce e um pouco monótona foi ouvida, às vezes, elevando-se vibrante, outras, desvanecendo em acordes prolongados.

O faraó jazia imóvel, mas pouco a pouco as crispações nervosas que o sacudiam diminuíram, depois, cessaram completamente; a respiração tornou-se mais calma, e, por fim, ele caiu em um sono pesado e profundo.

Um murmúrio percorreu as fileiras dos cortesãos, um suspiro de alívio ergueu a multidão, e todos começaram a sair sem fazer barulho: era sabido que o sono sempre marcava o fim da crise e se prolongava por horas. Logo, restaram junto ao faraó somente os dois sacerdotes, o tocador de harpa, alguns funcionários que estavam de serviço naquele dia e o oficial da guarda, que vigiava à porta.

Cerca de meia hora mais tarde, dois homens que, à saída da sala, tinham ainda feito um "tour" pelas dependências, deixaram o palácio e, cortando o caminho obliquamente pelos imensos jardins que contornavam a residência real, dirigiram-se para uma saída que dava sobre o Nilo. Conversando em voz baixa, eles atravessaram rapidamente as alamedas, já sombrias, pois a noite tinha caído, e absorvidos com a conversa não notaram que um homem os seguia desde a sua saída do palácio, esgueirando-se entre as árvores, prestando atenção, avidamente, a cada uma de suas palavras.

Um dos dois interlocutores, homem de cinqüenta anos, era Abton, o chefe das cozinhas reais, o que cuidava de tudo que se cozinhava, assava e misturava dentro do palácio; o segundo, jovem de boa aparência, era Nectanébo, o copeiro do faraó.

— Que vida fatigante! Sem repouso, nem de dia, nem de noite. Se não são as festas, caçadas e orgias que nos esfalfam, são os acessos de loucura que impedem que as pessoas honestas durmam e repousem — observou o copeiro real.

— E o que você queria, Nectanébo? Poderia ser diferente quando um estrangeiro governa a nossa pátria e ofende os deuses com sua presença? Ao ver que o "chasou" negligencia seus santuários para inclinar-se somente diante de Set, que ele usurpa o trono do país de Kemi em detrimento dos verdadeiros filhos de Rá, os imortais castigaram Apopi com a estranha e incurável doença que o consome — respondeu Abton com gravidade.

O copeiro real crispou os punhos, depois perguntou, inclinando-se para o companheiro:

— Chegaram notícias de Tebas?

— Sim, o escriba Houha chegou trazendo graves notícias; mas aqui não é lugar de se falar disso. Amanhã, ao nascer da Lua, venha à casa do guardião Mena, e você ouvirá coisas que alegrarão a sua alma.

Chegando à porta de saída, os dois homens se calaram e, após um silencioso aperto de mãos, cada um tomou o barco que o esperava e se dirigiu para casa.

Quando as duas embarcações desapareceram na bruma, o personagem que seguira o copeiro e seu amigo deixou a sombra profunda dos arbustos que o haviam abrigado até então, veio sentar-se em um banco situado ao pé de um sicômoro e ficou absorto em profunda meditação.

Era um jovem robusto e atarracado, vestido segundo a moda egípcia, mas cujos traços pronunciados, a face larga e ossuda, denunciavam a origem. Pet-Baal, esse era o seu nome, era um hicso e ocupava um cargo pouco importante no palácio. Contudo, a astúcia, o espírito de intriga e a ambição, faziam--no desejar uma ocasião para se distinguir, para se sobressair da multidão e, com essa intenção, espionava ativamente todos os egípcios que possuíam cargos no palácio, na esperança de descobrir alguma intriga proibida por lei e com isso provar sua dedicação ao faraó.

— Enfim, tenho um indício — murmurou Pet-Baal. — Então, é na casa daquele miserável intrigante do Mena que se reúne essa sociedade de traidores e conspiradores! É algo bom de anotar. E esse atrevimento de chamar o nosso glorioso soberano de "chasou"? Miseráveis! Talvez eles queiram matá-lo, mas daremos um jeito nisso. Amanhã, irei ter com o príncipe Namourod e revelarei o que descobri. Como recompensa, pedirei ao faraó o cargo de copeiro real e a permissão para desposar Nefert, a irmã desse velhaco do Nectanébo. Ele que ouse me recusar! Dessa forma, herdarei o cargo, a irmã e a bela casa do conspirador, o que não será um mau negócio.

Soltando um assobio guerreiro, ergueu-se e retomou rapidamente o caminho do palácio.

Capítulo 7

O COPEIRO REAL E O PADEIRO

> O faraó irou-se contra seus dois eunucos, o copeiro-mor e o padeiro-mor, e mandou detê-los na casa do comandante dos guardas, na prisão onde José estava detido.
> Ora, numa mesma noite, os dois, o copeiro e o padeiro do rei do Egito, que estavam detidos na prisão, tiveram um sonho, cada qual com a sua significação.
> Efetivamente, no terceiro dia, que era o aniversário do faraó, este deu um banquete a todos os seus oficiais e soltou o copeiro-mor e o padeiro-mor no meio de seus oficiais. Ele reabilitou o copeiro-mor na copa real e este colocou a taça na mão do faraó; quanto ao padeiro-mor, enforcou-o, como José lhe havia previsto.
>
> (Gênese, cap. XL, vv. 2, 3, 5, 20 a 22)

O príncipe Namourod era primo do faraó Apopi e considerado o herdeiro do trono, embora não portasse oficialmente esse título. O rei perdera vários filhos, todos mortos em tenra idade, e só lhe restavam duas filhas, também de baixa idade, das quais a mais velha, na opinião de todos, deveria um dia desposar Namourod, transmitindo-lhe seus direitos ao trono, direitos que, segundo o costume egípcio, privilegiavam a linha colateral masculina.

Sobre esse ponto, assim como sobre todos os outros, os reis hicsos aparentemente respeitavam as antigas leis do país. Eles manipulavam os sacerdotes, cujo poder junto ao povo era imenso. Apopi, tal como seus predecessores, visitava assiduamente os templos, fazia sacrifícios aos deuses da alta casta, que, impenetrável e hostil, se erguia em torno dele como um perigo perpétuo. Seus espiões vigiavam os sacerdotes, procurando compreender o segredo da conspiração permanente e tenebrosa que estendia por toda parte seus ramos imperceptíveis, preparando a expulsão dos estrangeiros e o retorno dos reis legítimos. A descoberta de Pet-Baal tinha, portanto, seu preço, e ele

114   J. W. Rochester

podia esperar tirar disso um bom proveito.

O príncipe Namourod habitava um palácio contíguo à residência real, e descansava no terraço da noite fatigante que passara junto de seu primo, quando anunciaram que o escriba Pet-Baal solicitava a honra de ser admitido em sua presença. O príncipe conhecia pessoalmente o jovem e, embora surpreso com o pedido, ordenou que ele fosse introduzido. Essa surpresa aumentou ainda mais quando o escriba, após reverenciá-lo, pediu para ser ouvido sem testemunhas.

— Fale, que grande mistério é esse que você só pode confiar aos meus ouvidos? — perguntou Namourod, apoiando-se nas almofadas, após ter dispensado os escravos que o abanavam.

— Trata-se de uma conspiração da qual descobri os indícios, e que tanto me parece perigosa que dois funcionários do palácio, Abton e o copeiro Nectanébo, estão envolvidos — respondeu Pet-Baal em voz baixa quando o último escravo deixou o terraço. Depois, ajoelhando-se junto ao leito de repouso, relatou brevemente tudo que ouvira na véspera: a conversa dos dois egípcios, a reunião planejada na casa do guardião Mena, a chegada de um emissário de Tebas, sem esquecer de mencionar o injurioso epíteto de "chasou" dirigido ao faraó.

À medida que falava, um vermelho escuro invadia o rosto do príncipe, e suas sobrancelhas se franziram, ao mesmo tempo em que raios de cólera surgiam de seus olhos. Quando o escriba se calou, ele refletiu longamente e disse:

— Eu agradeço, Pet-Baal, você é um servidor fiel e vigilante, e nosso glorioso faraó, que os deuses lhe concedam glória, vida e saúde, o recompensará generosamente.

Em relação ao que você acaba de me denunciar, eis o que decidi: é inútil fazer muito alarde prematuramente, mas esta noite eu mesmo irei à casa do guardião Mena, e você me acompanhará. Antes, porém, escreverei a Putifar a fim de que ele esteja pronto para nos acompanhar com um destacamento de oficiais. Cercaremos a casa e prenderemos todo o grupo de traidores. Eles sofrerão uma punição bem severa a fim de suprimir nos demais descontentes o desejo de imitá-los.

Após escrever e selar a correspondência, o príncipe entregou-a ao escriba e acrescentou com bondade:

O Chanceler de Ferro do Antigo Egito

— O rei está melhor e se sente suficientemente forte para um passeio de liteira. Amanhã, portanto, eu poderei anunciar-lhe a captura que faremos esta noite sem temer agitá-lo. Nessa hora, um raio da graça real certamente recairá sobre você: diga-me, pois, o que deseja e qual a recompensa que agradará o seu coração.

Vermelho de emoção, Pet-Baal prostrou-se:

— Meu amo e senhor, ouça sem cólera a minha confissão: meu coração está tomado pela imagem de Nefert, irmã de Nectanébo. Esse amor me consome e me faz definhar; só consigo trabalhar à custa de muitos esforços, minha alma saiu do corpo e segue os passos da jovem.

— Por que, então, você não a desposa e põe um fim a esses males? — interrompeu o príncipe.

— Não posso. Nectanébo recusa-se a me conceder sua irmã como esposa e comprometeu-a com Necho, filho de Abton, que ocupa o cargo de vigilante da residência de campo do faraó e é muito mais rico que eu. Se sua majestade concordasse em excluir Nefert da punição que ela merece como irmã e noiva de traidores e em me concedê-la como esposa, juntamente com o cargo de copeiro real, eu seria completamente feliz. E, com toda certeza, seria a mão de um fiel e devotado criado que passaria a encher de vinho a taça do nosso glorioso soberano!

— Espero que o faraó escute sua súplica com ouvidos favoráveis e que se Nefert se tornar a esposa de um criado assim zeloso, possa ser perdoada pelos crimes de seus próximos — respondeu o príncipe, dispensando o escriba.

Nenhum dos conspiradores suspeitava do perigo de morte que os ameaçava. Cada um aplicara-se tranqüilamente em seus deveres, e a maioria retornava ao lar no pôr-do-sol.

Nectanébo também acabara de deixar o Palácio Real quando, não muito longe de sua casa, encontrou um jovem de boa aparência que o abordou amigavelmente.

— Ah, é você, Necho? O que o traz a Mênfis? Seria amor ou negócios? — perguntou sorrindo para o copeiro.

— Um e outro. Sem dúvida, estou impaciente para ver Nefert, mas estava ainda mais ansioso para falar com você. Um sombrio pressentimento me persegue, sonhos que prevêem morte e desgraça, e temo que esses presságios se confirmem, pois conheço meu pai, seu ódio pelos estrangeiros e as relações perigosas que ele mantém com o Sul. Quanto a você, sei que é muito propenso a se ocupar dessas intrigas. Bem, quero suplicar aos dois que sejam prudentes e não se envolvam nas conspirações dos sacerdotes; eles podem muito bem arriscar coisas que não lhes custarão a cabeça. Além disso, na minha opinião, ainda não é tempo de tentar nada; ainda somos muito fracos, e o povo está pouco preparado.

— Oh, sim! Se todos fossem tão prudentes como você, o tempo da liberdade jamais chegaria — respondeu Nectanébo com impaciência. — Mas fique sossegado, não estamos pensando em nada. Olhe, Nefert está vindo ao seu encontro; esqueça essas bobagens beijando-lhe os lábios rosados.

A presença da jovem, feliz e sorridente, que saudava o noivo, pôs fim à conversa dos dois jovens. Sentaram-se todos no terraço e conversaram sobre o casamento e a futura instalação do jovem casal. Depois, Necho retirou-se e Nectanébo, após acompanhá-lo, foi ao encontro de um dos conjurados para ir com ele à reunião planejada.

✺ ❨❸❩ ✺

A uma hora de marcha de Mênfis, erguia-se a residência do guardião Mena. Vastos jardins rodeavam essa habitação elegante e espaçosa, protegida da curiosidade dos passantes por um muro alto.

Em uma das salas dessa casa, encontravam-se reunidos nesse dia doze homens que pertenciam às altas classes da sociedade egípcia: sacerdotes, guerreiros, funcionários, entre os quais Abton e Nectanébo, agrupavam-se em torno de um jovem que falava com animação, ilustrando seu relato com desenhos que traçava a carvão sobre uma folha de papiro.

O orador era Houha, o escriba vindo de Tebas para transmitir aos fiéis egípcios de Mênfis as ordens e as indicações de seu legítimo faraó, Taa III, chefe do Sul que, tenaz, paciente e enérgico, preparava uma nova revolta do Egito contra seus opressores seculares.

Todos escutaram inflamados. Uma discussão animada, acerca dos melhores meios para se colocar em execução as medidas prescritas pelo faraó, teve início em seguida. Abton fazia justamente um discurso patriótico, elevando às nuvens os méritos da sabedoria de Taa, o grande e divino faraó, não poupando ao "chasou" termos de ódio e desprezo, quando um velho escravo, lívido de espanto, precipitou-se pela sala, gritando com voz entrecortada:

— Amo! Os soldados se introduziram no jardim e cercam a casa!

Houve um instante de silêncio mortal. Todos se sentiam perdidos, mas era tarde demais para fugir, pois já se ouvia o aproximar do passo pesado dos soldados e o ecoar do tilintar de suas armas. Somente Houha não perdeu sua presença de espírito; esgueirando-se entre seus companheiros, ganhou um canto escuro e rasgou em mil pedaços o escrito que trouxera de Tebas, assim como o plano que acabara de desenhar, não se deixando distrair nem mesmo pelo barulho da porta que se abria, dando passagem ao príncipe Namourod, seguido de Putifar e de um destacamento de oficiais.

— Enfim, ninho de traidores e rebeldes, nós os apanhamos em flagrante! — disse o príncipe, deixando seu olhar cintilante vagar pelos rostos consternados e desfeitos dos conspiradores. — E você, Abton, o modelo de servidor fiel, animal impuro, escutei com meus ouvidos, lá, ao pé da janela, em que termos você ousa falar de seu rei, do benfeitor que fez de você o que você é. Cumpra seu dever, Putifar, e cuide para que nenhum prisioneiro escape — acrescentou, virando-se para o chefe dos arqueiros com um olhar sombrio do qual brotava, furtivamente, um raio de cólera e desgosto.

No dia seguinte, ao saber da importante captura feita por seu primo, Apopi tremeu de cólera. Essa descoberta confirmava, uma vez mais, que uma conspiração permanente, o ódio invisível dos vencidos, minava o chão sob seus pés e a todo instante o ameaçava com uma dessas terríveis revoltas que tanto custaram a ser dominadas por seu avô e seus aliados.

E, contudo, apesar da evidência e do perigo que essa situação lhe criava, o faraó não podia punir com a severidade que gostaria: os chefes do movimento permaneciam inatingíveis, e ninguém ousava atacar abertamente os sacerdotes sabidamente envolvidos na intriga urdida em Tebas, por medo de agitar a poderosa casta cujo poder sobre a ralé não tinha limites.

Desta vez foi a mesma coisa: a busca na casa de Mena não deu nenhum resultado, e os fragmentos de papiro provaram apenas que os conspiradores tinham conseguido destruir documentos comprometedores.

A investigação prolongou-se indefinidamente e provou as considerações habituais em relação à casta sacerdotal. Mena, que uma indisposição impedira de assistir à reunião, foi declarado inocente. Um outro sacerdote, preso em sua casa, morreu dois dias após sua prisão e aproveitou-se esse falecimento para não inquietar a família e libertar seu irmão. O pior da cólera real recaiu sobre os oficiais, dos quais três foram decapitados na mesma noite; os demais, como Abton, Nectanébo e muitos outros, foram encarcerados na cidadela.

De acordo com a cruel lei egípcia, todos os parentes dos culpados partilharam de sua sorte. A irmã de Nectanébo e o filho de Abton foram aprisionados e, como acusados de segunda classe, rapidamente julgados. O pobre Necho, condenado a trabalhos forçados, foi enviado para trabalhar nas fortificações de Avaris, e um destino não menos triste esperava por Nefert. Contudo, a intercessão de Pet-Baal a salvou. O príncipe Namourod não esquecera o pedido do jovem funcionário a quem se devia a descoberta da conspiração; aproveitando um bom momento, apresentou o pedido a Apopi, que concordou em perdoar a jovem, que, na realidade, nada sabia do que tramavam os homens. Quanto ao cargo pleiteado, prometeu pensar a respeito tão logo terminasse o processo. Uma manhã, portanto, Nefert foi retirada da prisão e um escriba real declarou que o faraó, em sua infinita magnitude, a perdoava e ordenava que ela desposasse Pet-Baal. A jovem, que amava apaixonadamente seu antigo noivo, quase perdeu a cabeça com essa notícia, mas o que poderia fazer? Submeteu-se aparentemente, deixou-se levar docilmente à casa de uma parente de seu novo noivo e, oito dias mais tarde, coroada de flores, mas com ódio e desespero na alma, entrava como esposa na casa de Pet-Baal, instalada na mesma residência que havia sido preparada para ela por Necho e com a qual o faraó gratificara o delator.

Mais de quatro meses haviam se passado. Abton e Nectanébo esperavam na prisão do Estado, e o faraó ainda não estatuíra o seu destino. Sombrios e desesperados, eles levavam uma vida miserável no estreito cárcere em que estavam fechados juntos.

José, que prosseguia com sua vida de meio-liberto dentro da fortaleza, estava encarregado do serviço dos prisioneiros, e essa função o levava todos os dias, muitas vezes, às celas dos chefes degradados, dos copeiros e dos padeiros. Sendo ele próprio um semita, José tinha infinitamente mais simpatia pelos hicsos que pelos egípcios, os quais tinham se tornado odiosos para ele desde a punição que Putifar lhe infringira; assim, no fundo de sua alma, ele se regozijava que uma tentativa de revolta tivesse fracassado tão miseravelmente. Tomara conhecimento das razões da desgraça de Abton e Nectanébo por Quapour, que tinha grande confiança no preceptor de seu filho e obtinha essas notícias do escriba de Hormahou.

Apesar de tudo, José dedicava aos nobres prisioneiros todo o interesse e benevolência que estavam ao seu alcance, pois experimentara, ele próprio, o quanto era duro trocar uma posição livre e elevada pela abjeção de uma prisão. Assim, quando podia, levava-lhes palha fresca, abastecia-os de água sempre pura e conversava com eles quando tinha tempo livre, dando um jeito, para isso, de visitá-los sempre por último.

Os dois prisioneiros, gratos por esses pequenos serviços, conversavam de boa vontade com o jovem hebreu, surpreendendo-se com sua instrução e com o azar que o havia levado a ter funções assim tão ínfimas.

José não teve escrúpulos de lhes contar sua história e de chorar a injusta prisão que suportava graças à impura paixão e às mentiras da esposa de Putifar.

Pela primeira vez desde a sua prisão, Nectanébo riu a valer: esse escândalo de família e as vergonhosas estroinices da bela Ranofrit, que era tida como a mais devota das esposas, divertiram-no extremamente e durante vários dias essa aventura e a derrota do orgulhoso chefe dos arqueiros foram o tema

120   J. W. Rochester

das conversas dos dois prisioneiros.

Todavia, a incerteza quanto à sua própria sorte e as privações do aprisionamento fizeram com que eles logo esquecessem esse incidente, e a proximidade do dia do aniversário do nascimento do faraó absorveu todos os seus pensamentos.

O aniversário do soberano era não apenas festejado como uma grande solenidade, com preces e sacrifícios nos templos, festejos públicos e dádivas do faraó a seus parentes e serviçais da corte, mas era também a ocasião de pedido de indulto em benefício de todos os prisioneiros e acusados do reino. Com essa intenção, sacerdotes e conselheiros do rei apresentavam um memorando, resumindo todos os fatos ocorridos durante o ano, assim como um relatório sobre todas as questões jurídicas em suspenso, e o faraó anistiava aqueles que julgava dignos de seu perdão e confirmava a condenação dos outros. Abton e Nectanébo não tinham dúvida de que seus nomes constariam do documento apresentado a Apopi, já que seus processos ainda estavam em suspenso, e que esse dia decidiria seus destinos.

Não é de se estranhar, portanto, que o desejo de conhecer o futuro, incubado no fundo de todo coração humano, tenha agitado os dois encarcerados, sobretudo eles, a quem o sombrio desconhecido escondia a vida ou a morte. E eles eram suficientemente egípcios para suplicar à divindade que lhes revelasse, durante o sono, o que os aguardava. Os deuses não foram surdos às suas preces e, na noite que precedia o dia em que os sacerdotes e conselheiros apresentariam seu relatório ao rei, ambos tiveram sonhos proféticos sobre os quais a Bíblia conservou a lembrança. Não bastava, porém, sonhar; era preciso obter a explicação, e nenhum adivinho tinha acesso à prisão do Estado, severamente guardada de qualquer contato com o exterior.

Quando José, na manhã daquele dia, veio trazer-lhes a refeição, encontrou Abton e Nectanébo imersos em uma sombria tristeza e perguntou a razão. Os prisioneiros já estavam habituados a falar com o jovem hebreu, e o grande copeiro real não teve dificuldade em confessar que a impossibilidade de interpretar um sonho importante que tivera era a causa da sua desolação. Quanto ao chefe dos padeiros, ele permaneceu agachado em seu canto, com a cabeça comprimida contra a parede, sem tomar parte da conversa.

O Chanceler de Ferro do Antigo Egito

— Conte-me o que viu — disse José. — A divindade já me ajudou uma vez a interpretar o sonho de Quapour; talvez ela me inspire acerca do significado do seu.

— Eu via diante de mim uma videira da qual brotavam, pouco a pouco, três mergulhões. Primeiramente, vi os botões, a seguir as flores e por fim as uvas maduras. Tendo na mão a taça do faraó, peguei esses cachos de uvas, esmaguei-os na taça e dei de beber ao rei.

José pegou a tigela de barro do prisioneiro, encheu-a de água pura e mergulhou a pedra mágica que retirou do saquinho que trazia ao pescoço. Agachando-se, em seguida, junto ao banco de pedra, olhou fixamente para a água; seu olhar tornou-se imóvel, seu rosto empalideceu e durante alguns instantes ele pareceu uma estátua. Por fim, endireitou-se e disse, enxugando a fronte:

— Seu sonho é venturoso: os três mergulhões da vinha marcam três dias após os quais o faraó o perdoará e você será restabelecido em seu cargo.

Nectanébo fixou-o, dividido entre a alegria e a incredulidade de ter encontrado um adivinho assim tão hábil.

— Será possível semelhante felicidade? — murmurou.

— Você verá. E eu peço que você não me esqueça quando for restabelecido em todas as suas honras e me retribua intercedendo por mim junto ao faraó, a fim de que ele se digne me tirar desta prisão em que estou definhando injustamente.

— Ah, eu não o esquecerei se a previsão se realizar de verdade — disse o copeiro, suspirando.

Essa conversa tirara Abton de seu torpor apático; um raio de esperança iluminava seu rosto emagrecido e enrugado, quando ele disse, recompondo-se vivamente:

— Escute, José, também tive um sonho muito semelhante com o de Nectanébo e talvez ele também preveja a minha libertação: eu me vi portando sobre a cabeça três cestos de farinha, e naquela que estava sobre as outras havia todo o necessário para o preparo de uma massa a ser servida sobre uma mesa, mas os pássaros se aproximaram para comer.

O hebreu afligiu-se e seu olhar percorreu com compaixão os traços ansiosos do padeiro:

— Infelizmente, não! Não é nada de bom o que esse sonho pressagia. Em todo caso, porém, dentro de três dias sua sorte também será decidida.

— Diga-me o que me aguarda, não sou uma criança que deva ser poupada — disse Abton com voz rouca e brusca.

— Se você o exige, eu direi, então, que dentro de três dias você morrerá decapitado e, agravando ainda mais a sua pena, o faraó fará com que seu corpo seja pendurado, e os pássaros o retalharão.

O padeiro soltou um grito e caiu sem sentidos.

Na véspera do dia do nascimento de Apopi, os sacerdotes e conselheiros vieram apresentar o relatório pela manhã. Sombrio e irritado com a conspiração sempre renascente que o rodeava, o rei estava pouco disposto à clemência. Apesar disso, ele acedeu à intercessão de Namourod pelo copeiro real, e o príncipe, por sua vez, cedia aos pedidos de Pet-Baal, que não queria ver sua esposa desonrada pela condenação de seu irmão e, além disso, queria ganhar seu coração com essa prova de bons sentimentos. O faraó, então, considerou a juventude de Nectanébo e a má influência exercida sobre ele pelo padeiro e o perdoou, reconduzindo-o ao seu posto; mas castigou com toda a sua cólera o velho Abton, de quem Namourod relatara o ofensivo discurso, e alguns outros funcionários apanhados na reunião clandestina. Quanto ao cargo de padeiro-mor, ele o conferiu a Pet-Baal.

A execução das ordens reais foi imediata e antes do pôr-do-sol Abton e seus cúmplices deixaram de viver, enquanto Nectanébo, louco de alegria, retomava o caminho de casa, livre e reintegrado a seu cargo, como havia predito José.

Uma desagradável surpresa, porém, o aguardava em sua casa, na pessoa de sua irmã que, pálida e em lágrimas, atirou-se em seus braços e contou-lhe de seu casamento com Pet-Baal. Sofrimento e raiva encheram o seu coração. Apesar disso, ele se calou e acolheu bem seu cunhado, pois a prisão, a morte que vira de tão perto, tinham-lhe dado uma dura lição de prudência.

Além do mais, o terrível exemplo do suplício de Abton e de seus cúmplices intimidara os mais ousados. Tudo tornou a entrar em ordem e em silêncio; os próprios sacerdotes se fecharam numa reserva muda, compreendendo que, no momento, nada poderia ser tentado e que somente o temor de Apopi, de provocar toda a sua classe, lhes havia poupado de cruéis represálias. Nectanébo era muito jovem e negligente para não esquecer as atribulações passadas nos prazeres da liberdade. Quanto a interceder por José, o obscuro escravo do chefe dos arqueiros, ele não se arriscou num primeiro momento e, a seguir, a lembrança do hebreu apagou-se de sua memória. O que ele não esqueceu, porém, foi o malicioso escândalo que soubera sobre Ranofrit, que não deixou de contar, em sigilo, a todos os seus amigos, que em troca lhe confiaram outros com a mesma reserva. E, dessa forma, a metade de Mênfis tomou conhecimento de uma história que Putifar e sua esposa acreditavam esquecida, sepultada para sempre e, portanto, desconhecida de todos.

Capítulo 8
O SONHO DO FARAÓ

> Dois anos depois, sucedeu que o faraó teve um sonho.
> O faraó disse a José: 'Eu tive um sonho e ninguém pode interpretá-lo; mas ouvi dizer que ti, quando os ouves, podes interpretá-lo'.
> O faraó disse a José: 'Vê; eu te estabeleço sobre toda a terra do Egito'. Ele tirou o anel de sua mão e o colocou na mão de José, e o revestiu com vestes de linho fino e lhe pôs no pescoço o colar de ouro.
> (Gênese, cap. XLI, vv. 15, 41 e 42)

Dois anos se passaram sem que ocorresse nenhum incidente grave, e, aparentemente, o Egito inteiro mergulhara em uma paz profunda. Os chefes do Sul pagavam seus tributos regularmente ao poderoso soberano de Mênfis, os sacerdotes dedicavam-lhe respeito e submissão, mas Apopi conhecia a casta tenaz e pérfida que só pensava em bani-lo, ele e os seus, vendo-o apenas como um estrangeiro usurpador.

J. W. Rochester

Dessa forma, apesar da consideração que lhe dedicavam, o faraó detestava os sacerdotes egípcios e aproveitava qualquer ocasião para humilhá-los e prejudicá-los.

Os ataques do misterioso mal que minava a saúde de Apopi continuavam com a mesma violência e, após uma dessas crises, ele caiu em um torpor profundo, durante o qual sonhou que lhe causou uma profunda impressão. Ele se viu sentado à beira do Nilo, sobre um trono elevado, cercado por uma massa incontável de pessoas, ao mesmo tempo em que, diante dele, desfilava uma procissão de sacerdotes e sacerdotisas entoando hinos consagrados à festa da inundação do rio sagrado. De repente, ele viu sair das águas sete vacas gordas, soberbas, com as tetas transbordando de leite, que se puseram a pastar no lamaçal. Elas foram seguidas por outras sete vacas, magras, ossudas e esfaimadas, que se jogaram sobre as primeiras e as devoraram sem engordar; bem ao contrário, elas pareciam ainda mais descarnadas e disformes que antes. Surgiu, então, do Nilo, um enorme crocodilo trazendo uma estrela na testa; ele veio prostrar-se diante do trono e, com voz humana, implorou ao faraó autorização para combater as terríveis vacas famintas.

Obtendo a permissão, o crocodilo atirou-se sobre os hediondos animais e lutou com eles. Sua força e sua audácia eram extraordinárias, mas um verdadeiro bando de serpentes, sapos e outros animais imundos começou a sair do lodaçal, cercando o crocodilo e procurando sufocá-lo. Ele se defendia a dentadas e a golpes de cauda, mas, como terminou a luta? Apopi não viu, pois voltou a si. Ele meditou longamente sobre o significado dessa visão e quando, enfim, tornou a dormir, teve um segundo sonho, com sete espigas cheias de grãos e sete espigas secas, conforme relata a Bíblia, mas este o impressionou menos, e ele se convenceu de que o estado doentio no qual se encontrava tornava essa visão sem conseqüência.

Contudo, ele mudou de opinião quando o sonho se repetiu exatamente como da primeira vez durante duas noites consecutivas. Uma apreensão supersticiosa tomou conta dele, assim como o desejo, natural em qualquer homem de sua época, de ter uma explicação dos deuses para esse aviso.

Seu primeiro pensamento foi de mandar buscar os adivi-

O Chanceler de Ferro do Antigo Egito

nhos do Templo, especialistas na arte de explicar os sonhos, mas o ódio e a desconfiança que a casta dos sacerdotes lhe inspirava o detiveram. E se esses homens, que só tramavam contra ele, o induzissem a erro e dessem à visão profética uma interpretação falsa e de acordo com seus desejos? Enquanto discutia consigo mesmo a possibilidade de semelhante fraude, ocorreu-lhe uma idéia que serviria tanto à sua desconfiança quanto ao seu rancor e que, se não lhe fornecesse os esclarecimentos desejados, humilharia profundamente os sacerdotes e denegriria seu saber e seu prestígio diante do povo, que lhes atribuíam conhecimentos e poderes sobrenaturais.

Desejoso de dar a esse fracasso a maior publicidade possível, Apopi declarou, naquela manhã, que havia tido uma visão extraordinária, cuja lembrança o atormentava, e ordenou que fossem convocados os sábios e adivinhos de todos os templos de Mênfis à grande sala do trono, para onde ele se dirigiu acompanhado de toda a corte.

Após as cerimônias e saudações de costume, um velho sacerdote, renomado adivinho, pediu, em nome de todos os seus companheiros ali reunidos, que o faraó expusesse o que havia visto.

Apopi apoiou-se, cofiou a fronte, refletindo longamente, e por fim exclamou:

— Eis a dificuldade! Os detalhes do que vi se apagaram na minha memória; ficou somente a lembrança de que esse sonho, enviado pelos deuses, era da mais alta gravidade e tinha relação com o futuro e o destino da terra de Kemi. Portanto, eu lhes peço, veneráveis sacerdotes, sábios e adivinhos, que restabeleçam a minha memória. Para vocês que lêem as estrelas, para quem o passado, o presente e o futuro não têm mistério, será muito simples relembrar-me do que esqueci.

Os sacerdotes trocaram olhares espantados e ansiosos; consultaram-se e questionaram o faraó sobre as vagas indicações que poderiam lhe ter restado e, por fim, pediram um tempo até o dia seguinte, o que foi concedido. Todavia, seus esforços foram vãos: eles não puderam adivinhar o que o rei sonhara.

Satisfeito, no fundo do coração, com a ira e a humilhação de seus inimigos, Apopi ordenou que fizessem vir de Tanis, de

Sais, de Heliópolis e de outras cidades, os mais célebres adivinhos; mas seus esforços, todas as tentativas de restabelecer a memória do rei, foram tão infrutíferas quanto as de seus colegas de Mênfis.

O rumor de uma aventura assim tão extraordinária propagou-se rapidamente por todas as classes da sociedade, causando medo e espanto por toda parte. Quanto à ralé, supersticiosa e convencida da veracidade dos sonhos, ela já se acreditou ameaçada por mil perigos invisíveis, e a impotência dos que eram vistos como intérpretes da vontade divina enchia a multidão de ansiedade e cólera. Assim, olhares desconfiados, gestos ameaçadores, murmúrios surdos, acompanhavam os sacerdotes a cada vez que se dirigiam ao palácio.

A situação tornava-se cada vez mais tensa e ameaçadora, e quando, por fim, os sábios se declararam incapazes de resolver o enigma, Apopi exclamou, com sarcasmo e desprezo:

— Realmente, sábios adivinhos e hierofantes[29] do Egito, eu tinha na mais alta conta a sua penetração e o seu poder, mas vocês acabam de provar que são tão cegos quanto o povo que pretendem guiar. Enfim, já que vocês se recusam, tentarei um último recurso: publicarei por toda parte que qualquer um que saiba adivinhar e explicar meu sonho, mesmo o último dos parasitas, será regiamente recompensado e coberto com a minha graça!

Sem dignar-se a olhar para os sacerdotes mudos e lívidos de raiva, ergueu-se e deixou a sala.

Na refeição que teve lugar pouco depois, e da qual participaram alguns dignatários, uma penosa apreensão pesou sobre todos. Nectanébo, assim como os outros, pensava no perigo não revelado que ameaçava o país, enquanto enchia a taça real, quando seu olhar tombou por acaso sobre Putifar. Ele estremeceu, pois, subitamente lembrou-se de José. Com febril impaciência, aguardou a partida do chefe dos arqueiros. Quando só restavam dois conselheiros junto ao faraó, ele inclinou-se e, após obter permissão, contou o que lhe sucedera na prisão e a interpretação, miraculosa pela exatidão, dada a seu sonho e ao

29 Hierofante - Denominação da mais elevada graduação sacerdotal no Antigo Egito, e adotada também, posteriormente, na Antigüidade. Os hierofantes possuíam os mais elevados conhecimentos das Ciências Ocultas.

O Chanceler de Ferro do Antigo Egito

de Abton, pelo hebreu.

Apopi escutou com interesse e curiosidade:

— Bem — disse —, fico satisfeito com seu zelo. E, se o que me contou for verdade, eu o recompensarei e o considerarei definitivamente absolvido do crime do qual você foi considerado culpado por dar ouvidos a um traidor, a um rebelde.

A seguir, ordenou a um dos dignatários que tomasse as providências necessárias para que, no dia seguinte, José estivesse diante dele. Acrescentou, ainda, que a audiência seria pública, em uma sala aberta, e que seriam convocados não somente os sacerdotes, os dignatários e toda a corte, mas também o povo, que seria admitido tanto quanto coubesse nos corredores.

❧ ⊙ ❧

Sempre humilde, zeloso e servil, José continuava a desempenhar suas funções na prisão, para a satisfação de seus chefes. No fundo da alma do jovem hebreu, porém, reinava, às vezes, um sombrio desânimo. Após a libertação de Nectanébo, ele esperara pela proteção do grande copeiro para deixar, enfim, a cidadela na qual a permanência lhe era odiosa. Até mesmo consultara a pedra, e uma miragem enganosa lhe mostrara Nectanébo acompanhado de um funcionário real, que conhecia de vista, em pé diante dele na sala do carcereiro-chefe, evidentemente para lhe anunciar a libertação. Seu coração saltara de alegria, mas meses tinham transcorrido sem que a visão se realizasse, e ele havia perdido, pouco a pouco, o ânimo e a esperança.

Foi, portanto, com indiferença que ele se dirigiu, um dia, à sala de seu chefe após ser chamado. Todavia, notando o grande copeiro acompanhado do funcionário que a visão havia mostrado, seu coração se pôs a bater tumultuosamente e, ao saber que seria mandado diante do faraó, inclinou-se, aparentemente para agradecer Nectanébo por ter se lembrado dele, mas, na realidade, para esconder os sentimentos que transbordavam de sua alma.

Após a partida dos funcionários, José pediu que seu chefe o autorizasse a passar o resto do dia, assim como a noite, sozinho em sua cela, a fim de se preparar, pela meditação e a oração, para a grande prova do dia seguinte.

— Já que não possuo a sabedoria dos adivinhos, só posso esperar a ajuda dos imortais para satisfazer nosso glorioso faraó, que os deuses conservem e cubram de glória! — explicou.

Quando se viu só, José recolheu-se e, realizando todos os ritos que lhe tinham sido indicados pelo caldeu para aumentar a força da pedra misteriosa, colocou seu copo de barro cheio de água sobre a mesa, mergulhou o talismã e, quando o líquido adquiriu a cor azulada e cintilante que costumava adquirir, molhou a cabeça e o peito, depois, apoiando-se, fixou o olhar na pedra, que, semelhante a uma gigantesca safira, reluzia no fundo do copo.

— Ser misterioso que venci na essência e na matéria, venha me servir hoje conforme o prometido, dê-me uma prova decisiva do seu poder — murmurou.

Um tempo um tanto longo transcorreu; com as sobrancelhas franzidas, as veias dilatadas sob o esforço da vontade, o corpo inundado de suor, José permanecia imóvel. Seu rosto estava coberto por uma palidez cadavérica e seus olhos, muito abertos, lançavam luzes fosforescentes. Sob a luz fraca da lamparina colocada no chão, em um canto, essa forma humana agachada era estranha e assustadora.

Pouco a pouco, um vapor prateado ergueu-se do copo, e quando essa nuvem dispersou, seu orifício tinha se transformado em um disco polido sobre o fundo transparente, no qual se desenrolavam, lentamente, mas com perfeita clareza, todas as cenas do sonho de Apopi. A seguir, surgiram novas nuvens, espessas dessa vez, no meio das quais apareceu, de forma vaga e difusa, o rosto barbudo de Schebna. Uma voz surda, abafada pela distância, murmurou:

— Em um país distante, onde um dia você exercerá o poder, ocorrerá uma calamidade rara: aos anos de abundância, sucederão anos de fome. Um serviço que você prestará ao rei desse país, e que terá relação com esse acontecimento, será a causa da sua elevação.

A visão fundiu-se na atmosfera e, com um rouco suspiro, José recostou-se na parede e fechou os olhos. Essa prostração,

O Chanceler de Ferro do Antigo Egito

porém, foi curta, e ele endireitou-se, com o rosto inflamado:

— Seria a sua sombra, Schebna, que me apareceu para repetir as palavras proféticas que você me disse outrora? — murmurou. — Sim, sim, tudo está se realizando. Os anos de servidão e humilhação passaram, a hora do triunfo está chegando, a hora das represálias também, quando eu colocarei meu pé sobre a nuca dos que me maltrataram sem piedade.

Com o coração inflado de orgulhosa satisfação, deu algumas voltas por seu pequeno reduto e, em seguida, anotou sobre um papiro os detalhes do que vira, releu-os para fixá-los bem na memória, depois adormeceu.

Ao amanhecer, um dos carcereiros subalternos, seu camarada, veio acordá-lo e o conduziu à residência do chefe, onde procuraram fazer as mudanças indispensáveis em sua aparência para que ele pudesse se apresentar diante do soberano. José tomou um banho, foi barbeado e teve os cabelos aparados cuidadosamente e, após vestir uma simples, porém fina, túnica de linho, foi conduzido ao Palácio Real, onde deveria aguardar a hora da audiência.

Na vasta sala designada por Apopi, reunia-se a suntuosa assembléia, enquanto no imenso pátio e sob a colunata que o cercava ondulavam milhares de cabeças humanas: era o povo, convocado para ser testemunha da incapacidade dos sacerdotes, cuja ignorância forçava o rei a pedir ajuda e esclarecimento a um antigo escravo.

Entre os dignatários que vinham se postar em volta do trono, ainda desocupado, encontrava-se Putifar. Ele já sabia que seria José quem compareceria diante do faraó, e um sombrio pressentimento lhe avisava que esse mágico, cujo poder já experimentara e que dispunha de um conhecimento ignorado pelos egípcios, adivinharia o enigma que permanecia insolúvel para os sacerdotes. E ao imaginar que, uma vez livre, talvez agraciado com favores, ele se vingaria, jogando a desonra sobre o nome de Ranofrit, sua esposa querida, o rosto bronzeado do chefe dos arqueiros cobria-se de uma palidez esverdeada e seus punhos se crispavam raivosamente.

Enfim, as trombetas habituais anunciaram a chegada do rei, e Apopi tomou seu lugar no trono. Seu olhar percorreu com rancorosa satisfação a longa fila de sacerdotes que, sombrios e mudos, reprimiam com esforço a humilhação e a raiva que fervia dentro deles.

Por fim, chegou a ocasião de rebaixar a poderosa casta que o mantinha sob a perpétua ameaça de uma revolta popular. Ele somente esquecia, em sua satisfação com a vingança momentânea, que tornava ainda mais agudo o ódio feroz desses homens tenazes contra o estrangeiro, o usurpador que, por maldade, os humilhava de forma tão cruel.

Sob a ordem do faraó, José foi introduzido. Pálido e emocionado, mas cheio de modesta dignidade, ele avançou em direção ao trono e se inclinou.

— Levante-se e fale sem medo — disse Apopi, visivelmente impressionado com a estranha e evidente beleza do jovem e com a elegante distinção de sua atitude — Quem quer que você seja, se puder trazer à minha memória o sonho profético que os deuses me enviaram e explicar seu significado, se, em uma palavra, seu conhecimento superar o de todos os sábios e conhecedores que consultei, eu o cobrirei de riquezas e honrarias.

José reergueu-se e inclinou-se, com os braços cruzados.

— Poderoso rei, distribuidor de vida e graça, este seu escravo não possui nenhum conhecimento, mas o Deus do meu povo me inspirará e poderei dar a resposta que deseja.

Ele cobriu os olhos com as mãos e permaneceu silencioso por alguns instantes. A seguir, com sua voz clara e metálica que alcançava até as últimas fileiras da multidão, pôs-se a contar o que a visão mágica lhe mostrara durante a noite.

Desde as suas primeiras palavras, Apopi sobressaltou-se e, inclinando-se, pálido, trêmulo, escutava com os olhos grudados nos lábios do hebreu. Os sacerdotes trocaram olhares de espanto e cólera; o gesto e a emoção do rei convencera-os de que esse escravo desconhecido resolvera o enigma.

— Você disse a verdade, descreveu meu sonho como se o tivesse visto. Ah, grande é o poder do seu deus! — exclamou Apopi. — Se ele expôs o que permaneceu escondido de todos os sábios do Egito, certamente inspirará também a interpretação desses sonhos proféticos.

— Seus dois sonhos, oh Rei, significam a mesma coisa: as

sete vacas gordas e as sete espigas cheias de grãos pressagiam sete anos de abundância e fertilidade; as sete vacas magras e as sete espigas vazias e secas significam os anos de esterilidade e seca que sucederão os primeiros, durante os quais a fome será tão terrível que devorará por assim dizer toda a abundância que a precedeu. A repetição desses sonhos é um sinal de que Deus previne o faraó de sua vontade e do que ocorrerá infalivelmente, e em breve. Sua sabedoria, porém, oh rei, pai do país de Kemi, evitará a calamidade que deve consumir toda a terra, escolhendo antecipadamente um homem que o senhor distinguirá com sua graça, como se lhe marcasse a fronte com uma estrela. Ele cuidará com prudência e segurança para que, durante os anos de fertilidade, se construam celeiros públicos e que os oficiais nomeados por ele acumulem um quinto dos frutos da terra; que todo o trigo seja cortado e guardado nas cidades e fique sob o poder do faraó e que, assim, seja reservado para os anos de fome que devem atingir o Egito, cujo povo, entretanto, não sofrerá, graças à sabedoria do maior dos seus reis.

Em relação aos animais rasteiros que assaltaram, procurando morder e destruir o homem escolhido pelo rei para comandar o Egito, eles representam os invejosos e os rancorosos, que o considerarão nocivo e inimigo. Contudo, ele vencerá toda essa turba impura, pois será apoiado pela poderosa vontade do faraó, na mão de quem repousa o destino dos povos.

José parou; seu olhar inspirado, flamejante, estava pregado na pálida face de Apopi, que o escutava mudo, respirando penosamente. De resto, um silêncio de morte pairava sobre toda a assembléia: o efeito das palavras do hebreu tinha sido fulminante. Até mesmo os sacerdotes estavam estupefatos, pois existia nos templos uma predição anunciando anos de uma fome excepcional, com a qual eles até mesmo contavam para provocar um levante geral contra os hicsos, persuadindo o povo de que essa calamidade era uma punição dos deuses irritados com o que se sofria há tanto tempo com os estrangeiros sobre a terra Kemi. E, de repente, um estrangeiro revelava esse futuro e indicava o meio de prevenir essa desdita?!

Por fim, Apopi levantou-se e seu olhar cintilante e irônico vagou um instante sobre a multidão, sobre aqueles sacerdotes, sobretudo, esses inimigos que o destino lhe permitia rebaixar como jamais esperara.

— Grande e poderoso é o deus que o inspira, e sábio o conselho que ele dita através dos seus lábios, revelando os perigos que ameaçam meu povo. Sim, é durante os anos de abundância que é preciso pensar nos anos de miséria e cuidar para que ao povo não falte o pão, pois a desgraça e a fome é que tornam as pessoas cegas e fáceis de serem levadas a todas as loucuras. Fixou novamente os sacerdotes, e continuou:

— Mas onde encontrarei o homem suficientemente sábio, hábil e enérgico para zelar pelo cumprimento de uma missão assim tão séria e complicada?

Durante os dias de aflição que transcorreram, não houve quem pudesse aliviar a minha alma da angústia que a oprimia e restabelecer minha memória. Somente a você seu deus revelou meus pensamentos; quem, portanto, senão você, possui o espírito divino? Eu o escolho para comandar minha casa: a partir de hoje, eu o elevo à posição de Adon[30] de toda a terra de Kemi. Você será o primeiro depois de mim, e todos, do mais humilde ao mais importante neste país, o obedecerão como se fosse a mim, a fim de que você cuide da prosperidade desse povo, e que o deus que revela o futuro guie sua mão e seus passos. E, agora, aproxime-se.

José avançou e ajoelhou-se ao pé do trono. Estava pálido de emoção e um tremor de felicidade e orgulho percorria todo o seu corpo, quando Apopi retirou do dedo seu anel e lhe passou, depois desatou o próprio colar e o colocou em seu pescoço.

Um murmúrio semelhante a um estrondo distante percorreu todas as fileiras; os sacerdotes, sobretudo, estavam cheios de espanto e raiva; aquele desconhecido, aquele escravo obscuro, filho de uma raça estrangeira e desprezível, um capricho do "chasou" o erguia acima deles, fazia dele seu senhor, ultraje atroz, vingança requintada. Quanto a Putifar, ele tinha a sensação de rolar por um abismo: que cruel represália poderia exercer contra ele e Ranofrit o homem pérfido e cruel que disporia de um poder ilimitado?

---

30 Adon - Termo de origem semita que significa "Senhor", comumente utilizado para designar autoridade para governar.

O Chanceler de Ferro do Antigo Egito

Sem dar atenção aos sentimentos causados pela sua decisão na alma desses egípcios, Apopi retirou-se para os seus aposentos, após ter ordenado que José fosse alojado provisoriamente no Palácio Real.

A multidão dispersou-se, tumultuosamente agitada, e a notícia do extraordinário acontecimento espalhou-se em um piscar de olhos por toda a capital. Nas ruas e praças formavam-se agrupamentos ou discutia-se ruidosamente sobre a pessoa do novo Adon, o antigo escravo de Putifar, e as notícias que chegavam a todo instante do palácio aumentavam ainda mais a agitação e a curiosidade públicas. Assim, soube-se que o faraó concedera a José um palácio soberbo, situado em um dos melhores bairros de Mênfis, incluindo as riquezas nele contidas e os numerosos empregados como serviçais, e que, no dia seguinte, o novo Adon seria conduzido triunfalmente à sua nova residência em um dos carros reais, precedido de batedores e cercado pelo séquito a que sua alta dignidade fazia jus. Apesar dos sentimentos contraditórios que a agitavam, a multidão não perderia um espetáculo tão suntuoso.

Em nenhum lugar, porém, a súbita elevação de José provocou uma revolução tão profunda quanto na casa do chefe dos arqueiros de Mênfis. Fervendo de cólera e humilhação, Putifar retornara à casa e transmitira à sua esposa o que acabara de ocorrer.

Ao saber que o antigo escravo, que lhe inspirara uma paixão criminosa e fugitiva e que agora odiava e desprezava, tornara-se príncipe e regente do Egito, Ranofrit quase caiu, e foi com o coração pesado e oprimido que se retirou para os seus aposentos. Putifar, que andava pelo gabinete como um leão enjaulado, queria ficar só para ordenar seus pensamentos.

Durante os anos que tinham passado, nada viera perturbar a felicidade da esposa, nem a paz de seu lar: dois filhos tinham-lhes nascido, e sua alegria, suas esperanças, assim como as do marido, se concentravam nas duas crianças. Nesse instante, porém, a visão dos dois meninos foi dolorosa para Ranofrit: o que o vingativo hebreu, que sob sua instigação fora açoitado publicamente, não seria capaz de inventar para destruí-los? Chorou de cólera e medo e por um momento lamentou amargamente ter intercedido em favor de José. Se Putifar o tivesse mutilado e enviado para apodrecer em alguma terra distante, o miserável não teria se tornado Adon do Egito.

A emoção e a cólera agiram de forma tão violenta sobre o chefe dos arqueiros que, à noite, ele se sentiu indisposto. E, embora o mal-estar não tivesse gravidade, ele resolveu aproveitar para se dispensar de assistir à solenidade do dia seguinte e participar da primeira audiência com o novo regente.

Capítulo 9
O FARAÓ E SEU CHANCELER

> Agora, que o faraó escolha um homem inteligente e sábio e o estabeleça sobre a terra do Egito. Que o faraó aja e institua funcionários na terra, tome a quinta parte dos produtos da terra do Egito durante os sete anos de abundância, e eles reúnam todos os víveres desses bons anos que vêm, armazenem o trigo sob a autoridade do faraó, coloquem os víveres nas cidades e os guardem.
>
> (Gênese, cap. LXI, 33 a 35)

Conforme a ordem de Apopi, um camareiro conduzira José a um aposento suntuoso do palácio, perguntando respeitosamente se ele desejava que lhe fosse servida uma refeição. O jovem sentia-se agitado e aturdido, a emoção secara-lhe a garganta e a boca, e ele pediu alguns refrescos. Serviram-lhe, rapidamente, uma refeição requintada, e o mesmo camareiro anunciou que, após o pôr-do-sol, o faraó o receberia em seus aposentos para uma conversa. José ordenou que lhe preparassem vestes mais apropriadas à sua posição e que o deixassem sozinho até o momento em que deveria se vestir para a audiência.

Depois que todos se retiraram, ele estendeu-se sobre um leito de repouso e tentou colocar ordem em seus pensamentos. O sentimento de orgulho satisfeito e a alegria de ver, por fim, se realizar o estranho e soberbo futuro que Schebna previra, o absorveram totalmente num primeiro momento, mas logo a entrevista que o aguardava primou sobre qualquer outro sen-

O Chanceler de Ferro do Antigo Egito

135

timento. Ele sabia que dessa primeira conversa, dessa primeira impressão que produziria no homem doente, caprichoso e agressivo que era o soberano, dependia o seu futuro.

Para se manter na vertiginosa altura que acabara de alcançar, deveria provar a Apopi que não era apenas um obscuro adivinho que honrava sua confiança, mas um homem verdadeiramente instruído, um conselheiro enérgico e hábil que o destino colocava em suas mãos para combater os mil perigos que o cercavam, para dobrar e manter a casta orgulhosa e rebelde que representava um perigo perpétuo para o rei. E, de fato, José tinha mais conhecimento da política e das intrigas que agitavam o Egito do que se podia supor. Não fora em vão que, durante anos, todos os prisioneiros do Estado, todos os conspiradores tinham passado pelas suas mãos. Muitos planos, muitas palavras reveladoras tinham chegado aos ouvidos do humilde escravo atento, de quem ninguém desconfiava. E ele anotara tudo, compreendera tudo e, com sua profunda inteligência, com seu espírito sutil e observador, montara um quadro muito real da situação geral e das medidas que deveria tomar para impedir uma nova revolta do Egito contra seus opressores.

Ele deveria expor tudo isso ao rei, fazê-lo compreender que estava à altura da situação se quisesse ganhar à primeira vista sua confiança. Agitado febrilmente, levantou e caminhou pelo aposento, refletindo e procurando prever com que objetivo o rei o chamara, e o que lhe diria.

Apopi estava só em seu aposento de trabalho. Inclinado sobre uma mesa carregada de tábuas e papiros, meditava. A luz de inúmeras lâmpadas a óleo odorante e de tochas fixadas em candeeiros de bronze clareava vivamente o rosto pálido e os olhos arcados do rei, que sofria visivelmente e estava cansado.

Quando José foi introduzido, o faraó fixou com um longo olhar perscrutador o homem desconhecido que tirara da multidão para tornar seu vizir. O hebreu, após saudar o rei de acordo com a etiqueta e inclinar-se, permanecia em pé e, com ar modesto mas seguro, o olhar erguido para ele, aguardava que lhe fosse dirigida a palavra. Ele tinha agora trinta anos, e sua beleza pouco comum desabrochara. Sua estatura alta e esbelta, sem perder a graça e a leveza, adquirira um vigor másculo; seus traços re-

136   J. W. Rochester

gulares tinham se acentuado e transpiravam a energia tenaz que os caracterizava, e em seus grandes olhos esverdeados brilhava o fogo de uma inteligência superior. O rico costume que vestia com a desenvoltura de um homem que jamais vestira nada diferente valorizava ainda mais seus atributos externos. O olhar sombrio de Apopi animou-se visivelmente à medida que examinava essa bela e inteligente figura.

— Aproxime-se — disse por fim; e, designando-lhe um tamborete baixo, acrescentou: — Sente-se e leia para mim esse papiro, caso você seja instruído na arte de escrever.

Tomando ao azar, sobre a mesa, um dos documentos apresentados para a sua assinatura, estendeu-lhe.

José endireitou-se e, com sua voz clara e metálica, pôs-se a ler a petição de um templo de Heliópolis, que, queixando-se de ter muito pouca terra para alimentar seus rebanhos, pedia que o rei lhe concedesse como doação determinadas pastagens.

— Que resposta você daria aos sacerdotes se essa petição passasse pelas suas mãos? — perguntou o rei, continuando a encará-lo com persistência, enquanto um leve sorriso vagava em seus lábios.

— Meu rei e senhor, depois do que o senhor fez hoje, creio que é preciso ceder ao pedido desse templo. Mais tarde, porém, será prudente colocar um freio na avidez dessa casta insaciável, não permitir que ela enriqueça sem medida. Os sacerdotes utilizam esse poderio que adquirem para prejudicá-lo, meu rei e benfeitor, e mais do que nunca o senhor não pode confiar neles, pois eles procurarão, de todas as formas, se vingar da afronta cruel que o senhor lhes fez ao me escolher, o pobre escravo, o obscuro adivinho, para Adon do Egito.

— Sua resposta é justa e faz prova de perspicácia e observação — respondeu Apopi. — Mas, diga-me: onde e como você adquiriu a instrução que demonstra e qual a sua origem?

José contou brevemente a história da sua vida na tribo, atribuindo à sua mãe os primeiros ensinamentos na arte da adivinhação; falou de sua existência como escravo na casa de Putifar, da injusta acusação que levara à sua degradação e por fim de sua longa estada na prisão, que se tornara uma escola de observação. Nesse ponto da narrativa, ele transportou a ques-

O Chanceler de Ferro do Antigo Egito   137

tão para o terreno político e desenrolou um quadro sucinto, mas surpreendente quanto à precisão e profundidade, sobre o estado dos ânimos, das intrigas que rodeavam o rei, cuja raíz estava em Tebas,[31] mas cujas ramificações se estendiam, através de todos os templos, até o seu palácio.

— Mas o deus que o protege, oh faraó, cujo olho vela pelo filho à sua semelhança, pela magnanimidade e grandeza, prepara, por meio dos acontecimentos que lhe revelou em sonho, uma arma invencível contra todos os traidores e rebeldes: essa fome que seria tão fácil de ser explorada pelos sacerdotes e por Taa, o "hak" do Sul, para rebelar o povo exasperado pela fome, ela lhe submeterá todo o Egito. Com severidade, cuidarei para que seja acumulado todo o supérfluo que os sete anos de abundância renderão nos celeiros que construirei. Até mesmo nas províncias não submetidas à minha jurisdição, adquirirei, a preço vil, o que os imprevidentes desperdiçarão sem pena, pensando somente no presente. Quando, porém, chegar a hora da escassez, todos quererão se abastecer nesses celeiros inesgotáveis dos quais o senhor será o dono, e venderemos a todos, mas, bem entendido, aos que pagarem à vista, e quando eles não tiverem mais ouro, ou prata, ou cobre, eles nos darão seus rebanhos e seus escravos, comprometerão suas terras e até mesmo seus corpos, pois com a fome não se discute. E quando, de um extremo ao outro da terra de Kemi, todo o povo, arruinado e embrutecido, for seu escravo, o desejo de rebelião passará, e Taa, o insolente chefe do Sul que ousa estender sobre sua coroa a mão sacrílega, será destruído sem que seja atirada uma flecha sequer. Ele sufocará, impotente, nessas províncias onde nem mesmo um pedaço de terra lhe pertencerá, e mesmo os sacerdotes, seus aliados, não poderão ajudá-lo, pois se tivermos, então, que os isentar dos impostos que imporemos a todos, se tivermos que alimentá-los à custa do Estado, cuidarei para que eles não açambarquem nada mais e permaneçam a teus pés como dóceis servidores.

José animara-se falando, seus olhos esverdeados lançavam chamas e seu rosto pálido expressava uma energia tão poderosa, misturada com astúcia sutil, que Apopi foi contagiado: o vasto

---

31 Tebas - Antiga cidade do Alto Egito que em torno de 1560 a 1300 a.C. substituiu Mênfis como capital do país, e onde era centralizado o culto do deus Amon.

plano desenrolado diante dele por este que até ontem era um escravo e que provava ser um gênio inato na política, com audácia e segurança de percepção espantosa, provaram-lhe que o destino o fizera descobrir um instrumento incomparável de repressão, um homem que possuía a têmpera e o punho de ferro para abafar o espectro ameaçador que assombrava sua vida, restabelecer a tranqüilidade e lhe assegurar um reinado pacífico.

— Você é o homem que preciso, e eu o armarei com o poder indispensável para levar a bom termo o que você planeja e eu aprovo — disse Apopi com uma voz velada, pousando a mão no ombro de seu novo favorito. — Lembre-se que, depois de mim, você é o primeiro no Egito; você só recebe ordens minhas e, a qualquer hora do dia e da noite, pode se apresentar diante de mim.

Vibrando, com a cabeça em fogo, José atirou-se com a face contra o chão, mas Apopi o ergueu com bondade, deu sua mão para ser beijada e o acompanhou com benevolência.

No dia seguinte, massas compactas de curiosos cobriam todas as ruas que seriam percorridas pelo cortejo desde o amanhecer. Por ordem do faraó, Mênfis enfeitara-se para festejar o novo Adon; por toda parte, ondulavam bandeirolas multicoloridas; guirlandas de flores envolviam os mastros e ornavam as portas das casas; diante do palácio que José habitaria, a multidão se comprimia particularmente, admirando os ricos tapetes que adornavam a entrada e o grande número de escravos que, sob a direção de seus intendentes, enfileiravam-se pela rua e pelos pátios para saudar seu senhor. Um destacamento de soldados, a guarda do Adon, já ocupava as saídas do palácio, e uma armada de escribas e funcionários chegava a todo instante para se agrupar nas salas e aguardar as ordens de José para as audiências do dia seguinte.

A multidão examinava, discutia e impacientava-se; tinha pressa para ver aquele que, na véspera, como um dos mais humildes escravos, era hoje o primeiro conselheiro do rei.

Por fim, as trombetas e os gritos "Abrek! Abrek!" dos batedores, que afastavam os curiosos com longos bastões dourados, anunciaram a chegada do cortejo. O povo caiu de joelhos, soltando exclamações, e todos os olhares se voltaram para o carro dourado e incrustado sobre o qual, de pé, estava o Adon,

O Chanceler de Ferro do Antigo Egito

orgulhoso e impassível. Seu rosto expressava uma grande satisfação, seu olhar vagava com indiferença pela multidão que o aclamava e, certamente, era difícil reconhecer nesse belo jovem, vestido com finas túnicas, ornadas e bordadas de ouro, penteado e trazendo na mão o cajado de ouro, insígnia de seu poder, o pobre escravo das prisões que, envolto por um avental de tecido grosseiro, carregado de ânforas e pães, corria de cela em cela para levar aos prisioneiros sua pobre ração diária.

Ao descer, José foi recebido na soleira de seu palácio por seu primeiro intendente, que lhe apresentou, de joelhos, em sinal de boas-vindas, dois copos de ouro: um deles cheio de mel, o outro de vinho. Na grande sala, vieram ter com ele os escribas, e, mandando vários deles para seus aposentos, o hebreu ditou-lhes as ordens que convocavam os principais dignatários do Estado a se apresentarem a ele no dia seguinte, a fim de lhe apresentar seus relatórios sobre os negócios em curso do Estado. Entre eles, figurava Putifar. Tendo cumprido esse primeiro dever de seu novo cargo, José dispensou todos e, somente sob a orientação de seu intendente, visitou minuciosamente o palácio e os jardins. Essa agradável inspeção ocupou-o até a noite, e, após uma abundante ceia, ele, por fim, se entregou ao repouso.

Na manhã seguinte, os carros e liteiras dos primeiros funcionários começaram a afluir ao palácio do Adon, e logo havia uma multidão nas salas e antecâmaras, pois os dignatários penetravam somente um a um no gabinete de trabalho do novo chefe de Estado, e as audiências eram longas.

Fazendo-se instruir minuciosamente acerca de todos os detalhes de cada ramo da administração, José dava orientações, maravilhando os velhos conselheiros pela prontidão e segurança com as quais assimilava o manejo das complexas engrenagens da máquina governamental. Cada um dos que deixavam esse gabinete levava a convicção de que uma nova era começava, que uma mão de ferro acabara de tomar as rédeas e que não era por diversão que o novo Adon se aprofundava tão seriamente nas questões internas e externas do país.

As audiências estavam chegando ao fim e José ainda não vira aparecer o funcionário que lhe era mais interessante, o chefe dos arqueiros e das prisões de Mênfis.

— Mais alguém aguarda para ser atendido? — perguntou ao jovem escriba que anunciava os recém-chegados.

— Não, senhor, somente o chefe dos escribas, que aguarda para receber suas ordens.

— Faça-o entrar, depois se informe sobre a razão de Putifar não ter se apresentado. Constatei desordens consideráveis na administração das prisões e devo falar com ele sobre isso.

Ao saber que uma séria indisposição impedira o chefe dos arqueiros de deixar sua casa, José franziu o cenho e enviou uma ordem formal para que ele se apresentasse diante dele tão logo se restabelecesse.

Vários dias se passaram. Absorvido por sua febril atividade, José esquecera, momentaneamente, Putifar, quando, numa manhã em que trabalhava sozinho em seu gabinete, anunciaram-lhe que o chefe dos arqueiros e das prisões solicitava ser recebido. O coração do hebreu bateu violentamente; ele recolocou o papiro que examinava sobre a mesa e ajeitou-se em sua cadeira, entregando-se à onda de lembranças que o assaltava. Como se fosse real, reviu a sala de refeições onde Ptah, o intendente, o colocava atrás do lugar de seu novo mestre, que ele, com ansiedade, aguardava entrar a qualquer momento; esse senhor que sempre fora indulgente, generoso e confiante, até o dia nefasto em que Ranofrit, impelida pela paixão que ele mesmo inspirara, descarregou contra ele a ira de seu marido e causou sua degradação.

Ao lembrar do momento mais cruel da sua vida, uma nuvem obscureceu o rosto de José, mas, quase ao mesmo tempo, um clarão de selvagem satisfação brilhou em seus olhos: não era extraordinário o que o destino lhe reservara?

Nesse instante, a cortina foi erguida e a alta e magra figura de Putifar surgiu na soleira. Ele estava em posição de sentido e tinha na mão um rolo de papiro: seu relatório sobre o estado das prisões e do corpo de oficiais. Avançando na direção do Adon, que não se mexera de seu assento, saudou-o respeitosamente, menos respeitosamente, contudo, do que os outros dignatários; depois permaneceu de pé, aguardando que lhe fosse dirigida a palavra. O chefe dos arqueiros estava pálido, mas seus grandes olhos sombrios fixavam seu antigo criado com

O Chanceler de Ferro do Antigo Egito   141

Jacó interpreta os sonhos do copeiro e do padeiro na prisão, de Alexander Ivanov - 1827.

segurança e severidade.

Durante alguns instantes, um silêncio de morte reinou no recinto: o olhar flamejante dos dois homens, fixado um no outro. Por fim, José designou um banco baixo colocado do outro lado da mesa, e disse com um sorriso furtivo:

— Acomode-se, Putifar, os tempos mudam, como você pode ver, e hoje sou eu quem lhe concede o favor com o qual você me honrava outrora.

O chefe dos arqueiros não se alterou:

— A comparação é falsa — respondeu com voz surda. — Outrora, eu concedia o favor de poder se sentar em minha presença ao meu escravo; hoje, eu me encontro diante do homem elevado pelo meu rei ao cargo que ocupa, e que eu respeito como tal, mas você se engana, Adon, se pensa que isso lhe dá o direito de tratar como escravos todos os egípcios livres.

Aproximando-se da mesa, ele colocou sobre ela o papiro que trazia.

— Este é um relatório detalhado sobre o estado atual das

prisões e do corpo de oficiais. E este — tirou um segundo rolo, preso ao seu cinto — é o pedido que faço ao faraó, por seu intermédio, para que me desobrigue das funções que ocupei até hoje. A saúde enfraquecida não me permite mais servir ao Estado com atividade, suportar as fadigas do meu cargo, e, como recompensa pelos longos e fiéis serviços, peço para me retirar para a vida privada. Eis o que vim dizer ao vizir do rei, que me convocou.

Um vermelho ardente inundou o rosto de José, uma chama de mau agouro acendeu-se em seus olhos e, com uma mão ligeiramente trêmula, ele desenrolou o papiro e o percorreu.

— Seja prudente, Putifar — disse com voz velada. — Você parece dar a entender que está acima da sua dignidade servir sob as ordens de um homem que a mão toda-poderosa do faraó investiu do cargo que ocupa. Tome cuidado! Maiores e mais ilustres que você se curvaram ao cruzar esta soleira. Mas quero esquecer sua má vontade e, lembrando-me somente dos seus méritos e de sua fidelidade ao rei, dar-lhe prova da minha benevolência.

Putifar mediu-o com um olhar gelado e intrépido.

— Eu respeito a vontade do faraó e vim, como subordinado, prestar contas da minha administração e solicitar meu afastamento àquele a quem ele quis nomear Adon do Egito. Mas, já que você pergunta, eu respondo, apesar dos riscos: sim, eu não poderia servir sob as ordens de um homem que foi meu criado; quero ser livre; o direito de me afastar de meu cargo é a única recompensa que peço pelos meus longos serviços, e o rei não tem nenhuma razão para recusar.

José amarrotou nervosamente o papiro que tinha em mãos, seus lábios tremiam e, evidentemente, pensamentos contraditórios lutavam dentro dele. Por fim, ele se endireitou.

— Você tem razão; com tais sentimentos não pode mesmo continuar como chefe de polícia de Mênfis; a partir de amanhã, nomearei um substituto para você. Não o reterei mais.

Fez um gesto com a mão, dispensando Putifar, que se inclinou, dizendo:

— Eu agradeço, Adon, mas deixe-me dizer uma última coisa: não curve com muita severidade as costas dos que não estão habituados; o silêncio nem sempre significa submissão.

O Chanceler de Ferro do Antigo Egito

143

Uma vez sozinho, José saltou de sua cadeira e, com o rosto inflamado e os olhos brilhantes, deu algumas voltas pelo aposento. De novo o desejo de se vingar de Putifar apoderara-se dele; um desejo de fazê-lo pagar caro por sua insolência e seu desprezo. Uma segunda vez, porém, a reflexão dominou esse "élan" e a prudência prevaleceu. Estava apenas no início de carreira; seu poder sobre o versátil faraó estava muito pouco consolidado, e seria perigoso se atracar com o chefe dos arqueiros, cuja fidelidade insuspeitada e a conhecida integridade não davam motivo algum para uma acusação e haviam conquistado a estima e a benevolência de Apopi. Além disso, Putifar era imensamente rico e aliado das primeiras famílias do reino. Decididamente, valia mais esperar: o destino, que já lhe trouxera uma compensação tão gloriosa, lhe concederia também a vingança. A hora chegaria em que todas as considerações, que no momento davam segurança a Putifar, não teriam mais peso.

Passando a mão sobre a fronte, como que para afastar os pensamentos importunos, José retomou seu lugar à mesa e absorveu-se no estudo de planos e contas que lhe foram submetidos por uma comissão que nomeara há alguns dias e que estava encarregado de construir, com toda a diligência possível, os celeiros públicos em diversos pontos do reino, mas, principalmente, nos arredores de Tanis. Esses celeiros estavam destinados a armazenar a provisão para os dias de escassez.

Capítulo 10
EM TEBAS

O rei Apopi era contemporâneo de Sekenen-Rá-Taa, um dos chefes do sul que trabalharam para a libertação do país.
O rei pastor governava, então, o Baixo Egito, mas recolhia antecipadamente um tributo sobre outras partes do país que seu povo não ocupava.
Chabas,[32] *Les pasteurs en Egypte.*

---

32 François-Joseph Chabas - Egiptólogo e estudioso francês, tradutor de inúmeros papiros egípcios.

Na época que retratamos, a segunda capital do Egito estava longe de atingir o esplendor que mais tarde a imortalizou. Os faraós conquistadores e construtores das XVIII e XIX dinastias ainda não haviam erguido os templos colossais, as centenas de obeliscos, a formidável cerca atravessada por cem portas, que fariam de Tebas uma cidade única no mundo. Sem dúvida, os poderosos e ricos reis das primeiras dinastias tebanas tinham ornado sua capital com belas e grandiosas construções e dotado o Templo de seu pai, Amon-Rá, de numerosos tesouros. Depois deles, porém, sobrevieram as discórdias mesquinhas, as guerras fratricidas e, por fim, a grande invasão dos pastores, cujas hordas devastadoras inundaram o Egito como uma torrente transbordada, matando e pilhando à sua passagem. Por séculos, Tebas reduzira-se a uma pobre cidade de província, residência de um "hak" do Sul.

Cerca de três semanas após a elevação de José, à hora em que o Sol descia no horizonte, uma barca, muito simples, mas munida de uma cabine, aproximava-se rapidamente de Tebas. Ela era conduzida por quatro remadores e um piloto e, na cabine, estavam sentados dois homens que conversavam com animação enquanto reliam e faziam notas em uma longa folha de papiro aberta entre eles. Um deles era um velho de setenta e cinco anos, magro e curvado; seu rosto enrugado fora outrora de uma notável beleza, e seus grandes olhos escuros, brilhantes e apaixonados como os de um jovem, denotavam uma alma ardente sobre a qual o peso dos anos não tivera influência. Esse personagem era Amenset, sacerdote do Templo de Ptah, em Mênfis, renomado especialista na arte da adivinhação sob todas as formas: as estrelas do céu, assim como as entranhas das vítimas, não tinham segredos para ele, e sua interpretação dos sonhos era infalível. A humilhação que sofrera com seus colegas diante de Apopi, e a vitória de José, haviam provocado no irascível ancião uma raiva desesperada. Ele se sentia insultado, assim como toda a sua casta, pelo insolente "chasou", e a idéia de obedecer ao obscuro e impuro escravo que o usurpador nomeara Adon somente para humilhar a nobreza egípcia quase o matara com um ataque de apoplexia. Ao se refazer desse abalo, decidira fugir de Mênfis, a cidade odiosa onde reinava o usurpador, e refugiar-se em Tebas, junto a Taa III, a seus olhos, o rei legítimo do Egito.

Disfarçado e acompanhado de um único escriba, deixara Mênfis numa noite, e o vemos aproximar-se alegremente do fim da viagem.

— Estamos em Tebas. Agora já posso abandonar meu disfarce. Ajude-me a me vestir, Rui, e cuide deste escrito que, penso, será útil ao rei — disse o ancião, despindo-se de sua capa escura e de sua túnica grosseira, enquanto o escriba retirava de um pacote uma longa veste sacerdotal.

Uma hora mais tarde, os dois homens se apresentavam à entrada do Templo de Amon-Rá, ou melhor, à cerca já imensa que contornava as diversas construções pertencentes ao domínio do grande deus, e um serviçal os conduziu até o grão-sacerdote, que ficou muitíssimo surpreso ao ver diante dele o velho sábio de Mênfis, cujo nome era muito conhecido em Tebas. Recebeu-o com deferência e, ao saber dos acontecimentos que impeliram o velho profeta a se expatriar, tremeu de cólera e declarou a Amenset que seu desejo de ver Taa III se realizaria muito em breve, visto que o rei, acompanhado do príncipe Kames, seu herdeiro, viria ao Templo para assistir a uma cerimônia religiosa.

Apesar do cansaço, Amenset decidiu tomar parte da cerimônia, e apenas terminara as abluções indispensáveis quando o rei chegou, acompanhado de Kames, jovem fraco, doentio, sofrendo visivelmente. Quanto a Taa III, ele era um homem de idade, mas vigoroso, cujo rosto bronzeado demonstrava energia, audácia e uma inteligência superior.

Terminadas as cerimônias religiosas, Taa, Kames, os principais dignatários do Templo, e Amenset se reuniram em uma pequena sala pertencente ao santuário. E lá, com o rosto inflamado, o velho sacerdote relatou, com uma voz sacudida pela emoção, a história do sonho de Apopi e da elevação de José.

— Toda a nossa casta foi coberta de desonra pela malícia infame do "chasou"; os mais altos dignatários, todos os homens nobres do Baixo Egito, devem agora se curvar e obedecer a esse porco fétido... escravo liberto, que, por escárnio, o "hak" nomeou Adon do Egito. Mas eu, eu não pude suportar isso;

sacudi a poeira das minhas sandálias e vim até o senhor. Torrentes de lágrimas interromperam o ancião e, prostrando-se, ele murmurou entre soluços:

— Conceda-me hospitalidade, filho de Rá, único e legítimo rei, egípcio de todo coração. Deixe-me morrer aqui, junto ao senhor e meus irmãos, servidores do grande Deus.

Uma profunda emoção tomou conta dos presentes, e Taa, erguendo-se vivamente, levantou o ancião, abraçou-o e disse com bondade:

— Você é bem-vindo, venerável Amenset. Viva como um pai amado, junto a seu rei, e dedique pacificamente o resto dos seus dias a serviço da divindade. No Templo, como em minha casa, você é bem-vindo.

Depois que o grande sacerdote e os demais dignatários manifestaram ao recém-chegado que partilhavam os sentimentos do rei, e todos se acalmaram, Taa observou:

— As notícias trazidas pelo venerável Amenset são tão graves que me parece indispensável discuti-las seriamente e também consultar os deuses, implorando-lhes que nos digam se o homem impuro, elevado assim inopinadamente ao poder, será perigoso para nós, se as calamidades previstas serão a nossa perda ou se, tocados, enfim, por nossas desgraças, os imortais livrarão a terra de Kemi dos opressores e reunirão sobre a minha cabeça as duas coroas do Egito.

— Suas palavras, oh rei, demonstram a sabedoria de seu pai, Rá — respondeu o grão-sacerdote, após ter consultado seus colegas. — Conforme o seu desejo, iremos imediatamente escolher um dia favorável para oferecer ao grande Deus um sacrifício e ler sua resposta nas entranhas das vítimas.

Três dias mais tarde, Taa, seu herdeiro e um pequeno séquito composto pelos chefes militares e pelos velhos conselheiros chegaram ao Templo e se dirigiram para o pátio destinado aos sacrifícios. Ainda era noite, mas realizavam-se os últimos preparativos, com uma atividade febril, pois ao primeiro raio do Sol as vítimas deveriam ser degoladas, e Amenset oficiaria, em companhia do grande adivinho do Templo. A luminosidade das tochas clareava fantasticamente as vestes brancas dos sacerdotes e a estátua do deus diante do qual as brasas crepitavam sobre um tripé. Assistido por Kames, que segurava as tábuas sobre as quais estavam anotadas todas as particularidades do ritual, que era indispensável seguir à risca para que o sacrifício não perdesse em nada sua eficácia, Taa começou por fazer um sacrifício de vinho e incenso, em seguida cumpriu as cerimônias de costume sobre as vítimas que seriam imoladas. Quando, por fim, um luar púrpuro inundou o céu anunciando a vinda do astro rei, os sacrificadores atiraram-se sobre os animais consagrados, degolaram-nos e, no momento em que o primeiro raio de Sol se refletia nas lâminas brilhantes, eles miraram as entranhas palpitantes sobre as quais Amenset e o grão-sacerdote se inclinaram avidamente.

Um silêncio solene se estabelecera, perturbado somente pela respiração rouca e ofegante dos assistentes. Todos os olhos estavam fixados nos dois adivinhos, que, com as sobrancelhas franzidas, as veias dilatadas sob o esforço da vontade, estudavam os sinais misteriosos pelos quais a divindade marcava suas decisões.

De repente, Amenset reergueu-se em toda a sua altura, levantou os braços para o céu. Seu rosto, lívido de emoção, parecia petrificado numa alegria arrebatada; seu olhar, ora flamejante ora obscuro, parecia se perder numa distante e radiosa visão. Depois, sua voz elevou-se, surda, e, no entanto, estranhamente vibrante:

— O véu que revela o futuro se ergue, e a voz do deus murmura ao meu ouvido como uma trovoada e me fala por meio das entranhas das vítimas.

Sim, a paciência dos imortais está cansada dos crimes dos estrangeiros; os gritos de escassez da terra de Kemi, as lágrimas e as preces de seus servidores atingiram seus ouvidos, e o traidor impuro que chafurda no trono, zombando dos filhos do Egito, de seus sentimentos, humilhando-nos sem piedade, cairá por meio daquele que o ergueu.

O escravo, batendo com seu punho de ferro, dará, assim, o sinal de revolta para todo o Egito, e o inimigo secular, vencido, caído, rechaçado em seu último refúgio, será caçado para sempre. Das nascentes do Nilo às cataratas, a terra de Kemi será livre. E diante dos altares carregados de sacrifícios, curvado diante do legítimo rei, portador da dupla coroa, o povo agradecerá aos deuses com gritos de alegria. Todavia, até que cheguem esses dias de felicidade, transcorrerão anos de lutas e de sofrimentos atrozes. A fome dizimará o povo, e o opressor sugará até os seus ossos. Haverá dias em que até os mais valentes corações se sentirão desencorajados e desesperados, mas a palavra do deus, que ecoará nesse instante, deve apoiá-los e fortificá-los. Taa, o grande, o vitorioso, você viverá eternamente na memória da posteridade; você dará ao usurpador o primeiro golpe mortal; você fará sacrifícios a Ptah sobre seu altar de Mênfis, mas nem a você, nem a seu herdeiro está reservada a vitória completa. Será Ahmes, o filho amado do deus, que dorme em seu palácio, que reunirá em suas mãos o papiro e a flor de lótus que cingirá a dupla coroa.

A voz de Amenset apagou-se bruscamente, seus olhos escureceram; ele cambaleou e teria caído sobre o ladrilho do pátio se o grande adivinho e um outro sacerdote não o tivessem segurado e docemente estendido-o no chão. Taa e Kames precipitaram-se para ele, olhando com espanto o corpo retesado do profeta.

— Amenset, o venerável servidor de Ptah, voltou para Osíris. O deus, após falar pela sua boca, fechou para sempre os lábios que ele sacrificou — disse solenemente o grão-sacerdote.

— Que garantia mais solene poderia nos ter sido dada sobre a verdade das palavras que acabaram de ser pronunciadas?

Após o grande adivinho declarar que suas próprias observações concordavam e confirmavam as palavras do defunto, Taa, cheio de admiração e respeito, ordenou que fossem feitas a Amenset as exéquias reais. A seguir, concordou com o grão--sacerdote em convocar um conselho secreto, no qual seria estudado a fundo o escrito deixado pelo fugitivo de Mênfis, que continha não somente o relato dos últimos acontecimentos, mas também um relatório cheio de minuciosos e preciosos detalhes sobre o estado dos ânimos, a disposição das tropas e as fortificações erguidas ultimamente pelos hicsos para tornar Mênfis quase impenetrável.

Retornando ao seu palácio, Taa foi recebido por um gracioso menino de doze anos, que, afastando-se do escriba professor

O Chanceler de Ferro do Antigo Egito

149

que tentava retê-lo, atirou-se para Taa e Kames.

— Ahmes! — exclamou o velho rei, erguendo o menino em seus braços robustos e apertando-o contra o seu peito. Depois, voltando-se para os chefes e conselheiros que o seguiam, apontou o menino e exclamou com alegria e orgulho:

— Vejam, meus fiéis, a criança escolhida pelos deuses, conforme disse o falecido profeta. Ele está predestinado a imortalizar seu nome e a glória da nossa raça. Sobre sua cabeça repousará, um dia, a dupla coroa do país de Kemi, após ele ter caçado os malditos, os pestíferos que desonram seu solo sagrado.

Movido por um só "élan", todo o séquito ficou de joelhos e, erguendo as mãos, os servidores experientes exclamaram entusiasmados:

— Glória, força e saúde a Taa, "O Grande Vitorioso", a Kames, seu glorioso herdeiro, e a Ahmes, o futuro faraó do Alto e do Baixo Egito!

No conselho secreto que se reuniu alguns dias depois, ficou decidido que seriam feitos os preparativos para a guerra da libertação, em especial a construção, sem ostentação, de uma flotilha numerosa, que facilitaria o transporte das tropas e seria indispensável, caso se quisesse chegar a um cerco de Avaris, a poderosa fortaleza marítima dos hicsos, defendida também em terra por grandes canais. Além disso, ficou combinado que os templos também fariam uma certa provisão de grãos para os tempos de escassez, e procurariam impedir que o supérfluo da colheita fosse vendido a José. A fé absoluta na previsão de Amenset alimentava todos os corações e os enchia de ardor e esperança.

❧ ☙

Enquanto Tebas se preparava para um combate desesperado contra os opressores abomináveis, os malditos, os leprosos, os demônios, como os chamava o ódio popular, enquanto Taa e seus aliados já sonhavam em derrubá-lo, José consolidava cada vez mais sua posição e monopolizava completamente o fraco Apopi. As medidas enérgicas do novo Adon, a calma e a calada submissão que haviam sucedido a insolência turbulenta dos

Jacó interpreta o sonho do Faraó, de Arthur Reginald - 1894.

últimos anos agradavam ao monarca doente, contra quem as sedições perpétuas e a agitação permanente agiam como um verdadeiro veneno. Assim, ele sempre cobria José de novos privilégios, divertindo-se em curvar aos pés do homem obscuro, sua criatura, todas as cabeças insolentes que tinham ousado se dirigir contra ele, o descendente legítimo dos reis que há quinhentos anos governavam o Egito.

Esse privilégio sempre crescente enchia José de orgulhosa satisfação e o deixava mais e mais ousado e despótico. Assim, ele obtivera do faraó uma guarda pessoal e, para comandar esse destacamento e sua guarda particular, escolhera os jovens pertencentes às principais famílias puramente egípcias... por escárnio, pensavam os infelizes oficiais que acompanhavam sua liteira ou vigiavam sua antecâmara; e mais de um rangia os dentes e cerrava os punhos, mas o protesto se limitava a isso, pois ao se manifestar de outra forma, podia-se arriscar a cabeça. De resto, não faltavam pessoas baixas, que não se inquietavam se a mão que distribuía favores e privilégios era pura ou impura, que rastejavam diante do poder e adulavam o Adon esquecendo de qualquer dignidade humana. Os festins se sucediam, tanto na casa de José como na casa de todos os nobres de Mênfis. O próprio Apopi havia prestigiado com sua presença vários desses banquetes, expressando claramente a satisfação que sentia em ver seu novo conselheiro tão bem acolhido por seus fiéis amigos. Além disso, por meio de dádivas e doações, ele encorajava o gosto de José pelo luxo, e este se cercava de um esplendor real e jamais se esquecia de que, depois do rei, era o primeiro homem do Egito.

Dentre os grandes senhores de Mênfis, somente um desaparecera completamente, e sua casa, outrora tão hospitaleira, estava fechada. Putifar, sob pretexto de sua saúde debilitada, retirara-se para uma propriedade que possuía perto de Tanis e vivia em retiro absoluto, observando de longe, com sofrimento e desprezo, a orgia de submissão voluntária à qual se entregavam seus compatriotas. Para José, porém, a visão da casa vazia e silenciosa do antigo chefe dos arqueiros era como um golpe de espora; uma chama luminosa acendia-se em seus olhos, e ele jurava a si mesmo aguardar incessantemente a hora em que poderia se vingar daquele que ousara mostrar-lhe seu desprezo tão abertamente.

Entretanto, nem as distrações, nem seus rancores secretos o impediam de se ocupar ativamente dos trabalhos a seu cargo, e até seus inimigos reconheciam suas qualidades de administrador.

Mais de dois anos tinham passado desde a sua elevação, quando o Adon julgou propício fazer uma viagem pelas províncias, a fim de inspecionar todos os centros administrativos e se assegurar, por si mesmo, de que as entregas de grãos para os celeiros públicos ocorriam segundo as suas ordens, visto que as colheitas estavam verdadeiramente abundantes. Apopi, que já comprovara a espantosa profundidade da visão e do zelo de seu favorito, aprovou esse projeto e, por um decreto, ordenou às autoridades de todas as cidades, incluindo os colégios sacerdotais, que recebessem o Adon com as honras devidas a um príncipe da sua casa, e que considerassem José seu representante direto.

J. W. Rochester

Capítulo 11

O ADON EM HELIÓPOLIS

O faraó disse a José: 'Eu sou o faraó, mas sem
tua permissão ninguém erguerá a mão ou o pé
em toda a terra do Egito'.
José tinha trinta anos quando se apresentou
diante do faraó, rei do Egito, e José deixou a presença do faraó e percorreu toda a terra do Egito.
(Gênese, cap. XLI, vv. 41 e 46)

Situada nos domínios que cercavam o Templo do Sol e suas
inúmeras dependências, erguia-se em Heliópolis a residência do
grão-sacerdote, um elegante palácio cercado por um jardim e
sobre as ameias do qual encontrava-se reunido, certa tarde, um
grupo de cinco pessoas. Em pé, junto à balaustrada, o chefe da
casa conversava com seu filho Armais, belo adolescente de dezoito para dezenove anos, parecido com o pai na estatura, mas
com grandes olhos azuis-escuros como os de sua irmã, Asnath,
agora uma encantadora jovem de quatorze anos, esbelta e delicada como uma gazela.

Sentada junto a uma mesa repleta de refrescos, Asnath
brincava com um pequeno cão, de pêlo negro e brilhante, que
ela presenteava com um bolo de mel enquanto conversava com
sua mãe e com um oficial que a seguia com os olhos e estava visivelmente apaixonado pela arrebatadora menina; este último
era o nosso velho conhecido Hor, o antigo rival de Putifar. Após
o casamento de Ranofrit, o jovem transferira-se para Heliópolis
e tornara-se um amigo e assíduo freqüentador da casa do grão-
-sacerdote, que o acolhia com bondade e não parecia desapro-
var o sentimento que ele nutria por sua filha.

Hor havia progredido: comandava agora um destacamento
de arqueiros, e Armais, sob suas ordens, estava começando seu
serviço militar. Potífera teria preferido vê-lo abraçar a carreira
erudita, para tê-lo como substituto no cargo de grão-sacerdote,
mas o jovem rapaz tinha pouca disposição para o estudo e a
severidade da vida sacerdotal; o rigoroso trabalho, necessário
para uma iniciação superior, tinha pouco a ver com o seu ca-

O Chanceler de Ferro do Antigo Egito

153

ráter. Embora a contragosto, Potífera tivera de se contentar em iniciá-lo nos pequenos mistérios, de fazer dele um escriba hábil. Contudo, a fim de que seu cargo hereditário não saísse da família, o grão-sacerdote o destinara a seu irmão mais novo, Rameri que ocupava o cargo de terceiro profeta do Templo e já era um renomado arquiteto.

Como outrora, a adoração de toda a família de Potífera, a começar por ele mesmo, concentrava-se em Asnath; ela era enfeitada, mimada, e todos satisfaziam seus mínimos desejos. A jovem apreciava essa posição privilegiada. Além do mais, sabia que era bela, rica e requintada, o que a fazia ser, até certo ponto, orgulhosa e voluntariosa; mas sua bondade inata e sua negligência infantil mitigavam esses pequenos defeitos. Ela adorava seus pais, seu irmão, e Hor, seu amigo de infância, continuava a agradá-la mais que todos. A evidente adoração do belo oficial divertia e encantava seu orgulho feminino, pois ele era um belo partido, e as paixões suscitadas pelos seus cabelos dourados entre as damas de Heliópolis não eram segredo para ninguém. Apesar das boas disposições recíprocas, as palavras decisivas ainda não tinham sido pronunciadas.

— Veja, pai! — exclamou Armais. — Racapou está vindo à nossa casa.

As duas mulheres ergueram-se ao mesmo tempo, e Asnath, que dera um salto até a balaustrada, exclamou:

— É verdade, seu carro acaba de parar diante da nossa porta. Mas como ele está agitado!

— Não deveríamos descer para recebê-lo? — perguntou Maia, que envelhecera visivelmente e adquirira uma certa corpulência.

— Não, estamos bem aqui; mas vá, Armais, receba o nobre Racapou e traga-o até aqui — respondeu Potífera, aproximando-se da mesa e enchendo uma taça com vinho dourado da Síria para seu velho amigo, comandante de Heliópolis, cujo passo pesado já ecoava na escada.

Um instante depois, o velho guerreiro entrava no recinto. Ele trazia à mão um rolo de papiro. Seu ar carrancudo, com a cólera a duras penas controlada que lhe ardia, espantou todos os assistentes.

154   J. W. Rochester

— O que você tem, Racapou? Aconteceu alguma coisa? Talvez você queira me falar em particular... — disse Potífera, fixando, meio espantado, meio inquieto, o rosto enrubescido do comandante de Heliópolis.

— O que tenho? Eu gostaria que Tifon me quebrasse o pescoço antes de saborear a honra excepcional com a qual o faraó nos presenteia, e da qual você terá a sua parte, Potífera — respondeu Racapou com uma voz rouca de raiva, deixando-se cair sobre uma poltrona junto a Maia, a quem saudou com a mão.

— Já ficou claro que suas notícias não são nada boas, mas, em todo caso, tome alguns goles para se refrescar antes de contar o que tanto contraria o seu humor — disse o grão-sacerdote, com um ligeiro sorriso, virando-se para a mesa para pegar a taça.

Asnath, porém, havia se adiantado e, deslizando leve como uma borboleta, entre os braços de seu espantado pai, apresentou o vinho a Racapou, persuadindo-o com um sorriso travesso a se refrescar e a não privá-la da nefasta notícia, se esta, todavia, não fosse um segredo de Estado.

O rosto contraído do velho soldado se desanuviou diante de sua favorita, e ele, dando um tapinha carinhoso em seu rosto, esvaziou a taça e declarou que, já que o motivo de sua ira não era um segredo, ele iria contá-lo a todos.

— Veja Hor, essa diabinha da Asnath pretende virar a cabeça de Racapou — murmurou Armais, sorrindo, aos ouvidos de seu amigo, enquanto o comandante desenrolava e lia o papiro com o decreto de Apopi, ordenando que fossem prestadas a José, por ocasião de sua passagem por Heliópolis, honras quase reais.

Após essa leitura, a cólera e a indignação se espalharam por todos os rostos, mas o semblante de Potífera cobriu-se com um sombrio rubor.

— Essa invenção não estaria ultrapassando os limites do possível e do permitido? — perguntou Racapou, desferindo um golpe de punho sobre a mesa, que fez a louça tremer.

— E isso não é tudo; outras disposições que vieram junto desse decreto me encarregam de organizar uma festa popular, uma série de festins, para honrar o Adon, que chega na pró-

O Chanceler de Ferro do Antigo Egito

155

xima semana. E como a sua chegada coincide com a festa de Tefnut,[33] a ordem é para que seja reservado a esse... — Racapou o insultou com veemência — o lugar de Apopi na procissão sagrada. De mais a mais, você sem dúvida receberá instruções em relação a isso, mas repito que o faraó começa a ultrapassar qualquer medida ao exigir que os melhores de todo o Egito prestem homenagens reais a esse animal impuro.

— Que foi escravo na casa de meu cunhado Putifar — intercalou Potífera com os lábios trêmulos.

— Ha! Ha! Ha! — fez Racapou. — Um favorito digno de quem o escolheu! Francamente! Somente um "chasou" impuro poderia elevar esse animal imundo ao posto de Adon. Enfim, isso não faz nenhuma diferença: será preciso hospedar o bruto no Palácio e, em vez de receber o Adon como ele merece, com uma chuva de golpes de bastão, honrá-lo com festins. O mais duro é que será preciso disfarçar a raiva e o desprezo que ele nos inspira.

— Mas eu estou curiosa para vê-lo. Neftis, a filha do hierogramatista[34] Ramsés, que esteve em Mênfis no ano passado, contou-me que o Adon é belo como Horus[35] — observou Asnath, mais sensível às festas que estavam por vir do que à questão original.

— A comparação entre um deus e o antigo escravo de sua tia depõe contra sua amiga — disse Potífera franzindo o cenho.

— De qualquer forma, você não verá esse personagem e não assistirá às solenidades, que para nós serão um sacrifício.

— Mas, pai, todos irão! — disse Asnath, contrariada.

— Ao contrário, eu penso que toda mulher e jovem de bem que puder, ficará feliz em se dispensar dessa solenidade maçante. Em todo caso, você e sua mãe não honrarão com sua presença a ilustre pessoa que limpava as sandálias do seu tio — respondeu Potífera com uma severidade maior do que a que costumava empregar com sua filha predileta. Ao ver seu ar de

---

33 Tefnut - Deusa da umidade e das nuvens do Antigo Egito, filha de Rá, irmã e esposa de Shu (o deus Ar), mãe de Geb (o deus Terra) e Nut (a deusa Céu).
34 Hierogramatista (ou hierático) - Diz-se de um dos sistemas de escrita egípcia, empregado nas escritas hieroglíficas.
35 Horus - Um dos mais importantes deuses do Egito, representado por um falcão. Filho de Osíris e Ísis, Horus vinga a morte de seu pai combatendo o assassino, seu tio Set, tornando-se então o protótipo divino dos faraós.

sofrimento, acrescentou: — Amanhã, vocês irão para nossa casa de campo, e eu permito que mande construir o viveiro de pássaros que há tanto tempo você desejava.

Asnath alegrou-se, e, enquanto ela abraçava o pai, Maia perguntou a Racapou se sua esposa e suas filhas tomariam parte das festividades.

— Minha esposa, sim, é preciso que ela presida o banquete em minha casa; minhas filhas, certamente não. Não quero de jeito nenhum que ele venha a escolher uma delas para sua mulher. Fala-se que ele procura uma esposa entre as mais belas e mais nobres.

— Oh! Quem gostaria de tê-lo como genro? Ele será dispensado em toda parte! — exclamou Armais sorrindo.

— Se for possível dispensá-lo — suspirou Racapou. — É mais prudente evitar a honra de um pedido.

— Então, deixe que Nititis e Hatasou venham conosco. Para elas e para mim será mais divertido — exclamou Asnath.

Essa idéia foi aprovada por todos, e, a fim de evitar qualquer suspeita, ficou decidido que a esposa do grão-sacerdote partiria já no dia seguinte com as três jovens. Após isso, Potífera e o governador desceram para discutir todos os preparativos necessários para a chegada do Adon, que deveria ocorrer dentro de doze dias. Armais correu para dar as ordens necessárias para a partida do dia seguinte. Maia foi cuidar das bagagens e Hor e Asnath foram para o jardim, onde Armais deveria encontrá-los.

Silenciosos e absorvidos em seus pensamentos, os dois jovens atravessaram o jardim para alcançar uma relva onde se costumava jogar bola. Apesar de tudo, um descanso de algumas semanas no campo não agradava Asnath. Quanto a Hor, a idéia de uma separação assim tão longa era-lhe insuportável. Além disso, o silêncio da jovem deixou-o subitamente enciumado. "Ela só pensa nesse estrangeiro sujo e nas festas em sua honra, não no meu sofrimento por estar separado dela por tanto tempo", pensou, e perguntou bruscamente:

— Em quê você está pensando, Asnath?

— Em nada — respondeu ela com humor. — Você é que só está pensando na chegada do Adon, esquecendo-se de tudo. Eu não queria atrapalhar.

O Chanceler de Ferro do Antigo Egito

Quase sem querer, Hor começou a rir; seus pensamentos eram tão semelhantes aos dela que isso lhe pareceu cômico. E como nesse momento eles passavam por um banco meio oculto sob a sombra de uma grande figueira e de bosques de acácias em flor, ele atraiu sua companheira para o banco de pedra e, sentando-se ao lado dela, disse com um sorriso:

— É verdade, estou distraído, mas não é a chegada do Adon que me preocupa, é a sua partida; a idéia de não ver por muito tempo esses dois olhos azuis que, para mim, representam o céu.

Asnath enrubesceu vivamente e baixou a cabeça, indecisa, mas ergueu-a quase imediatamente. Ela disse, em um tom travesso e com o olhar cheio de graça:

— E quem o impede de vir contemplar o céu? Você sabe que é bem-vindo!

Hor pegou suas mãos e pressionou-as contra os lábios.

— Você me permite interpretar suas palavras de acordo com o desejo do meu coração? Diga-me, posso amá-la abertamente e pedir a seus pais a sua mão em casamento? Poderei ouvir de sua boca, de agora em diante, que você também me ama?

— O que você acha? — disse Asnath, em tom impertinente. — Somos velhos amigos, e você prometeu me esperar crescer para me desposar.

— Então você aceita recompensar a minha fidelidade? — disse Hor atraindo-a para os seus braços e pressionando seus lábios com um beijo. — Mas, minha malvadinha, eu não quero somente uma velha amizade, eu exijo um amor novo e tão ardente quanto o meu.

Enrubescida e feliz, Asnath deu-lhe um beijo, e ficou combinado que, tão logo Racapou partisse, eles comunicariam a Potífera e Maia seu afeto recíproco e pediriam sua bênção.

Foi uma noite feliz na casa do grão-sacerdote: ele e sua esposa acolheram com alegria o pedido de Hor. Eles conheciam tão bem o bom e leal rapaz que entregavam em suas mãos o futuro de sua filha querida com confiança. Quanto a Armais, ele não cabia em si de contente por tornar-se irmão de seu amigo.

Ficou decidido que, assim que o Adon tivesse partido e que todos estivessem livres dos aborrecimentos provocados por sua

158   J. W. Rochester

vinda, as núpcias seriam celebradas. Além disso, Hor deveria visitar sua noiva tanto quanto seus afazeres permitissem.

☜ ☺ ☞

O dia marcado para a chegada do Adon amanheceu radioso. Toda a cidade ganhara um ar de festa, toda a população se levantara e massas de curiosos cobriam não somente as ruas da cidade e os tetos das casas, mas também toda a estrada pela qual José deveria passar.

Por fim, surgiram os destacamentos de arqueiros, segurando galhos floridos, e os corredores que precediam o carro do Adon, cercado de carregadores de leques. De toda parte ergueram-se exclamações e gritos de alegria, e a multidão abaixou--se. Atrás da comitiva de José, vinham carros com conselheiros, escribas e funcionários diversos, que formavam seu séquito; outros destacamentos de soldados, e uma longa fileira de asnos e carroças carregadas de bagagens terminavam o cortejo.

À entrada da cidade, José foi recebido por Racapou, acompanhado de todas as autoridades, e, em termos muito respeitosos, o velho governador expressou-lhe a alegria que toda Heliópolis sentia por receber e hospedar o representante de seu rei.

Após uma breve, mas benevolente resposta, José deixou seu carro para tomar lugar em uma liteira ricamente incrustada. Cercado por todos os dignatários que vinham recebê-lo, dirigiu-se para o Templo do Sol para se reunir à procissão religiosa em honra da deusa Tefnut, cuja festa era celebrada naquele dia.

Saindo de trás de gigantescos pilares ornados de obeliscos que formavam a entrada do local sagrado, avançavam longas fileiras de cantores e cantoras do Templo, cada grupo precedido de seu regente, que, com uma longa batuta dourada, dava o compasso enquanto um mestre de capela e cerimônia seguia atentamente a ordem e os detalhes do cerimonial.

Os sons graves do hino sagrado enchiam o ar de vibrações melodiosas; esses cantos sagrados, executados com uma incomparável perfeição por vozes soberbas, acompanhadas e sustentadas pelo som de harpas, sempre causavam no povo

O Chanceler de Ferro do Antigo Egito

159

uma impressão profunda e inquietante: involuntariamente, as cabeças se curvavam, os joelhos dobravam e uma ardente aspiração em direção à divindade elevava-se de todos os corações. Após os cantores, vinham os sacerdotes de todos os graus, precedendo o naos[36] da deusa, revestido com um tapete, ornado com flores e carregado por oito guardiões. A seguir, avançavam as grandes autoridades do Templo, encabeçadas pelo reitor dos matemáticos, precedido pelos símbolos da música e pelos livros de Thot;[37] depois, vinha o astrólogo, grão-mestre das ciências genetlíacas;[38] o relógio e a palma eram os seus símbolos. A pluma, a régua e o tinteiro precediam o Escriba Sagrado, grão--mestre da ciência simbólica sob todas as formas e da arte hierática. Logo após, vinha o grão-mestre da Justiça, com seus símbolos: a balança, representando a igualdade diante da lei, e a taça, representando a grande comunhão sacerdotal com a vida espiritual do Universo por meio da iniciação. Por fim, avançava a arca santa, que continha os dez livros da iniciação suprema, e, atrás dela, Potífera, trazendo as insígnias de grão--sacerdote, a tiara branca sobre a cabeça, o peitoral formado por pedras simbólicas, brilhando sobre seu peito, e seus emblemas: os pães da comunhão e o gomil[39] de ouro.

Após ter sido saudado pelo grão-sacerdote, que lhe ofereceu uma flor de lótus e o aspergiu com água purificadora, José, que descera de sua liteira, juntou-se ao cortejo. Depois, quando as cerimônias religiosas terminaram, ele se recolheu ao palácio preparado para recebê-lo, convidando todos os dignatários a visitá--lo após fazer um breve repouso. Como desejava reuni-los em um banquete, convocou-os a chegar uma hora antes da refeição a fim de conhecê-los melhor e poder conversar com todos.

Nessa reunião, a opinião sobre José ficou dividida: uma parte dos dignatários foi involuntariamente desarmada pela afabilidade amável, reservada, isenta de arrogância, desse belo

36 Naos - Diz-se do local onde é guardada a estátua da divindade, como, por exemplo, o cômodo de um templo, ou, neste caso, a cabine de uma barca.
37 Thot - Deus egípcio da magia, patrono do aprendizado e das artes, é representado como uma divindade com cabeça de íbis. É atribuída a ele muitas invenções, como a escrita, a geometria e a astronomia, sendo freqüentemente associado como um mensageiro e escriba para os demais deuses. Foi identificado pelos gregos com Hermes Trimegistus.
38 Genetlíaca - Relativo a previsão do futuro pela observação dos astros.
39 Gomil - Jarro de boca estreita.

J. W. Rochester

jovem, que parecia nascido para reinar e comandar, que sabia dirigir a cada um uma palavra agradável, que parecia ter estudado tudo, saber tudo. Somente os egípcios legítimos e os sacerdotes mantiveram a frieza: o sentimento de serem humilhados pela superioridade hierárquica desse novo-rico estrangeiro alimentava de raiva e hostilidade o fundo de suas almas. Quanto às mulheres, elas se desvaneceram quase unanimemente ao lado do Adon, e mais de um olhar apaixonado e cheio de admiração foi dirigido a ele. Não seria um falso rumor, uma calúnia, que esse homem assim tão elegante, tão belo, que portava com tanta graça sua rica vestimenta, houvesse se curvado diante de um senhor e de um bastão? Que essa mão de dedos afilados, pele acetinada, tivesse realizado os pesados trabalhos de um escravo? José notava esses olhares, já os vira em Mênfis e sabia há muito tempo que, entre as mulheres mais belas e mais nobres, havia quem perdoasse sua origem de bom grado e considerasse uma sorte ser escolhida por ele como esposa. Mas até esse dia, o coração do jovem hebreu permanecera mudo; a ambição e os negócios absorviam-no inteiramente e, no entanto, ninguém suspeitava que abismo de ambição, de orgulho, de cruel rancor e avidez se escondia sob seu rosto branco e polido, sob a impassibilidade serena de seus traços regulares, e ardia no fundo de olhos profundos e impenetráveis.

Com esse desembaraço afável que mencionamos há pouco, José presidia o festim. À sua esquerda, estava Racapou; à sua direita, Potífera, visivelmente nervoso e acalorado, apesar da deferência polida que demonstrava ao Adon, que não demonstrara tê-lo conhecido na casa de Putifar.

Tudo ardia na alma do orgulhoso egípcio: a idéia de que ele trocava delicadezas, sentava-se lá, quase como um subordinado, ao lado do antigo escravo de sua irmã, que instintivamente ele já odiara naquela época, essa idéia penetrava em seu coração como um dardo e fazia todo o sangue lhe subir à cabeça. Além disso, o grão-sacerdote estava cansado da longa cerimônia da manhã, e um mal-estar cada vez maior o invadia. Ele procurou se dominar, mas, de repente, sua cabeça rodou, uma nuvem obscureceu seus olhos e, inconsciente, ele tombou para trás.

O Chanceler de Ferro do Antigo Egito

Todos os convidados se ergueram tumultuosamente com esse incidente inesperado, mas José e Racapou já tinham se precipitado para ampará-lo. Ele foi estendido sobre uma cama de repouso e um dos sacerdotes presentes deu os cuidados graças aos quais Potífera logo reabriu os olhos. José, que experimentara durante todo esse tempo uma viva solicitude, inclinou-se sobre ele, informou-se sobre o seu estado, e quando o grão-sacerdote manifestou o desejo de voltar para casa, acompanhou-o, ele mesmo, até sua liteira.

A imensa multidão que atravancava os arredores do palácio foi agradavelmente surpreendida ao ver o próprio Adon apoiar o passo cambaleante de Potífera e ajudá-lo a se instalar na liteira; essa deferência, esse interesse dedicado ao venerável sacerdote, amado por toda Heliópolis, por parte de um homem poderoso, cuja entrada quase real fora admirada de manhã, produziu o melhor dos efeitos, e foi com sinceridade que o povo aclamou o representante do faraó; os corações simples dos artesãos e aldeões que acorreram para assistir às solenidades não compreendiam os sentimentos de ódio e orgulho ferido das classes superiores.

Durante a noite, o estado de Potífera piorou; uma febre ardente surgira, e Armais, muito inquieto, enviou um mensageiro para prevenir Maia e Asnath da fatalidade. Nessa mesma noite, as duas mulheres chegaram e se instalaram à cabeceira do doente. O dia e a noite seguintes transcorreram sem que houvesse uma melhora. Toda a família estava desolada e a tristeza espalhara-se por todo o Templo, pois o pontífice era amado por todos. Quanto ao Adon, mesmo ocupado fora da cidade com uma inspeção militar, ele mandara saber notícias de Potífera.

No outro dia, pela manhã, José novamente se informou sobre o estado do grão-sacerdote e, ao saber que ele piorara, manifestou o desejo de visitá-lo pessoalmente, mas sem nenhuma ostentação, a fim de que nenhum barulho pudesse incomodar o doente.

Acompanhado apenas por Racapou e Hor, que estava de serviço em seus aposentos, José dirigiu-se à residência do grão-sacerdote e, silenciosamente, o comandante de Heliópolis o conduziu ao quarto do enfermo.

J. W. Rochester

Na ante-sala reinava uma semi-escuridão, as cortinas estavam fechadas por ordem do médico.

No momento em que Hor, que estava alguns passos à frente de seus chefes, ia erguer a cortina que fechava a entrada do aposento de Potífera, ela foi levantada por uma mão impaciente, e Asnath surgiu na soleira. Ela se encontrava junto ao pai e correra para dar uma ordem por parte do velho sacerdote que não deixava a cabeceira de seu chefe. A jovem vestia uma simples túnica de linho, presa em torno de seu corpo esbelto por um cinto de prata trabalhada; uma pequena pelerine[40] franjada cobria seus ombros; seus lindos cabelos castanhos, divididos em duas tranças, caíam-lhe abaixo dos joelhos.

Apesar dessa vestimenta simples e de sua aparência pálida e cansada, Asnath estava encantadora. Percebendo a presença de seu noivo, correu para ele com os braços estendidos.

— Hor! Até que enfim! — exclamou, oferecendo-lhe seus lábios purpúreos.

Todavia, o oficial, em vez de corresponder a esse impulso, fez com a cabeça um brusco gesto negativo e ao mesmo tempo a jovem avistou Racapou acompanhado de um jovem desconhecido. Ruborizada e confusa, ela recuou, fixando o estrangeiro, cuja estranha e altiva beleza a abalara, supondo que ele fosse algum médico ou mago estrangeiro, trazido pelo comandante para tratar de seu pai.

À visão da adorável menina, cujos olhos límpidos e azuis como o céu se erguiam para ele com curiosidade, uma chama súbita se acendeu no olhar de José.

— É a filha única do grão-sacerdote — disse Racapou. — E você, Asnath — continuou —, cumprimente o nosso poderoso senhor e Adon, e agradeça-lhe a insigne honra que ele dá a seu pai e a toda a sua família ao cruzar a soleira de sua morada.

A voz do velho guerreiro estava rouca e ele parecia se expressar com dificuldade, pois as palavras saíam lentas e entrecortadas de sua garganta. Um imperceptível sorriso, misturado de malícia e ironia, percorreu os lábios de José: ele sabia o quanto era penoso para o orgulhoso egípcio esse discurso. Mas à simples menção do Adon, uma expressão de desencan-

---

40 Pelerine - Pequeno manto de senhora que só cobre parte das costas e do peito.

O Chanceler de Ferro do Antigo Egito

tamento, de frieza e desdém, se refletiu no rosto de Asnath. Ela inclinou-se, contudo, com uma reserva polida, e, reabrindo a cortina, disse:

— Entre, senhor. Meu pai acaba de acordar de seu torpor.

José percebera a impressão que as palavras de Racapou tinham causado na jovem. Um rubor febril passou levemente por sua fina e pálida pele, e seu olhar mergulhou como um raio nos olhos límpidos e brilhantes erguidos para ele com uma curiosidade surdamente hostil.

Uma súbita angústia apertou o coração de Asnath quando José tomou lugar à cabeceira de Potífera. Enquanto Racapou permanecia ao pé do leito, ela se esquivou e correu ao encontro de Hor, que não mais impôs limites para abraçá-la e, conduzindo-a até uma janela, tentou consolá-la, não deixando de acrescentar alguns epítetos dirigidos ao Adon, cuja maldita chegada era indubitavelmente a causa do acidente sofrido por Potífera. Eles estavam tão absorvidos com sua conversa que Hor mal teve tempo de retirar o braço que enlaçava sua noiva quando Racapou abriu a cortina para dar passagem a seu chefe. Entretanto, o olhar penetrante do Adon surpreendera o seu movimento; uma chama sombria irradiou-se de seus grandes olhos negros e uma ruga profunda cruzou a sua fronte. Respondendo com uma silenciosa inclinação de cabeça à saudação da moça, visivelmente perturbada e confusa, ele deixou o aposento.

Sombrio e distraído, ele entrou em seu palácio sem dirigir nenhuma questão ao governador e dois dias depois deixou Heliópolis. Alguns dias mais tarde, contudo, Hor e dois outros oficiais, inesperadamente, receberam ordens para irem ao encontro do Adon a fim de acompanhá-lo em sua viagem. Ninguém compreendeu essa súbita atitude do novo-rico, mas a partida inesperada do jovem oficial causou uma profunda tristeza na família de Potífera: o grão-sacerdote estava muito doente, e a separação de seu noivo nesse momento arrancou amargas lágrimas da pobre Asnath.

Porém, a saudável e vigorosa natureza de Potífera triunfou sobre o mal e, lentamente, ele começou a sair desse terrível choque. Sua fraqueza e a ausência de Hor, porém, tornavam impossível a celebração do casamento da filha, a qual amaldiçoava o

164   J. W. Rochester

Adon, razão de seu sofrimento.

Durante esse tempo, José continuava sua viagem. Por toda parte, ele inspecionava as construções e tropas, controlava a contabilidade e punia com uma implacável severidade qualquer malversação. Ele dedicava uma especial atenção à estocagem dos grãos; além disso, por ordem sua, foram enviados agentes a todas as províncias do Sul para lá comprarem todo o grão que pudessem encontrar, o que não era difícil, tendo em vista que há dois anos a colheita fora superabundante. Em último lugar, ele se dirigiu a Avaris, onde estudou as fortificações, com cuidado e o talento inato de um engenheiro, e logo, sob o comando de oficiais experientes, foram iniciadas extensas obras, tanto no interior quanto no exterior da fortaleza, para torná-la um refúgio inexpugnável em caso de circunstâncias difíceis. Se ocorresse uma revolta geral, uma invasão dos chefes do Sul, ou caso uma grande derrota forçasse os hicsos a recuar, lá eles poderiam se reunir, juntar novas forças e lançar-se novamente sobre o Egito.

No dia seguinte ao seu retorno a Mênfis, ele apresentou ao faraó um relatório detalhado sobre os resultados de sua viagem de inspeção, e Apopi, verdadeiramente satisfeito, agradeceu-lhe nos termos mais calorosos pelos seus fiéis serviços, depois, perguntou que graça poderia lhe conceder como prova de sua satisfação.

Um vivo rubor cobriu o rosto de José, que, ajoelhando-se, exclamou com emoção:

— Oh, meu senhor e benfeitor, já estou de tal forma compensado pelos raios de sua graça... Sua bondade e sua confiança já me elevaram tão alto, que parece impossível que eu possa desejar alguma coisa. E, no entanto, seu olho, penetrante como o olho do deus que lhe deu origem, leu em meu coração que aspiro a um favor que somente o senhor pode me conceder. Amo uma mulher e gostaria de tê-la como minha, mas sei que mil dificuldades entravarão meu desejo se sua vontade todo-poderosa não tomar a questão em meu favor.

— Somente isso? Então, acalme-se e levante-se, meu fiel servidor. Eu não lhe disse há muito tempo: escolha a mais bela, a mais nobre das mulheres de Mênfis, que eu lhe darei como esposa? Entre as mulheres, penso que nenhuma terá dificuldade em se submeter à minha ordem. Diga-me o nome dela! — acrescentou Apopi, medindo com um olhar sorridente a alta e bela estatura de seu favorito.

— Foi passando por Heliópolis que conheci a filha do grão-sacerdote Potífera; a graça dessa menina ofuscou meus olhos, emocionou e aqueceu meu coração.

— Ela é bela? — perguntou Apopi.

— Como a deusa que despeja o amor no coração dos mortais! E seus olhos são azuis e transparentes como o azul do céu — respondeu José com uma voz baixa e vibrante, enquanto um lampejo de paixão brotava de seus olhos e um tremor nervoso sacudia seu corpo.

— Você teme que Potífera lhe recuse a filha?

— Sim, faraó. O senhor sabe o quanto sou odiado pelos egípcios, odiado e desprezado duplamente, como escravo liberto que a vontade do senhor me elevou acima dos mais nobres. E, mais que todos, o grão-sacerdote de Heliópolis me detesta e me despreza porque foi na casa de sua irmã que fui servo e, impiedosamente, eu sei, ele me recusará Asnath se o senhor, meu rei, não interceder.

— Tranqüilize-se, meu devoto servidor; a filha de Potífera será sua esposa. Tomarei minhas providências a esse respeito, pois a sua escolha atende a um plano que eu mesmo amadurecia. Conheço o criminoso orgulho desses sacerdotes, mas será difícil para ele continuar a desprezá-lo a partir do momento que você fizer parte de sua casta, como genro. Seu sangue se misturará com o dele e apagará qualquer traço da mácula da escravidão. Portanto, vai em paz e prepara seu palácio para receber sua jovem senhora.

Capítulo 12
O FARAÓ E O GRÃO-SACERDOTE

E o faraó lhe deu como mulher Asnath, filha de
Potífera, sacerdote de Heliópolis.
(Gênese, cap. XLI, vv. 45)

Serviram-no à parte; eles à parte e à parte também os que comiam com ele, porque os egípcios não podem tomar suas refeições com os
hebreus: têm horror a isso.
(Gênese, cap. XLIII, vv. 32)

Assim, quando o faraó vos chamar e vos perguntar: 'Qual é a vossa profissão?'
Vós respondereis: 'Teus servos se ocuparam de
rebanhos desde sua mais tenra idade até agora,
tanto nós como nossos pais'. Desse modo, pode-
reis permanecer na terra de Gessen. Com efeito,
os egípcios têm horror aos pastores.
(Gênese, cap. XLVI, 33 e 34)

Potífera tinha se recuperado inteiramente de sua doença, e
a calma e a alegria haviam retornado à sua família, que se ocupava ativamente dos preparativos para o casamento de Asnath,
o qual deveria se realizar com a volta de Hor.

O jovem oficial não tardaria a voltar, pois sua última missiva anunciara que a viagem do Adon terminara e que sua partida para Mênfis estava fixada para o dia seguinte.

Todavia, em lugar do esperado noivo, chegou uma ordem
real, convocando Potífera a comparecer, sem demora, à presença de Apopi, que requeria sua presença para um assunto
urgente.

O faraó apressara-se em mandar essa mensagem logo no
dia seguinte, após sua conversa com José. O plano matrimonial
de seu favorito agradava-lhe e servia ao ódio secreto que ele
sentia pelos sacerdotes, esses incansáveis inimigos de sua paz.
Essa era uma ocasião única para infringir uma afronta fatal à
casta execrável que fomentava todas as conspirações e que o

tinha por um estrangeiro impuro. Obrigar um dos sacerdotes mais poderosos a dar sua filha ao escravo liberto que somente a sua vontade tornara o que era e, no entanto, cobrir esse ultraje com a aparência de um favor, era uma satisfação completa. Embora surpreso, Potífera imaginou que o rei quisesse lhe falar de algum monumento sagrado a ser construído; e como a ordem determinava pressa, ele se preparou para a partida. Asnath ficou desolada com esse novo atraso e, vendo seu sofrimento, sua mãe propôs ao marido levá-las com ele; isso seria não apenas uma ocasião de rever Hor, mas também Ranofrit e seu marido, que eles não viam há muito tempo e que estavam em Mênfis a negócios.

Potífera concordou sem dificuldade com o projeto de sua esposa, sob a condição de que os preparativos para a viagem não retardassem a partida. Assim, Asnath ajudou tão bem sua mãe que toda a família pôde partir na hora combinada.

Ranofrit e seu marido receberam seus parentes com alegria e ficou combinado que eles ficariam juntos durante o pouco tempo em que ficariam reunidos, já que Putifar tinha pressa de voltar para o seu retiro assim que resolvesse os negócios que o tinham trazido à cidade. O grão-sacerdote, que também contava em partir o mais rápido possível, se o faraó não mais o retivesse, concordou em se estabelecer com os seus na espaçosa residência do antigo chefe dos arqueiros. Sua própria casa situava-se do outro lado da cidade, o que tinha seus inconvenientes.

O dia transcorreu em conversas: Ranofrit e sua cunhada tinham mil coisas a contar, e Asnath retomou imediatamente sua grande amizade com Putifar; ela o afagava e monopolizava tanto que até o recrutou para um jogo de bola junto com seus dois filhos. Os dois meninos estavam radiantes; quanto a Putifar, ofegante e coberto de suor, ele se declarou vencido em um instante, e pronto a pagar a esses três adversários turbulentos um resgate de doces e presentes, em troca de ser deixado sossegado durante o resto da partida, o que foi aceito com entusiasmo e boas risadas... À noite, Hor foi vê-los, e Asnath passou algumas horas bem alegres e animadas em companhia de seu noivo. Com o grão-sacerdote e Putifar, o jovem falou também do Adon e da viagem que fizera com ele, enquanto o amaldiçoava pela inexplicável idéia que adiara a sua felicidade. Contou toda uma série de episódios que davam destaque à perspicácia, à energia e, às vezes, até mesmo ao espírito vivaz e cáustico de José.

Essa conversa reanimou no espírito de Asnath a lembrança do hebreu e, em vez de dormir, ela ficou pensando em seu encontro furtivo; com uma estranha clareza, ela reviu o rosto pálido do Adon, sua alta e esbelta estatura e sua mão branca e fina que se apoiava sobre o punhal com cabo de ouro entalhado que trazia preso ao cinto.

Sem saber porquê, ela se pôs a compará-lo com Hor: certamente este último era mil vezes mais simpático, com seu bom e descuidado sorriso, seus olhos tão francos e seus magníficos cabelos de ouro; contudo, indubitavelmente, o Adon era mais bonito, com seus traços regulares, sua boca altiva, essa indefinível expressão de poder e energia que emanava de sua pessoa... E seu olhar, esse olhar ardente e sedutor que a transpassara como um raio, tirando-lhe a respiração, Hor jamais tivera semelhante.

De repente, a jovem teve um acesso de riso; "eu só posso estar louca para comparar meu fiel Hor com esse estrangeiro impuro, esse feiticeiro que certamente possui mau-olhado, pois seu olhar fez meu coração palpitar. E o que ele me importa?" Ela apertou contra o rosto e os lábios um amuleto preso ao seu pescoço, fez uma invocação a Ísis,[41] depois adormeceu um sono profundo e tranqüilo.

✺⟨♊⟩✺

No dia que se seguiu à sua chegada a Mênfis, Potífera dirigiu-se ao Palácio para receber as ordens do faraó. Todavia, informaram-no que Apopi, ainda cansado de uma crise que o havia acometido dois dias antes, não poderia recebê-lo imediatamente, mas o convidava a se apresentar na manhã seguinte.

Seguindo essa ordem, o grão-sacerdote, trajando suas in-

---

41 Ísis - A deusa mais popular do Egito, representa a maternidade, o amor, a magia e os mistérios de todo o Egito. Esposa e irmã de Osíris, segundo o mito egípcio, partiu para o Egito em busca de pedaços de seu amado, quando este fora assassinado, e o trouxe de volta à vida com a ajuda de Anúbis, para poder gerar seu filho, Horus.

O Chanceler de Ferro do Antigo Egito

sígnias, trazendo no pescoço o disco solar, suspenso por uma corrente de ouro, apresentou-se à hora indicada e foi imediatamente introduzido no gabinete de trabalho do faraó. Apopi estava sentado junto a uma mesa de cedro com os pés em couro trabalhado, elevada, assim como sua cadeira, sobre um degrau pintado de vermelho; seu rosto ossudo, com olhos arqueados e dissimulados, expressava a mais perfeita bonomia.

Afastando os rolos e tábuas espalhadas que tinha diante de si, ele saudou o grão-sacerdote com a mão e, enquanto este se abaixava, ordenou para que o camareiro, que acabara de introduzi-lo, cuidasse severamente para que o que lhe fora ordenado anteriormente fosse feito.

A seguir, voltando-se para Potífera, indicou-lhe com um gesto benevolente um banco baixo, colocado à sua frente.

— Acomode-se, venerável servidor do grande Deus de Heliópolis. Estou feliz em vê-lo diante de mim totalmente restabelecido. Meu fiel servidor, o Adon, informou-me que uma grave doença quase deu fim à sua vida.

O grão-sacerdote agradeceu, e o faraó continuou:

— Eu o chamei aqui para dar a notícia de um insigne privilégio para você e sua casta, uma grande honra e uma alegria inesperada para a sua família. O mais belo e mais sábio dos homens do Egito, depois de mim, o primeiro no reino, o Adon, conheceu sua filha Asnath. A beleza dessa menina tocou seu coração e ele a pede como esposa. Eu concordei com o pedido, e esta conversa tem por objetivo comunicar a você a vontade real. A partir deste momento, sua filha está noiva de José.

Potífera saltou de seu banco como se tivesse sido atingido no rosto. Lívido, com os olhos dilatados, duvidando de seus sentidos, levou a mão à fronte. Mas, tentando se dominar, respondeu com uma voz baixa e entrecortada:

— O senhor se diverte em zombar de seu servidor, faraó. Além disso, minha filha não é mais livre; ela está noiva de Hor, um guerreiro de seu séquito, e o casamento deve ser celebrado dentro de alguns dias.

Apopi, que observara com uma íntima satisfação o efeito produzido por suas palavras sobre o altivo pontífice, respondeu com calma, pronunciando cada palavra:

— Essa circunstância não muda em nada a vontade do rei: eu anulo o noivado de sua filha com Hor e comprometo-a com o Adon.

Por uma súbita reação, todo o sangue subiu à cabeça de Potífera, roubando seu sangue-frio, seu poder sobre si mesmo. Com o rosto em brasa, os olhos injetados, ameaçando, ele deu um passo em direção ao rei:

— Quer dizer que é por meio da violência e do abuso de poder que você pretende agir contra mim? Você não tem esse direito, faraó Apopi, pois não sou um escravo de quem se vendem os filhos; sou um egípcio livre, o grão-sacerdote do primeiro templo do reino, e antes de dar minha filha a esse escravo liberto, a esse animal impuro, eu a matarei com minhas próprias mãos.

Ante a essa reação violenta, o rosto pálido de Apopi cobriu-se de um sombrio rubor. Com os olhos cintilantes, ele ergueu-se e colocou pesadamente a mão sobre o ombro do grão-sacerdote, cuja raiva sacudia seu corpo robusto como em um acesso de febre.

— Volte a si, velho insensato — murmurou com uma voz vibrante. — Eu tinha certeza de que o privilégio que lhe concedo seria mal recebido e que, sob a influência de seu orgulho louco e cego, você o transformaria em ofensa. Assim, afastei todo mundo dos aposentos próximos, a fim de que nenhum ouvido indiscreto o ouvisse faltar com o respeito ao seu rei e para que eu tivesse a possibilidade de poupar sua venerável cabeça. Estamos a sós, e agora escuta minhas palavras e transmita-as a seus irmãos. Eu não me iludo com o silêncio e a humildade fingida de vocês; sei que vocês são os inimigos mais implacáveis da minha raça e do meu povo; sei que por trás dos muros de seus templos são fomentadas todas as revoltas, são tramadas todas as conspirações. Sempre preocupados em destruir meu trono, vocês trocam correspondências criminosas com Taa, o miserável "hak" do Sul, que vocês consideram como o legítimo faraó do Egito. Mas vocês estão enganados se acreditam que eu me deixarei destruir. Se eu não os arrastei a julgamento como traidores e conspiradores até hoje, é porque respeito essa veste de linho que o povo venera como representante de seu deus.

Mas já estou cansado de seus murmúrios, de suas revoltas,

O Chanceler de Ferro do Antigo Egito

de sua surda oposição a cada uma de minhas ordens, da qual também decorre essa sua raiva de agora. Em todos os tempos, homens de origem obscura, mas distintos por seus méritos, desposaram as filhas de seus próprios reis. Ninguém viu nisso uma ofensa. Crianças do povo são elevadas por seus príncipes e atingem o ápice das honras. Mas por ter sido eu, o estrangeiro execrado, a elevar José, vocês o desprezam, inundam-no com suas babas venenosas, porque vocês também sentem que ele possui a têmpera necessária para os abater. Seu ódio é a medida de seu temor. Se não fosse você outro sacerdote, daria a filha, pois eu quero; ouviu, sacerdote de Heliópolis? Eu quero que aquele que os humilha seja unido à sua casta, que seu sangue se misture ao de vocês e apague o último vestígio de seu passado de escravo. Pense bem, Potífera, o poder e a força ainda estão em minhas mãos. Eu considerarei sua recusa como uma revolta aberta e tomarei contra você as medidas mais severas. Cabe a você julgar se uma investigação impiedosa, uma busca imediata em seus templos, não fariam surgir documentos e testemunhos que levariam ao carrasco a sua cabeça e a de seus camaradas, e se não é preferível dar o exemplo da submissão e receber o futuro esposo de sua filha com respeito e reconhecimento, como o mandatário de um privilégio do rei. Sua obediência quebrará os últimos preconceitos da nobreza e dos sacerdotes e será, talvez, a base de uma era de tranqüilidade. Por esse preço, eu pretendo esquecer este momento e conservar minha benevolência em relação aos templos e à sua casta. Agora, responda: você obedecerá? Sim ou não?

Cada palavra de Apopi caía sobre Potífera como um golpe de machado. Nesse momento supremo, não havia níveis diferentes: esses dois homens que, silenciosos, trêmulos, medindo-se com o olhar, não eram mais o faraó e o sacerdote, mas dois odiosos adversários, o representante do poder oficial e o representante do poder oculto. Cada um poderia causar no outro profundas feridas; a questão era saber quem seria o mais forte.

Potífera sentia a responsabilidade assustadora que pesava sobre ele se, por egoísmo, desencadeasse muito cedo a luta decisiva, se ele a desencadeasse quando as forças eram muito desiguais e, por isso mesmo, pusesse em risco todos os prepa-

J. W. Rochester

rativos secretos, fazendo desmoronar o perigoso edifício que estava sendo erguido, esmagando sob seus escombros milhares de cabeças, os elos vivos dessa cadeia política que devia pouco a pouco enlaçar, como uma serpente, o trono do usurpador e sufocar o maldito estrangeiro que se divertia em lhe infringir os ultrajes mais cruéis.

O peito de Potífera arfava, seu coração se contorcia como se estivesse sendo atingido por um ferro em brasa, mas a razão chamava pelo patriota, pelo homem político que, antes de arriscar todo o futuro do Egito, deveria sacrificar sua filha.

Apopi acompanhara com o olhar penetrante a agonia moral que se desenhava sobre os traços novamente lívidos do vencido e, inclinando-se para ele, murmurou:

— Vejo que você compreendeu e que, se não teme por você, teme por seus cúmplices. Portanto, sacerdote de Heliópolis, vá e anuncie à tua filha quem lhe foi destinado como esposo. Um decreto anunciará a todos a boa notícia de que o Adon e os sacerdotes concluem uma aliança. Eu mandarei à sua casa os dotes reais que lhe concedo nesta ocasião.

Sem responder, sem as saudações prescritas pela etiqueta, o grão-sacerdote virou-se e, cambaleando como um bêbado, deixou o aposento real e se dirigiu para sua liteira.

Putifar se preparava para sair quando os condutores de seu cunhado entraram no pátio. Ao ver o rosto lívido, contraído e envelhecido do grão-sacerdote, foi tomado pela angústia e pelo espanto. Todavia, com a pronta firmeza e a calma que o caracterizavam, ajudou-o a descer da liteira, conduziu-o ao seu aposento, e fez com que ele se sentasse, forçando-o a beber alguns goles de vinho.

— Agora, fale, Potífera. Conta-me se você foi acusado de lesa-majestade ou de cúmplice de rebelião — disse o chefe dos arqueiros, apertando fortemente as mãos geladas do sacerdote, que se ajeitou, murmurando com uma voz rouca:

— Comparando a desgraça, a ofensa cruel que se abate sobre nossa família, a morte seria uma felicidade.

— Não fale por enigmas, desse jeito você me tortura. De quem ou de que se trata? — perguntou Putifar, empalidecendo.

— Trata-se de Asnath, nossa Asnath, para quem o faraó,

num excesso de generosidade, escolheu um esposo. E esse esposo é... o escravo liberto que ele tirou da lama para nos humilhar! — respondeu o sacerdote com um acesso de riso estridente.

— Você não está delirando?... Como uma coisa assim é possível? — disse o antigo chefe dos arqueiros, recuando como se tivesse sido mordido por uma víbora.

Procurando ficar calmo, o grão-sacerdote relatou a terrível conversa que acabara de ter e as razões políticas que o haviam forçado a dar um consentimento passivo à violência arbitrária exercida contra ele.

— E amanhã todo o Egito saberá que minha filhinha está desonrada. Pobre Asnath! Como ela suportará ser separada de Hor, um jovem nobre e leal, para pertencer a esse cão fétido que, nesta mesma casa, ocupou a mais suja função de escravo? — exclamou o grão-sacerdote.

Num acesso de desespero, ele agarrou a cabeça com as duas mãos e, com um grito rouco, atirou-se sobre um leito de repouso.

Durante alguns instantes, um pesado silêncio se estabeleceu. Por fim, o grão-sacerdote aprumou-se e, sacudindo o punho firme, disse:

— Um dia chegará a hora da vingança, e, então, Apopi, eu me lembrarei do "privilégio" que hoje você me concede. Meu irmão, você me ajudaria a escrever algumas palavras aos principais sacerdotes de Mênfis, pedindo-lhes que venham ao meu encontro sem demora? Devo consultá-los, pois talvez exista uma saída possível, e, em todo caso, adverti-los.

Após escreverem e expedirem uma dezena de mensagens, o grão-sacerdote acrescentou com cansaço:

— Agora, faça-me o favor de chamar minha mulher e Ranofrit. É preciso preveni-las a fim de que, se assim for, elas preparem Asnath para a desgraça que a aguarda.

Seria difícil descrever o espanto das duas mulheres ao saberem do que se passava. Ranofrit desmaiou e Maia, como que bestificada de desespero, foi levada para seus aposentos por Putifar, que, após ter confiado sua mulher aos cuidados de seus criados, retornou rapidamente para junto de seu cunhado, o qual, debruçado sobre a mesa, com os olhos flamejantes, ruminava planos, um mais absurdo que outro.

— Acalme-se, Potífera, e não lute desvairadamente contra o inevitável. Onde está o sangue-frio do estadista, sua prudência de sábio e erudito?

— Acabo de ter a experiência na qual o sábio, o erudito e o estadista desaparecem diante do pai. E agora sei que é mais fácil prescrever sacrifícios do que realizá-los — respondeu Potífera, enxugando a testa molhada de suor. — E quando penso no desespero de minha desgraçada criança, no futuro abominável que a aguarda como esposa desse homem abjeto e desagradável, toda a minha coragem me abandona.

Enquanto tudo isso acontecia, a maior interessada nada sabia, ainda, da mudança de seu destino e brincava alegremente no jardim com os dois filhos de Putifar.

Uma jovem acompanhante acorreu para lhe anunciar, perturbada, que a nobre Ranofrit desmaiara e que a nobre Maia encontrava-se em um estado espantoso: permanecia imóvel, sem movimentos, no lugar onde Putifar a colocara sentada, e não parecia ver ou ouvir coisa alguma. Mortalmente assustada, a jovem correu para o aposento de sua tia, que encontrou ainda inconsciente.

— Mãe, o que a senhora tem? — exclamou ajoelhando-se junto a Maia, que, hirta, os olhos dilatados e desvairados, tombada sobre uma cadeira, parecia ter enlouquecido.

A voz e o toque da filha subitamente trouxeram a pobre mulher de volta à vida. Com um grito dilacerante, ela apertou-a contra o seu peito, cobrindo-a de beijos, e, depois, afastando-a bruscamente, pôs-se a correr pelo quarto, rasgando as roupas, arranhando os seios, arrancando os cabelos aos punhados, batendo a cabeça contra as paredes com gritos e soluços. Ranofrit, que acabara de reabrir os olhos, passou a imitá-la, entremeando suas lágrimas com gritos:

— Asnath, desafortunada... Oh! Ver você me parte o coração!

Completamente aturdida, lívida de espanto, a jovem exclamou:

— Mas fale, então! Aconteceu alguma coisa com meu pai? Ele está doente? Caiu em desgraça?

— Não — respondeu, por fim, Maia, entre os soluços.

O Chanceler de Ferro do Antigo Egito

— Seu pai está bem, não caiu em desgraça. No entanto, uma desgraça horrível atingiu-nos, a você, sobretudo, minha pobre criança! — E, com arrebatamento, puxou-a de novo contra si.

— Hor morreu ou caiu em desgraça? — proferiu Asnath, fora de si.

— Não, nada aconteceu a Hor. Mas arme-se de coragem: um momento muito penoso a aguarda.

— Então, digam-me o que aconteceu; não me torturem com a incerteza — disse Asnath, tremendo.

— Não, não — gritaram as duas mulheres. — Que seu próprio pai lhe diga a verdade; talvez ele ainda encontre uma saída para salvar você. Rezemos logo aos imortais rogando para que eles nos ajudem e nos apóiem.

Como se estivesse embriagada, Asnath ajoelhou-se diante do pequeno altar que continha as estatuetas de Ptah, Ísis e de algumas outras divindades, e tentou rezar. Mas o que deveria implorar aos imortais? O perigo invisível e desconhecido que pairava sobre ela tomava-a de terror, de uma angústia sem tamanho. Imóvel, sem pensamentos, ela fixava as imagens dos deuses. De repente, veio-lhe a idéia: "Eles, os deuses, tudo sabiam, portanto, conheciam a desgraça que iria lhe acontecer, mas também possuíam o poder de salvá-la." Então, chorando cálidas lágrimas, pôs-se a implorar a proteção dos invisíveis.

Enquanto essa cena transcorria nos aposentos das mulheres, os sacerdotes convocados por Potífera estavam reunidos e, em palavras breves e claras, o grão-sacerdote descreveu-lhes a conversa daquela manhã e o ultraje inaudito que se abatia sobre toda a casta na pessoa de sua filha.

— Eu não quis assumir a responsabilidade de comprometer o futuro do Egito e nossa vingança — explicou. — Mas antes de desonrar minha menina, entregando-a a esse cão impuro, eu quis consultar vocês, perguntar-lhes se temos ou não forças para combater abertamente o maldito "chasou" ou se meu sacrifício é indispensável.

O vermelho da cólera e da indignação cobrira o rosto de todos os sacerdotes ao anúncio da nova e requintada humilhação que abatia sua orgulhosa casta. Sombrios e trêmulos de ódio, eles se consultaram, mas a triste verdade era indiscutível:

ainda não estavam suficientemente preparados, com os elos da conspiração ainda pouco sólidos e Taa III muito longe e muito fraco para tentar a luta decisiva. Pálidos, mudos, eles baixaram a cabeça. Por fim, o velho grão-sacerdote do Templo de Ptah ergueu-se e, aproximando-se de Potífera, apertando fortemente sua mão úmida e gelada, disse:

— Meu amigo e irmão, seu amor pela terra de Kemi, sua fidelidade aos nossos legítimos faraós já indicaram a única solução possível: você sabe, assim como nós, que a hora da libertação ainda não soou e que uma revolta precoce nos levaria a cair nas mãos do "chasou", faria rolar muitas cabeças, comprometeria a nossa causa. Sua pobre filha deve ser sacrificada ao estrangeiro, pura e inocente vítima, pelo bem da pátria. Os deuses são testemunhas de que se uma de minhas três filhas fosse aceita em troca da sua, eu a daria com alegria para poupar seu único tesouro. Mas a hora da vingança está próxima.

Um gemido surdo escapou do peito do grão-sacerdote e, por um momento, ele cobriu a cabeça com as mãos. Contudo, endireitando-se energicamente, virou-se para o cunhado, que, pálido, com os dentes serrados, escutava junto à parede.

— Putifar, eu lhe peço, chame Asnath. Que ela saiba pela boca de meus veneráveis confrades a terrível verdade e a necessidade do sacrifício. Sinto-me incapaz de falar.

E, erguendo-se bruscamente, passou para o aposento vizinho.

Ao se aproximar dos aposentos das mulheres, os gritos e soluços que continuavam sem interrupção chegaram aos ouvidos de Putifar, e seu rosto se turvou. Apressando o passo, ele afastou bruscamente a cortina da porta e lançou um olhar para o interior do quarto. Ao ver Maia e sua esposa esbaforidas, com as vestes em pedaços, debatendo-se como ensandecidas, e Asnath ajoelhada junto ao altar, petrificada de pavor, o antigo chefe dos arqueiros franziu a testa e gritou severamente:

— Francamente! Pensei que vocês duas fossem mais razoáveis. Em vez de encorajar esta criança, vocês se lamentam como se estivessem em um funeral! Por Tifon! Ela não foi condenada à morte! O que vocês disseram para assustá-la assim?

— Nada, esperávamos que alguém ainda a salvasse — gemeu Ranofrit, enquanto Putifar erguia Asnath afetuosamente.

O Chanceler de Ferro do Antigo Egito

— Venha, minha criança querida, e não trema assim. Em tudo que os deuses nos impõem é preciso procurar o lado bom.

Ele parou no aposento contíguo, encheu um copo com água fresca, aproximou-o dos lábios trêmulos da menina e acrescentou amigavelmente:

— Beba e seja corajosa. É verdade que será exigido de você um pesado sacrifício, mas no fundo ele talvez não seja tão terrível quanto parece, e mais de uma mulher no Egito invejará a sua sorte.

Asnath bebeu e pareceu se acalmar um pouco, mas, de súbito, enlaçou o pescoço de Putifar e murmurou em tom suplicante:

— Meu tio, diga-me o que estão a exigir de mim. Que eu saiba a verdade de sua boca, não em presença dos sacerdotes desconhecidos que, como ouvi, estão reunidos com meu pai.

Putifar fitou com ternura e compaixão seu rosto encantador, empalidecido, e, dirigindo um olhar perscrutador àqueles lindos olhos úmidos, erguidos para ele, perguntou:

— Você já viu José, o Adon do Egito?

— Sim, uma vez, quando ele passou por Heliópolis.

— E você o acha bonito?

Asnath enrubesceu vivamente.

— Sim, ele é bonito, mas o que importa isso? — acrescentou com impaciência.

— A idéia de se tornar sua esposa a assusta muito?

A menina recuou, com um grito de pavor, mas Putifar não lhe deu tempo para refletir. Pegando sua mão, conduziu-a rapidamente para o aposento de seu pai.

Ao ver os sacerdotes de pé, sérios e silenciosos, e todos os olhos voltados para ela, Asnath foi tomada por um tremor nervoso e, em vão, seu olhar procurou pelo pai.

Foi Ptah-hotep, o grão-sacerdote do Templo de Ptah, em Mênfis, quem se aproximou e, com um gesto paternal, pousou a mão sobre a sua cabeça. Asnath conhecia o venerável ancião desde a sua infância, amava-o e respeitava-o. Sua presença a reanimou um pouco.

— Uma grande e triste necessidade nos reuniu aqui hoje — disse solenemente Ptah-hotep — e não é a uma criança que eu me dirijo, mas a uma mulher, à filha do ilustre Potífera, o grande servidor de seu deus e da terra de Kemi. Vou, portanto, expor toda a verdade. O faraó Apopi escolheu você para esposa de José, o hebreu, o Adon que ele impôs ao Egito. Seria para ferir e humilhar nossa casta ou para nos levar a uma resistência aberta, que seria desastrosa para nós? Eu não sei. Mas é certo, e nós acabamos de discutir ainda uma vez, que nossa recusa e a sua em concluir esse casamento causariam cruéis represálias por parte do rei, o que poderia custar a vida de seu pai e dos melhores homens do nosso país. Portanto, pobre criança, curve-se diante da vontade do rei e, como digna filha de seu pai, sacrifique à tranqüilidade e ao futuro do Egito o homem que você ama e sua felicidade pessoal.

Vendo Asnath cambalear, o sacerdote amparou-a.

— O que Hor dirá sobre isto? — murmurou com angústia.

— Hor é um egípcio e estará à altura da grandeza de uma mulher. Ele é um homem e deve sacrificar à futura libertação do seu país, e à vingança que este momento pede, toda a sua vida.

— Onde está o meu pai? Quero ouvir de sua boca a minha condenação, ouvir se é seu desejo que eu me sacrifique — gritou Asnath, desatando em soluços.

Quase no mesmo instante, Potífera surgiu à entrada do quarto. Estava pálido e desfeito, mas sua voz estava clara e firme quando respondeu com um tom incisivo:

— Sim, minha filha, seu sacrifício é indispensável e é meu desejo que você despose esse homem. Portanto, seja forte e suporte dignamente o que o destino lhe impõe.

Sem responder, Asnath atirou-se nos braços do pai. Mas a emoção das últimas horas e a superexcitação de seus nervos foram mais fortes: ela perdeu a consciência. Potífera levou-a para o quarto e, com a ajuda de um dos sacerdotes, deu-lhe os primeiros cuidados. Depois, após proibir severamente à sua esposa e à sua cunhada qualquer demonstração de sofrimento que aumentasse a irritação da jovem, retornou para junto de seus confrades. Após eles se retirarem, o grão-sacerdote discutiu com Putifar os detalhes necessários para esses acontecimentos imprevistos. Em primeiro lugar, ficou decidido que Potífera e sua família se instalariam em sua própria residência no dia

O Chanceler de Ferro do Antigo Egito

José, o administrador dos celeiros do Faraó, de Sir Lawrence Alma-Tadema - 1874.

seguinte, a fim de poupar o chefe dos arqueiros da necessidade de ver e receber José, cuja primeira visita, de acordo com as probabilidades, deveria ocorrer dentro de três dias. O Adon partira na véspera para tratar de um assunto urgente, e era certo que somente apareceria para celebrar oficialmente o noivado quando regressasse. Seguramente, ele não tinha ilusões acerca da reação provocada por essa união.

Quando Asnath voltou a si, uma prostração apática substituíra sua superexcitação. Ela era incapaz de pensar e acabou sucumbindo a um sono pesado e febril. Porém, após algumas horas de repouso, ela acordou mais calma e, no silêncio e na solidão da noite, pensou sobre o inesperado raio que viera quebrar seu destino e lhe dar uma nova direção.

A imagem de José veio à sua memória com uma dolorosa nitidez. À lembrança do olhar de fogo que a transpassara como um raio, estremeceu. Como ele a olharia agora quando a revisse como noiva? Apesar de tudo de mau que ouvira sobre José, não conseguia sentir por ele o desprezo e o desgosto que ele causava aos seus; ele era belo, poderoso, o primeiro no Egito. Sua aparência e suas maneiras eram as mesmas dos homens da sociedade.

J. W. Rochester

Mas a lembrança de Hor e do futuro desconhecido que a aguardava logo assombrou seus pensamentos. No lugar do homem amado, seria um desconhecido de origem obscura quem estaria ligado a ela para sempre. Como se desenrolaria essa vida conjugal que sonhara ter com outro? Como seria, na intimidade, esse homem que vira somente uma vez, que jamais lhe dirigira uma palavra de amor? O medo e a angústia invadiram-na, e, sob o efeito desses sentimentos, a beleza e a alta posição do Adon desapareceram, transformando-o em um espectro assustador, repugnante, que, com uma mão cruel, sufocava sua felicidade e suas esperanças. Cobrindo o rosto com as mãos, Asnath desfez-se em lágrimas.

徐◉彩

De manhã, levantou-se pálida, triste, mas aparentemente calma. O barulho e os cuidados com a mudança deixaram-na indiferente. Tinha apenas um desejo: rever Hor, apertar uma última vez sua mão leal, chorar com ele por sua felicidade perdida. Mas o jovem oficial estava ausente; o Adon levara-o em sua excursão.

A família mal tinha se instalado em sua nova residência quando chegou do palácio uma fileira de escravos e servidores trazendo para a noiva do Adon os dotes reais. Apopi mostrara-se generoso, e os cestos e caixas continham verdadeiras maravilhas de ourivesaria, jóias e tecidos preciosos. Asnath, contudo, não dirigiu um olhar sequer a esses tesouros, e os presentes do faraó lhe pareceram uma desagradável ironia.

O dia transcorreu como um sonho. A casa toda estava inquieta com os preparativos para o dia seguinte, pois José enviara um comunicado anunciando que no dia seguinte se apresentaria para saudar sua futura esposa e realizar o noivado oficial. Todos os escravos estavam ocupados em trançar guirlandas, estender tapetes e suspender bandeirolas; toda a residência do grão-sacerdote ganhava um ar de festa, mas a jovem heroína da solenidade que se preparava permanecia sombria e indiferente. Imersa em tristes devaneios, ela se refugiara em um aposento pegado ao de seu pai, mais distante do barulho, e pensava em

Hor quando um passo brusco ecoou na galeria contígua, e o jovem oficial, pálido, com os olhos flamejantes, surgiu na soleira.

Ao vê-lo, Asnath soltou um grito de dor e alegria e, num impulso apaixonado, atirou-se em seus braços. O jovem, porém, repeliu-a duramente, perguntando:

— É verdade o que se fala por toda a cidade e que os sacerdotes que enchem a sua casa confirmam? Você traiu a palavra empenhada para se tornar a noiva do Adon, essa mácula do Egito?

— Hor, como você pode me acusar de infidelidade quando são os sacerdotes e meu pai que me forçam a desposar José? — gritou com angústia e atingida no coração pela cólera de seu noivo.

O oficial pareceu abrandar com essa resposta e, atraindo-a bruscamente para si, perguntou, com um olhar febril e perscrutador:

— Você não ama aquele homem?

— Hor, você está louco! — exclamou a moça, com ressentimento. — Eu, amar esse escravo liberto que vi somente uma vez e que me provoca ódio e desgosto?

Um rubor sombrio cobriu o rosto do jovem egípcio. Apaixonadamente, ele apertou Asnath contra o seu coração e cobriu-a de beijos.

— Você não o ama — disse, por fim, respirando a plenos pulmões. — Então nada está perdido: foge comigo para Tebas. Tenho lá um parente que nos receberá, saberei proteger você, e, apesar de tudo, seremos felizes.

— Você está louco e quer entregar nossas cabeças ao carrasco para realizar um sonho de amor irremediavelmente destruído? — perguntou, nesse momento, a voz de Putifar.

Os jovens voltaram-se e viram o grão-sacerdote e seu cunhado parados à entrada do aposento.

— E eu? Eu não quero cedê-la, ela é o meu bem, a minha noiva, e tenho o direito de preservá-la de uma união odiosa — respondeu Hor, com ar de desafio e revolta, enquanto Asnath se apertava contra ele.

Putifar quis responder, mas o grão-sacerdote afastou-o com um gesto cansado e, aproximando-se de Hor, pousou a mão em seu ombro.

— Vem comigo, meu filho, preciso falar-lhe por uns instantes. E você, Asnath, espera: dentro em pouco você irá ao nosso encontro em meu quarto.

Amparada pelo tio, que tentava consolá-la, a jovem sentou--se em uma poltrona e desfez-se em lágrimas.

Profundamente perturbado, Hor seguiu Potífera. Os traços pálidos e envelhecidos do grão-sacerdote, as profundas rugas que cruzavam a sua fronte e que não existiam quando o vira dois dias antes, eram prova do terrível abalo que sofrera sua orgulhosa e robusta natureza.

— Meu filho querido, mais amado e mais próximo que nunca de meu coração, escuta, julga e suporta como homem a desgraça inevitável. Penso que você sente toda a humilhação, toda a dor lancinante que sentimos, mas vou revelar-lhe sem restrições o que nos obriga a agir assim.

Em breves, mas claras palavras, Potífera descreveu toda a situação política, o vasto plano de libertação traçado pelos sacerdotes, o estado atual da conspiração e o perigo mortal que ameaçava todo o futuro do Egito, caso um levante precoce, provocado talvez propositadamente pelo miserável faraó e pelo Adon, seu instrumento, comprometesse os templos, os membros do complô e provocasse uma cruel perseguição por parte do "chasou".

À medida que o grão-sacerdote falava, a cabeça do jovem egípcio abaixava-se mais pesadamente; ele acabara de compreender a grandeza da causa à qual Asnath se sacrificava.

— Agora, meu filho, você entende que eu não posso agir de outra forma? Como você, eu também perco um ente querido, pois ver Asnath como esposa daquele animal impuro é pior que vê-la morta. Agora, eis o que decidi a seu respeito: você não pode permanecer aqui e servir sob as ordens do infame que lhe rouba a felicidade; talvez você corra perigo, pois é possível que José tenha ciúme de você.

Portanto, já tomei todas as providências para facilitar sua fuga para Tebas. Você partirá ainda esta noite, disfarçado de escriba. Um barco com remadores vigorosos e hábeis o aguarda, e você será enviado, de templo em templo, escondido se necessário, até Tebas. Eu estou munindo você de cartas para o grão--sacerdote de Amon-Rá e alguns outros dignatários, e nosso legítimo e glorioso faraó Sekenen-Rá o receberá com honra, como

O Chanceler de Ferro do Antigo Egito

183

um servidor fiel. Você trabalhará para a vingança e a libertação do Egito, em prol, talvez, de sua própria felicidade, pois a queda do "chasou" significará a morte de sua criatura, e Asnath, uma vez livre, será sua legítima recompensa. Uma última palavra ainda: em Tebas, o grão-sacerdote entregará a você doze talentos da Babilônia de minha parte, a fim de que você possa viver de acordo com a sua condição.

Vendo Hor abrir a boca para protestar, ele acrescentou com autoridade:

— Não diga nada; você é e continuará a ser meu filho, e eu encaro como um direito indiscutível zelar pelo seu futuro. Agora, chamarei Asnath para que você se despeça dela.

No primeiro olhar que a jovem dirigiu ao rosto lívido e decomposto de seu antigo noivo, ela compreendeu que não havia mais esperança. Apesar da tepidez do ar perfumado que entrava pela janela aberta, Asnath arrepiou-se, e seus pequenos dedos enregelados cravaram-se na mão do homem que iria perder para sempre.

— Pelo que vejo, você renunciou a mim — murmurou.

O rosto de Hor foi inundado por lágrimas que ele nem mesmo procurou esconder.

— Sim, parto, mas sem você; viverei apenas pela vingança. E você, Asnath, me esquecerá?

Fúria e desespero surgiam em seus olhos, vibravam em sua voz e, subitamente, ele arrastou a jovem diante de um nicho ao fundo do qual situava-se uma estatueta de Tum,[42] iluminada por uma lâmpada a óleo perfumada. Inclinando-se sobre ela, ele disse com uma voz entrecortada:

— O mais duro do sacrifício é partir sem molhar meu machado com o sangue do covarde que rouba a minha felicidade. Mas, ao menos, jure, diante da imagem do deus, que você ama só a mim.

— Eu amo você, Hor; juro, e se isso pode servir de consolo, mata-me — murmurou Asnath, tomada pelos mais diferentes sentimentos.

— Então jure que você jamais amará aquele homem, que

---

42 Tum (ou Atum) - Pai de Shu e de Tefnut, Atum era cultuado em Heliópolis como deus criador do Universo. Mais tarde, foi associado ao deus Rá, na ocasião do pôr-do-Sol.

a sua boca nunca dirá "eu amo você" como você acaba de dizer para mim. Jure pelo nosso amor, pela saúde de todos nós; deixe-me levar para o exílio o consolo supremo de que os ouvidos do miserável jamais ouvirão essas inebriantes palavras... e que os deuses a castiguem com toda a sua cólera se você quebrar esse juramento!

A jovem, trêmula e confusa, permaneceu muda, mas o grão-sacerdote, que seguia com o olhar inflamado as peripécias dessa cena, interveio e disse lentamente, acentuando cada palavra:

— Como você pode temer que Asnath esqueça a hora nefasta em que ela perde você, as angústias de seus parentes, a humilhação de sua casta?

Ela está sacrificando seu corpo, mas continua senhora de sua alma, e sempre se lembrará que é a filha de Potífera, o primeiro sacerdote do Egito, que estará unida a um escravo, a um inimigo de seu povo, a um estrangeiro impuro. Mas — a voz de Potífera soou como um surdo trovão —, se um dia ela esquecer a vergonha destas horas de desgraça para trocar juras de amor com nosso mais cruel inimigo, eu a renegarei como filha e a amaldiçoarei, e ela será maldita por toda a nossa casta.

— E então? Você quer jurar fidelidade eterna ou teme que esse homem bonito e poderoso conquiste seu coração apesar de tudo? — perguntou Hor com os olhos brilhando.

Asnath quis responder, mas seus lábios se recusaram. O instinto incorruptível de seu coração inocente dizia-lhe que esses dois homens, cegos de ódio, de ciúme e humilhação, pretendiam prendê-la a um juramento antinatural, exigindo-lhe a promessa de detestar e de ultrajar um homem com quem a obrigavam a casar. Como uma visão, surgiu diante dela o rosto belo e inteligente de José; ela tornou a ver seu olhar sedutor e, tomada de fraqueza, murmurou com uma voz apagada:

— Não obstante, devo pertencer a ele. Será que poderei odiar esse homem durante toda a vida se ele for bom para mim?

— Bom para você, criança doida? Você acredita que pode esperar isso de um chacal esfaimado? — interrompeu o grão-sacerdote, com o rosto vermelho. — Você esquece que é a vontade do faraó que dispõe de você como uma escrava e que essas núpcias, mais lúgubres que um funeral, nos marcam com uma vergonha indelével?

— Não pronuncie palavras inúteis, meu pai. Você não vê que os olhos verdes do estrangeiro conquistaram o coração de sua filha? E você, Asnath, não prometa algo que já teme não cumprir. Como a esposa do Adon poderia se lembrar de um miserável fugitivo?

Uma raiva desesperada vibrava na voz do jovem egípcio e de seu olhar transbordava uma tal amargura que Asnath esqueceu tudo e, vendo-o virar-se para sair, correu até ele e o reteve.

— Hor, Hor, não me deixe assim, com o coração cheio de fel e de indigna desconfiança. Eu jamais amarei José como amo você, e não tenho medo de lhe jurar fidelidade até a morte.

Capítulo 13
O ADON E SEU NOVO PARENTESCO

> O rosto de José era belo e agradável, e as moças correram sobre a muralha para vê-lo.
> Mas aqueles que estavam armados de dardos o acertaram com palavras ácidas, o exasperaram e o aborreceram.
>
> (Gênese, cap. XLIX, 22 e 23)

Num estado de espírito difícil de descrever, após a partida de Hor Asnath voltou para seus aposentos, dispensou sua fiel camareira e, ainda vestida, estendeu-se no leito.

O peso de uma rocha parecia pesar sobre seus ombros. O futuro apresentava-se diante dela como um abismo negro, sem saída, sem mesmo um raio de luz. Com uma angústia sem nome, seu pensamento errava do noivo amado que acabara de perder para sempre, para o futuro esposo que jurara odiar. E quanto mais pensava, maior se tornava a sua aflição. Por fim, exaurida pelas lágrimas, abatida física e moralmente, ela caiu em um sono pesado e febril.

Todavia, todo o ser daquela jovem estava por demais excitado para encontrar o repouso, e um sonho estranho e penoso veio agitá-la novamente. Parecia-lhe que Hor e José cavavam furiosamente seu peito, arrancavam seu coração e, ardendo em ódio e fúria, disputavam esse pedaço ensangüentado enquanto ela caía, atormentada por uma dor atroz, em um precipício negro que reconheceu como sendo Amenti, o reino dos mortos. Com muito custo, ela lutava com todos os obstáculos que o *Livro dos Mortos*[43] descrevia e pelos quais a alma deve passar antes de penetrar no palácio de Osíris. Sem saber como, viu-se subitamente diante do Juíz Supremo e de seus quarenta e dois conselheiros, enquanto Thot pesava seus atos na balança da Eterna Justiça. Em vão, porém, o deus procurava seu coração para colocar no segundo prato da balança, ele ficara sobre a terra. Osíris, então, a fitou com um olhar penetrante e perguntou com severidade:

— Por que você vem aqui sem coração, por que deixou que ele fosse despedaçado por dois homens? Você não sabia que ele só poderia pertencer àquele que estivesse destinado a você pela divindade? Portanto, volte à terra, dê o coração a quem você ama, traga-o em suas mãos para que seja pesado nesta balança. Do contrário, vague sem repouso, sombra sofredora, mentira viva, entre o céu e Amenti, procurando para sempre o seu coração perdido!

Trêmula, coberta de suor, Asnath acordou e apertou, ansiosa, o seu coração palpitante. Ele estava lá, o pequeno órgão que guarda todos os anseios pelo céu e os sofrimentos do inferno... um universo no qual crescem tempestades, erguem-se ondas tumultuosas que, no entanto, se quebram impotentes, contra os muros frágeis desse mundo estranho e misterioso. De fato, que mistério mais singular é o coração humano: sempre o mesmo; nem os séculos, nem os cataclismos podem modificar! Continentes desmoronam, surgem novos povos, que também desaparecem no abismo insondável do passado... e o coração humano não muda; os mesmos sentimentos de amor e de ódio, de alegria e de dor, o agitam. Frágil e, todavia, indestrutível, ele se choca contra a rocha da fatalidade, quebra-se momentanea-

---

43 *Livro dos Mortos* - Termo utilizado para descrever a literatura funerária egípcia. Seus textos consistem de encantamentos, feitiços e fórmulas para serem utilizadas pelo morto no Além-túmulo, e contém as idéias básicas da religião egípcia.

O Chanceler de Ferro do Antigo Egito

mente para sempre renascer.

Pensativa e abatida, Asnath deixou seu leito e, sentando-se perto da janela, ficou a sonhar. Essas horas de luta moral fizeram-na amadurecer e fizeram da despreocupada e sorridente menina uma mulher. Até mesmo sua aparência se modificara: sua face perdera o frescor, seus olhos brilhantes turvaram-se de melancolia, uma expressão amarga e severa franzia sua pequena boca, outrora tão sorridente e travessa.

A visão da mudança ocorrida com sua filha inquietou e desolou a esposa do grão-sacerdote, mas a pobre mulher não tinha sequer um tempo livre para se lamentar, pois a casa toda reclamava a sua presença e suas ordens. Assim, quando Ranofrit, que queria ajudá-la sem aparecer na festa, chegou, Maia pediu-lhe que ficasse junto de Asnath e cuidasse de sua toalete. O ar abatido da menina também causou uma profunda impressão à esposa do chefe dos arqueiros e aumentou ainda mais a cólera e o rancor que ferviam dentro dela contra José. Asnath deixava-se arrumar com a mais completa indiferença, mas recusou-se com firmeza a usar qualquer um dos adereços enviados pelo faraó ou por seu noivo; aceitou somente as jóias que lhe chegavam de seus parentes. Uma vez vestida, dispensou os serviçais para retomar seu silencioso devaneio.

Ranofrit, que examinara detalhadamente o conteúdo das caixas e cestos que tinham sido entregues pela manhã, vindos do Adon, e aos quais Asnath não dirigira um olhar sequer, jogou-se em uma poltrona e exclamou com uma mistura de cólera e escárnio:

— Não! Eu jamais poderia acreditar que esse escravo sujo, que urrava de fazer a casa tremer enquanto era açoitado por suas más ações, um dia se tornaria membro de nossa família e ainda enviaria dotes de noivado quase reais!

Visivelmente atônita, Asnath pediu à tia uma explicação, e Ranofrit, envolvida pelas lembranças, não se fez de rogada e relatou em detalhes a degradação e a punição vergonhosa sofrida pelo antigo intendente de seu marido antes de ser mandado para a prisão.

A lívida palidez da jovem e o tremor nervoso que a sacudia fizeram com que Ranofrit subitamente percebesse que agira mal ao fazer tal relato, e ela parou, assustada e confusa. De fato, a orgulhosa Asnath sentia-se como se tivesse sido esbofeteada: os detalhes ignóbeis relatados por sua tia despojaram José da auréola com que sua beleza e sua posição o envolviam, apesar de tudo. Nesse instante, ela sentia apenas que seria o escravo, o miserável conhecido dos serviçais de Putifar, cujas mãos o haviam açoitado, que dentro de uma hora lhe daria o beijo de núpcias. E o peso dessa humilhação a ultrajava, enquanto a imagem de Hor ganhava força novamente.

A entrada da mãe, que vinha para conduzi-la até seu pai, interrompeu os dolorosos pensamentos da jovem. Abatida, mas resoluta, ela endireitou-se e, após trocar um beijo mudo com Maia, tão pálida e desfeita quanto a filha, ambas passaram para a grande sala, onde Potífera já se encontrava, acompanhado de seu escriba pessoal e de alguns sacerdotes de Heliópolis que formavam seu séquito oficial e o acompanhavam em todas as suas ausências da Cidade do Sol.

O rosto bronzeado do pontífice, apesar de envelhecido e pálido, retomara a expressão de severa calma que lhe era habitual. Aproximando-se da filha, apertou sua mão com força e reteve-a entre a sua para lhe dar coragem. E, de fato, a visão do pai teve sobre sua alma perturbada um efeito benfazejo: ela ajeitou orgulhosamente a cabeça coroada de flores e, como os clamores distantes anunciavam a chegada do Adon, postou-se firmemente ao lado de sua mãe, enquanto Potífera ia ao encontro de seu futuro genro.

✵ ⚛ ✶

José também tivera uma noite agitada. Tanto a política quanto o coração o haviam guiado em sua escolha. Ele necessitava dessa alta aliança para assegurar seu prestígio diante do povo e nivelar o preconceito que o separava das altas castas. No Egito, onde a nobreza e os direitos decorriam da mulher, o genro de Potífera se tornaria igual ao mais nobre, e seu filho pertenceria, por direito, à primeira casta do reino. Ele se aliaria à família à qual servira como escravo, o que era um feliz acaso. E uma irônica satisfação enchia sua alma ao pensar que entraria como senhor e igual na casa onde sofrera a mais terrível humilhação de sua vida e que Putifar, que desdenhara de servir sob suas ordens, deveria abraçá-lo como parente.

Pouco a pouco, porém, os pensamentos do jovem se concentraram em Asnath: "Como ela o receberia, já que, certamente, haviam enchido seu coração de fel?" A seguir, a imagem de Hor surgiu diante de seu espírito, causando-lhe um acre e ardente ciúme. Ele procurou repelir esse sentimento, afinal, também ele não era belo, mais belo e mais poderoso que o insignificante oficial? Asnath o esqueceria; era muito jovem e inocente para compartilhar os preconceitos de sua família e acabaria por amá-lo. Sim, ela o amaria, pois era o que ele queria. Pouco a pouco, idéias mais alegres o invadiram: pensou na felicidade de ter como sua a adorável criança, cuja única lembrança fazia seu coração bater como nunca, que o arrebatara com um único olhar de seus olhos azuis.

Adornado com todo o luxo que a circunstância comportava, José subiu em uma liteira dourada ornada de flores, como era o costume para um noivo, e, acompanhado por um séquito numeroso e chamativo, assim como de seus carregadores de leques, dirigiu-se para a casa do grão-sacerdote. O povo, que se comprimia à sua passagem, aclamava-o ruidosamente, entusiasmado com sua bela aparência e com a riqueza do seu cortejo.

Quando a liteira parou, José saltou com agilidade, deu sua capa branca a um oficial que o acompanhava e subiu firmemente os degraus, no alto dos quais Potífera, cercado por seu séquito, o aguardava silencioso e altivo.

Parando diante do grão-sacerdote, o jovem inclinou-se e disse, estendendo-lhe a mão:

— Eu o saúdo, nobre Potífera, e bendigo os deuses que me concedem a graça de revê-lo em boa saúde e cuja bondade afastou o perigo que ameaçava a sua vida.

O pontífice pousou a ponta dos dedos na mão que lhe era estendida e respondeu em um tom velado:

— O desejo dos imortais é sábio; o homem, em sua cegueira, é que desconhece sua misericórdia e mendiga uma vida que rejeitaria com horror se soubesse o que o futuro lhe reserva.

Mas agora — ele ergueu a voz —, deixe-me desejar-lhe as boas-vindas sob este teto, Adon do Egito. Traga-lhe honra e felicidade, e que os deuses possam abençoar sua entrada em minha casa, nesta hora em que você estende a mão para arrebatar sua alegria, seu mais belo ornamento, minha filha Asnath.

— Confie-a a mim sem temor, ilustre e venerável pai. Sua filha será feliz, amada e honrada na casa de seu esposo. Como Rá, de quem você é o primeiro servidor, ela encherá com os raios de sua beleza meu palácio vazio, à espera de sua senhora. E agora, permita que eu lhe dê um beijo de filho.

Potífera deixou-se abraçar pelo futuro genro com a placidez de uma esfinge de pedra; depois, tomando a mão de José, conduziu-o até sua mulher e Asnath, que baixara os olhos, mas cuja palidez e ar desolado falavam por si.

Um raio furtivo brilhou nos olhos de José. Ele tomou a mão da jovem e, tirando de seu dedo um magnífico anel, passou-o ao dela. Sombria e muda, Asnath nada fez, e seu olhar permaneceu obstinadamente fixado ao solo. A acolhida de Maia foi igualmente fria, mas o grão-sacerdote pôs fim à tensa situação convidando toda a assistência a passar para a sala contígua, onde seriam servidos refrescos e onde se bebeu à saúde dos noivos. A seguir, estabeleceu-se uma conversação geral.

Terminada a refeição, José primeiramente acertou com seu futuro sogro a data e os detalhes do casamento, que foi marcado para dali a quinze dias. Em seguida, aproximou-se de Asnath, que apenas molhara os lábios no vinho, e a levou para um pequeno passeio no jardim. A jovem ergueu-se silenciosamente e, sem trocar uma palavra, eles desceram os degraus do terraço e dirigiram-se para uma alameda sombreada. Chegando a um banco de pedra, o jovem parou e, encostando-se numa figueira, disse com calma e gravidade:

— Não quer se sentar e olhar para mim, Asnath? Você ainda não me dirigiu o olhar hoje.

Ela ergueu os olhos, mas as pupilas azuladas estavam sombrias e o fitaram com uma hostilidade não disfarçada, enquanto o olhar de José, faiscante e inquisidor, os fixava como se quisesse ler no fundo de sua alma.

— Eu quis que ficássemos a sós para que pudéssemos nos

O Chanceler de Ferro do Antigo Egito

191

explicar e tentar nos entender — disse José, e um leve suspiro ergueu seu peito. — Estamos nos unindo por toda a vida, mal nos conhecemos e, no entanto, não preciso de palavras para ler em seus traços, em seus olhos, todo o ódio, todo o desprezo que você sente. Os sentimentos de sua família e de sua casta não são segredo para mim, e você sofre esse jugo. Você odeia, desdenha, sem ao menos saber se aquele a quem você dirige esses sentimentos os merece.

— Se ele os merece? — repetiu Asnath com desdém. — Você pergunta se o homem que tira de uma mulher o noivo que ela ama, impondo-se a uma família que não o quer, abusando de um poder que um capricho da sorte lhe conferiu, zombando da dor dessa família e de sua impotência, merece o desprezo? Pois eu lhe direi! — um vermelho escarlate inundou o rosto de Asnath e o desafio brilhou em seus olhos. — O que você está fazendo é covardia; eu o odeio! O desejo do faraó pode me forçar a aceitar você como esposo, mas jamais me fará amá-lo!

Diversos sentimentos se refletiam nos grandes olhos castanhos de José, que permaneciam obstinadamente cravados no rosto instável e agitado de sua interlocutora, e, após um silêncio, ele disse com voz velada:

— Sei que este momento é penoso para você. Você é muito jovem para compreender as múltiplas razões que, além do amor que sinto, me levaram a pedir sua mão, e seu pai a concedê-la. Sei que você foi incitada contra mim, mas o tempo irá acalmá-la e, então, julgará com mais imparcialidade, e seu próprio coração, não o desejo do faraó, fará você me amar. Por que você não me amaria? Não sou pior que Hor; você o esquecerá. Um simples oficial nunca lhe dará tantas honras quanto as que você terá como minha esposa.

— Prefiro ser esposa de um simples soldado, honorável desde o nascimento e por linhagem, do que esposa de um Adon que chegou ao poder por caminhos obscuros e possui amigos escravos, que se lembram de tê-lo açoitado vergonhosamente por conta de seus delitos.

José recuou, lívido até os lábios, e, depois, aproximando-se bruscamente, agarrou o braço da jovem e, cravando-lhe um olhar fulminante, murmurou com voz abafada:

192   J. W. Rochester

— Quem lhe disse isso? Quem maculou sua alma com essas palavras venenosas?

Fascinada, paralisada pelo olhar fulgurante das pupilas esverdeadas, Asnath permaneceu calada, sem nem mesmo protestar contra a dolorosa pressão sobre seu braço delicado. Acabara de compreender que, imprudentemente, ferira além da medida o orgulho desse homem, que possuía o poder de se vingar.

Quando José repetiu, com violência:

— Quem lhe deu tais informações?

Ela, por sua vez, perguntou:

— E é mentira? O que me disseram não é verdade? Diga!

José largou seu braço e recostou-se novamente à figueira, tentando dominar a infernal tempestade que crescia dentro dele. Após um momento de penoso silêncio, disse com uma voz vibrante:

— É verdade, e foi Ranofrit quem lhe contou esse episódio. Mas o que ela não contou, tenho certeza, é que, na ocasião, ela me perseguia com um amor criminoso, e que, quando repeli seus ataques clandestinos, me acusou diante de Putifar de tentativa de estupro. Iludido por essa calúnia, ele fez com que eu fosse castigado; mas agora eu não lamento mais que o bastão tenha caído sobre mim, pois isso não me impede de tomá-la como esposa, orgulhosa Asnath. Cuide para não desprezar demais o homem que, depois de Apopi, é o primeiro no Egito, e não se iluda com a sua fragilidade feminina e com o poder de sua beleza. Você rejeitou um bom entendimento entre nós e respondeu às minhas palavras conciliadoras e afetuosas com insultos. Você poderá se arrepender um dia e suplicar pelo amor que desprezou hoje.

Voltando-lhe as costas e em passos lentos, retomou o caminho do terraço. Ele ardia e tremia por dentro; as palavras de Asnath, inspiradas pela imprudência e por seu rancor infantil, atingiram o orgulho do jovem em pleno coração, evidenciando o abismo que separava a filha do ilustre sacerdote de Heliópolis do escravo liberto, retirado de sua abjeção por um capricho do faraó. À dor que seu amor-próprio experimentava, misturava-se um ciúme lancinante. Hor não possuía a sua posição, mas sua nobreza era indiscutível; ele era um igual de Asnath, e a lem-

O Chanceler de Ferro do Antigo Egito

brança do rival tornava ainda mais amargo o desdém lançado em seu rosto pela mulher que amava, ainda mais que antes, apesar do insulto.

Inconscientemente, a cólera do jovem desviou-se e se dirigiu com toda a sua amargura para as altas castas, seus inimigos.

— Por maiores e mais nobres que vocês sejam, eu andarei sobre vocês como vermes da terra — murmurou crispando os punhos.

Porém, percebendo sobre o terraço as vestes brancas dos sacerdotes e os oficiais de seu séquito, reprimiu os sentimentos tumultuados que ainda cresciam dentro dele e, calmo e amável, aproximou-se de Potífera, que, com um olhar atônito procurou a filha, não fez nenhuma observação.

Após trocar algumas palavras sem importância, José perguntou de repente:

— Por que estão ausentes dessa nossa reunião dois parentes próximos de sua família, o nobre Putifar e sua esposa? Espero que eles não pensem que lhes guardo rancor pelo passado! Há muito que perdoei a sua fogosa esposa por ter me desejado e se vingado de minha frieza. Quanto a Putifar, ele agiu sob o impulso de um ciúme legítimo. Além disso, consolo-me em pensar que, mesmo tendo sido castigado injustamente, o fui por uma das mais encantadoras mulheres do Egito.

José falava suficientemente alto para ser ouvido por todas as pessoas que se encontravam reunidas no terraço, mas, sem se importar com o silêncio constrangido da assistência, com a cólera apenas contida de Potífera e com Asnath que retornava ao grupo, continuou com calma e bom humor:

— Peço-lhe que diga a seu cunhado que depois de amanhã, se a data por conveniente para ele, pretendo visitá-lo. Guardei comigo a melhor lembrança do homem que foi para mim um senhor indulgente e generoso e, agradecendo e bendizendo Elohim, o deus poderoso do meu povo, cruzarei a soleira da casa onde vivi como escravo e de onde ele me retirou para me conceder a presente grandeza.

O grão-sacerdote escutara, pálido e com o cenho franzido; o que José acabara de dizer era um insulto à honra de sua irmã, e não podia compreender o que inspirara esse homem a alardear sua origem obscura e o vergonhoso castigo que sofrera outrora. Pretendia ele apenas forçar Putifar a recebê-lo com todas as honras devidas a um parente ou ao Adon? Nesse momento, o olhar de Potífera recaiu sobre o rosto subitamente enrubescido de sua filha, e veio-lhe a suspeita de que algo se passara entre os noivos e provocara essa espécie de vingança.

— Seu desejo honrará meu cunhado — respondeu, dominando seu ressentimento. — Putifar e sua esposa ficarão felizes em recebê-lo na data que você indicou.

— Espero ter a alegria de revê-lo lá, Potífera, assim como minha bela noiva. Agora, no entanto, devo me retirar. Adiroma! — disse, voltando-se para um dos oficiais de seu séquito. — Faça vir a minha liteira.

Com toda a cordialidade, ele se retirou da casa de sua nova família, saudou o séquito do grão-sacerdote e partiu.

Assim que Potífera se viu a sós com os seus, Ranofrit acorreu, curiosa para saber como fora essa primeira visita. Mas quando seu irmão lhe contou da visita que a esperava e do discurso equivocado com o qual o Adon precedera o anúncio de sua ida, a jovem mulher foi tomada por um espantoso desespero; derramando torrentes de lágrimas, puxou os cabelos e gritou:

— Esse monstro, esse miserável, pretende lançar uma suspeita sobre minha fidelidade conjugal, criticar-me diante de todos, desonrando-me para sempre... E eu ainda devo recebê-lo sob meu teto, acolher como parente esse celerado impudico? Jamais! Prefiro afogar-me no Nilo!

— Pare com esses gritos; eles não alteram em nada a situação que você mesma poderia ter evitado se tivesse sido mais prudente no passado — disse Potífera impacientemente.

Depois, aproximando-se de Asnath, que não se envolvera na conversa, perguntou:

— O que você disse ao Adon? Por que vocês retornaram separados? Não houve nada nessa conversa que pudesse ter provocado como represália o estranho ataque a Ranofrit e seu passado?

— Sim, quando ele quis me persuadir de que não é pior que Hor, eu o lembrei de que ele foi açoitado por seus delitos, o que jamais ocorreu com Hor — respondeu Asnath desdenhosamente.

O Chanceler de Ferro do Antigo Egito

— Isso foi imprudente e insensato, mas eu não sabia que você estava a par desse incidente.

A jovem nada respondeu, mas seu olhar desviou-se para a tia, prostrada em uma poltrona.

— Ranofrit teria sido tão louca a ponto de lhe contar isso?
— disse o sacerdote com descontentamento.

— Sim, eu contei para que ela pudesse avaliar toda a imprudência do miserável — exclamou a mulher num salto e, tripudiando com raiva, continuou — Ah! Como fui idiota de ainda pedir por ele! Se tivesse deixado Putifar agir, se ele tivesse sido mutilado como merecia, não teria a cabeça tão erguida e, em vez de desposar Asnath, apodreceria em uma terra longínqua.

— Você certamente não teria pedido por ele se sua consciência não estivesse pesada — observou severamente o grão-sacerdote. — Agora, chega de gritos, e, se quiser aceitar um bom conselho, não conte a seu marido as conseqüências de seu falatório, será melhor para os dois. E vocês — voltou-se para sua esposa e sua filha —, eu proíbo que falem a Putifar sobre o que se passou.

🝊 ⟨3⟩ 🝊

Na casa de Putifar, a notícia da visita do Adon provocou uma verdadeira revolução. O antigo chefe dos arqueiros, num primeiro momento, recebeu o anúncio com alguns impropérios enérgicos, mas, retomando rapidamente sua calma habitual, deu todas as ordens necessárias para a recepção e fez com que Ranofrit compreendesse que as lágrimas e o desespero só fariam comprometê-los, que o casamento de Asnath tornava inevitável um encontro com José e que ao menos seria melhor que isso ocorresse em sua casa primeiro.

Todavia, entre os serviçais, entre os escravos, cuja maioria conhecia José desde o dia em que Ptah o comprara, a agitação aumentava de hora em hora. Não se falava de outra coisa, e todos aqueles cuja consciência pesava por algum erro contra o atual Adon experimentavam um profundo mal-estar. Dois corações, sobretudo, estavam apertados: o de Pinéhas, o antigo subintendente, o sucessor de José, e o coração de Bebi, o vigilante dos escravos. Ambos tomaram parte mais ativa na degradação e no castigo de seu antigo chefe. Uma única pessoa, entre todos, aguardava com impaciência e cheia de orgulho a vinda do Adon: era Acca, a serviçal favorecida outrora pelas boas graças do jovem hebreu. Ela agora cuidava do segundo filho de Putifar e em sua ingenuidade imaginava que José não deixaria de reconhecê-la, se ela se postasse em sua passagem, e que a cobriria de presentes.

Putifar passava em Mênfis apenas breves intervalos; foram necessários, assim, esforços excepcionais para colocar a casa em condições de receber dignamente um visitante tão ilustre, portanto, todos os criados tinham muito trabalho. Apesar disso, Bebi e Pinéhas ficavam cada vez mais lentos, mais distraídos e obtusos à medida que o momento decisivo se aproximava. Na manhã do dia da visita do Adon, os dois pobres-diabos já sentiam as sensações do patíbulo, atormentados por uma série de apreensões acerca do tipo de suplício que seu antigo intendente inventaria para se vingar, eles faziam tudo errado, não compreendiam nada das ordens de Putifar; no fim, esquecendo tudo, eles se reuniram perto de um pequeno terraço que se abria do apartamento particular de Putifar e sua esposa.

— Ah, Pinéhas, ele acaba de mandar presentes para nossos senhores e dentro de duas horas chegará — exclamou Bebi. — Que infeliz eu sou por ter vivido até hoje! Mas também, quem poderia prever, então, quando eu o arrastava pelo pátio e lhe dava chutes, que ele se tornaria Adon?

— E eu então? — disse Pinéhas torcendo os braços. — Você se lembra, Bebi, que quando ele quis se desculpar diante de nós e acusar nossa jovem senhora, eu lhe dei tamanho soco que suas mandíbulas quebraram e o sangue jorrou de seu nariz? Isso ele não pode ter esquecido, e certamente serei enforcado antes que Rá se levante amanhã.

— Vamos tentar ficar com o rosto contra o chão até que tenha passado; talvez ele não nos note — propôs Bebi.

Nesse mesmo instante, porém, uma voz sonora e irritada gritou:

— Vocês estão loucos, miseráveis indolentes? Em vão, estou à procura de vocês dois, nada está pronto e vocês estão aí onde não há nada para fazer?

Era o próprio Putifar quem, vermelho e aborrecido, surgira na soleira. Mas, vendo o ar aturdido e desesperado dos dois homens, perguntou espantado:

— Aconteceu alguma coisa? Vocês parecem perturbados.

— Ah, senhor, salve-nos, ele vai nos enforcar! — gritaram os dois ao mesmo tempo, prostrando-se diante de Putifar e abraçando suas pernas.

— Que disparate é esse? Quem irá enforcá-los? — perguntou ele, sem entender nada dessas exclamações.

— Ele, o Adon — bramiu Bebi —; quando o arrastei pelo pátio para ser castigado, dei-lhe pelo menos dez chutes sem que o senhor o tivesse ordenado.

— E eu bati nele de tal forma que o sangue escorreu do nariz, e ordenei que ele calasse a boca suja!... E agora ele é Adon — acrescentou Pinéhas, chorando.

Um sorriso amargo e sarcástico passou furtivamente pelos lábios de Putifar; depois, estendendo sua mão para o velho intendente, ele disse com bondade:

— Levantem-se e nada temam; o Adon é o noivo de minha sobrinha; ele vem como hóspede e amigo, e não pensará em fazer mal a fiéis servidores que somente agiram por minha ordem. Tomem uma bilha de vinho para se reconfortar e retornem depressa às suas ocupações. Eu garanto que a vida de vocês está salva.

Com urros de alegria, os dois homens beijaram os pés de seu senhor, depois correram, cheios de novo ânimo, para cuidar dos últimos preparativos.

Pouco depois, Potífera e sua família chegaram, e Ranofrit mostrou os presentes enviados pelo Adon. A jovem senhora estava arrumada e bela como outrora, mas não conseguia manter o sangue-frio, não deixando de cair em soluços a todo instante, apesar das tentativas de persuasão de seu irmão e de seu marido.

Desta vez, José chegou sem nenhuma pompa, acompanhado somente do condutor de sua liteira. Enquanto atravessava a fileira de escravos que se prostrava à sua passagem, seu olhar caiu sobre Bebi e Pinéhas, que, por prudência, mantinham o rosto abaixado contra a laje; ele os reconheceu apesar disso, e um sorriso desdenhoso crispou seus lábios.

Putifar o recebeu à porta de sua casa com uma reserva amável, misturada, ainda, com aquela bondade inata que lhe era própria e o fazia desejar, no interesse de Asnath, estabelecer relações menos tensas com o homem que todos odiavam e que, todavia, obrigavam-na a desposar.

Ao encontrar o olhar leal e bondoso de seu antigo senhor, esse mesmo olhar indulgente que aquecera e dera segurança ao adolescente receoso e solitário quando o servira pela primeira vez, uma estranha emoção tomou conta de José. Sim, ele era rico e poderoso agora, mas tão sozinho e isolado como no dia em que Ptah conduziu sob aquele teto o pequeno escravo desconhecido. A acolhida simples e isenta de hostilidade de Putifar lhe fez bem. Serrando fortemente a mão que ele lhe estendia, José inclinou-se e murmurou para que só ele ouvisse:

— Agradeço a sua acolhida cordial e o seu olhar benevolente. É o primeiro que encontro entre esta multidão servil e raivosa que me cerca. Ficaria muito feliz se você quisesse ser um amigo para mim após ter sido um senhor generoso no tempo da minha escravidão.

Putifar fitou-o, surpreso, mas ao ler uma emoção verdadeira no olhar brilhante de seu antigo favorito, respondeu ao seu aperto de mão.

— Suas palavras me alegram, Adon, e ficarei feliz se você se lembrar somente das horas agradáveis que passou sob meu teto — disse, também, em tom baixo. — Grande é a força do deus que o elevou; que ele possa guiá-lo em todos os seus atos, pela felicidade do país que ele lhe confiou. Um homem, mesmo um faraó, não é infalível por si só: são os imortais que o guiam em sua escolha. Foi, portanto, um mandato celeste que lhe foi confiado. Honra-o.

Sem esperar por uma resposta, Putifar conduziu seu hóspede até a grande sala. José saudou Potífera, depois se aproximou vivamente de Ranofrit, que, pálida e com os olhos baixos, balbuciou algumas palavras de agradecimento pelos presentes recebidos. A agitação da jovem senhora e as lágrimas, apenas contidas, que enchiam seus olhos eram tão visíveis que o Adon

O Chanceler de Ferro do Antigo Egito

inclinou-se, apertando sua mão, e perguntou com uma ponta de malícia:

— É a minha presença ou a minha elevação que a perturbam, nobre Ranofrit?

— Uma e outra — respondeu ela com uma franqueza desesperada.

José se pôs a rir.

— Eu lamento, mas, apesar disso, desenrugue seu rosto, nobre senhora. Esqueçamos o passado e aceitemos o presente como uma vontade dos deuses.

Putifar apresentou-lhe, em seguida, seus dois filhos, que José abraçou; mas, para desespero de Acca, ele não prestou a mínima atenção a ela, apesar de sua veste, de um amarelo resplandecente, e de seu claft colorido. E quando, nesse mesmo dia, o intendente do Adon distribuiu gratificações a todos os escravos, ela recebeu apenas uma parte igual a das outras mulheres, o que a ofendeu imensamente.

Graças a uma conversa animada conduzida por Putifar, a refeição transcorreu com menos embaraço do que se esperava. A mais silenciosa era Asnath, que, desfeita e apática, não se interessava por nada. O olhar ardente do jovem hebreu fixava-se a todo instante em seu pequeno rosto entristecido, que exercia sobre ele uma estranha fascinação, fazendo-o esquecer as palavras cruéis que ela lhe dissera e deixando apenas o ardente desejo de ver renascer um sorriso em seus lábios púrpuros.

Após a refeição, foram todos para o jardim e, aproveitando a primeira oportunidade, José levou sua noiva para um passeio a dois. Novamente, eles ficaram silenciosos, mas, parando repentinamente, o jovem perguntou com uma voz surda:

— Por que você está tão pálida, tão triste, Asnath? A idéia de me pertencer é assim tão aflitiva?

A jovem estremeceu e ergueu os olhos. Encontrando o olhar de seu noivo, não mais duro e altivo como de hábito, mas que, úmido e cheio de amor, pousava no seu, ela enrubesceu e abaixou a cabeça, visivelmente perturbada.

— Pobre criança, tente esquecer o passado, julgue antes de condenar, olhe antes de se desesperar; talvez a realidade seja melhor que a fantasia — continuou o jovem, atraindo-a para si e pressionando com os lábios sua face aveludada.

Asnath não esboçou nenhuma resistência; pensou somente: "Ele não guarda rancor por minhas palavras desagradáveis e cruéis". Sentiu vergonha e talvez dissesse uma palavra de conciliação não fosse a lembrança de Hor e de seu juramento, que lhe vieram à mente. Angustiada, calou-se, e duas lágrimas rolaram de seus olhos. José suspirou, mas esse silêncio e o beijo recebido sem repugnância já eram um sinal de progresso, e contentou-se em esperar que uma vez com ele, afastada da influência dos seus, ela acabaria por amá-lo.

❦

O tempo que se seguiu foi ocupado com os preparativos para o casamento. José arrumava seu palácio com um luxo real: nada lhe parecia suficientemente belo, suficientemente rico para a mulher que adorava, cuja beleza o dominava cada vez mais. E quando conseguia obter um sorriso, um brilho de alegria e vivacidade em seus olhos azuis, ele ficava feliz. O jovem não suspeitava do estranho estado de espírito de sua noiva e do perigoso processo que se desenrolava sem o conhecimento de todos.

Com efeito, Asnath era presa dos sentimentos mais contraditórios; todos em torno dela, com exceção de Putifar, continuavam a odiar, a denegrir e maldizer José à surdina; mas para ela, as constantes visitas tinham-no tornado familiar, e, cada vez menos, conseguia sentir por ele a aversão e o desprezo de todos. Contudo, a idéia de que poderia vir a amar seu futuro esposo enchiam-na de medo, pois não somente seu juramento e a maldição de sua casta estavam entre eles, como a lembrança das palavras ditas por José: "Você poderá se arrepender um dia e suplicar pelo amor que desprezou hoje!".

A simples idéia de tal humilhação revolvia todo o seu ser e uma angústia irascível tomava conta dela. A perspectiva da vida conjugal colocava-se diante dela como um espectro ameaçador; sentia que o olhar daquele homem exercia sobre ela um poderoso fascínio e que o amor que ele lhe dedicava, em vez de repugná-la, enchia-a de satisfação e de uma estranha quietude.

O que aconteceria quando fosse entregue inteiramente a ele, longe dos seus, cuja autoridade e proteção terminavam à porta do palácio do Adon? José iria dominá-la, arrancaria dela uma jura de amor, isso era certo; e, se sucumbisse, seria esconjurada, amaldiçoada e desonrada. "Ah", pensou, "se eu morresse, o sacrifício seria feito, meu pai não poderia ser acusado de se opor à vontade do faraó e eu escaparia de toda essa miséria presente e futura".

Esse perigoso pensamento, uma vez instalado no espírito da jovem, consolidou-se e, com a chegada de Armais, ganhou um novo impulso. O fogoso jovem, tomado por um ódio louco contra José, não encontrava expressões suficientemente fortes para rebaixá-lo, e se uma ordem severa de Putifar o forçava a se controlar em público e diante de seu futuro cunhado, ele se recompensava plenamente nos encontros com a irmã, desequilibrando-a de tal maneira que a jovem, exaltada, tomou a firme decisão de morrer e acabar de uma vez com uma situação impossível.

Tomada a decisão, ela também encontrou o meio de executá-la. Ouvira falar de uma espécie de feiticeira e vidente que vivia nos arredores de Mênfis e gozava de péssima reputação. Sob pretexto de consultar a adivinha acerca de seu próprio futuro e o de Hor, persuadiu sua ama-de-leite a acompanhá-la, secretamente, à casa dessa mulher. A núbia, cegamente devotada à sua criança e nada suspeitando dos seus verdadeiros propósitos, concordou. Quanto a feiticeira, que mantinha um ativo comércio de venenos e não conhecia a filha do grão-sacerdote, não teve nenhum escrúpulo em vender, por um bom preço, um frasco de uma essência incolor que garantiu ser suficiente para matar prontamente dez homens, e sem dor.

De posse desse tesouro, Asnath ficou mais calma, mas, em contrapartida, uma mortal apatia tomou conta dela, pois já se considerava morta, e todos os preparativos que a cercavam provocavam somente um sentimento emaranhado, de angústia e indiferença.

Assim, chegou o dia do casamento. Muda e concentrada, Asnath deixou-se vestir com o vestido bordado em ouro e pérolas finas, que lhe havia sido dado pela esposa do faraó, e adornar seu pescoço, sua cabeça e seus braços com jóias valiosas. Não dirigiu um olhar sequer para o espelho que Ranofrit lhe apresentou, e seu olhar, perturbado e pleno de incerteza, pousou sobre a bela presença de José, particularmente avantajada com seu rico traje. Em contrapartida, o olhar do jovem fixou-se embevecido com a aparência de sua jovem mulher, que nunca lhe parecera tão adorável.

O festim das núpcias aconteceu no Palácio Real e na presença de Apopi, no rosto de quem se via refletida uma profunda satisfação. Os jovem casal ocupava lugares de honra ao lado do monarca; mas, apesar da alegria do rei e da sua benevolência com os convivas, sobretudo com Potífera e o jovem casal, alguma coisa de lúgubre pesava no ambiente. Asnath estava pálida e desfeita, de causar pena, e os rostos bronzeados dos sacerdotes estavam imóveis e duros como as estátuas dos seus deuses. Eles expressaram, em pomposas palavras, uma gratidão infinita pelos donativos oferecidos aos templos pelo faraó por ocasião desse casamento, mas nenhuma nota de verdadeiro sentimento vibrara nesses discursos empolados.

Terminada a festa, o rei, com sua esposa e seu séquito, retirou-se para seus aposentos, e José se preparou para levar sua jovem esposa para o seu palácio. Todavia, antes que se dirigissem para a liteira, todos os membros da família se retiraram, por um momento, para uma pequena sala contígua ao corredor de saída, a fim de se despedirem da noiva sem testemunhas. Potífera parecia calmo e impassível, e somente Asnath sentiu que um arrepio nervoso o sacudia quando, silenciosamente, ele a abraçou contra o peito e a abençoou. Armais dominava, a muito custo, sua agitação; Maia e Ranofrit desataram em soluços e pareciam desesperadas como se a jovem estivesse sendo conduzida para a morte.

José, acomodado em um assento, de braços cruzados, contemplava essa cena pouco agradável; seus dentes cravavam-se profundamente em seu lábio inferior, denotando que sua calma era apenas exterior. Entretanto, não disse uma palavra, não fez nenhum gesto para pôr fim a essas despedidas. Putifar encerrou tudo isso sussurrando algumas palavras severas à sua esposa; depois, abraçando Asnath, colocou a mão dela sobre a do

O Chanceler de Ferro do Antigo Egito

marido e disse com ternura:

— Vá, minha querida criança, e que possam os deuses do Egito protegê-la, e que Rá ilumine cada passo da sua vida.

Ao ouvir essas palavras, o grão-sacerdote virou-se bruscamente e, sem dizer nada, deixou a sala; ódio, raiva, humilhação de sua casta o sufocavam. Ele apenas acabara de deixar a sala quando uma mão procurou a sua e uma voz murmurou em seu ouvido:

— Venha!

Era o grão-sacerdote do Templo de Ptah, em Mênfis, que, silenciosamente, o conduziu por um corredor, depois o fez subir por uma escada e logo eles se encontraram no terraço de um daqueles altos pilares que rodeavam a residência real.

— Volte a si, irmão. Aqui estamos a sós e posso lhe dizer que sinto e sofro com você — disse o sacerdote de Ptah.

Mas Potífera nada respondeu. Acomodou-se junto à balaustrada e, com um olhar flamejante, fixou um longo caminho de fogo que, ondulante, se desenrolava a seus pés, perdendo-se mais e mais na distância das ruas: eram as chamas das centenas de tochas que acompanhavam o cortejo para o palácio do Adon. Ali sua criança era levada e parecia-lhe que, a cada passo, a distância abria entre eles um abismo mais profundo. Tomado, de repente, por um verdadeiro frenesi, Potífera brandiu seu punho fechado e gritou com uma voz rouca e sibilante:

— Maldito! Maldito! Cão impuro, que não posso matar antes que você marque com uma nódoa indelével minha casta e minha filha!

— A filha de Potífera será sempre pura como a pedra preciosa, a que nenhuma nódoa se fixa, e a vingança que se aproxima lavará no sangue do impuro o insulto cometido contra nossa casta — murmurou o sacerdote de Ptah. E o que ressoava em sua voz, o que brilhava no olhar malévolo com o qual ele acompanhava a longa linha de tochas, trouxe calma ao grão-sacerdote.

Silenciosamente, eles serraram as mãos.

Capítulo 14
NOITE DE NÚPCIAS

De cabeça baixa, Asnath acompanhou o marido e tomou lugar ao seu lado na esplêndida liteira dourada e incrustada que a conduziria para seu novo destino. Um longo silêncio reinava entre o jovem casal, mas, de repente, José se inclinou e, pressionando a mão da jovem, murmurou:

— Seus parentes a pranteiam como se você estivesse morta; esqueça essas ligações passadas; que eles mesmo destroem em seu excesso de orgulho. Entregue-se a mim inteiramente, confie a mim seu coração e seu futuro e você jamais se arrependerá.

Ele sentiu a mão de Asnath tremer na sua e viu, sob a claridade das tochas, o brilho febril do olhar que ela lhe dirigiu:

— Jamais poderei amar você; entre você e eu existe Hor e a maldição da minha casta — respondeu ela com voz incerta, mas com um tom de angústia e verdade que nem mesmo ela imaginava.

José agitou-se violentamente, mas não teve tempo de responder, pois a liteira acabara de parar em frente a entrada de seu palácio, deslumbrantemente enfeitado e iluminado. Lampiões multicoloridos marcavam todos os seus contornos; em imensas taças de bronze ou de pedra ardiam fogos de pez; por toda parte, estendiam-se alcatifas, tapeçarias púrpuras e guirlandas de flores; entre as fileiras de escravos erguiam-se tochas. Precedidos de crianças que, a seus pés, jogavam flores e pequenas guirlandas de ervas mágicas, destinadas a preservá-los de qualquer má influência oculta, os jovens noivos chegaram ao vestíbulo de sua residência. Lá, um sacerdote de Hathor os recebeu, oferecendo-lhes amuletos e jogando sobre suas cabeças punhados de grãos de trigo, símbolo da abundância que deveria imperar em sua casa. A seguir, o intendente, de joelhos, ofereceu-lhes duas taças de ouro: uma com mel e outra com vinho. José tomou um gole, depois passou a taça à sua esposa. Após ambos terem tomado o vinho e o mel, o Adon conduziu sua jovem esposa até a entrada dos aposentos que lhe estavam reservados e retornou para junto dos jovens membros da elite

O Chanceler de Ferro do Antigo Egito

205

de Mênfis que o haviam acompanhado, para tomar com eles uma última taça de vinho e oferecer uma lembrança preciosa desse dia solene.

Asnath foi recebida em seus aposentos por sua ama-de-leite e por todas as mulheres destinadas ao seu serviço. A jovem esposa recebeu com bondade as felicitações de todas, depois se desembaraçou rapidamente dos pesados ornamentos que a cobriam e, após ser vestida com uma túnica leve de noite e ter seus longos cabelos trançados, dispensou todas, exceto sua ama-de-leite.

— Onde está a caixinha que ordenei que você trouxesse, Tanafi?

— No quarto de dormir, pequena ama — respondeu a núbia, erguendo uma pesada cortina franjada em tecido da Babilônia.

O quarto de dormir era uma grande peça quadrada, iluminada durante o dia por duas janelas, naquele momento, escondidas por cortinas raiadas. As paredes eram cobertas de pinturas, imitando tapetes suspensos; o chão era coberto de esteiras multicoloridas; o fundo era ocupado por um estrado cercado de tecidos listrados em vermelho e branco, sobre o qual se via o leito em madeira de cedro, incrustado de ouro e marfim. Sobre um dos lados, em um nicho ao qual se tinha acesso por três degraus, estavam colocadas as estátuas de vários deuses; flores e fitas enfeitavam-nas. Sobre uma pequena mesa trabalhada encontrava-se tudo o que era necessário para uma oferenda; lâmpadas de óleo perfumado clareavam com uma doce luz o nicho e o aposento.

Aproximando-se da pequena caixa que Tanafi lhe apontava, Asnath abriu-a e retirou mensagens seladas.

— Pela manhã, você levará isto a meu pai — disse. — E agora, deixe-me só; quero orar aos deuses — acrescentou com a voz oprimida.

Assim que a núbia deixou docilmente o quarto, para se agachar como um cão fiel à entrada do aposento contíguo, a jovem tirou do fundo da caixinha o frasco que comprara da feiticeira e colocou-o sobre a mesa, à cabeceira do leito. A seguir, dirigiu-se precipitadamente para o nicho, fez uma oferenda de vinho e incenso e, depois, ajoelhando-se, ergueu as mãos e orou em voz baixa:

— Osíris, pai de todas as coisas, que me fizeste com tuas mãos, e tu, Ísis, mãe divina, vejam a angústia de minha alma e me apóiem no momento em que sacrifico minha vida. Morro pela terra de Kemi, para livrar de uma mácula a augusta casta de vossos servidores, e venho a vós pura; não manchei minha alma com nenhuma espécie de abominação. Honrei os deuses e não fiz mal a nenhum homem; vesti quem estava nu, alimentei quem tinha fome; ninguém chorou por algo que eu tenha feito. Ofereci a vós muitos sacrifícios e prestei às vossas imagens as honras que lhes são devidas. Sou pura, pura, pura, e rogo a ti, Anúbis,[44] guia das sombras: guia-me e ajuda-me em minha viagem através da treva real; defende-me dos perigos e dos monstros de Amenti. E tu, Osíris, e os quarenta e dois juízes, aceitem-me no país da luz eterna; abram meus olhos e meus ouvidos; consolem meus parentes, que ficam na aflição!

Com o rosto avermelhado, os olhos brilhantes de uma febril exaltação, ergueu-se e correu para junto do leito. Sobre a mesa, encontrava-se uma taça cheia de vinho e uma pequena ânfora de prata entalhada; com a mão levemente trêmula, Asnath destampou o frasco, mas, no momento de esvaziar o veneno no vinho, hesitou e parou: uma idéia súbita veio-lhe à mente. "Por que morreria sozinha? Talvez José se vingasse cruelmente por sua morte nos seus e em toda a casta sacerdotal, e depois se consolasse, e uma outra mulher, uma outra filha de grão-sacerdote viria ocupar o lugar que deixava vazio." Um estranho sentimento, mistura de cólera, de rancor e de qualquer coisa que não podia definir, encheu subitamente o coração de Asnath:

— Que ele morra também — murmurou com um enigmático sorriso —; assim, com um único golpe, livro o Egito de um opressor, de um impuro que ousa reinar e rebaixar os servidores de seus deuses!

Ela virou a metade do veneno, depois esvaziou a taça em um só gole. A seguir, encheu-a novamente e esvaziou o frasco.

44 Anúbis - Deus egípcio dos mortos, responsável pelo processo de embalsamento dos mortos e por conduzi-los ao julgamento, no tribunal perante Osíris. Era representado por um homem com uma cabeça de chacal.

O Chanceler de Ferro do Antigo Egito

"Antes de se deitar, ele beberá o vinho; morreremos juntos, e serei sua última vítima."

Ela aproximou-se de uma das janelas, afastou a cortina e lançou o frasco vazio em um dos arbustos do jardim. A seguir, apoiando-se, aspirou profundamente o ar morno e perfumado da noite. Seu aposento ficava no primeiro andar e, por uma clareira entre as árvores, ela percebeu de longe o Nilo, cintilante sob o luar. Barcos enfeitados de lampiões cruzavam o rio em todos os sentidos, e o murmúrio alegre da multidão, à qual se distribuía bebida e comida, chegava até ela. Era a festa do seu casamento que despertava toda essa animação, e ela...ela iria morrer! Não veria mais esse lindo céu estrelado, não aspiraria mais esse ar perfumado, e os raios do Sol levante iluminariam somente o seu cadáver. O coração de Asnath apertou-se dolorosamente; um espantoso medo da destruição, um ardente desejo de viver tomou conta dela e, com um rouco suspiro, ela pressionou a cabeça com as mãos. Num lampejo, veio-lhe um novo pensamento: mais de um quarto de hora se passara desde que tomara o veneno e nenhum efeito se fizera sentir.

— Será que a feiticeira não me enganou e o líquido que deveria me salvar do amor do homem impuro é apenas uma água inofensiva? — murmurou a jovem, dividida entre a esperança e a cólera.

Mas, nesse instante, um arrepio gelado sacudiu-a e um peso de chumbo invadiu seus membros; não, ela não tinha sido enganada, a morte se aproximava.

Com esforço, sustentando-se nos móveis, arrastou-se para o leito e desmoronou como uma massa, suspirando aliviada. "Se tivesse caído no outro extremo do quarto, meu marido talvez não bebesse sua parte do veneno." Em seu desejo de matá-lo se concentravam agora todas as suas forças. Apesar do entorpecimento e do frio mortal que a invadiam, sua clareza de espírito continuava perfeita. Não conseguia mover um dedo, mas sua visão e sua audição adquiriam uma acuidade estranha e penosa. Assim, ouviu o ruído imperceptível de um passo leve sobre as esteiras do quarto vizinho, depois viu uma mão impaciente empurrar a porta, e seus olhos, muito abertos, se fixaram na alta estatura de José, que vinha em sua direção.

Ele tinha deixado o claft e suas vestes de gala, vestia somente uma estreita túnica de linho, e os curtos, mas espessos, cachos castanhos que caíam em sua fronte mudavam muito sua fisionomia, dando-lhe um ar quase juvenil. Por um momento, sua silhueta se desenhou sobre o fundo da soleira; próximo à mesa de cabeceira, ele parou e, hesitando, pegou a taça e esvaziou-a.

"Que os deuses sejam louvados! Eu e o Egito estamos livres!", pensou Asnath; mas, no mesmo instante, uma dor aguda percorreu suas veias, sua visão escureceu e ela perdeu a consciência.

— Asnath! — murmurou o jovem, tomando a mão da moça.

A seguir, inclinando-se, depositou um beijo em seus lábios. Contudo, quase ao mesmo tempo, ele se endireitou e estremeceu. O que significavam a rigidez e o frio glacial da mão e da boca que acabara de tocar?

— Asnath, o que você tem? — exclamou uma segunda vez, tentando erguê-la.

Vendo-a cair novamente inerte, correu em busca de uma lâmpada; mas quando a claridade mostrou o rosto lívido e descomposto, os dedos azulados e os olhos vidrados e abertos da jovem, um grito surdo lhe escapou e, por um instante, o ódio e o desespero quase lhe tiraram a razão. Sacudindo a jovem com força, tentou reanimá-la, em vão. Ela parecia morta. De repente, lembrou-se da pedra mágica; se alguma coisa no mundo ainda podia salvar Asnath, era esse poderoso antídoto.

Como um louco, precipitou-se para o aposento de trabalho, pegou a taça, na qual colocou a pedra com água, e retornou para o quarto de dormir. Entretanto, não chamou ninguém; recuperara sua presença de espírito e não queria alarmar todo o palácio. Se conseguisse salvar a esposa, o melhor seria se calar sobre esse incidente. Enquanto procurava um pano e uma faca para descerrar os dentes da jovem, a água da taça adquiria uma cor azulada e fosforescente, transmitida pela pedra misteriosa. Ajoelhando-se junto à cama, José entreabriu com força os dentes de Asnath e derramou, pouco a pouco, em sua boca, o líquido azulado que, ao contato, borbulhava e crepitava como

O Chanceler de Ferro do Antigo Egito

se tivesse tocado um metal incandescente. Subitamente, uma convulsão sacudiu o corpo inerte da jovem e suas pálpebras se moveram.

Nesse mesmo instante, o jovem foi tomado por uma fraqueza e um arrepio gelado, mas não deu atenção, atribuindo esse desfalecimento ao terror e à emoção que acabara de sofrer. Sentando-se à beira do leito, inclinou-se sobre Asnath, cujo corpo se cobria de um suor escuro e espesso, mas retomava visivelmente o calor e a flexibilidade. Com alegria, pegou o tecido que umedecera e enxugou o rosto, o pescoço e os braços da jovem. De repente, porém, seu braço caiu inerte; um frio mortal invadiu suas veias e lhe pareceu que seu corpo se petrificava.

"Ela quis que eu partilhasse da sua sorte! Eu a salvei e agora morrerei!" Esse pensamento passou como um clarão pela mente do jovem hebreu. Mas não, a cura estava ali, a dois passos dele: sobre a mesa de cabeceira, que empurrara para o pé da cama para poder agir mais livremente, estava a taça ainda cheia pela metade com o líquido libertador. Era preciso somente alcançá-lo.

Reunindo toda a sua vontade, ergueu-se, mas, perdendo o equilíbrio, afundou nas peles de tigre que cobriam o estrado e ficou estendido, incapaz de se mover. Algo de infernal ocorria dentro dele; perecer assim, no alto do poder, à beira da felicidade, atingido por essa jovem insensata, fanatizada por sua maldita casta, ficava ainda mais terrível quando via que a cura estava ao alcance de sua mão. Uma fosforescência cada vez mais intensa elevava-se da taça, sobre a qual agora parecia pairar uma nuvem azulada e cintilante.

Não podia se mover; seu corpo parecia de pedra, e com uma dolorosa lucidez ele sentia que uma estranha cisão se operava dentro dele, que seu ser era duplo e que uma dessas metades, a matéria grosseira que se dissolveria, pregava-o à terra com a qual fora criada, tendendo-o para a lei imutável da atração e da gravidade, enquanto seu corpo astral, com um sofrimento intenso, procurava deslocar-se, erguer-se, reunir no espaço seu elemento primitivo. E era para perecer assim, miseravelmente, sentindo todas as fases dessa destruição que o invadia, que ele vencera o destino, que lutara com a fatalidade? Ele, que dominara a serpente vinda do Amenti, se deixaria vencer por essa matéria inerte que o abandonava?

Com um desespero selvagem e uma força sobre-humana, que provavam uma vez mais que a vontade, esse poder incalculável, propriedade da fagulha divina que nos anima, é de fato senhora da matéria, José se endireitou: a força invisível erguia e dirigia a massa inerte, pesada como uma rocha, suspensa por ela. Lentamente, ele rastejou até a mesa, ergueu-se sobre os joelhos e, dominando uma dor atroz, estendeu sua mão, rígida como a mão de uma estátua, para a taça da salvação e levou-as aos lábios. Sobre sua face azulada, crispada, somente os olhos, dilatados e fulgurantes, pareciam viver ainda; mas, à medida que bebia com avidez, o peso esmagador que o pregava ao solo parecia se dissipar, torrentes de fogo pareciam correr por suas veias.

De repente, tudo à sua volta entrou em turbilhão. Sentiu-se rolar por um abismo, a taça escapou-lhe da mão e, pesadamente, ele caiu sobre os degraus do estrado.

*ᐟᘐᓭ

O dia amanheceu; sua pálida claridade penetrou entre as fendas das cortinas mal fechadas por Asnath, mas no aposento nupcial tudo continuou imóvel e silencioso, o jovem casal permanecia estendido como morto. Por fim, um raio de Sol começou a se refletir sobre o rosto de José, e como se o brilhante mensageiro do astro vivificante o reanimasse, reabriu os olhos. No primeiro momento, ele não pôde se dar conta do que se passara; por que estava ali, estendido no chão, e o que significavam a fraqueza e o peso que sentia em todo o corpo. A taça derrubada no chão, que percebeu de súbito, o fez recordar do que ocorrera, e uma onda de amargura e cólera invadiu seu coração. Esse tinha sido, então, o motivo da despedida pungente dos parentes de Asnath: em seu ódio cego, Potífera e os seus tinham colocado nas mãos dessa criança a arma mortal, tinham enchido seu coração de tanto fel e desprezo que ela decidira morrer e matar seu marido. Mas ele se vingaria, acusaria Potífera e sua filha, esse miserável instrumento do ódio sacerdotal,

O Chanceler de Ferro do Antigo Egito

diante do faraó.

Com esforço, endireitou-se, esticou os membros entorpecidos e, depois, cambaleando, recostou-se ao pé do leito, pois sua cabeça rodava e um tremor nervoso o sacudia. Com um sentimento indefinível, fixou Asnath, que jazia imóvel, mergulhada em um pesado torpor. Tremores convulsivos sacudiam seu corpo frágil e gracioso, e seu rosto encantador, de traços infantis, exprimia um sofrimento indescritível. A cólera de José se dissipou; dividido entre a paixão e a amargura, inclinou-se sobre ela e murmurou:

— Não é você, pobre criança, a mais culpada, mas eles, os malditos que, por ódio contra mim, obscureceram sua razão e seu coração.

Crispando os punhos, virou-se, ergueu a taça e deixou o aposento. Como na véspera, a criada estava agachada junto à porta oposta, esperando que Asnath a chamasse.

— O que aconteceu, senhor? — exclamou ela, erguendo-se assustada ao ver a palidez cadavérica de José, seus olhos esbugalhados e seu caminhar incerto. Um único olhar sobre a face honesta e assustada da núbia foi suficiente para convencer o jovem de que ela não estava a par do atentado.

— Rápido, Tanafi, vá para junto de sua senhora, ela está muito doente. É preciso fazer-lhe fricções com essências e dar-lhe de beber vinho quente enquanto o médico não chega — disse ele.

E enquanto a criada se precipitava para junto de Asnath, José correu para seus aposentos e, fingindo não perceber o espanto produzido nas pessoas pelo seu ar desfeito, ordenou que fossem enviados dois mensageiros: um ao Templo de Ptah, para chamar Ptah-hotep, o primeiro-profeta médico, e o segundo a fim de chamar Potífera em sua presença para tratar de um assunto grave.

Na casa de Potífera todos repousavam ainda; Maia, desfeita em lágrimas, dormia, enquanto o grão-sacerdote tornara a deitar após ter cumprido, apesar do cansaço, todas as cerimônias e o sacrifício ao Sol levante, conforme prescrevia o ritual do seu cargo. Somente Armais se levantara e acabara de se alimentar de um copo de vinho e alguns bolos, quando o filho de Tanafi chegou com as mensagens que Asnath, na véspera, entregara à criada para que fossem enviadas a seu pai, e que esta, por seu filho, encaminhara à casa do grão-sacerdote. O jovem ficou um pouco surpreso. O que Asnath poderia estar querendo? Talvez tivesse esquecido algum objeto que desejava que lhe fosse enviado. Com indiferença e sem se informar se o escrito era endereçado a ele, abriu a mensagem. Seu coração parou de bater ao ler as seguintes linhas:

> Não posso viver com o homem impuro cujo contato seria para mim uma mácula indelével; minha morte também será uma libertação para a terra de Kemi. Quando esta mensagem chegar, sua Asnath já terá descido ao reino das sombras. Ore aos deuses, meu pai querido, para que eles sejam indulgentes com minha alma, e que para vocês minha memória permaneça querida, pois me mantive pura e me sacrifiquei pelo Egito. A Hor e a todos vocês, meus bem-amados, um último beijo.

Por um momento, Armais ficou petrificado, depois se precipitou como um louco para o aposento de seu pai. A leitura da mensagem da filha produziu no grão-sacerdote um efeito não menos fulminante; durante alguns instantes, somente o pai falou dentro dele, e algumas lágrimas inflamadas rolaram pelo seu rosto bronzeado. Dominando, porém, essa fraqueza, ele se levantou e disse com solenidade:

— Ela foi uma criança heróica, e se os imortais aceitaram seu sacrifício, sua curta vida equivalerá aos méritos da mais longa existência e sua memória viverá eternamente pura e gloriosa como os raios de Amon-Rá. E você, Armais, guarda por um momento o segredo sobre o que acabamos de saber; vou agora mesmo ao Templo de Ptah para discutir de que maneira enfrentaremos a ira do faraó.

O grão-sacerdote terminava de se vestir quando anunciaram um mensageiro do Adon. Surpreso, fez com que ele entrasse. Era Pibisi, o escravo favorito de José, que, prostrando-se, declarou a Potífera que o Adon o chamava "incontinenti"[45]

---

45 "Incontinenti" - Imediatamente, sem demora.

para um assunto urgente.

— Ele está vivo? — perguntou imprudentemente Armais.

— Sem dúvida; meu senhor está apenas doente e mandou chamar o venerável Ptah-hotep — respondeu o escravo com surpresa e desconfiança.

Lançando ao seu filho um olhar de profundo descontentamento, o grão-sacerdote dispensou o mensageiro, declarando que iria imediatamente ter com o genro.

Com o coração pesado, as sobrancelhas franzidas, o grão-sacerdote entrou em sua liteira. Era evidente que o plano de Asnath falhara. Talvez ela estivesse morta, enquanto o miserável vivia, e o gesto impensado da jovem criava para os sacerdotes a mais falsa e perigosa das posições.

No palácio do Adon reinavam a ordem e a calma habituais, e o oficial de serviço pediu que Potífera passasse para a pequena sala de espera, pois o venerável Ptah-hotep encontrava-se junto do Zaphnath-Paaneach.[46]

O grão-sacerdote declarou que retornaria e, chamando o vigilante dos escravos, ordenou que o levasse aos aposentos de sua filha. O homem obedeceu sem fazer nenhuma observação. Se Asnath estava morta, era evidente que nenhum dos domésticos sabia. E um sentimento de medo e desespero tomou o coração de Potífera. À entrada dos aposentos das mulheres, foi recebido por uma jovem aia visivelmente emocionada e, tomado por um mau pressentimento, apressou o passo, e com a mão nervosa, afastou a cortina atrás da qual se podia ouvir a voz lamuriante de Tanafi.

Envolta apenas em sua túnica de linho, com os olhos fechados e visivelmente extenuada, Asnath estava estendida sobre o leito. Duas aias friccionavam seus pés e mãos, enquanto a criada tentava colocar o vinho em sua boca.

Por um momento, Potífera esqueceu-se de tudo: ao ver o pequeno rosto lívido e desfeito da filha, uma onda de amor e dor inundou sua alma e, afastando Tanafi, ergueu Asnath e apertou-a contra o peito. A jovem reabriu os olhos, com um sobressalto e um clarão de felicidade.

46 Zaphnath-Paaneach - Título oficial egípcio de José que vários estudiosos interpretam como "Revelador dos Segredos" ou "Revelador do Oculto". Embora seja um título egípcio, muitos consideram o termo como sendo de origem hebréia.

— Saiam! E que ninguém ouse penetrar nos aposentos contíguos a este — disse o grão-sacerdote; e, quando os criados desapareceram, inclinou-se e murmurou com reprovação — O que você pretendia fazer? Que golpe seria para os nossos corações se você estivesse morta!

— Oh, pai, eu quis libertar vocês todos e me poupar do amor do homem impuro, mas os deuses não aceitaram o sacrifício da minha vida.

Potífera não teve tempo de responder, pois nesse instante Ptah-hotep entrou. O velho sacerdote parecia agitado e seus olhos brilhavam sob suas espessas sobrancelhas.

— Que bom que o encontrei, irmão, preciso lhe falar — disse ele, apertando fortemente a mãos do grão-sacerdote. — Antes, porém, devo ver o que falta a Asnath.

Após examinar cuidadosamente a jovem, endireitou-se, meneando a cabeça:

— Criança insensata, o que você pretendia? Onde conseguiu o poderoso veneno com que quis dar fim à sua vida e à desse homem perigoso que dispôs de forças ocultas e desconhecidas para ter conseguido salvar vocês dois de uma morte inevitável? As conseqüências desse seu gesto insano podem ser terríveis: José está fora de si; ameaçou acusar toda a nossa casta diante do faraó pela tentativa de envenená-lo, e entregar você à punição. Você, infeliz, esqueceu que a mulher que atenta contra a vida do marido é condenada a ter a mão direita decepada e a ser apedrejada viva após ser enterrada em um fosso até os ombros?

Asnath soltou um grito e, fora de si, agarrou-se à mão de seu pai. Um sombrio rubor cobriu o rosto do grão-sacerdote, dando lugar quase imediatamente a uma lívida palidez. Na alegria de encontrar a filha viva, esquecera as possíveis conseqüências de sua tentativa desesperada, mas o pavor de Asnath, e seu olhar desvairado, devolveram-lhe instantaneamente o sangue-frio e a firmeza. Beijou a fronte da filha e, cerrando com força a mão, disse:

— As palavras de Ptah-hotep são verdadeiras, mas tranqüilize-se, minha corajosa criança, se esse miserável opressor a condenar pela lei, não deixarei que você seja entregue ao car-

O Chanceler de Ferro do Antigo Egito

215

rasco. Será por minhas mãos que você morrerá.

— Obrigada, meu pai — murmurou Asnath, apertando com reconhecimento a mão de Potífera contra os lábios.

— Conte com a nossa ajuda, irmão — disse Ptah-hotep, com os olhos resplandecentes. — Se o impuro ousar atacar sua cabeça venerável, nós todos nos ergueremos como um só homem... e que os acontecimentos se desenrolem como for da vontade dos deuses! É nas emanações dos astros que se encontram consignados os destinos humanos; os homens não passam de cegos instrumentos do destino e, em sua maldade e fraqueza, pensam que dirigem a roda do suplício que se ergue e se esmaga. Se nosso sangue deve correr, é porque é necessário como semente fecunda de graves acontecimentos, e a estrela que ilumina o destino do condenado, e que parece tão brilhante, pode, inopinadamente, se apagar, e ele rolar no abismo, impelido pelos eflúvios da vergonha, da infelicidade e do desespero que provocou. Não se pode perturbar impunemente o equilíbrio das forças visíveis e invisíveis que regem o Universo, e todos esses eflúvios de ódio e mal lançados pelos corações ulcerados dos fracos, dos oprimidos, acabarão por recair sobre ele como um turbilhão destruidor, e o abaterão.

Potífera inclinou a cabeça:

— Você diz a verdade, irmão, somos apenas fracos e ignorantes quando o perigo nos ameaça; as lições da sabedoria são esquecidas, os interesses mesquinhos nos cegam e passamos a temer os homens quando deveríamos tremer diante do destino. Você, minha criança, fique calma e espere na bondade dos deuses.

Abraçou-a e saiu para ter com o genro, enquanto Ptah-hotep fazia as prescrições necessárias para o estado de Asnath.

※ ☉ ※

José encontrava-se deitado em uma cama de repouso, com os pés envolvidos por uma coberta. A conversa com Ptah-hotep o fatigara e tornara ainda mais surpreendente a mudança provocada pelo veneno: seus olhos, muito dilatados, e suas unhas arroxeadas provavam com evidência o perigo mortal que correra. À entrada de seu sogro, um arrepio de raiva furiosa o sacudiu e, por um instante, os olhares dos dois inimigos se cravaram um no outro como dois raios fulgurantes.

— Vocês são hábeis intérpretes da vontade dos deuses quando eles os aconselham a se desembaraçar das pessoas incômodas — disse José com voz vibrante. — Como você pode ver, seu remédio infalível não me matou. Mas eu tomarei medidas que eliminarão de sua casta o gosto de envenenar os dignatários do Estado, escolhidos pelo faraó, que têm a infelicidade de desagradar aos sacerdotes. Apresentarei uma queixa ao rei, acusando você, sua casta e sua filha de atentado contra a minha pessoa.

Potífera apoiou-se levemente na mesa e seu olhar deslizou com um desprezo glacial pelo rosto desfeito de seu antagonista.

— Acalme-se, Adon, e reflita antes de lançar uma acusação tão grave. Você toma por tolos os sacerdotes de Mênfis e Heliópolis: se tivéssemos decidido tentar esse duvidoso modo de libertar o Egito, nós o teríamos exterminado antes que minha filha lhe fosse entregue pela lei. E se um sacerdote do meu nível quisesse se macular com um assassinato, não seria nas inocentes mãos de sua criança que ele teria colocado a arma assassina. Nem eu, nem nenhum dos sacerdotes de Mênfis ou de Heliópolis sabíamos do plano insensato de Asnath, e eu ignoro ainda onde ela obteve o veneno com o qual, em seu furor infantil, quis destruir ambos. Lembre-se, Adon, que você tirou de Asnath um noivo que ela ama para forçá-la a uma união que a repugna. O faraó pôde dar a sua mão, mas não o seu coração.

— E vocês têm o cuidado de envenenar esse coração e enchê-lo de ódio contra o esposo ao qual ela está ligada. Penso que a lei achará pouco válidas as razões que você me dá para desculpar um ato inaudito como esse — observou José com amargura.

— Eu não vim para me desculpar, nem para pedir sua clemência — respondeu Potífera orgulhosamente. — Inicie o processo contra mim e os sacerdotes de Mênfis e Heliópolis; nós responderemos aos juízes. Quanto a Asnath, você pode fazê-la ser condenada, eu sei, mas sua morte também romperá o elo que você queria estabelecer com nossa casta. Não mendigarei

O Chanceler de Ferro do Antigo Egito

pela vida dela nem pela minha, se você arriscar bater tão alto. Mas tome cuidado! Numa guerra desse gênero, é difícil saber quem será o vencedor. Para o povo do Egito, fui e sou o primeiro servidor do grande deus de Heliópolis; você é um estrangeiro, elevado da ralé ao nível que agora ocupa; se incitar a guerra, seremos obrigados a aceitá-la.

Sem esperar resposta, ele se virou e saiu, e a cólera que fervia na alma de José o enfraqueceu de tal forma que ele adormeceu e despertou somente algumas horas mais tarde. Esse repouso o reconfortou e, com a fria resolução que o caracterizava, sondou a situação e pesou as probabilidades. Potífera tinha razão: iniciar um processo escandaloso contra a casta poderosa e venerada pelo povo implicava riscos. Será que Apopi desejava isso? Apesar do ódio contra os sacerdotes, oficialmente ele sempre lhes manifestava respeito e benevolência. Quanto à morte de Asnath, ela apenas lhe tiraria para sempre a encantadora mulher, cuja simples lembrança fazia seu coração bater mais forte.

— Devo me calar, mas me lembrarei do que se passou hoje; a ocasião de me vingar chegará, casta maldita — murmurou José entre os dentes.

Na noite desse mesmo dia, José escreveu a seu sogro:

> Refleti e decidi me calar diante do rei acerca do atentado de que fui vítima, com a condição de que você e os seus deixem Mênfis nos próximos dias. Perdôo sua filha e a conservarei em minha casa na posição que lhe cabe, mas não quero que ela seja submetida à sua influência odiosa, que inspira sentimentos contrários aos seus deveres; se, todavia, você insistir em permanecer aqui e em afastar de mim o coração de minha esposa, serei forçado, mesmo com pesar, a recorrer ao rigor das leis.

Quando Potífera recebeu essa mensagem, suspirou aliviado: a perspectiva de um processo ruidoso causava repugnância aos sacerdotes, qualquer que fosse o resultado, e a idéia de matar sua própria filha para livrá-la do carrasco torturara, como um ferro em brasa, o coração do grão-sacerdote. Ele compreendeu, por fim, que a rara beleza de Asnath exercia seu império sobre José e que esse não queria perder a esposa, adquirida com tanta dificuldade. Ora, por mais repugnante que fosse a seus olhos esse amor, ele lhe servia no momento. Assim, sem mais delongas, ordenou que tudo fosse preparado para o seu retorno a Heliópolis.

No dia seguinte, o grão-sacerdote, acompanhado de sua mulher e de seu filho, dirigiu-se ao palácio do Adon. José recebeu-os um pouco surpreso, mas compreendeu que essa visita era uma resposta à sua carta quando Potífera declarou que assuntos urgentes o chamavam a Heliópolis e que, decidido a partir no dia seguinte, viera se despedir dele e de sua filha.

Em razão da presença de um escriba e de um funcionário de serviço, o adeus, apesar de um tanto apressado, foi marcado por uma afeição oficial. Maia reteve corajosamente as lágrimas e deixou-se abraçar pelo genro, assim como Armais. A seguir, José informou que sua esposa estava ligeiramente indisposta e que, por isso, os conduziria até ela. Acompanhou-os até a entrada dos aposentos de Asnath e se retirou.

Contudo, também com Asnath a despedida foi breve; Potífera não queria emocionar ainda mais a jovem, que ainda estava fraca e desfeita, com lágrimas e despedidas muito comoventes. Contentou-se em apertá-la nos braços, em dizer-lhe, em poucas palavras, que não haveria processo, e acrescentou:

— Por seu gesto impensado, você poderia estar perdida e eu também; seja mais prudente no futuro, não irrite a serpente e cumpra os deveres inevitáveis de sua nova posição. Se eu precisar fazer chegar até você alguma mensagem que eu deseje que escape ao controle oficial de seu marido, você ouvirá no bosque mais próximo à sua janela o grito, cinco vezes repetido, de um pássaro noturno. Você deverá, então, ir ao jardim, onde meu enviado encontrará um meio de transmitir minhas ordens ou meus conselhos.

Após a partida de seus parentes, a jovem desmanchou-se em lágrimas; sentia-se só, abandonada e infeliz para além de qualquer sentimento. Seus parentes agora estavam longe, e a idéia de rever José tomava-a de angústia e cólera. Não fechou os olhos à noite, pensando que era ele que chegava a cada ruído

O Chanceler de Ferro do Antigo Egito

que ouvia; mas o jovem não apareceu. Ele esperava, por sua vez, que Asnath fosse lhe pedir perdão; e como sua espera também tivesse sido em vão, escreveu-lhe no dia seguinte, pedindo uma explicação para o seu comportamento.

— Sou culpada perante você e aguardo o que você decretará acerca do meu destino — respondeu a orgulhosa egípcia. Ela sentia que deveria ter se desculpado ao menos por seu ato criminoso, mas morreria antes de fazê-lo.

A resposta da esposa causou em José uma desagradável e dolorosa impressão, mas as necessidades do serviço e uma sobrecarga de negócios o impediram de se entregar às suas reflexões. A noite já tinha caído quando ele dispensou seu último escriba e, fatigado de corpo e alma, desceu para o jardim. De cabeça baixa, caminhou por um longo tempo pelas alamedas assombreadas, depois se sentou em um banco de pedra e, recostando-se na estátua que servia de encosto, refletiu. Um profundo silêncio reinava ao seu redor, o que lhe trouxe à lembrança, subitamente, as belas noites calmas passadas nas planícies verdejantes e desertas por onde sua tribo errava. Era pobre então. Sua vida monótona e rude lhe pesara, e mais de uma vez, quando guardava o rebanho, o jovem pastor sonhara com a existência refinada das grandes cidades de que Schebna lhe falava. A afeição de seu velho pai parecia-lhe pouca coisa, e seus irmãos, que o invejavam e a quem ele espionava e denunciava por cada uma de suas futilidades, lhe eram indiferentes, às vezes, odiosos. Agora, todo esse passado estava longe, ele vencera o destino e, como predissera o caldeu, encontrava-se no auge do poder. Mas era feliz? "Não!", exclamou sua alma ulcerada, você é mais infeliz que o pobre pastor, pois a esta altura vertiginosa. "Você está só. Se o arrependimento ou o medo, a alegria ou o desespero se abaterem sobre seu coração, você não terá ninguém a quem confiar."

Um rouco suspiro elevou o peito de José: era verdade, nessa imensa cidade, nesse país que governava, nenhum coração batia por ele; o que se alastrava à sua volta eram interesses ou inimigos que aguardavam a sua queda. Uma verdadeira tempestade ergueu-se, de repente, no coração violento do jovem; veio-lhe um imenso desejo de ter um ser amado que viesse a ele, que pudesse encerrar em seu coração isolado, a quem pudesse confiar tudo que oprimia sua alma... ou, então, de fugir dessa multidão rancorosa que o desprezava, ganhar o deserto e procurar o pai, para encontrar a paz em seus braços. Refreando com dificuldade os soluços que o sufocavam, José enterrou a cabeça entre as mãos, e lágrimas silenciosas escorreram entre seus dedos.

— Será que ainda sou capaz de chorar, quando meu coração deveria estar duro como o granito das pirâmides? — murmurou com amargura.

Um ruído ligeiro fez com que erguesse a cabeça e, com espanto, percebeu Asnath em pé, a dois passos dele, fitando-o, assustada. A jovem também não encontrara o repouso e, sentindo-se sufocar em seus aposentos, fora até o jardim, onde o destino a conduzira para o mesmo banco. Ao perceber um homem, ela parou espantada, mas, de repente, reconheceu José e viu que ele chorava.

Essa descoberta provocou na jovem uma verdadeira comoção: jamais imaginara que esse homem orgulhoso e altivo, investido de um poder real, pudesse se sentir infeliz a ponto de verter lágrimas, que pudesse se sentir isolado e mais pobre que o mais miserável pescador do Nilo, que ao menos possuía uma família que o amava e partilhava suas tristezas e suas alegrias. Um sentimento de profunda compaixão, misturado com a atração simpática e poderosa que o olhar do hebreu exercia sobre ela, despertou no coração de Asnath:

— Você está chorando, José? — murmurou com voz incerta.

A visão dessa emoção, assim como a beleza pálida e atormentada da jovem que o encarava, provocou na alma de José uma brusca explosão de dor e paixão.

Procurando as mãos da esposa, puxou-a bruscamente para ele e disse com uma voz entrecortada:

— Sim, sim, Asnath; choro porque estou só, porque todos que me cercam me odeiam e desprezam, e porque mesmo o único ser que deveria ser meu apoio e minha alegria quis me matar. Não trema assim, sei que não foi em seu coração inocente que nasceu essa idéia cruel; mas suplico que você me ame um pouco, que eu saiba que nesta vasta cidade inimiga seu coração bate por mim.

— Eu não posso amar você, José — balbuciou Asnath, com voz abafada —, mas, se você aceitar, ofereço minha amizade; eu a darei com muito gosto, vou me esforçar para que você não se sinta tão sozinho e não me tenha por uma inimiga.

— Eu compreendo: eles a ameaçaram com a maldição de sua casta, se você me amar — disse José com amargura. — Não importa! Aceito sua amizade e leio em seus olhos inocentes que você quer mais do que promete. Façamos, portanto, as pazes, e que os deuses protejam a nossa união.

Assim dizendo, ele pressionou seus lábios com um beijo e, silenciosamente, Asnath apoiou a cabeça contra o seu peito. Um sentimento indescritível, mistura de dor e de feliz quietude, invadiu todo o seu ser. Um quarto de hora mais tarde, o jovens subiram lentamente os degraus do terraço para começar uma vida desconhecida.

Segunda parte
O poder real e o poder sacerdotal

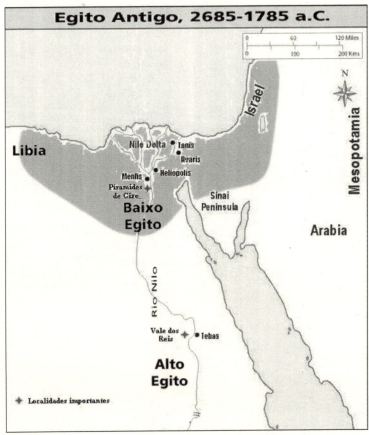

Mapa do Egito mostrando a extensão do domínio dos Hicsos.

Capítulo 1
O ADON E SUA ESPOSA

> Durante os sete anos de abundância, a terra produziu copiosamente e ele reuniu todos os víveres dos sete anos em que houve abundância na terra do Egito e depositou os víveres nas cidades, colocando em cada cidade os víveres do campo. Antes que viesse o ano da fome, nasceram a José dois filhos, que lhe deu Asnath, filha de Potífera, sacerdote de Heliópolis.
>
> (Gênese, cap. XLI, vv. 47, 48 e 50)

Os primeiros meses que se seguiram a essa reconciliação não trouxeram nenhum acontecimento marcante, mas uma série de pequenos incidentes, provocados pela estranha e falsa situação que, apesar de tudo, reinava entre o casal e impedia que uma verdadeira harmonia fosse estabelecida. Cego em sua paixão, à qual se entregou sem restrições desde o início, José só pensava em conquistar o coração de sua jovem esposa, mimando-a com todo o seu poder, cobrindo-a de presentes e cortesias, concedendo-lhe plena liberdade de ação e submetendo-se, com a docilidade de um homem verdadeiramente apaixonado, a todos os seus desejos e caprichos. Se Asnath tivesse sucumbido sem restrições aos seus próprios impulsos, provavelmente teria correspondido ao amor de seu marido, cuja sedutora personalidade exercia sobre ela uma poderosa dominação. Contudo, a promessa feita a Hor, assim como a convicção de que atrairia o desprezo de sua casta ao se deixar levar pelo sentimento que a impelia para José, provocaram-lhe, desde o início, uma desarmonia interior, e bastava a lembrança do antigo noivo para ela reprimir um impulso de ternura ou de confiança. Assim também acontecia quando, em presença de um sacerdote, cujo olhar pesado e perscrutador sobre ela produziam o efeito de um jarro de água fria. Em tais momentos, ela ficava petrificada, por assim dizer, encerrada em um orgulho glacial, e respondia com grosserias à ternura que José, com indisfarçável paixão, porventura lhe dirigisse diante de uma dessas malevolentes testemunhas.

Apesar da exasperação momentânea que tais incidentes lhe despertavam, José rapidamente sucumbia ao encanto e bastavam-lhe um sorriso e um beijo para desarmar a sua cólera. A consciência de tal poder sobre o homem diante do qual todo o resto do Egito se inclinava divertia Asnath enormemente, desde que se sentiu segura de seu poder. E, sob a influência dos sentimentos confusos que sentia pelo marido, ela criou um jogo de provar que se, para todos, ele era o poderoso e temível Adon, para ela não passava do homem obscuro que devia se sentir feliz em servir de joguete para os seus caprichos.

Apesar da sua cegueira apaixonada, José possuía espírito suficiente para compreender a situação e perceber a nefasta influência que a casta sacerdotal exercia sobre sua esposa. Embora não possuísse provas palpáveis dessa influência oculta, seu ódio pelos sacerdotes e pelos parentes de Asnath aumentava, e ele resolveu dominar sua fraqueza e mostrar à esposa que não se deixaria maltratar indefinidamente, e que se, pela afeição, ela conseguiria tudo, aos seus caprichos e grosserias ele imporia a autoridade indiscutível de um marido.

A ocasião de pôr em prática esse novo método se apresentou cerca de oito meses após o casamento. Uma viagem de inspeção forçava-o a deixar Mênfis por três semanas, e, com o anúncio de sua partida, Asnath, sem o prevenir, decidiu aproveitar sua ausência para fazer uma viagem a Heliópolis em companhia de Ranofrit, que também queria visitar Potífera e sua esposa enquanto Putifar estava em uma terra distante, onde um incêndio produzira danos consideráveis. Todavia, qual não foi a surpresa da jovem quando o intendente informou-a, respeitosamente, que o Adon proibira que fossem colocados à sua disposição os meios e o séquito necessários para uma viagem, e que, durante a sua ausência, qualquer viagem da jovem senhora estava proibida.

Asnath ficou paralisada por um instante, depois, enrubesceu vivamente e dispensou o intendente com um gesto impaciente. Contudo, assim que ele partiu, ela se precipitou para os aposentos de José, onde Pibisis informou que o Adon se encontrava sozinho na galeria contígua ao seu aposento de trabalho.

O jovem caminhava pensativo sob as arcadas, parando de tempos e tempos para fazer anotações, quando notou sua esposa, que corria em sua direção, e suas faces escarlates e seus olhos flamejantes o fizeram compreender "incontinenti" do que se tratava. Cruzando os braços, apoiou-se em uma das colunas, preparando-se para encarar a tempestade, enquanto um sorriso, que Asnath percebeu e que a exasperou ainda mais, errava em seus lábios.

— Desde quando sou prisioneira, e como você ousa me comprometer diante dos criados proibindo-os de executar minhas ordens? — exclamou a jovem, batendo o pé. — Quero visitar meus familiares e vamos ver se você irá me impedir!

— Desde que você se tornou minha mulher tenho o direito de proibi-la daquilo que julgar nocivo, e minhas ordens devem ser obedecidas tanto por você quanto por toda a casa — respondeu José com calma. — Além disso, peço-lhe que não se esqueça diante de quem você se encontra; não sou um escravo com quem se possa gritar desse jeito. Você não irá visitar sua família; já sinto suficientemente a influência de sua casta sobre a minha vida íntima. Sem ousar se revoltar contra mim, os veneráveis sacerdotes incutem engenhosamente em você a idéia de me desafiar. Mas, se isso não bastasse, dar-lhe ainda a ocasião de ouvir todos os títulos honoríficos com que seu pai e seus amigos costumam me brindar, é demais!

Por um momento, Asnath baixou os olhos, mas, quase imediatamente, ergueu a cabeça e disse ironicamente:

O Chanceler de Ferro do Antigo Egito

— Você pensa verdadeiramente que todos têm a obrigação de serem submetidos à sua grandeza, mesmo em foro íntimo? Todos esses homens veneráveis podem se calar diante da violência tirânica de Apopi, mas não se rebaixarão nem rastejarão diante de você.

— Uma razão a mais para afastá-la da companhia deles. Você já está suficientemente iniciada no desprezo que me dedica. Longe da lição de seus mestres, poderemos nos encarregar de despertar em você o respeito devido à minha grandeza. E agora, escute o que tenho a propor: se está aborrecida em Mênfis, venha comigo. Você não conhece Tanis, e as festas e honras com que irão cercar a esposa do Adon irão distraí-la.

Em uma outra ocasião, a proposta certamente teria agradado Asnath, que não refutava desempenhar o papel de primeira dama e se ver rodeada de homenagens e adulações. Mas ela estava muito irritada para apreciar a intenção conciliadora do marido neste momento. Assim, sacudiu a cabeça e declarou com um sorrisinho impertinente:

— Agradeço tais honras; mas você se esquece de que eu sou egípcia e que sei o quanto elas custam para os egípcios que se dão ao respeito. Quanto às homenagens dos "chasous", eu aqui já as tenho em abundância.

As finas narinas do Adon tremeram e um sombrio clarão brilhou em seus olhos.

— Asnath, não abuse de seu poder e da minha paciência — disse com severidade, dando um passo em direção a ela. — Sei que me despreza por causa da minha origem, assim como a sua casta, que dita a sua conduta. Em relação a isso, você pode pensar o que quiser, mas proíbo que você me diga, compreende? Ranja os dentes silenciosamente, como fazem seus queridos egípcios, mas como eles, que se curvam diante do Adon que pode esmagá-los, você deve dedicar a seu marido o respeito e a obediência. E, agora, deixe-me; preciso trabalhar.

E, voltando-lhe as costas, sentou-se em um tamborete junto à mesa e debruçou-se sobre seus escritos.

Cheia de cólera, Asnath se retirou, ruminando planos de vingança. E, no dia seguinte, assim que José partiu, dirigiu-se à casa de Ranofrit e lhe contou, em um tom indignado, a cena que tivera com José.

— Veremos se você se deixará comandar por esse cão impuro! Venha comigo e prove-lhe que sabe passar sem a sua permissão — observou a esposa de Putifar com uma careta de profundo desdém.

Asnath voltou para casa feliz e, dois dias depois, informou ao intendente que partiria com a tia. Como não tomou nenhum escravo, contentando-se em levar somente sua aia, e não levou nenhuma mula para as bagagens, o homem não ousou impedir sua senhora. Assim, Asnath deixou Mênfis, contente por desferir tal golpe em José.

Chegando em Heliópolis, a verdade não foi contada a Potífera, que ficou feliz com a visita da filha. Achando natural que ela aproveitasse a viagem do marido para se ausentar, ele não teve a mínima suspeita de sua desobediência. Além disso, o grão-sacerdote estava sobrecarregado de afazeres com a continuação das obras do Templo, e tinha somente alguns raros momentos para estar com sua família. Maia teve alguns temores quando soube a verdade, mas as duas visitantes a acalmaram, persuadindo-a de que era indispensável dar uma lição ao insolente.

Asnath já se encontrava em Heliópolis há cerca de quinze dias quando, numa manhã, Putifar chegou inesperadamente, visivelmente sombrio e descontente, e procurou imediatamente o grão-sacerdote.

— Não pressinto nada de bom — disse Maia.

E, com efeito, logo os dois homens apareceram e Potífera censurou severamente a filha, por ela ter não somente desobedecido o marido, mas também por ter se calado sobre esse fato. A seguir, informou que, em duas horas, ela partiria de volta a Mênfis com seu tio.

— Não posso voltar para junto do Adon; ele me maltrata, me humilha e me atormenta de todas as formas — gritou Asnath desatando em soluços.

— Você não se envergonha de inventar histórias e de se comportar de maneira assim tão desatinada quando seu pai recomendou que fosse prudente? — interrompeu Putifar com descontentamento.

Quanto ao grão-sacerdote, ele abraçou a filha, tentou acalmá-la e disse que José, muito aborrecido, declarara que se ele retivesse sua esposa em Heliópolis, um dia a mais que fosse, imporia às terras dos templos um imposto sobre os grãos e os obrigaria a entregá-los aos armazéns públicos. A simples idéia de tamanha violência, da qual José era bem capaz, ser exercida contra a sua casta, exasperava Potífera.

Apesar da cólera, a jovem teve, portanto, que partir, mas estava de tal forma exasperada que se despediu dos familiares duvidando até mesmo da afeição de seu pai. E foi em vão que o tio tentou persuadi-la, recomendando-lhe prudência e tentando fazê-la compreender a gravidade e a responsabilidade da sua posição, sendo ela uma arma perigosa nas mãos do Adon. No momento, a jovem escarnecia da política e das razões de Estado e só pensava em rever o marido para lhe fazer uma cena como ele jamais vira.

Não muito longe de Mênfis, um enviado de José os encontrou e pediu que Putifar conduzisse Asnath para uma casa de campo próxima à cidade e que lá a deixasse instalada. Essa nova disposição aumentou ainda mais a exasperação de Asnath, e Putifar a deixou com certa inquietação. Vibrando de impaciência, a jovem, em vão, esperou pelo marido. Mais de quinze dias se passaram sem que ele aparecesse, e ela continuava detida na vila, sem ver ninguém e não podendo ir além dos vastos jardins. Asnath pensou que ia perder a razão, mas, numa tarde, quando repousava na açotéia, do alto da qual se podia ver a estrada para Mênfis, surgiu no caminho uma nuvem de poeira e ela logo reconheceu o carro, seguido de inúmeros cavaleiros pertencentes à guarda de seu marido. Tudo se pôs a ferver dentro dela. Era só ele chegar! Mas, em vez do Adon, um pequeno escravo acorreu para dizer que o senhor pedia que ela descesse. Ela fechou os olhos e não se mexeu, mas após um quarto de hora o carro e os cavaleiros partiram.

De novo, quinze dias se passaram no silêncio e na solidão. Asnath compreendia que o marido a punia e queria forçá-la a reconhecer seus erros, mas morreria antes de lhe dar essa satisfação. Todavia, sua cólera se acalmara, dando lugar a um sentimento de sombrio e furioso rancor. Não fazia mais birra, permanecia deitada por dias inteiros. Depois, começou a se ocupar, inventando novos arranjos para a casa e para os jardins. Numa manhã, quando se ocupava, com dois jardineiros e alguns criados, em transplantar flores e arbustos raros nas platibandas situadas em torno de seu lugar favorito, um escravo acorreu ofegante para anunciar a chegada do Adon.

Um tenebroso rubor cobriu as faces de Asnath, e um sentimento amargo e ruim fez seu coração bater. No mesmo instante, ao fundo da longa alameda de figueiras, surgiu a alta estatura de José. Ela, então, ordenou que os domésticos entrassem, compreendendo que a conversa entre eles não seria adequada aos ouvidos dos escravos. Assim que os serviçais desapareceram, encostou-se à entrada do pavilhão e seu pequeno rosto adquiriu uma expressão de glacial indiferença. Mostraria a esse cão impuro que ele podia seqüestrá-la e maltratá-la, mas que sobre a sua alma ele não possuía nenhum poder.

José avançava rapidamente e seu olhar deslizava como uma chama sobre a encantadora face de sua mulher, que refletia uma feroz teimosia e não prenunciava nada de bom. Um profundo suspiro ergueu o peito do rapaz e o brilho febril dos seus olhos, os batimentos precipitados de seu coração, sob a fina túnica de bisso, teriam revelado a um observador mais atento que ele estava longe de sentir a calma que demonstrava externamente. Na verdade, José sofria com a longa separação de sua esposa e, por necessidade, assumia o papel de severo e impassível esposo. Se tivesse escutado somente seu coração, teria atraído para os seus braços sua antagonista adorável e selado a paz com um beijo. Mas sentia que Asnath, armada contra ele por seus inimigos, abusaria do poder que exercia para desafiá-lo e humilhá-lo sem piedade. Somente adotando sua orgulhosa natureza e sua revolta poderia esperar conquistar-lhe a estima e abrir caminho para o amor que ela sentia por ele, mas contra o qual lutava por ordem de sua casta e por teimosia.

Parando diante de Asnath, que parecia transformada em estátua, ele disse com calma:

— É assim que você recebe seu marido após uma separação tão longa e após tê-lo desafiado e ofendido com sua desobediência, insolência e teimosia, em vez de uma desculpa e uma palavra afetuosa?

O Chanceler de Ferro do Antigo Egito

A jovem ergueu a cabeça em desafio e suas pupilas brilharam de desprezo irônico.

— Que eu saiba, o faraó Apopi ainda não decretou que toda esposa egípcia deva se prostrar diante ou em presença de seu marido "chasou", e como não tenho nenhuma vontade de revê-lo, Adon, não me sinto obrigada a uma gratidão assim tão grande por sua visita. Sinto-me tão bem nesta solidão absoluta que não imaginei que seria perturbada.

José empalideceu levemente, e somente o tremor em suas narinas revelou a tempestade que crescia dentro dele. Mas não respondeu nada, pois não queria falar antes de ter readquirido o controle de si mesmo. Seu olhar vagou distraidamente sobre os vasos, os montes de terra fresca e os arbustos estendidos sobre a grama, para se fixar em um maço de varinhas de junco colocado sobre o banco a seu lado e destinado a sustentar as flores replantadas. Instintivamente, pegou uma das varinhas e começou a entortá-la nervosamente entre as mãos, mas Asnath viu nesse gesto um sentido concreto e inflamou-se. Agarrando a machadinha usada pelo jardineiro, lançou-se sobre o marido, brandindo-a, e gritou com uma voz irreconhecível:

— Ouse me bater, e eu mato você!

José, que não imaginara nada parecido, encarou-a com espanto; depois, recuando um passo, disse com severidade:

— Vejo que você mesma compreende o tratamento que merece, mas não tenho a intenção de me valer desse meio para torná-la mais bem-educada. Não será pela força dos meus punhos, mas pela minha vontade que eu a ensinarei a me respeitar. E, agora, largue essa machadinha; seria muito bonito que as pessoas a vissem brandir uma arma contra mim! Largue já — repetiu, franzindo as sobrancelhas e lançando sobre a esposa um olhar imperioso, tão fulminante, que, após um momento de hesitação, ela obedeceu.

José, então, por sua vez, atirou longe a varinha de junco e continuou em um tom calmo, mas enérgico:

— Bem, agora vou dar a você uma explicação decisiva. Estou farto de ouvir insultos, que não tem nenhum direito de proferir. Sempre me aproximei de você sem palavras ofensivas, com a intenção de restabelecer entre nós uma vida suportável, mas não para mendigar o seu amor. Você pensa mesmo que eu não poderia fazê-la sentir dolorosamente a dor do meu poder, por mais que seja a filha de Potífera? Mandando-a de volta, seu pai provou que não quer me desafiar e que compreende perfeitamente onde terminam os direitos de pai e começam os do marido. Se estivesse casada com um egípcio, jamais ousaria desafiá-lo assim. Comigo, o escravo libertado, pensa poder fazê-lo, e eu digo que aí você se engana. A esse escravo libertado que se tornou seu senhor, você deve respeito e obediência, assim como a Hor ou a qualquer outro homem de sua raça com quem você, porventura, tivesse se casado. E não permitirei que me despreze abertamente.

Agora, ouça a minha decisão sobre o que provocou com a sua desobediência, e já que você rejeitou um entendimento amigável, farei com que sinta a minha severidade. Se não vier me pedir perdão, como convém a uma esposa submissa, você permanecerá aqui, na solidão, excluída da sociedade, nem que seja a sua vida toda. Tomo os deuses como testemunhas — ergueu a mão — de que nenhuma súplica me fará mudar essa decisão; a seu pai e ao faraó responderei que estou usando meu direito imprescritível diante de uma mulher rebelde. E se você não vier me pedir perdão até a hora da minha partida, amanhã de manhã, será a pé que você deverá ir a Mênfis se mudar de opinião, pois aqui não haverá nem carro nem liteira. Pense bem, Asnath, nas conseqüências da sua teimosia, e escolha: quer retornar amanhã para o palácio de Mênfis ou prefere a solidão? Esta é a minha última palavra.

Com um grito de raiva e desespero, a jovem atirou-se sobre o banco e escondeu o rosto entre as mãos. José, que já tinha se afastado alguns passos, voltou-se e, vendo as lágrimas que rolavam entre os dedos de Asnath e os soluços convulsivos que a sacudiam, retornou e murmurou, com voz velada, inclinando-se:

— Asnath, seja boa, seja justa, deixe o seu coração falar e não o fel com que a envenenam. Diga uma palavra conciliadora, afetuosa, e esquecerei este momento e todos os outros, não menos dolorosos.

Com o coração apertado, ele esperou: a jovem lutava consigo mesma visivelmente; sua respiração ofegava, seus lábios

O Chanceler de Ferro do Antigo Egito

233

tremiam, contudo, permaneceu muda, com um amargo sorriso.

José afastou-se, dirigiu-se para os seus aposentos e mandou chamar os escribas que o acompanhavam, procurando afogar no trabalho os pensamentos dolorosos que o oprimiam.

Asnath também se fechou em seu quarto, proibindo quem quer que fosse de entrar sem ser chamado e, uma vez sozinha, entregou-se a um verdadeiro frenesi de desespero, que encontrou a calma numa prostração completa, semelhante a um desmaio.

Caía a noite quando esse estado letárgico se dissipou e a jovem se aprumou. Sentia-se quebrada, mas recuperara a capacidade de raciocinar. Assim, sentando-se junto à janela aberta, refletiu... Com dolorosa clareza, imaginou as conseqüências de sua teimosia. José não cederia em nada sobre as condições que impusera, isso sem dúvida. Sem dúvida também, seu pai não suportaria vê-la prisioneira e abandonada nessa vila. Quantos conflitos poderiam advir desses incidentes e, por sua causa, humilhar cruelmente a casta sacerdotal! Que vergonha para ela e os seus se, no fim, esse escravo libertado a forçasse a ir a pé até Mênfis mendigar o seu perdão! A razão dizia que deveria evitar tais eventualidades cedendo, mas o orgulho se contorcia e se revoltava contra essa necessidade.

Com um gemido rouco, Asnath fechou os olhos, apoiou-se no encosto de sua cadeira, mas, de repente, estremeceu e aguçou os ouvidos: o grito de um pássaro noturno acabara de soar, vindo de uma moita próxima à janela; depois, em intervalos iguais, esse grito se repetiu ainda quatro vezes. A jovem levantou vivamente, envolveu-se com uma manta escura e se esgueirou para o jardim. Tinha certeza de que algum serviçal do Templo teria uma mensagem secreta de seu pai e, com o sinal combinado, a prevenia de sua presença. Com precaução, penetrou no pequeno bosque, esgueirando-se entre os arbustos, quando, de repente, uma mão agarrou a sua. Distinguiu uma sombra vaga que acabara de sair de trás de uma árvore, e uma voz murmurou ao seu ouvido:

— Evite tudo que possa criar conflitos entre os sacerdotes e o Adon; a hora em que todas as humilhações serão vingadas está próxima. Portanto, vá e peça perdão ao cão insolente, ceda à sua ordem; essa é a vontade de seu pai, e que Rá a proteja!

234   J. W. Rochester

Um ligeiro farfalhar de folhas se fez ouvir, e a sombra apagou-se na escuridão. Asnath, petrificada, viu-se só. Tremendo, entrou. Por nenhum momento pensou em resistir à ordem do Templo, mas como seu pai sabia o que se passara entre ela e o marido poucas horas antes? De súbito, lembrou-se que seu pai estava sempre a par de coisas desconhecidas de todos e que vinham de longe. Assim, no dia da elevação de José em Mênfis, Potífera conversara com Racapou; sem querer, ela surpreendera algumas palavras da conversa e sabia que essas graves notícias eram transmitidas de templo em templo com uma rapidez extraordinária. Mas, como essa comunicação ocorria, ela ignorava. No mais, isso pouco a interessava no momento; a humilhação inevitável que deveria sofrer a absorvia por inteiro e, com o coração cerrado como um tornilho, dirigiu-se lentamente para o aposento de José.

Seguindo a indicação de um escravo, atravessou a sala de refeições, onde ainda se podia ver a ceia intacta sobre a mesa, e penetrou no terraço contíguo. Lá, percebeu, de pronto, seu marido sentado sobre a balaustrada: as chamas de dois trempes altos, cheias de pez, clareavam sua curta veste branca e as jóias que ornavam seu pescoço e seus braços. Sobre esse fundo avermelhado, seu perfil orgulhoso e simétrico se destacava vigorosamente. Ele estava estranhamente pálido e uma indescritível expressão de amargura e cólera franzia seus lábios.

Asnath parou, tomada por uma súbita fraqueza, e suspirou pesadamente; sua cabeça girava e ela quase caiu. Esse suspiro oprimido, porém, chegou aos ouvidos do Adon; ele se voltou e, erguendo-se rápido, aproximou-se da jovem, a quem envolveu com um longo e sombrio olhar. Fez-se um silêncio; mudo, com as sobrancelhas franzidas, o jovem esperava, observando a luta interna que se desenhava no rosto desfeito de Asnath. Por fim, ela murmurou mecanicamente, com uma voz apagada:

— Perdoe-me, José.

— Está bem. Amanhã você retornará a Mênfis — respondeu friamente. — Você executou bem a ordem que lhe foi enviada do Templo. Deixe-me dizer que você é muito orgulhosa para ceder à voz do coração e da justiça, mas concorda, com o seu orgulho, em ser a escrava, o instrumento cego dos sacerdotes, e se humilhar, se ordenarem, quando isso lhes é útil.

O frio e duro desprezo que vibrava em sua voz atingiu Asnath como uma bofetada; o conhecimento que ele tinha da vinda do sacerdote assustou-a, ela cambaleou e, se José não a tivesse segurado a tempo, teria caído no chão. Vendo que ela perdera a consciência, o jovem levou-a para um canapé e tentou fazê-la voltar a si. Sua cólera se dissipara ao ver o pequeno rosto pálido e sofrido de Asnath, mas, ao lembrar dos instigadores de todos os seus desgostos, seus punhos se crisparam:

— Ah, como me vingar de vocês, dessa casta execrável cuja infernal maldade encontrou o meio de matar minha alegria até mesmo em meus braços! — murmurou com os lábios tremendo.

Quando voltou a si e seu primeiro olhar encontrou o rosto ansioso do marido, inclinado sobre ela, Asnath fechou novamente os olhos. Depois, após um instante, ajeitou-se e murmurou sem encará-lo:

— Quero voltar para os meus aposentos; estou bem agora.

— Francamente, você se sente bem e quer sair daqui? Não sente, então, nenhuma necessidade de fazer as pazes sinceramente e esquecer um pouco os espectros vestidos de linho que se colocam entre nós? — perguntou José, erguendo a cabeça inclinada e pousando nos olhos escurecidos de Asnath um olhar meio zombeteiro, meio apaixonado.

A jovem enrubesceu: o sorriso carinhoso, a voz aveludada, o brilho encantador dos grandes olhos esverdeados exerceram sobre ela o seu poder habitual; seu coração bateu tumultuosamente e ela não resistiu mais quando José atraiu-a para si e disse:

— Agora repita, por sua própria vontade, as palavras que lhe foram ditadas pelos meus inimigos.

— Me perdoe, José — murmurou Asnath.

Sua voz era incerta, mas um sorriso errava em sua boca empalidecida. José, então, esqueceu e perdoou todas as más ações, todas as palavras ofensivas de sua frágil e sedutora adversária no momento em que, vencido, apertou-a em seus braços. Ele tinha consciência de sua fraqueza, da paixão que subjugava e tornava indulgente, conciliador, o severo, impiedoso e cruel chanceler de ferro do faraó Apopi.

Capítulo 2
ISRAEL NO EGITO E A FOME

Tomai vosso pai e vossas famílias e voltai para mim; eu vos darei a melhor terra do Egito e comereis da fartura da terra.

Não tenhais nenhum pesar pelo que deixardes, porque será vosso o que houver de melhor na terra do Egito.

(Gênese, cap. XLV, vv. 18 e 20)

O incidente que acabamos de descrever produziu em Asnath uma profunda impressão e provocou uma mudança acentuada em seu caráter e em sua maneira de ser. Ela tornou-se mais prudente, mais reservada, evitando, cuidadosamente, qualquer coisa que pudesse desagradar José, submetendo-se silenciosamente aos seus desejos. Não queria mais dar motivo para conflitos, nem provocar humilhações, mas essa coação exercida sobre a sua natureza irritável e voluntariosa criou em suas relações uma tensão penosa, uma monótona indiferença que, às vezes, fazia José sentir falta das tempestades e das alternâncias de chuva e Sol dos primeiros tempos do seu casamento. Ele não tinha mais queixas de palavras ofensivas, mas a obediência passiva e quase temerosa da esposa o exasperava de vez em quando.

O nascimento de um filho deu uma alegria indescritível ao jovem; sobre a cabeça dessa criança depositava as maiores esperanças, pensando que ela se tornaria não somente um elo que o reconciliaria com a raivosa e orgulhosa casta sacerdotal, mas também que Asnath, como mãe, esqueceria os preconceitos que os separavam e transferiria, enfim, para o pai a afeição que a criança lhe inspiraria.

Essa esperança não se concretizou. Nos primeiros tempos, Asnath bem que pareceu se ligar ternamente ao recém-nascido, mas uma visita que Potífera fez a Mênfis estendeu um manto de gelo sobre esse sentimento que nascia. Apesar de restabelecida do parto, a jovem ainda se mantinha em seus aposentos, quando o grão-sacerdote foi vê-la. A ama-de-leite apressou-se em lhe apresentar o pequeno Manassé, mas em vez de abraçá-lo

O Chanceler de Ferro do Antigo Egito

237

e abençoá-lo, Potífera afastou a escrava com um gesto distraído e, sem parecer notar a criança, aproximou-se animadamente da filha, apertando-a contra o peito, murmurando:

— Você ainda é a filha querida que precisei sacrificar e que os deuses purificarão quando soar a hora da libertação; mas o filho do cão impuro permanece abjeto como o pai e jamais desfrutará do amor de nossa família.

Pálida e confusa, Asnath abaixou a cabeça; compreendera que estava proibida de amar a criança, assim como fora proibida de amar o marido. Então, a partir desse dia, tornou-se ainda mais pensativa e silenciosa. O nascimento de um segundo filho não mudou em nada essa situação. Potífera e sua mulher manifestavam aos netos uma fria indiferença, e Asnath ocupava-se pouco dos filhos, demonstrando-lhes a mesma indiferença que ao marido. Somente algumas vezes seu olhar se fixava longamente nas graciosas criaturinhas, e uma carícia furtiva parecia trair sentimentos mais profundos, mas sempre dissimulados.

Como se pode compreender, tal situação era, às vezes, intolerável para José, provocando-lhe, de início, cenas de fúria e de injúrias. Todavia, sua exaltação esgotara-se diante da resistência passiva de Asnath. Além disso, o estranho poder que a beleza da jovem exercia sobre ele sempre o levava até ela. Assim, com a ajuda do tempo, o casal estabeleceu entre si relações friamente polidas. Ele dissimulava a paixão incubada em seu coração, mas seu ódio pelos sacerdotes e pela nobreza egípcia atingira o apogeu. Estava sendo corroído por um amargo desejo de vingar os dissabores da sua vida conjugal. Além disso, os assuntos de Estado o absorviam ainda mais que antes, pois a fome prevista chegara e desolava o Egito há dois anos. A miséria começava a se fazer sentir duramente, e quem quisesse obter alimento nos armazéns da coroa tinha que pagar à vista. Sobre esse ponto, o Adon não tinha misericórdia.

Desde o início da escassez, a corte deixara Mênfis para se estabelecer em Tanis. As razões dessa mudança permaneciam obscuras para o povo, mas os sacerdotes e os nobres sabiam que o o faraó e seu ministro preferiam se estabelecer no centro das populações semitas que habitavam o delta durante esses duros anos, pois esse povo, tanto por sua origem quanto

238   J. W. Rochester

pela sua religião, pois adoravam Set-Tifon ou Baal[1] sírio, era aparentado dos hicsos e, por conseqüência, menos hostil que o povo puramente egípcio. Além disso, em Tanis, eles estavam mais perto de Avaris, a poderosa fortaleza dos pastores, que conservavam num acampamento entrincheirado uma guarnição de cerca de duzentos mil homens, o que lhes assegurava uma retirada segura e uma base de operações em caso de uma revolta do país, provocada pela miséria e apoiada por Taa III e pelos sacerdotes, cuja surda, mas incessante hostilidade não pressagiava nada de bom.

E, de fato, sem ostentação, mas com uma persistência que nada os desanimava, os sacerdotes espalhavam rumores de que a seca e a fome eram um castigo infringido pelos deuses para punir o povo por sua covardia, ao suportar por tanto tempo o jugo do estrangeiro que desprezava as divindades do país de Kemi, negligenciava os sacerdotes e oprimia os vencidos. Quanto a José, ele era descrito como um monstro criado pelo cruel deus dos "chasous" para impedir qualquer revolta e manter o povo na obediência e na submissão à custa da miséria.

Esses rumores eram confirmados pela dureza com a qual o Adon manejava o terrível poder que foi colocado em suas mãos pelos imensos depósitos de trigo acumulado pelos armazéns públicos, que, com toda a acepção da palavra, fazia dele o árbitro da vida e da morte das populações famintas, as quais, de todas as províncias do Egito, assim como da Síria e da terra de Canaã, afluíam a Tanis trazendo seu ouro, sua prata e, já com muita freqüência, seus utensílios e as jóias de suas mulheres para trocá-los pelo pão indispensável à sua existência. Com a energia e o espírito prático que o caracterizavam, José tomara as medidas mais amplas para garantir seu poder e também o funcionamento regular do tráfego de trigo; todo o corpo de funcionários ligados aos armazéns públicos e as tropas que zelavam pela sua segurança eram compostos exclusivamente de hicsos; os chefes eram homens de fidelidade comprovada e, em geral, a maior parte dos altos cargos de Estado, ainda

---

1 Baal - Deus cultuado em antigas comunidades semitas, especialmente entre os canaanitas, onde era adorado como deus da fertilidade. A prática de sacrifícios e prostituição foi assossiada ao culto a Baal, sendo desde então combatido veemente entre os antigos profetas.

O Chanceler de Ferro do Antigo Egito

confiados a egípcios no início do reinado de Apopi, passavam gradualmente para homens de José, unindo, dessa forma, sob seu punho de ferro, todas as engrenagens da máquina governamental que o fraco faraó, mais achacado e doente do que nunca, confiava completamente a seu favorito.

O palácio do Adon também mudara de aspecto: na grande sala onde outrora recebia os solicitadores ou concedia audiência aos enviados estrangeiros antes que se apresentassem ao faraó, estava agora instalado um vasto balcão. Cercado de escribas, acocorados sobre as esteiras, José ficava sentado sobre um estrado. Impassível e duro, ele negociava o preço de cada medida de grão em troca do ouro, do gado ou mesmo da liberdade dos infelizes que desfilavam diante dele e se submetiam aos mais duros sacrifícios para serem apenas alimentados, assim como suas famílias. Quando, enfim, todas as condições estavam fixadas, os escribas anotavam, o comprador e as testemunhas assinavam o documento no qual o Adon punha o selo do Estado e, em troca desse ato, era entregue um certificado com o qual o comprador se apresentava à loja onde lhe seria entregue a quantidade de grãos estipulada. À entrada da sala e na galeria que a precedia, havia balanças nas quais eram pesados os metais, as especiarias e os bens preciosos, enquanto joalheiros e outros especialistas examinavam e taxavam as jóias, as pedrarias, os tapetes da Babilônia, os tecidos fenícios e as armas de valor que eram trazidos de toda parte.

Essa vasta sala de audiência parecia uma casa de penhores moderna, e ali nada se fazia sem a autorização de José. A visão das extraordinárias riquezas que se acumulavam despertara-lhe o instinto ganancioso inato do semita, e o primeiro dignatário do Egito tornou-se, também, seu primeiro agiota, precursor do usurário ávido e sem escrúpulos que fez da usura uma arte, que tal como um vampiro fixa-se em todo país, em todo povo onde a miséria ou a desgraça finca sua bandeira, enriquecendo com a ruína daqueles que o abrigaram. E José era odiado como deveriam ser seus descendentes, esses financistas que transformam em moeda qualquer catástrofe, não admitindo outra aspiração que não seja o ganho, e rindo de qualquer outro culto que não seja o do ouro.

Para que não me acusem de proferir palavras vãs, citarei aqui o que a antiga crônica dos hebreus conservou sobre a atividade de José no Egito:

"Quando se esgotou o dinheiro da terra do Egito e da terra de Canaã, todos os egípcios vieram a José, dizendo: 'Dá-nos pão! Por que deveríamos morrer sob tua vista?'

Então, disse José: 'Trazei vossos rebanhos e vos darei pão.'

Eles trouxeram seus rebanhos a José e este lhes deu pão em troca de cavalos, ovelhas, bois e jumentos.

Quando terminou aquele ano, no ano seguinte voltaram a ele e lhe disseram: 'Não podemos ocultá-lo: esgotou-se, na verdade, o dinheiro, e os animais já pertencem a meu senhor; nada mais resta à sua disposição senão nossos corpos e nosso terreno.

Por que deveríamos morrer sob tua vista, nós e nosso terreno? Compra-nos, pois, a nós e a nosso terreno em troca de pão, e nós seremos, com nosso terreno, os servos do faraó. Mas dá-nos semente a fim de que vivamos e não morramos, e o nosso terreno não fique desolado.'

Comprou, assim, José, todos os terrenos do Egito, pois os egípcios venderam cada qual o seu campo, tanto os impeliu a fome, e o país passou às mãos do faraó.

Quanto aos homens, ele os reduziu à servidão, de uma extremidade à outra do território egípcio.

Somente o terreno dos sacerdotes ele não comprou, pois os sacerdotes recebiam uma renda do faraó e viviam da renda que recebiam. Por isso não tiveram que vender seu terreno."

(Gênese, cap. XLVII, vv. 15 a 22)

Penso que isso seja suficiente para convencer o leitor imparcial de que se José, por um lado, salvou o Egito da fome, por outro ele o fez pagar duramente por isso, e que é muito difícil acreditar que os egípcios tenham considerado um prazer e admirado como uma dádiva a necessidade de vender tudo o que possuíam, até a sua própria liberdade, esse bem supremo do mundo antigo.

Os mesmos sentimentos humanos que sentimos hoje moveram essas gerações extintas, e nos corações desses homens, que se despojavam de todos os seus pertences para salvar a vida, ardia um ódio implacável. Somente quando todos os recursos estavam esgotados, eles se dirigiam ao palácio do Adon, e os rostos emagrecidos e bronzeados se crispavam de raiva e dor quando a videira hereditária, o colar de honra recebido por um ancestral ou o rebanho do qual cada um fazia sua riqueza e seu orgulho passava, por algumas linhas traçadas pela pluma de um escriba indiferente, para as mãos do implacável estrangeiro.

A chegada de seus irmãos despertou no coração de José sentimentos múltiplos: a satisfação de fazer sentir seu poder a esses homens que desumanamente o venderam e, ao mesmo tempo, um amargo desejo de rever seu pai e seu irmão Benjamin, esses seres próximos, não apenas pelo sangue, mas pelo coração. Em seu palácio, em meio às honras, sentia-se só, ao lado dessa esposa que jamais soubera com certeza se o amava ou não, cuja família inteira lhe demonstrava uma hostilidade e um desdém apenas disfarçados que ninguém conseguia vencer. Mas o sentimento de satisfação provocado pela vinda de seus irmãos apagou-se rapidamente: sonhara de outra forma com o triunfo de dizer a eles: "Vejam por que futuro de grandeza e riqueza vocês me venderam."

Esses homens bravos, simples, só sentiam humilhação e temor diante dele: nem mesmo consideravam mais como irmão o altivo dignatário, de aparência elegante e cuidada, de modos refinados. Eles se prostravam com tal naturalidade diante dele, beijavam seus pés e suas vestes com ingenuidade e adoração tão sincera que, para José, que se habituara a ver curvadas as frontes mais altivas do Egito, sua supremacia sobre os pobres pastores perdera todo o interesse. Mas ele desejava rever o pai. No sábio ancião, encontraria um amigo verdadeiro, confidente de seus pensamentos, útil e fiel.

✻ ❨9❩ ✻

Por fim, após longas semanas de espera, José recebeu a notícia, impacientemente aguardada, de que a imensa caravana que trazia seu pai e sua família da terra de Canaã aproximava-se de Tanis. Ele, então, decidiu ir logo ao seu encontro e ordenou a Asnath que o acompanhasse.

A jovem não fez nenhuma observação e, como de hábito, respondeu:

— Estarei pronta para quando você ordenar.

Todavia, na noite seguinte, ela recebeu do Templo uma ordem formal de não assistir à recepção desse impuro pastor, a quem seu filho queria ostentar para ridicularizar os egípcios. Asnath ficou satisfeita e inquieta com essa proibição: por certo, não tinha nenhuma vontade de receber esse grupo de nômades; os homens barbudos e selvagens que vira serem presenteados por seu marido, que os chamava de irmãos, inspiravam-lhe um desgosto insuperável. Mas, por outro lado, as dissensões com José a repugnavam; sua desobediência aberta, mesmo que não provocasse uma cena penosa, abalaria certamente o entendimento, frouxo, mas pacífico, que no momento reinava entre eles. Após uma reflexão madura, resolveu usar um artifício: fez todos os preparativos como se fosse acompanhar o marido, e somente no momento em que a esperavam para subir na liteira, uma criada correu para anunciar que uma súbita e violenta indisposição impedia sua senhora, que acabara de se deitar, de deixar a casa.

Um sombrio rubor inundou o rosto do Adon, mas, sem responder e sem ir ao encontro da esposa, como sempre fazia quando ela estava indisposta, ele dispensou a liteira, fez com que os cavalos fossem atrelados ao seu carro e partiu.

Asnath pensava que, após seu retorno, ele lhe faria uma cena desagradável, mas ele não veio aos aposentos de sua mulher, e quando não se alimentava no Palácio Real ou na casa de seus conhecidos, fazia com que suas refeições, mesmo as noturnas, fossem servidas em seus aposentos. Mais de uma semana transcorreu assim. Triste e preocupada, Asnath passeava uma noite pelo jardim, quando, do desvio de uma alameda, surgiu uma mulher dentre os arbustos e atirou-se a seus pés, murmurando:

— Misericórdia!

Atônita, diante da desconhecida, Asnath parou e questionou-a; mas a solicitante, jovem e bela criatura, parecia enlouquecida de desespero e, desatando em soluços, subitamente repetiu:

— Salve Neitotep, nobre senhora; peça ao Adon por ele!

Quando esse acesso de dor se acalmou um pouco, Asnath entendeu que Neitotep era um empregado subalterno, que servia em um armazém público, próximo a Tanis, que fora considerado culpado de malversação e de dilapidação; embora movido por um bom sentimento, ele primeiro distribuíra, depois

O Chanceler de Ferro do Antigo Egito

vendera, trigo aos pobres, seus próximos e conhecidos.

A coisa fora descoberta, ele estava na prisão, e José o condenara a um castigo físico cruel, à perda de seu cargo e à deportação para uma das fortalezas fronteiriças para trabalhar nas fortificações que estavam sendo construídas. A jovem mulher de Neitotep, louca de desespero, imaginara implorar a Asnath que intercedesse junto ao marido para obter, se não o perdão, ao menos um abrandamento da pena do infeliz, que deveria ser castigado naquela próxima manhã e deportado alguns dias mais tarde, com outros condenados.

— Por que você não veio mais cedo?

— Ah, tentei chegar até a senhora várias vezes, mas em vão. E a senhora não deixava o palácio. Somente esta noite eu consegui me esgueirar pelo jardim — respondeu a esposa de Neitotep, afogando-se em lágrimas.

Asnath apoiou-se no encosto do banco no qual se sentara e refletiu. Uma profunda piedade por essa pobre gente a invadira e, de boa vontade, os ajudaria; mas como? Conhecia a severidade de José com os delitos desse gênero. E como ela, que jamais lhe pedia nada, iria implorar um perdão? E isso justamente num momento em que ele estava aborrecido com ela, quando o ofendera consideravelmente? E se ele negasse, e ela se humilhasse em vão? Todo o sangue lhe subiu à cabeça ao pensar isso, mas um olhar sobre o rosto lívido e desfeito da jovem mulher, que, com os olhos pregados nela, colocara-se de joelhos, amoleceu-a novamente.

— Você ama muito o seu marido? — perguntou de repente.

— Se o amo? Eu sacrificaria mil vezes a minha vida para salvar a dele! — respondeu a pobre mulher com um tom que tocou profundamente Asnath e encheu, de repente, o seu coração de uma espécie de amargo ciúme por essa mulher, ínfima e infeliz, que tinha o direito de amar seu marido com toda a sua alma. Ela não hesitaria em pedir a ele um favor.

— Tentarei salvar Neitotep — disse com súbita resolução.

— Vá até aquele pequeno pavilhão à esquerda, Toua, e espere por mim. Não perca a coragem, se eu demorar muito; precisarei esperar que o Adon esteja só para lhe falar.

— Esperarei até o amanhecer, rogando aos deuses que a

José reconhecido por seus irmãos, de Tardieu Jean-Charles - 1788.

inspirem e amoleçam o coração de seu esposo — respondeu Toua, beijando as vestes da jovem em sinal de reconhecimento.

Asnath voltou para os seus aposentos, ajeitou a fina túnica bordada que vestia, assim como as jóias que ornavam sua cintura, seus braços e seus cabelos, e, após um último olhar em direção ao espelho de metal, dirigiu-se com um passo hesitante para o aposento de trabalho de José.

— O Adon está só, Pibisi? — perguntou ao escravo que, como de costume, permanecia à porta do aposento contíguo.

— Sim, nobre senhora, o escriba Hapi acaba de se retirar.

Asnath atravessou o recinto com um passo leve, ergueu a cortina e penetrou na sala de trabalho, iluminada por lâmpadas de óleo odorante. José estava sentado diante da mesa sobrecarregada de papiros e tábuas, mas não trabalhava. Com a cabeça apoiada nas mãos, estava absorto em uma meditação profunda; jogara em um banco a seu lado o claft que usava habitualmente, e a doce claridade da lâmpada se refletia em seus belos cabelos castanhos encaracolados e em seu rosto pálido, marcado de tristeza e revelando um profundo cansaço.

A alguns passos da soleira, a jovem parou; mil sentimen-

O Chanceler de Ferro do Antigo Egito

tos contraditórios fervilhavam dentro dela; pesar, inquietação e orgulho impeliam-na a fugir. Mas a piedade e sua bondade inata faziam-na ficar e tentar interceder. Ele parecia triste e não sentir raiva. Talvez estivesse acessível à piedade. Com um gesto nervoso, passou a mão sobre a fronte; esse movimento fez tilintar os braceletes e os amuletos de seu colar; José virou-se bruscamente e, ao ver a esposa, enrubesceu levemente.

— Você, Asnath?

— Sim; desculpe-me se atrapalho — respondeu com esforço.

Um sorriso triste e irônico vagou pelos lábios do Adon.

— Essa é uma desculpa que certamente seria supérflua na maior parte dos lares de Tanis: em geral, uma esposa amada sente-se sempre bem-vinda.

— Venho importuná-lo com um pedido, o que você detesta, eu sei, e temo tê-lo incomodado em vão — disse, enrubescendo fortemente.

— De fato? E você lamenta antes mesmo de ter falado? — observou José com calma. — Mas, aproxime-se e sente aqui — ele indicou-lhe a cadeira a seu lado, de onde tirou o claft, jogando-o no chão. Vendo a jovem hesitar, acrescentou: — Prefere ficar aí, à porta, em posição suplicante?

Asnath sentou-se, com os olhos baixos, pensando em como abordaria a questão. José encarou-a e seu coração começou a bater mais forte; a fascinação que a beleza da jovem exercia sobre seus sentidos o arrebatava. Seu amor, sempre acossado pela frieza de Asnath, sempre irritado pelos obstáculos e pelas dissensões, aumentava em vez de diminuir. Pareceu-lhe que há muito não a via tão sedutora como nesse momento; tão frágil, tão graciosa, com uma expressão de incômodo e temor em seu rosto infantil.

— Bem, que a mais rara das suplicantes desta sala fale logo, e diga se é ao Adon ou ao esposo que vem pedir — disse com voz vibrante.

Asnath ergueu a cabeça, mas, ao encontrar o olhar ardente das pupilas esverdeadas que a encaravam, sentiu uma súbita fraqueza. Sabia que o Adon não lhe concederia nada e suas relações com o esposo eram muito estranhas! Novamente sentiu a amargura e o ciúme que sua conversa com Toua provocara, e a tensão de seus nervos cedeu subitamente e ela apoiou-se na

246   J. W. Rochester

mesa e desatou em soluços.

— O que você tem, Asnath? — perguntou José, inclinando-se para ela.

— Nada, nada — disse ela, tentando conter as lágrimas. E, para evitar qualquer explicação espinhosa, expôs rapidamente a causa que a trazia.

O Adon escutava silenciosamente, não abandonando com os olhos aquele rosto encantador e exaltado, assim como a pequena boca trêmula de sua interlocutora.

Quando ela tinha terminado, puxou sem responder duas faixas de papiro, traçou algumas linhas sobre uma e outra, aplicou seu selo e estendeu-as à jovem.

— O que é isto? — perguntou ela, perturbada.

— É uma ordem ao chefe das prisões para libertar Neitotep, eu o perdôo. Você pode expedi-la a seguir por um dos oficiais de serviço. Mas como não posso manter esse homem a serviço do Estado, envio-o, na qualidade de intendente, para nossa vila perto de Mênfis; o velho Anúbis faleceu, você tem em mãos a nomeação. Nosso primeiro intendente fará o resto quando seu protegido se apresentar a ele.

Um rubor de alegria inundou o rosto de Asnath.

— Obrigada, José! — exclamou com os olhos brilhantes.

Estava tão feliz, tão grata naquele momento, que, cedendo ao primeiro impulso, desejou atirar-se nos braços do marido. Todavia, detendo-se, apenas apertou-lhe a mão, repetindo:

— Obrigada! Obrigada!

— Você se proíbe de me agradecer mais ternamente, mesmo quando o seu coração a impele? Você sabe que o que acabo de fazer ninguém no mundo teria obtido — observou José com uma surda irritação.

— Não, não, com toda a minha alma, sou grata a você, sobretudo neste momento em que sei que está aborrecido comigo — murmurou Asnath empalidecendo.

— Aborrecido, com o quê?

— Você não acredita em minha doença da semana passada — disse ela, tão baixo que somente o ouvido aguçado de José conseguia entender.

— Ah, pelo contrário — respondeu ele com irônica bono-

O Chanceler de Ferro do Antigo Egito

mia. — Acredito nessa terrível e perigosa doença prescrita pelo Templo, e sei que você está sujeita a doenças desse gênero, não negue! — ele pegou sua mão e atraiu-a para si. — Asnath, seus olhos refletem uma alma pura, um coração amoroso e bom; você pode me encarar e repetir que estava verdadeiramente doente?

Asnath abaixou a cabeça silenciosamente.

— Já sei o suficiente — disse José com furiosa amargura.

— Ah, como a sua casta abusa da minha paciência! Seu ódio, seu desprezo, eu perdoaria, mas sua ingerência em minha vida íntima ultrapassa os limites. Essa infâmia de me arrancar o ser que me é mais próximo, que está ligado a mim pelo elo mais sagrado, de inspirar em você sentimentos contra a sua natureza, por meio de sua nefasta influência, matando em você a mãe, como mataram a esposa, cuja boca se fecha quando gostaria de dizer "eu te amo!"; ah, disso eu me vingarei, e serei tão impiedoso quanto são comigo.

Sua voz vibrava de uma exasperação apenas contida, e seus olhos esverdeados brilhavam como duas chamas destrutivas.

— O que você está dizendo, José? — disse Asnath, apavorada.

— A verdade, não adianta negar. Quaisquer que sejam os sentimentos que lutam dentro de seu ser, você se cala, pois treme diante do desprezo de sua casta e me deixa sozinho, embora tenha prometido ser uma amiga para mim.

Perturbada, dividida entre a angústia de faltar com sua promessa e o reconhecimento pelo que seu marido acabara de fazer, impelida pelo sentimento mais profundo que José lhe inspirava, Asnath enlaçou o pescoço do marido e encostou a cabeça em seu ombro. Suas lágrimas transbordavam. Com um gesto nervoso, o jovem apertou-a contra si.

— Eles também me pagarão essas lágrimas — vociferou com voz surda.

Asnath endireitou-se; uma angústia mortal podia ser lida no olhar que ela lhe dirigiu:

— José, José, não lute com os sacerdotes, não os desafie tão orgulhosamente — exclamou com voz suplicante. — Sua luta será vã, você acabará por sucumbir a ela. Você reina no Egito pela força e pela opressão; eles comandam as almas. Você é um, eles são centenas, e, aos olhos deles, você é e sempre será o estrangeiro impuro, elevado ao posto de Adon por um faraó usurpador e impuro como você. Seja prudente, José, pois terrível é a força dos templos, o poder desses homens que falam à divindade e sondam todos os mistérios da natureza. Eles possuem forças desconhecidas e o destruirão.

José escutou com o olhar brilhante:

— Agradeço suas palavras, ditadas pela afeição e pela amizade — disse beijando os lábios de Asnath. — Mas entre a sua casta e eu, a paz não é mais possível. Eles me atingiram de forma muito dolorosa e por isso desejo lhes dar ódio por ódio. E lutarei, impiedosamente; sozinho, é verdade, mas sozinho também já encarei todos eles. E quanto mais me ferirem, mais eu os farei curvar. Será com lágrimas de sangue que os farei pagar cada momento que envenenaram.

José se endireitara, uma inflexível firmeza vibrava em sua voz. Seu olhar transbordava de orgulho e ódio, e, com um profundo suspiro, Asnath abaixou a cabeça.

O que mais poderia fazer, além de se curvar e sofrer, flor frágil, atirada pelo destino entre os dois elementos destruidores que se lançavam um sobre o outro, e cujo choque faria tremer até as profundezas da velha terra do Nilo?

Capítulo 3
O APETITE VEM COM A COMIDA

> Assim, não fostes vós que me enviastes para cá,
> mas Deus, e ele me estabeleceu como pai para
> o faraó, como senhor de toda a sua casa, como
> governador de todas as regiões do Egito.
> (Gênese, cap. XLV, vv. 8)

Esse incidente estabeleceu relações mais amigáveis entre o casal. Contudo, no fundo de sua alma, Asnath estava triste, dividida entre os dois partidos que disputavam o Egito, sentindo-se ligada a ambos. Sofria com as mágoas que eram trocadas reciprocamente e sabia que se José era bom para ela, em contrapartida era impiedoso com o povo, devorado pela miséria. Seu coração se apertava como se estivesse dentro de um tornilho, quando sua liteira encontrava a fila de homens magros, com os traços crispados, que traziam ao palácio do Adon seu último torrão de terra ou o próprio corpo para trocar pelo pão de cada dia.

Tremia, também, diante dos olhares sombrios, raivosos, cheios de desprezo, com que a encaravam, e nesses momentos, o luxo real que a rodeava e as jóias que a cobriam pesavam como correntes de ferro sobre a jovem egípcia.

Em meio à tristeza e ao isolamento que, apesar de tudo, pesavam sobre ela, foi uma alegria inesperada saber que seu irmão Armais, que servia em Heliópolis, expressara o desejo de ser transferido para Tanis, na guarda do faraó.

José, que conhecia a antipatia apenas disfarçada que o jovem oficial sentia por ele, ficou surpreso com o pedido. Entretanto, satisfez o desejo do cunhado, e Armais foi nomeado para um cargo importante na guarda do rei.

O belo adolescente tornara-se um homem sério e altivo, reservado e pouco comunicativo. Em aparência, era parecido com a irmã, e sua sedutora personalidade logo atraía a atenção das mulheres, ainda mais porque era livre, pois fora noivo da filha do primeiro hierogramático do Templo do Sol em Heliópolis, mas a jovem morrera e ele não concluíra outra união. José observou-o, esperando ver que atitude o cunhado adotaria diante dele, mas o jovem apresentou-se com cerimônia, de uniforme, como um subordinado diante de seu chefe, e, desde então, manteve relações mais oficiais, visitando raramente a irmã, somente nos horários em que pensava encontrá-la sozinha, e só se apresentava nas reuniões mais numerosas se recebesse convite expresso. Essa conduta provocou em José a suspeita de que Armais tinha algum objetivo secreto e desconhecido com essa mudança de residência. Assim, resolveu vigiá-lo de perto.

Os acontecimentos políticos absorviam completamente o Adon. O plano gigantesco que traçara a Apopi no dia de sua elevação começava a se realizar. Com uma freqüência cada vez maior, chegavam solicitantes, do Alto Egito e até mesmo dos nomos mais distantes, que comprometiam suas terras ou entregavam seu ouro nas mãos do cruel financista que, lentamente, mas com segurança, envolvia a terra de Kemi, do delta às cataratas, com um fio invisível, mas indestrutível, já que a necessidade, a fome e a ruína forjavam as suas malhas.

Enquanto a miséria e as privações consumiam cada vez mais o povo egípcio, a colônia de nômades que viera com Jacó, e se estabelecera na parte mais fértil da terra de Gessen,[2] vivia na abundância e até mesmo na riqueza, pois José demonstrara uma generosidade grandiosa na instalação de sua família. Nas proximidades de Tanis, Jacó e seus filhos ocupavam uma vasta e confortável residência cercada de jardins. Recebiam trigo e outras provisões que nem davam conta de consumir, e as mais belas cabeças de gado dos inúmeros rebanhos que o Egito penhorava e vendia passavam pelos estábulos da tribo dos Beni-Israel. Além disso, os recém-chegados foram nomeados supervisores das tropas do faraó, o que lhes proporcionou uma posição tão honrosa quanto lucrativa. Por isso, pode-se compreender, sem dificuldade, que a visão desses estrangeiros saciados e ricos, estabelecidos em uma ilha verdejante e transbordando de abundância no meio do oceano de miséria e desespero, cujas ondas agitadas, cada vez maiores, os rodeavam,

---

2 Gessen (Gesen ou Gechen) - Região situada no delta oriental do Nilo, rica em pastos, e que foi designada por José a seu pai e seus irmãos.

O Chanceler de Ferro do Antigo Egito

José vendendo trigo ao povo, de Bartholomeus Breenbergh - 1655.

despertava no coração dos egípcios um ódio furioso, uma fúria concentrada, que se acumulava, pressagiando, para o momento em que transbordasse, uma dessas apavorantes tempestades populares que, como um ciclone, destroem tudo o que encontram à sua passagem.

    José não dava nenhuma atenção a esses perigosos sintomas, talvez porque não os enxergasse, pois a ambição invadia a sua alma, e o orgulho de sua força e poder o cegava, fazendo-o desafiar, cada vez mais duramente, os preconceitos e o orgulho das altas castas. Não era ele, afinal, o verdadeiro faraó? Não era, o fraco e doente Apopi, apenas um titular, um instrumento que garantia ao Adon um poder legal?

Seguindo o plano de assegurar aos membros de sua família posições de destaque, José trouxera para casa duas jovens de sua tribo: uma criança de apenas quatro anos era a filha de seu irmão Benjamin; a segunda, Serag, tinha quinze anos, e o Adon se propunha a casá-la com algum dignatário, que ainda não fora escolhido. Enquanto aguardavam, as duas meninas deveriam ser educadas no palácio do tio e adquirir os refinamentos e as maneiras das mulheres egípcias.

Asnath opusera uma violenta resistência à vinda dessas duas criaturas selvagens e grosseiras que lhe causavam um desgosto insuperável; a tenacidade do marido obrigara-a a ceder, mas invariavelmente ela manifestava às intrusas uma fria indiferença, deixando tudo o que se referisse à sua educação e à sua aparência a cargo das acompanhantes designadas por José.

Essas novas dissensões íntimas irritavam vivamente o Adon, que sempre que possível ia ter com o pai, para falar de coração aberto e desabafar com o único ser que lhe dedicava total atenção.

Um dia em que se sentia particularmente irritado por conta de um incidente fútil, mas difícil, ordenou que seu carro fosse atrelado e se dirigiu para a residência de Jacó, acompanhado de alguns cavaleiros de sua escolta. Uma intensa cólera fervia dentro dele desde a véspera: em um festim no qual reunira a elite de Tanis, fizera que Serag comparecesse, e a sobrinha do poderoso chanceler fora acolhida com afabilidade e tratada como igual. Todavia, a rude e inculta jovem destacara-se não somente pela toalete de mau gosto, como por algumas gafes, que os presentes fingiram não reparar, mas que fizeram a raiva subir à cabeça de José.

Asnath não procurara ajudar Serag ou compensar sua falta de jeito com uma palavra ou um gesto, e o olho brilhante de Armais fitara a jovem israelita com uma expressão de tamanho desprezo e cruel zombaria que fez José estremecer. Tudo aconteceu em um rápido instante, pois o jovem logo se virou. Mas ele não sabia que esse olhar lhe custaria muito caro.

Jacó, como sempre, recebeu o filho com alegria, e os dois

homens se acomodaram em um banco à sombra de uma figueira plantada no centro de uma vasta clareira, que lhes garantia privacidade em relação aos ouvidos indiscretos. O patriarca mudara muito: era, agora, um velho decrépito e curvado, meio cego, cuja vida visivelmente se aproximava do final. Vestia uma túnica de lã ricamente bordada, e sobre a mesa a seu lado encontravam-se uma taça de prata trabalhada e uma ânfora de vinho de Peluse.[3] Os irmãos de José tinham se afastado após se curvarem para recebê-lo, o que ele não conseguia impedir que fizessem, uma vez que suas naturezas primitivas e grosseiras conservavam uma intransponível desconfiança em relação ao poder do Adon, sentindo muito pouco o parentesco que os unia, mas temendo sempre que aquele irmão tão maltratado tivesse um lampejo de vingança e os fizesse pagar duramente por suas vilanias de outrora. Ele não deixava de ter rancor, e o havia provado com o medo que lhes infringira quando de sua primeira visita.

José estava apoiado na mesa, pensando; parecia triste e cansado, e seus dedos, cuidados e ornados com anéis, desfolhavam mecanicamente um pequeno galho arrancado de um arbusto próximo.

— Você parece preocupado, meu filho. Teve algum aborrecimento em seus negócios de Estado ou o faraó o sobrecarregou de muito trabalho? — perguntou o velho, rompendo o silêncio e pondo a mão sobre o ombro de José.

Este, por sua vez, endireitou-se como se tivesse acordado de um sonho, e respondeu, meneando a cabeça:

— Não, pai, não é isso que me aborrece; estou habituado ao trabalho e há anos o peso de governar recai sobre mim. É que vejo se aproximar a realização de um plano sobre o qual medito há muito tempo e cuja solução definitiva é um problema que não consigo ainda resolver segundo os meus desejos.

— Que plano é esse, meu filho? Não gostaria de confiá-lo a mim? Talvez a experiência de minha longa vida permita-me dar um conselho que lhe seja útil.

— Gostaria, sim, pai; afinal, o senhor é o único em quem

---

3 Peluse - Cidade egípcia, localizada no Delta do Nilo, famosa pela produção de diversos tipos de cervejas e vinhos.

254   J. W. Rochester

posso confiar sem restrições. A idéia que me persegue é a de unir, sob um único espectro, o Alto e o Baixo Egito e, para isso, extirpar para sempre o perigo constante que nos ameaça por parte de Taa, o insolente "hak" do Sul, que sonha em depor Apopi, apoiado pelos sacerdotes. O meio de atingir esse objetivo eu encontrei na fome que desola o país; ela já tornou tributários os nomos mais distantes. Em um ano ou dois, no mais tardar, não restará a Taa e aos seus aliados nem um pedaço de terra. Todos estarão arruinados, e seu povo suficientemente extenuado para empreender uma guerra ofensiva, incapaz de uma resistência séria. Chegará, então, o momento de ocupar seu território com nossas tropas, e, quando Tebas e todas as suas cidades e fortalezas tiverem guarnições de soldados hicsos, comandados por chefes fiéis e leais, poderemos facilmente destruir Taa e forçar à submissão os outros "haks" menos perigosos. Ao mesmo tempo, os sacerdotes perderão seu apoio mais sólido, sua base de operação, e poderemos fazê-los entender radicalmente que eles deverão se ocupar de suas orações e de seus sacrifícios, mas que as intrigas políticas e as conspirações levarão ao carrasco suas cabeças raspadas, assim como as de qualquer outro.

— Sua idéia é grandiosa e o faraó lhe deverá um reconhecimento eterno e uma recompensa excepcional — disse o velho, fitando com amor o belo rosto de seu filho, exaltado de orgulho e energia.

— O faraó? Bah! — uma expressão de indescritível desdém surgiu furtivamente nos lábios de José. — O que ele pode me dar além do que já possuo? Não é a recompensa que me preocupa, mas saber quem herdará o incrível reino que fundarei. Apopi está gravemente enfermo; uma dessas terríveis crises que o acometem pode levá-lo de repente. O príncipe Namourod jamais se restabeleceu da queda que sofreu durante uma caçada, que o lesou internamente. Ele também não durará muito, e sua esposa deu à luz um natimorto e não poderá mais ter filhos. O trono ficará vago. O que o senhor pensaria, pai — José inclinou-se, com os olhos radiantes —, se eu empreendesse a última jornada que me separa do trono real, para cingir a mim mesmo com a dupla coroa?

— Se essa é a vontade de Elohim, Ele, que o elevou assim

O Chanceler de Ferro do Antigo Egito

255

tão alto, lhe dará também a coroa de faraó. Mas os sacerdotes não o perseguirão como usurpador? — perguntou o velho com emoção.

— Haveria um meio simples e fácil de conquistá-los e legalizar minha posição. Ah, — suspirou longamente — se Asnath, a filha do primeiro príncipe dos aliados, estivesse do meu lado em vez de ser um instrumento servil do Templo, não haveria dificuldade.

— Pelo que me contou de seus problemas domésticos, sei que você não pode contar com sua esposa. Em relação a esse ponto, é lamentável que a lei egípcia não admita a poligamia, pois você poderia, então, desposar a segunda filha do rei e atingir o mesmo objetivo.

Um vermelho ardente inundou o rosto de José.

— Desposar Hichelat? — exclamou. — O senhor tem razão, pai, isso acabaria com a dificuldade. Mas não, é impossível — acrescentou, após um instante de reflexão. — Amo Asnath apesar de tudo; mas utilizarei seu conselho de uma outra forma e cuidarei para que a princesa não receba um esposo que possa me atrapalhar. Bem, já está na hora de partir, pai. Ainda tenho muito a fazer hoje.

Sombrio e preocupado, José retomou a toda velocidade o caminho de Tanis, mas, no momento em que seu carro ia penetrar no pátio, ele puxou bruscamente as rédeas e fez o veículo desviar para um dos lados da rua, a fim de dar passagem para uma liteira aberta, cercada de abanadores, que desembocava da grande porta.

Sobre esse assento portátil, estava uma jovem vestida de branco e penteada com um claft ornado com um uraeus.[4] A seus pés, agachado, estava um anão extraordinariamente disforme.

José saltou do carro para saudar a princesa com respeito e humildade. Ela respondeu com uma leve inclinação de cabeça, e seu olhar passou pelo Adon com fria indiferença.

A princesa Hichelat, filha mais jovem e favorita do faraó, tinha quinze anos e era uma criatura encantadora. Seu rosto

4 Uraeus - Símbolo do poder real do Egito, representado por uma cobra na posição vertical em ornamentos da cabeça ou em coroas. Associado à deusa Wadjit, o símbolo protegia o rei e era um agente de seus poderes.

J. W. Rochester

fino e delicado em nada lembrava os traços rudes e ossudos de seu pai. Filha de uma princesa asiática, morta ao lhe dar à luz, Hichelat herdara a altiva beleza de sua mãe, e Apopi, que amara muito essa esposa, transferira para ela uma afeição exclusiva.

Apesar de altiva, voluntariosa e friamente reservada, a princesa adquirira uma grande afeição por Asnath, e, pouco a pouco, uma sincera amizade se estabelecera entre a melancólica jovem e a orgulhosa e séria menina. Elas se encontravam com a freqüência possível e muitas vezes, para evitar a ostentação de uma visita, Hichelat vinha ver sua amiga atravessando os jardins reais, que eram colados aos do palácio do Adon. De preferência, fazia-se acompanhar de Ouna, seu anão, uma infeliz criatura, estropiada cruelmente por um fabricante de monstros, que a princesa comprara de um saltimbanco que o exibia pelas ruas. Ouna devotava à sua benfeitora um reconhecimento passional e dedicava-se a ela como um cão. Após alguns meses, Hichelat passara a visitá-la freqüentemente, e as duas mulheres conversavam longamente. Envolvida pelo interesse e pelas perguntas da princesa, Asnath falava de sua infância, de seus pais, de sua vida em Heliópolis e de seu irmão Armais, o alegre e fiel companheiro de suas brincadeiras. Absorta por essas lembranças, não notava que, ao mencionar o jovem oficial, um ligeiro rubor inundava a face pálida e transparente de Hichelat e que seus grandes olhos negros se animavam com uma expressão indefinível.

De cabeça baixa, José entrou em casa. O encontro com a princesa reavivara nele as palavras de Jacó e despertara um estranho sentimento que lhe era impossível definir. Mas ele não teve tempo de refletir por muito tempo, pois seu secretário correu ao seu encontro, anunciando uma mensagem do rei, que o aguardava há mais de uma hora, mandando-o ir ao palácio imediatamente. José abafou um suspiro de desagrado e impaciência, pois sentia um indizível desejo de repouso e solidão. Contudo, dissimulando esse sentimento, ordenou que lhe dessem uma veste fresca e, meia hora mais tarde, penetrava no aposento de trabalho do faraó.

Pálido, com as sobrancelhas franzidas, Apopi caminhava

de um lado para o outro, visivelmente agitado. Ele também envelhecera, e rugas profundas marcavam o seu rosto emagrecido. Ao ver José, que se prostrava, interrompeu-o e fez sinal para que se levantasse:

— Enfim, eis o Adon! Há mais de uma hora o espero — disse, com um leve descontentamento.

— Perdoe meu atraso involuntário, filho de Rá. Fui ver meu velho pai, que está doente, por um momento — respondeu José respeitosamente.

— O estado dele é grave?

— Não, faraó, pela graça de Elohim, ele está melhor.

— Tanto melhor. Agora, passemos ao assunto que me fez chamá-lo — disse Apopi, sentando-se. — Uma representação de sacerdotes solicita uma audiência e eu sei que eles querem reivindicar que, em vista da terrível miséria do povo, o trigo seja distribuído gratuitamente aos mais pobres e vendido, em condições menos onerosas, aos pais de família que tiverem mais de dez bocas para alimentar, inclusive os escravos. O pedido é justo e eu gostaria de atendê-lo, mas qual a sua opinião sobre isso?

José permaneceu impassível; somente em seus olhos esverdeados iluminou-se uma chama intensa:

— Sua vontade é a minha lei, faraó. Mas já que o senhor se digna a pedir a opinião deste seu servidor, devo expressar-me inspirado pela devoção: se dermos em troca de nada uma só saca de grão, ninguém mais vai querer pagar, a porta estará aberta para mil enganos e subterfúgios, e a força incalculável, concentrada em suas mãos, escorrerá como areia, sem nenhuma vantagem, mas, ao contrário, somente para o bem de seus inimigos. Agora, todos os nomos do Alto Egito vêm entregar em nossas mãos seus tesouros e suas terras. Em breve somente restarão escravos ao redor de Taa, e mesmo que ele ainda tenha anéis de ouro, não será com o metal que conseguirá reunir seus soldados. Assim, uma conjugação única de circunstâncias logo entregará em suas mãos seu mais perigoso inimigo. Se, ao contrário, começarmos a alimentar gratuitamente os assim chamados mais pobres, os depósitos acumulados se escoarão rapidamente e a multidão saciada, ingrata por natureza, terá a chance de se rebelar, incitada facilmente pelos sacerdotes, que lhe dirão que o que damos é pouco. Por que os veneráveis sacerdotes, em vez de pedir a sua generosidade, não vão, eles mesmos, em auxílio dos famintos? Suas terras não são somente isentas de impostos, mas ainda lhes entregamos trigo em troca de nada.

Apopi escutou, sombrio e pensativo. Quando José se calou, coçou a fronte com um gesto nervoso:

— Você tem razão, como sempre. Todavia, é muito penoso para mim que homens morram de fome quando eu poderia ajudá-los; além disso, você não teme que a população exasperada acabe por pilhar os armazéns?

— Basta tentar; os armazéns são bem guardados. Esteja certo, faraó, de que saberei fazer respeitar a sua autoridade e o bem do Estado por toda parte.

— Nesse caso, faça como achar melhor; eu apenas não quero tratar desse assunto pessoalmente, direi que estou doente e ordenarei que a representação se dirija a você. Responda aos sacerdotes como quiser.

— Terei o cuidado de provar que não os tememos. Ceder seria uma prova de fraqueza — respondeu José, despedindo-se do rei.

Quando, três dias mais tarde, a representação dos mais veneráveis sacerdotes do país se apresentou diante do Adon, este, em termos frios e distantes, temperados com mais de uma alusão amarga, recusou terminantemente o pedido.

Após o fracasso dessa suprema tentativa de aliviar a sorte do povo, tudo pareceu cair no silêncio e numa morna apatia, com cada um pensando apenas no meio de sustentar sua existência. Os templos aliviavam o sofrimento dos infelizes famintos na medida de sua força. Mas, sob essa calma aparente, crescia um vulcão, e nas cabeças exaltadas começavam a germinar os mais arriscados e sangrentos projetos para dar um fim a essa intolerável situação e se vingar do opressor que, diante de inesgotáveis provisões, deixava os seres humanos morrerem de inanição.

Cego pelo orgulho, absorvido inteiramente pela ambição que fazia reluzir diante de seu espírito o trono dos faraós, José dava pouca atenção aos sentimentos de seus futuros súditos; em contrapartida, cuidava severamente para que nenhum sinal

O Chanceler de Ferro do Antigo Egito

exterior denunciasse o seu descontentamento. Organizara maravilhosamente uma polícia de segurança e uma polícia secreta, que despistavam e abafavam com impiedosa dureza qualquer veleidade de revolta ou qualquer conspiração que se tramasse contra a sua pessoa ou contra o faraó.

Além disso, movido pelo sentimento obscuro despertado pelas palavras de seu pai, vigiava Hichelat com suspeita, e foi com cólera e espanto que surpreendeu nos olhos da princesa, quando esta fitava Armais, uma expressão que não deixava nenhuma dúvida sobre o interesse que seu cunhado despertava na filha do faraó.

Ao fazer essa descoberta, José refletiu: "As eventualidades criadas por essa circunstância imprevista o desagradavam demasiadamente; o poder que Hichelat exercia sobre o pai fazia supor que ela saberia obter dele o que desejasse, e a alta posição de Armais tornava uma união com ele perfeitamente possível."

A possibilidade de semelhante casamento fazia José ferver de cólera. Como genro do faraó, o filho do grão-sacerdote de Heliópolis poderia ser para ele, sob o ponto de vista político, um forte rival. Assim, após pensar detalhadamente na situação, tomou uma decisão que lhe pareceu satisfatória sob todos os aspectos.

Alguns dias mais tarde, deparou-se com Armais no momento em que saía dos aposentos reais. Com fria indiferença, o jovem lhe apresentou as saudações de praxe, mas José aproximou-se e apertou-lhe a mão:

— Você tem nos negligenciado, Armais — disse amigavelmente. — Asnath queixou-se, ainda esta manhã, de que não o vê há uma eternidade. — Além disso, tenho que lhe falar sobre um assunto; venha me ver amanhã.

— A que horas devo me apresentar? — perguntou o oficial, com cerimônia.

— Após o conselho eu o esperarei.

Capítulo 4

ÁGUA MOLE EM PEDRA DURA
TANTO BATE ATÉ QUE FURA

> Sabe-se perfeitamente que os egípcios supor-
> tavam com dificuldade um jugo estrangeiro e
> eram incansáveis em suas revoltas contra seme-
> lhante dominação.
> Isso é verdade, sobretudo em relação ao ódio
> que sentiam por seus inimigos seculares: os hic-
> sos.
>
> Brugsch,[1] Königsbuch

No dia seguinte, cerca de uma hora antes do combinado, Armais apresentou-se no palácio do Adon, mas se dirigiu aos aposentos de sua irmã. Asnath estava sentada sob a colunata próxima à sua sala de trabalho e examinava uma pilha de tecidos e roupas bordadas, que eram mostrados pela supervisora dos escravos, com a ajuda de outras duas mulheres.

Ao ver o irmão, ela dispensou bruscamente as mulheres e estendeu-lhe as mãos, sorrindo.

— Enfim você veio me ver, Armais! Por que foge? Não percebe que tenho necessidade de ver um ente próximo e amado?

O jovem sentou-se no banco ao seu lado e, abraçando-a com ternura, disse em voz baixa:

— Você sabe que não é por falta de afeto que me contenho de visitá-la com freqüência; mas repugna-me a idéia de cruzar a soleira da casa onde reside o chacal que oprime o Egito! Algo dentro de mim se rebela quando respiro o mesmo ar que ele, e saber que você se encontra em seu poder, como sua esposa, dilacera meu coração, quando você poderia ter sido feliz... — ele se interrompeu.

Asnath suspirou sem responder. Após um silêncio, fitando com um olhar curioso o rosto sombrio do irmão, retomou a conversa:

— Você tem algum problema? Parece preocupado!

---

1 Heinrich Brugsch (1827-1894) - Egiptólogo alemão, um dos principais peritos sobre o Antigo Egito e sua religião.

— Seu todo-poderoso esposo convocou-me hoje. Como não tenho nenhum assunto com ele, o convite me parece de mau agouro.

— E você tem algo a temer?

— Não exatamente, mas ele me detesta tanto quanto eu o desprezo, e quando essa serpente deseja conversar sobre alguma coisa em particular, isso não significa nada de bom.

Asnath fitou-o, empalidecendo:

— Seja franco, Armais, você não se envolveu imprudentemente em alguma conspiração? Sei o que estão procurando, mas essa empreitada é inútil. Diga-me se é isso e eu o protegerei, nem que seja com a minha vida. Além disso, você é meu irmão, meu parente próximo, e José não tocará em sua cabeça.

O oficial virou-se para disfarçar um sorriso de amarga ironia e acrescentou, dominando-se:

— Não imagine o pior, minha irmã. A triste posição de nossa pátria já basta para me deixar preocupado. A miséria e a raiva geral aumentam a cada dia, e o que enfurece positivamente a população arruinada é a vida desse bando de brutos, que se divertem na opulência enquanto tudo morre de fome ao seu redor. Se ocorrer uma explosão de desespero, os queridos irmãos de seu marido passarão por maus momentos...

— Psiu! — interrompeu Asnath, lançando em direção ao jardim um olhar significativo.

Por uma alameda lateral, vinha Serag, seguida de sua aia egípcia. Era, sem dúvida, uma bela criatura, com sua pele morena, suas tranças de ébano e seus grandes olhos úmidos; uma verdadeira beleza oriental, provocante e voluptuosa, mas uma túnica salpicada de cores chamativas, as sandálias tingidas de vermelho e um excesso de jóias davam-lhe um aspecto rude e selvagem.

— Eis uma hóspede que já deve sobrecarregar você o suficiente e cuja educação não deve ser fácil — observou Armais.

— Não me ocupo com isso. Já é muito desagradável suportar essa selvagem em minha casa. Não entendo porque José teima em mantê-la aqui.

— Para casá-la com algum dignatário, é claro — respondeu ele com ironia.

Enquanto isso, o alvo dessa conversa aproximou-se e, após

uma saudação desajeitada, pôs-se a encarar Armais com a mais ingênua sem-cerimônia. Contudo, o olhar gelado do jovem acabou por perturbá-la e, virando-se bruscamente, ela fugiu para o jardim.

— Uma verdadeira selvagem; tenho pena do infeliz que José presenteará com essa encantadora esposa — murmurou, levantando-se. — Até logo, minha irmã, já está na hora de me apresentar ao Adon.

— Você voltará aqui depois? Estou preocupada com essa conversa.

— Sim, se ele não me retiver por muito tempo e se nada de grave acontecer.

José caminhava, de braços cruzados, pelo seu gabinete de trabalho. Acabara de dispensar uma delegação de egípcios de Tebas, que tinham vindo comprar trigo, e parecia preocupado. Quando seu cunhado entrou, saudou-o inclinando a cabeça e, sentando-se diante da mesa, indicou-lhe uma poltrona.

— Estou às suas ordens, Adon; o que você tem a me dizer? — disse Armais, recusando a poltrona e encostando-se à janela aberta.

José nada respondeu; apoiando os cotovelos na mesa, envolveu com um longo olhar o jovem e elegante oficial, cujo belo rosto exprimia somente um frio e orgulhoso desdém. Um acre sorriso crispou os lábios do Adon: como essa calma desdenhosa logo se transformaria em cólera e violência, e como ele dobraria rudemente essas costas altivas sob o seu punho de ferro!

— Estou esperando o que tem a me dizer, pois imagino que você não tenha me chamado somente para ficar me olhando — disse, por fim, Armais, com uma impaciência a muito custo contida.

— Eu estava justamente pensando que um homem assim tão ricamente dotado pela natureza, de uma origem tão ilustre, tão bem colocado no mundo, deveria se casar — respondeu José, enquanto puxava uma caixinha de marfim e tirava de dentro dela dois rolos de papiro e algumas tabuinhas. — Encontrei uma mulher que desejo que você despose — continuou.

— Sua bondade realmente não tem limites, mas em uma questão assim tão íntima prefiro escolher eu mesmo — respondeu o oficial, fervendo de indignação.

— É possível, você é o único culpado por não ter feito essa escolha antes. Mas, uma vez que decidi por você, será bom quem aprove meu gosto e case com minha sobrinha Serag; é ela que escolho para sua esposa.

O sangue subiu à cabeça de Armais com tal violência que ele vacilou, e as veias de suas têmporas se dilataram feito cordas; mas, quase imediatamente, ele se lançou na direção do cunhado, espumando, louco de raiva; perdeu todo o controle de si mesmo e gritou com uma voz entrecortada:

— Creio que você deve estar louco em ousar me insultar assim! Eu, desposar essa suja e selvagem filha da tribo? Eu não queria, nem por concubina, essa estúpida abjeta! Já é vergonha suficiente para nossa honorável família ter como um de seus membros um escravo libertado!... — ele parou, parecendo sufocar.

José empalidecera e seu olhar malévolo e penetrante como o de uma serpente fixou-se no rosto do jovem:

— Conheço a honorabilidade de sua família e me pergunto o que a desonraria mais: o parentesco com um antigo escravo ou com um traidor e conspirador, que trama assassinar seu rei? Veja isto — desenrolou um dos papiros tirados da caixinha —, e você se convencerá de que a sua cabeça está balançando sobre seus ombros e que você e seus cúmplices podem muito bem acabar no patíbulo.

Ao primeiro olhar sobre o papiro, Armais empalideceu como um cadáver e, tomado por uma vertigem, segurou-se na mesa para não cair.

— Pois é, futuro regicida, seu arrogante desprezo parece consideravelmente diminuído agora — observou José com desdém. — Agora, deixe-me dizer que desprezo suas conspirações, que não passam de um brinquedo de crianças que posso sufocar tão facilmente como amasso este pedaço de papiro. Eu quis provar-lhe que, em minhas mãos, você é apenas um pedaço de palha. Se me compreendeu bem e preza sua cabeça e a de seus loucos companheiros, você não criará problemas para desposar a jovem bela e inocente que escolhi.

Armais fechara os olhos. Crescia dentro dele uma tal tempestade que, por um instante, ele pensou que o sangue que corria em suas veias como uma torrente incandescente iria matá-lo; como uma mosca, sentia-se preso a uma teia de aranha. Se dependesse somente dele, morreria com alegria antes de chamar de esposa essa mulher que lhe causava um ódio feroz; mas, poderia sacrificar as cabeças dos mais nobres jovens do Egito, de seus amigos e companheiros, atirar no luto e na miséria diversas famílias? Esse homem tinha razão: as conspirações que descobria e sufocava com uma tão incrível sagacidade não assustavam. Ceder à sua imposição, contudo, era um sacrifício que quase ultrapassava suas forças.

Um silêncio penoso reinava no recinto. Por fim, Armais endireitou-se e seu olhar, transbordando de ódio e desprezo, encarou seu antagonista como uma chama destrutiva. Mas reconquistara um certo controle sobre si mesmo.

— Tem razão, Adon, você é muito hábil para defender o faraó e sua própria vida preciosa — disse com uma voz rouca —, e há anos se diverte em humilhar, arruinar e matar o povo egípcio, cuja sorte infeliz colocou o destino em suas mãos. Você escolheu a nossa família, especialmente, como um joguete da sua maldade. Não lhe basta ter maculado Asnath, unindo-a a você; agora é a minha vez; e, para atingir meu pai em pleno coração e me desonrar, você quer me impor como esposa essa jovem desagradável e empestear o sangue puro e nobre que corre em minhas veias com o sangue abjeto de sua raça. Você bem sabe que eu preferiria a morte pelo carrasco a essa união, se isso apenas me afetasse, mas por meio dos meus amigos você me força à submissão. Mas engana-se se pensa em se impor ao povo com essa aliança. Todos saberão e compreenderão que sou uma vítima da sua violência, assim como Asnath.

Para todo o Egito, você ainda é o antigo escravo impuro e sua família não passa de um bando de intrusos que se empanturram com os bens que são extorquidos dos verdadeiros filhos de Kemi.

José se levantou; não interrompera o cunhado, mas seus lábios trêmulos, seus olhos faiscantes, mostravam que uma tempestade crescia dentro dele.

— Você abusa além da medida do privilégio que nosso pa-

O Chanceler de Ferro do Antigo Egito

265

rentesco lhe confere, para jogar na minha cara todos os insultos possíveis — disse, por fim, com uma voz surda. — Você me acusa por algo que a guerra poderia infringir também a você. O azar, não a origem, fez de mim um escravo. Sou filho de um chefe de tribo, de um "hak" livre, mais livre que os seus príncipes, que portam o título, mas pagam tributos a Apopi.

Nossa aliança não é uma afronta, mas é justamente porque vocês se consideram uma raça superior que decidi misturar nosso sangue com o de vocês. E agora, ouça a minha decisão irrevogável: se amanhã você não se apresentar para pedir Serag em casamento oficialmente, você e seus companheiros serão presos como conspiradores contra a vida do rei; se você vier, eu me calarei. E agora, vá. Dou-lhe um tempo para que se refaça.

Sem responder, Armais deixou o recinto, tomado de um violento mal-estar; suas orelhas zuniam, nuvens negras obscureciam seus olhos e seus pensamentos se turvavam. No entanto, uma vaga lembrança lhe restara: voltar aos aposentos da irmã. Mecanicamente, com um passo incerto, retomou o caminho para os aposentos de Asnath e, sem notar o espanto provocado nos escravos pelo seu aspecto, deixou-se conduzir para um vasto terraço onde, segundo lhe disseram, encontrava-se a senhora.

Asnath estava cercada de pessoas. Como de costume, a princesa Hichelat viera pelos jardins visitar sua amiga e, esquecendo momentaneamente sua inquietação, a jovem e sua ilustre visitante acomodaram-se junto a uma mesa, à sombra de um pequeno bosque de arbustos perfumados e, lambiscando bolinhos de mel, conversavam sobre a próxima festa do Nilo, quando eram preparadas as cerimônias religiosas para se obter dos deuses o benefício da inundação. Ao ver o irmão avançando em sua direção com um passo cambaleante, lívido e o olhar perturbado, Asnath deu um salto:

— Armais, o que você tem? O que aconteceu? — gritou, correndo em sua direção.

O jovem nada respondeu; sua cabeça rodava e, sem notar Hichelat, que se erguia espantada, tateou, procurando um apoio, e como estivesse próximo de uma cadeira, desmoronou sobre ela com a cabeça inclinada e os olhos fechados.

Como um raio, as duas mulheres correram para perto dele.

266   J. W. Rochester

— Rápido, Asnath, traga água ou uma essência aromática — disse Hichelat, pálida de emoção e sustentando com as próprias mãos a cabeça inerte do jovem oficial.

A jovem pegou sobre a mesa uma pequena ânfora cheia de água e ordenou a uma jovem negra que estava à porta que trouxesse rapidamente sua caixinha de remédios; mas tremia a tal ponto, que a água quase derramou.

— Segure-o — ordenou energicamente Hichelat. E após encher uma taça, colocou dentro dela a essência de um pequeno frasco que trazia preso à cintura por uma correntinha de ouro, molhou um lenço e passou-o pelo rosto de Armais. Ao contato com a água fria e fortemente aromatizada, o jovem se mexeu e reabriu os olhos; seu olhar, ainda turvo, fitou o rosto ansioso inclinado sobre ele. Contudo, reconhecendo de repente a filha do faraó, agitou-se e tentou se levantar. A princesa, que recuara enrubescendo, pousou a mão em seu ombro e disse com graciosa autoridade:

— Fique assim, nobre Armais, e refaça-se. Quanto a mim, parto agora mesmo, e você repousará enquanto Asnath me acompanha.

Saudou-o com a graça altiva que lhe era própria e, virando-se, desceu os degraus do terraço, enquanto Armais balbuciava algumas palavras de agradecimento e desculpas. Assim que se encontrou a sós com Asnath, à sombra da alameda, a princesa parou e disse, apertando-lhe a mão:

— Volte para junto de seu irmão, ele parece doente ou sob o efeito de uma terrível emoção. Irei sozinha até o pavilhão onde Ouna e Abracre me aguardam. Contudo, peço somente que, esta noite ou no mais tardar amanhã cedo, você vá me ver. Se precisar de ajuda, de algum favor do faraó, pode contar comigo.

Sem esperar resposta, a encantadora criança virou-se e, leve como uma gazela, desapareceu na curva da alameda.

Quase correndo, Asnath voltou ao terraço onde Armais, com os cotovelos apoiados na mesa, demonstrava um morno desespero.

— Conte-me o que aconteceu, foi algo de terrível, eu sinto! — murmurou, enlaçando o pescoço do irmão e pressionando seu rosto contra o dele.

O Chanceler de Ferro do Antigo Egito

Num gesto convulsivo, o jovem abraçou-a:

— Asnath, aconteceu uma desgraça tão grande, uma vergonha tão grande, que a minha boca se recusa a falar. Esse cão impuro achou que o quinhão de humilhação com que cobre a nossa família não é suficientemente amargo e obriga-me a desposar essa moça desagradável de sua tribo, que empesteia esta casa.

— Serag... é impossível! E você aceitou? — gritou, fora de si.

— Fui obrigado — murmurou Armais. E, inclinando-se ao seu ouvido, acrescentou, tão baixo para que somente ela ouvisse: — Você também não se sacrificou? Se eu pudesse entregar somente a minha cabeça ao carrasco, eu o faria com alegria, antes de aceitar essa desgraça, que significa uma morte indefinida. Mas outras quatorze pessoas estão comprometidas comigo — e citou diversos nomes — e, como condição de salvação, ele me impôs esse casamento.

— O infame! Como ele ousa fazer tal insulto? — disse ela, tremendo.

— Além disso — continuou o oficial —, encontra-se aqui alguém que lhe é caro, que amo como a um irmão e cuja descoberta seria a morte certa.

Asnath foi tomada de uma palidez mortal:

— Ele, aqui? Como? — balbuciou.

— Com a vinda dos sacerdotes e dos mercadores de Tebas para comprar trigo, ele se infiltrou na comitiva, disfarçado de escriba subalterno, e está escondido no Templo de Ísis.

— Ah, se eu pudesse vê-lo!

— Você o deixaria feliz. Ele a ama como outrora, permaneceu fiel a você e, esta noite, se você for ao Templo, eu prevenirei Chnoum, que a conduzirá até ele.

A jovem ficou muda por um momento. Era visível que lutava consigo mesma, mas, de repente, ergueu a cabeça desafiadoramente e murmurou:

— Previna-o; irei vê-lo!

Após a partida de Armais, Asnath retirou-se para o quarto, fez baixar as cortinas, dispensou todos e atirou-se no leito, tentando pôr ordem em seus pensamentos. Uma cólera indescritível fervia dentro dela contra José: sua cruel idéia de casar Armais, seu belo, seu querido Armais, com essa jovem obscura e de uma raça abjeta, revoltava-a a tal ponto que, nessa irritação, se dissipou completamente o estranho sentimento, mistura de ódio, ciúme e paixão, que sentia pelo marido. Nesse instante, apenas odiava o homem implacável que se vingava tão cruelmente de sua família pelo desprezo que sentiam por ele. Sob o ímpeto do momento, a imagem de seu antigo noivo surgiu diante dela rodeada por uma auréola radiante. Como ele era delicado, generoso, profundamente bom! Em seu olhar amoroso, suas raivas infantis sempre se transformavam em uma calma alegre; jamais lera em seu rosto a expressão que a fazia tremer e ferver do olhar ardente de José. Que vida pacata, cheia de doce harmonia, deixara de ter com Hor! Um imenso desejo de revê-lo tomou conta do seu ser e, abandonando-se inteiramente às lembranças, ela fechou os olhos.

Nem Asnath, nem José suspeitavam que a estranheza de sua relação os amarrava um ao outro. A jovem se debatia no caos de sentimentos que tanto a faziam detestar o marido como a tornavam escrava de seu poder de fascinação. Em sua presença, o espectro de seu juramento e de sua família ultrajada tornavam-na fria e calada; e quando ele estava longe, chegava, às vezes, a querer ir ao seu encontro, atirar-se em seus braços, dizer-lhe "eu o amo" e se embriagar com seu olhar radioso, com seu beijo apaixonado. José, por sua vez, devorado por uma violenta paixão, da qual tinha consciência, sentia-se eternamente magoado por uma frieza que supunha não passar de uma máscara que, no entanto, não podia vencer. Seu orgulho mandara que punisse Asnath com a indiferença até que ela se dobrasse e fosse forçada a confessar humildemente o seu amor. Entretanto, era justamente essa luta surda entre dois elementos contrários que criava o imã que atraía um para o outro e, após dez anos de casamento, conservava em seus sentimentos o frescor e a intensidade dos primeiros dias de união.

Asnath sonhava há horas com o passado e deixava-se envolver de tal forma que esquecera completamente o presente: não ouviu o passo de José na peça vizinha, nem o viu penetrar em seu quarto. Quando ele lhe perguntou com sua voz sonora:

— Você está doente, Asnath, para ficar deitada desde essa manhã neste quarto escuro? — ela retornou ao sentimento da realidade.

Ao ver o marido, que erguia a cortina da janela, toda a sua cólera despertou; vermelha de raiva, com os olhos flamejantes, ela saltou do leito e gritou:

— Você ainda pergunta a razão de eu ter fugido do dia? Seria natural que eu fugisse da vida após o insulto inominável que você nos faz, homem miserável e rancoroso.

Pela primeira vez em muitos anos, era a antiga Asnath, irritável, plena de desafio e revolta que reaparecia. Com um secreto arrebatamento, José fitou seu rosto excitado, suas faces em fogo, os pezinhos impacientes, prontos para bater sobre a esteira, e, como um raio, voltou-lhe à memória a cena do pavilhão, quando ela se atirara sobre ele com a machadinha erguida. Contudo, disfarçando, como sempre, o que sentia, disse com calma:

— Peço que você se abstenha de suas injúrias; não sei absolutamente em que eu a insultei.

— Você não sabe? Quanta ingenuidade! Penso que atrair Armais numa cilada, para desonrá-lo a seguir, é um insulto.

— Não sou eu, mas seu irmão quem se desonrou ao se envolver em criminosas intrigas. Seu casamento com Serag é humilhante apenas na sua imaginação.

— Não quero como cunhada essa bruta, mais grosseira que a última das escravas, e que para Armais é tão desagradável quanto um réptil. Desista desse plano, inspirado apenas pelo ódio e pelo desejo ignóbil de nos humilhar — gritou Asnath, fora de si.

— Minha mulher não deveria dizer "nos humilhar" quando se trata de uma união com uma parente minha — disse com amargura. — Sempre a encontro do lado dos meus inimigos. Quanto a mudar uma decisão que foi tomada, você deveria saber que isso não é do meu feitio. O irresistível Armais desposará

270   J. W. Rochester

Serag, que, nem pela aparência nem pelo dote, estragará a família de Potífera.

— Você pretende dar um dote para essa guardiã de porcos? Certamente com o ouro, as jóias e as terras que você extorque dos famintos. Armais deverá mandar colocar um escrito em sua liteira ou fazer proclamar pelos corredores que ali vai sua esposa, caso contrário, os antigos proprietários das jóias a tomarão por uma usurária de subúrbio — respondeu Asnath com uma ironia mordaz. José ficou vermelho e seus cílios tremeram.

— Vejo que será inútil esperar que você se acalme e seja racional para conversar comigo. Até logo! — disse em tom breve e saiu, dando-lhe as costas.

Fervendo de cólera, Asnath caminhou pelo quarto, esperando, impacientemente, o momento de ir ao Templo. Com todo o profundo ressentimento que sentia nesse instante por José, desejava rever Hor. Sim, tudo o que o Adon desejara, em vão, ouvir, as palavras de amor e esse impulso de ternura que lhe recusava obstinadamente, ela agora daria a seu rival.

Quando veio a noite, pediu sua liteira e se dirigiu ao Templo de Ísis acompanhada apenas de sua ama-de-leite. Como costumava agir assim e era sabido que ela gostava de assistir aos sacrifícios noturnos que eram oferecidos a Osíris, ninguém deu atenção à saída da jovem senhora. Deixando sua liteira e seus acompanhantes em frente à entrada do local santo como de hábito, Asnath penetrou sob a sombria colunata vagamente iluminada por uma lâmpada. Um sacerdote que vigiava a porta recebeu a ilustre visitante e conduziu-a rapidamente para o fundo do Templo.

Parando ao pé de uma estátua, cujos contornos colossais se distinguiam vagamente na semi-escuridão, o sacerdote murmurou:

— Permita-me, nobre mulher, que eu vede seus olhos, e confie em nós sem medo.

— Faça o que julgar necessário — respondeu brevemente a jovem.

O sacerdote colocou a venda em seus olhos e, um instante depois, sentiu-se erguer por braços vigorosos, e foi impossível orientar-se, saber em que direção a levavam. Sentiu que quem a levava descia uma escada, depois atravessava um corredor estreito, pois suas vestes roçavam as paredes, e, por fim, colocou-a no chão e tirou-lhe a venda.

Asnath olhou à sua volta com curiosidade e espanto: encontrava-se em uma longa sala subterrânea, sustentada por colunas curtas e maciças; as paredes da cripta, assim como as colunas, eram pintadas com cores berrantes, representando desenhos alegóricos e signos misteriosos. Em uma das extremidades, uma vasta mesa, cheia de rolos de papiros e cercada de cadeiras, provava que esse lugar, destinado à celebração dos mistérios, servia, naquele momento, de sala de reunião para conciliábulos secretos. Numerosas lâmpadas suspensas no teto iluminavam vivamente os objetos, mas Asnath estava só, seu introdutor desaparecera.

Agitada e trêmula, lançou a capa e o véu sobre um banco e encostou-se à parede. Tentava examinar os desenhos que enchiam um painel à sua frente, mas era-lhe impossível controlar os pensamentos: toda a sua alma se concentrava no ouvido. Assim, um passo decidido, no outro extremo da sala, fez com que ela estremecesse; virou-se bruscamente e viu um homem tão pálido e emocionado quanto ela.

— Hor! — murmurou com voz abafada.

Sem responder, envolvido por seus sentimentos, o jovem apertou-a contra o peito; a mistura de felicidade e amargura que enchia sua alma fechava-lhe a boca. Tremendo, dividida por sentimentos contraditórios, apoiou a cabeça contra o peito de seu antigo noivo.

— Obrigado por ter vindo, minha bem-amada; a alegria de vê-la me encherá de uma nova coragem pelo tempo de ausência e espera. Mas, diga-me, você não me esqueceu? Ainda me ama?

— Mantive a minha palavra, Hor — murmurou Asnath; jamais disse "eu o amo" àquele homem.

Hor inclinou-se e seu olhar ansioso e investigador pousou sobre o da jovem.

— Obrigado! Mas diga-me, Asnath, como é a sua vida íntima com ele, você é feliz?

— Não, não sou feliz! — exclamou ela, desatando, repentinamente, em soluços. — Sou como uma estranha em minha própria casa, vivo sob o peso de uma rocha, e José odeia todos os meus. Ele acaba de desonrar Armais com uma união infamante!

Todo o rancor de sua querela com o marido reaparecera, um desejo amargo de fazê-lo sofrer invadiu-a e, encontrando o olhar franco e amoroso de seu noivo de outrora, pareceu-lhe que somente ele poderia lhe dar a calma alegria, a quietude de alma que faltava em sua relação com José.

— Sim, Hor, é você, somente você, que eu amo! E, ao perder você, perdi a alegria! — exclamou, atirando-se ao seu pescoço.

Vibrando de alegria, ele apertou-a contra o coração.

— Espere, Asnath, sua libertação não virá tão depressa quanto gostaríamos, mas está próxima. E quando o monstro que oprime o Egito for abatido, você virá como um raio de Rá preencher minha casa vazia. E agora, acalme-se: essas lágrimas, que não posso secar, partem meu coração.

Para distrair a jovem, ele começou a lhe descrever sua vida durante os anos que tinham passado, até que sua conversa foi interrompida pelos sacerdotes, que se reuniriam em conselho secreto e pediram que a jovem se retirasse a fim de que a longa ausência não despertasse suspeitas. Após uma curta, mas ardente, despedida, Asnath foi reconduzida à sua liteira.

Esse encontro deixou no espírito da jovem uma estranha impressão. Após readquirir a calma, ela constatou que alguma coisa em seus sentimentos por Hor havia mudado. Certo, amava-o com toda a sua alma, ele lhe parecia a personificação da pura e pacífica felicidade, mas, apesar disso, reconhecia, com inquietação, que ele não exercia sobre ela essa inexplicável fascinação que José lhe causava, apesar das tempestades e das pressões de sua vida conjugal.

A notícia do noivado de Armais e Serag suscitou uma surpresa geral. A indiferença gelada do jovem era a tal ponto notória que a suspeita de que houvera coação circulava em surdina. Potífera e sua esposa ficaram profundamente aflitos com um casamento tão pouco condizente. A mensagem de Armais causou no grão-sacerdote uma comoção tão forte que ele se sentiu mal; mas essa síncope foi também o único sinal de dor ou de descontentamento que demonstrou: exteriormente, retomou a calma, mas passava longos períodos no santuário e parecia sombrio e concentrado.

Desejando concluir o mais rápido possível essa união que tanto desejava, José fixou um prazo muito próximo para a celebração do casamento, que pretendia festejar com pompa real, a julgar pelos preparativos que eram feitos no palácio e pelo enxoval que era destinado à noiva.

As relações entre o futuro casal não podiam ser mais tensas e penosas; oficialmente, Armais se conformava com todos os deveres impostos pela situação: enviava flores e outros presentes, preparava sua casa e visitava a noiva. Todavia, evitava tanto quanto possível ficar a sós com ela, demonstrando-lhe a mais fria polidez, dissimulando, à custa de muito esforço, a aversão que sentia quando ela lhe tocava a mão ou aproveitava um momento de isolamento para abraçá-lo, pois Serag, indisciplinada e violenta, tomara-se de paixão pelo belo oficial, que sempre a agradara, e, pouco desenvolvida para compreender as razões que a tornavam odiosa para o jovem, irritava-se com sua frieza sem saber controlar seus próprios sentimentos.

Potífera chegou na véspera do dia marcado para o casamento, e, quando Armais ficou a sós com o pai, seu desespero transbordou: parecia-lhe além de suas forças suportar a vida que o aguardava.

— Acalme-se, meu filho, e espere pela misericórdia dos deuses. Da noite para o dia, muitas coisas podem acontecer — observou o grão-sacerdote com um olhar tão estranho que o jovem estremeceu, mas não ousou questionar.

Asnath foi ter com ele à noite, mas a preocupação de seu pai, era tão evidente, uma chama tão sombria, tão ameaçadora, brilhava em seus olhos, que ela se retirou inquieta e oprimida; pela primeira vez, sentira medo de Potífera.

A jovem teve uma noite de insônia e agitação. De manhã, atormentada por penosos pensamentos, virava-se e revirava-se no leito, quando um rumor longínquo chegou aos seus ouvidos. Ficou escutando, ansiosa, e logo se convenceu de que o tumulto aumentava; gritos e clamores já podiam ser ouvidos claramente.

Apavorada, despertou José, que, não menos assustado, levantou-se, mas tratou de acalmá-la, prometendo vir assegurá--la tão logo soubesse o que estava acontecendo.

274   J. W. Rochester

Pibisi, apavorado, informou ao Adon que algo de grave acontecera nos aposentos da nobre Serag, que os criados tinham soado o alarme e pareciam loucos, mas que ninguém, ainda, sabia ao certo o que ocorrera. Tomado por um funesto pressentimento, José dirigiu-se com toda pressa para o aposento de sua sobrinha: mulheres, vestes rasgadas, rostos mortificados, aglomeravam-se na entrada, com gritos agudos e dilacerados que enchiam o palácio. Ao verem o senhor, pareceram tomadas pela loucura, jogaram-se a seus pés, gritando:

— Perdão! Não fomos culpadas.

Afastando-as com raiva, ele entrou e, sem dar atenção a algumas mulheres que, com gritos de desespero, rolavam pelo chão, aproximou-se do leito. Entretanto, ao primeiro olhar em direção a Serag, que jazia inerte com uma expressão de terror insano pregada no rosto violáceo, recuou apavorado: em torno do pescoço da jovem enrolava-se uma serpente da mais perigosa espécie, e uma pequena ferida enegrecida na garganta explicava suficientemente o que ocorrera.

Recuperado do primeiro susto, José inclinou-se sobre a morta. No mesmo instante, a serpente ergueu a cabeça e, com um silvo, lançou sobre ele um olhar venenoso. O Adon sentiu uma súbita fraqueza, um arrepio gelado sacudiu seus membros; parecia que estava vendo as pupilas apavorantes do inimigo invisível, da misteriosa serpente que vencera na matéria e na essência. Tão branco quanto a túnica que vestia, recuou e murmurou com voz abafada:

— Matem o monstro!

Como se tivesse entendido essa ordem, e antes que um dos serviçais hesitantes pudesse se aproximar, a serpente se desenrolou, deslizou pelo peito gelado de Serag e se perdeu nas pregas do leito de morte.

Sombrio, com o olhar flamejante, José entrou em seu aposento de dormir, onde Asnath, desfeita e apavorada, ouvia o relato incoerente de uma criada.

— É verdade? Será possível que Serag esteja morta? — exclamou, virando-se para o marido.

— Sim, é evidente que os deuses de Heliópolis estão a favor de seu irmão e o livraram de uma esposa indesejada — respondeu, com um riso sardônico. Ele pegou seu sinete, que ficara sobre o travesseiro, e deixou o aposento.

Após sair do estupor, Asnath escreveu algumas linhas para Armais, instruindo-o sobre o acontecimento.

O jovem não pregara o olho à noite e, de manhã, voltara para junto do pai que, para seu grande espanto, ainda dormia. Ao perguntar, com inquietação, se ele estava doente, recebeu do grão-sacerdote a resposta de que ele passara a noite em claro; depois, fez-se um silêncio, e Armais, mortificado, apressava-se em ir se vestir para a cerimônia, quando lhe trouxeram a mensagem da irmã. Após uma vista de olhos, caiu aturdido sobre uma cadeira, gritando:

— Serag está morta, pai! Isso nos vem do Templo — acrescentou em voz baixa e incerta.

— Isso é a mão da divindade, que, cansada dos abusos desse homem, quis provar que ele pode fixar a data de um casamento, mas que a realização dos destinos humanos depende de um poder superior ao dele — respondeu Potífera com voz lenta e solene.

Entretanto, a expressão de implacável dureza que pairava sobre seus traços assustou Armais. Jamais vira semelhante expressão nos olhos calmos e límpidos do pai.

— Vá agora e prepare-se para demonstrar a dor obrigatória para um caso assim tão cruel. Além disso, aos mortos devemos sempre prestar honras; e a vida está livre de uma esposa odiosa. Farei um sacrifício aos deuses — acrescentou o grão-sacerdote, dispensando o filho.

Capítulo 5
O ADON E O CAUDEU

Em seguida, José deu ordem aos médicos que estavam a seu serviço de embalsamar seu pai. E o Egito chorou Jacó setenta dias.

O faraó respondeu: 'Sobe e enterra teu pai como ele te fez jurar.'

José subiu para enterrar seu pai, e com ele subiram todos os oficiais do faraó, os dignatários de seu palácio e todos os dignatários da terra do Egito.

(Gênese, cap. L, vv. 2, 3, 6 e 7)

O pesado dia, que começara tão tragicamente com a morte de Serag, chegava ao fim. José não tivera um só momento de descanso; as visitas de condolências dos ilustres convidados que, pensando vir a uma festa, chegavam a uma câmara mortuária, a vinda oficial de Armais que, trajando luto, com o rosto sujo, prestara as homenagens convencionais, de louvores e pesares, à sua finada noiva, enfim, as providências a serem tomadas para o embalsamamento ocuparam o Adon, e caía a noite quando ele se recolheu ao gabinete de trabalho para finalmente pensar à vontade no que ocorrera. Sombrio e carrancudo, caminhava a passos agitados. Serag fora vítima de um crime misterioso, isso era evidente; mas a habilidade com que a furtiva mão libertara o filho de Potífera de uma união humilhante para a casta sacerdotal, mais ainda que a dele com Asnath, deixava-o desconfiado.

De fato, era mesmo impossível formular uma suspeita: os aposentos das mulheres eram guardados por inúmeros e dedicados escravos; além das egípcias, Serag também tinha a seu serviço diversas mulheres de sua tribo. Ninguém vira ou ouvira coisa alguma; ninguém notara o instante exato em que ocorrera a morte e, no entanto, a moça devia ter acordado, a julgar pelo espanto gravado em seu semblante. Fora, portanto, muito hábil a mão que introduzira a serpente no leito da jovem, ou então a ciência secreta dos templos demonstrara espantosamente o seu poder. Ele se lembrou de ter ouvido Schebna dizer que era possível, à magia, produzir esses mensageiros da morte, que, sob a forma de serpentes, escorpiões e outros animais peçonhentos, se

O Chanceler de Ferro do Antigo Egito

dirigiam à vítima, ferindo-a sem que se pudesse impedi-los. O caldeu não lhe revelara o segredo desse feito mágico, mas José não duvidava de sua possibilidade. Nesse caso, se os sacerdotes resolvessem utilizar esse processo para eliminá-lo, sua própria vida estaria por um fio.

Com um longo suspiro, enxugou a fronte molhada de suor. Ah, como odiava esses sacerdotes! Contudo, precisava se calar, pois como provar que a serpente não estava oculta nas flores ou que tinha passado do jardim para o quarto? Tais casos não eram raros.

A entrada de Pibisi, seu favorito, interrompeu seus tumultuosos pensamentos.

— Senhor, está aí um homem que parece ter vindo de longe e tem aspecto fatigado. Diz que o conhece e deseja falar-lhe imediatamente.

— Ele só pode estar louco; ponham esse imbecil no olho da rua e digam-lhe que venha em dia de audiência, se tiver alguma solicitação a fazer.

— Ele insiste, senhor, e não se deixa intimidar. Quando quisemos afastá-lo, disse que o senhor nos puniria, pois tem assuntos graves a confiar-lhe.

José refletiu um momento.

— Nesse caso, tragam-no aqui, e cuide para que ninguém nos escute.

Alguns instantes mais tarde, um homem de alta estatura, envolvido em um manto escuro, cujo capuz lhe cobria a cabeça, entrou no gabinete de trabalho e, prostrando-se diante do Adon, tocou as esteiras com o rosto. Com um olhar escrutador, José examinou as vestes empoeiradas e as sandálias velhas do desconhecido, que devia ser um velho, a julgar pela sua longa barba branca.

— Quem é você e o que quer? Fale logo, pois não tenho tempo a perder — disse num tom breve.

— Poderoso senhor, obedecerei às suas ordens — respondeu com voz sonora, cujo timbre conhecido fez José estremecer, embora não pudesse dizer onde a tinha ouvido.

Mas, nesse mesmo instante, o desconhecido retirou o capuz.

— Schebna! — exclamou o Adon, recuando, como se visse um fantasma.

O velho sábio não mudara; os longos anos decorridos tinham passado por ele sem deixar vestígios, e o fogo juvenil de outrora brilhava em seus olhos quando disse, sem se levantar:

— Sim, sou eu, e chegou a hora que previ, meu antigo discípulo. Você ostenta as honras e eu, a fronte empoeirada. Venho pedir-lhe hospitalidade. A fome também me expulsou de meu asilo e venho me refugiar junto a você.

— Você sabia que me encontraria aqui? — perguntou José com voz surda.

— Não, perdi você de vista, e talvez a miséria não me tivesse arrancado de meu calmo retiro, onde só vivia para a ciência. Não preciso de muito: um copo de água fresca e algumas raízes me bastam. Foi uma ordem divina que me fez pegar o cajado de viajante, vou contar o que aconteceu. Mas, você não me manda levantar? A idade faz com que me seja difícil permanecer de joelhos.

Vendo José fazer um brusco movimento de mão, Schebna levantou-se e encostou-se a uma mesa.

— Certa noite, quando trabalhava, apresentaram-se a mim três homens vestidos de branco; tinham um ar respeitável e seus rostos cobertos de tristeza. "Ajude-nos", disseram, prostrando-se e beijando-me os pés. "O senhor possui um saber e um poder que não possuímos; livra-nos, pois, de uma serpente que se introduziu em nossa pátria, que enlaça e sufoca com seus anéis de ferro, oprime o inocente e arranca o último bocado ao pobre que morre de fome". Eu lhes respondi que voltassem para a sua pátria, que consultaria os astros; se fosse a vontade dos imortais, eles me indicariam o país a libertar e o meio de o fazer. Nos eflúvios nos quais são traçados os decretos do destino, li: "Parte e nós o conduziremos". Pus-me a caminho e cheguei ao país de Kemi, que está sendo corroído pela fome e pela miséria. Passando por esta cidade, ouvi o seu nome e, lembrando-me que o poderoso Adon foi meu discípulo, quis revê-lo, repousar sob seu teto e perguntar-lhe, a você que conhece todos os reinos vizinhos, qual é o país que está sendo sufocado por uma opressão implacável e quem é essa serpente que os homens vestidos de branco me pedem para destruir?

O mago calou-se e seu olhar ardente cravou-se no rosto

subitamente pálido de José, que passava a mão trêmula pelas faces úmidas de suor. "Foram os sacerdotes que o chamaram, e foi ele quem matou Serag!", esse pensamento passou-lhe como um raio pela cabeça.

— Você não sabia quem são esses homens, meus inimigos implacáveis, e quem eles odeiam e caluniam, chamando de serpente e opressor? — observou José com amargura. — O que eles lhe deram como pagamento pela minha destruição, Schebna? De qualquer forma, por sua amizade, prometo o triplo.

O caldeu balançou a cabeça:

— Você esqueceu meus ensinamentos se pensa que alguém pode comprar um mago, ainda mais para cometer um crime. Os veneráveis visitantes pediram o meu auxílio em nome da justiça, da liberdade e das forças celestes; pediram-me que livrasse seres inocentes da miséria e da morte. Você nunca pensou no preço que representa uma vida humana perante o trono do Ser Único, do Ser Inefável, cujo nome só se pronuncia tremendo?

Cuidado, José, as lágrimas, as maldições, a angústia dos sofrimentos imerecidos sobem ao céu como uma grande nuvem carregada. Pela lei imutável, que faz recair todo peso sobre a terra de onde ela foi lançada, você poderia ser esmagado.

— Você veio aqui para me ameaçar?

— Não, vim para apelar à sua consciência e amolecer seu coração. Tenha piedade dos que sofrem, não se deixe cegar pela ambição e lembre-se do que eu lhe disse certa vez: "Seu futuro é estranho e soberbo, mas sobre o seu fim paira uma nuvem; jamais se esqueça de que o homem pode usar mas não abusar dos favores do destino, e que esse abuso pode se tornar o perigo do seu destino". Eu, que o instruí, que o armei para a luta, que o muni com o poder do talismã sem o qual jamais você teria chegado à altura vertiginosa em que se encontra, creio ter o direito de lhe falar deste jeito.

José nada respondeu; em seu coração e em seu cérebro crescia uma tempestade. A morte de Serag, seguida da chegada do caldeu, as severas palavras que acabara de ouvir, tudo se unia para criar em torno dele um perigo incessante. Estava claro que a destruição de sua sobrinha era uma advertência que precedia a aparição de Schebna. Mas José teria forçaa para lutar se deixasse nas mãos de seus inimigos esse terrível instrumento de destruição que eles tinham procurado sabe-se lá Deus como? Absorvido nessas reflexões, não notou o olhar inflamado do mago e o indefinível sorriso que errava em seus lábios.

— Tem razão, devo escutar tudo o que você me diz, e a hospitalidade em minha casa é um direito seu — disse. — Venha, vou servir-lhe uma refeição; depois, você repousará, pois parece cansado.

Sem objeção, o caldeu o seguiu. Através de uma galeria, por um corredor interno, depois por um corredor abobadado, José conduziu seu hóspede até um aposento cujas paredes eram guarnecidas de escaninhos carregados de rolos e tábuas; uma cama de repouso, uma mesa rodeada de algumas cadeiras e um armário formavam o mobiliário desse reduto iluminado por uma lâmpada a óleo suspensa no teto.

Convidando o caldeu a sentar, o Adon retirou do armário uma taça, um pequeno cesto cheio de pães e uma ânfora, colocando-os sobre a mesa. O velho sábio bebeu e disse com um sorriso:

— O vinho é inebriante e promete um sono profundo e reparador.

— Beba e coma, depois repouse nesta cama, e que os deuses abençoem o seu sono! Amanhã nos reencontraremos — disse José, saudando-o com a mão.

— Agradeço a sua hospitalidade e me lembrarei da sua boa acolhida.

Uma hora mais tarde, José voltou; trancara a porta ao sair, tudo estava calmo e silencioso e, sobre o leito, o velho encontrava-se entregue a um sono profundo como a morte. Desenrolando um maço de cordas que levara, amarrou firmemente, mas com precaução, os pés e as mãos do caldeu, que não despertou. A seguir, acendeu uma tocha e, aproximando-se da parede, acionou uma mola: uma parte dos escaninhos se abriu como uma porta, revelando um gabinete contíguo, do qual saía uma escada em espiral que conduzia a um vasto porão onde se encontravam escaninhos e cofres cheios de papiros e objetos preciosos.

Eram os arquivos secretos e o tesouro provisório do terrível chanceler de Apopi. Fixando a tocha em um gancho, o Adon subiu, ergueu Schebna em seus braços robustos e desceu com ele.

O Chanceler de Ferro do Antigo Egito

— Que ele fique aqui por enquanto, onde não poderá me incomodar. Veremos se seu poder o livrará deste porão — resmungou, colocando o caldeu no chão. — E ele honrou o meu vinho — acrescentou com ironia.

Nesse momento, Schebna soltou um longo suspiro e reabriu os olhos. Por um instante, seu olhar vagou ao redor.

— Para impedir-me de o prejudicar, você me atira neste porão, amarrado como um malfeitor? Cego, ingrato, você acaba de me dar provas de que é a serpente de que me falaram os homens vestidos de linho.

A voz do mago ressoou, vibrante e severa, e seus olhos pareciam lançar chamas. José sentiu-se paralisado e, mudo de espanto, viu o velho sentar-se, erguer as mãos amarradas e entoar um canto bizarro, do qual somente compreendia uma parte.

Entremeando esse canto ritmado com fórmulas misteriosas, ele invocava os quatro elementos e os deuses supremos da Caldéia: Anu, o rei do Universo e dos Espíritos Celestes e Terrestres, Ea, rei do Oceano, condutor dos destinos, Samas, o juíz supremo, e Adar-Samdan, o destruidor do mal.

À medida que a voz do mago se elevava mais ressoante, um silvo semelhante ao de uma tempestade parecia encher o porão, o solo tremia como se fosse fender-se e nuvens surgiam em torno do evocador, envolvendo-o em uma bruma avermelhada. De repente, um relâmpago fulgurante atravessou obliquamente o porão, um trovão fez tremer as paredes e, diante de José, atônito, ergueu-se a esfinge que uma vez já lhe tinha aparecido. O rosto do ser enigmático estava severo e ameaçador; seus olhos serenos estavam turvos, de seus seios inchados e contundidos brotavam gotas de sangue, e sua voz soava como uma tormenta longínqua:

— Desgraçado, ingrato, pare com seu orgulho e com sua impiedosa severidade! Você abusa dos meus dons, e não é mais o meu leite, mas o meu sangue que você está sugando. Cuide para que eu não me volte contra você, pois, se assim for, eu o domarei com a força do touro; minhas garras de ferro o despedaçarão, minhas asas o derrubarão da altura em que se encontra e da estrela que me coroa a fronte partirá o raio que o fulminará!

Cambaleante, atordoado, quase cego pelo efeito do resplandecente clarão, José caiu e fechou os olhos. Quando voltou a si, apenas a tocha iluminava o porão vazio; as cordas estavam no chão, e Schebna desaparecera.

Cabisbaixo, com o coração oprimido, voltou ao seu quarto, mas à medida que recobrava a calma, a cólera também começava a ferver em seu íntimo. O mago escapara-lhe e agora era seu inimigo. Como os sacerdotes tinham sabido da existência de Schebna e atirado contra ele esse inimigo perigoso e intangível? Precisava saber, assim como onde ele estava escondido agora. Sem hesitar, correu em busca da caixinha onde guardava a taça que usava para adivinhar: o infalível talismã lhe desvendaria tudo. Consultava-o raramente agora, somente em casos extremos, a fim de não se esgotar com o esforço de vontade e com a concentração indispensáveis, mas, nesse momento, devia fazê-lo a qualquer preço. Com uma mão impaciente, apanhou a taça, mas, quando quis enchê-la de água, ficou subitamente lívido e soltou um grito surdo: a pedra misteriosa estava rachada em toda a sua largura, como se um raio a tivesse atravessado.

Como se uma forte martelada o atingisse, caiu desmaiado.

❧ ☻ ❧

Lentamente, José recobrou-se do terrível abalo, mas sua natureza de aço não era das que se vergam ou quebram ao primeiro choque. Além disso, como nenhum novo incidente provara que Schebna procurava se vingar, tranqüilizou-se. O orgulho e a consciência de sua força devolveram-lhe o equilíbrio, e uma sobrecarga de trabalho e preocupações atenuou a impressão que sofrera. Contudo, uma vaga inquietação ainda lhe restava no fundo da alma e tornava-o às vezes triste, receoso e inquieto. Nessas horas difíceis, parecia-lhe que a situação era precária, que o ódio e a traição que o cercavam por todos os lados iam precipitá-lo do alto posto que ocupava e que talvez o abandono e a miséria ameaçassem o fim da sua existência. Apreensões desse tipo, externadas em conversas com o pai, deram origem a um plano, ao qual ele se entregou com o ardor e a energia que o caracterizavam, além de uma outra característica da raça semita: a paixão por adquirir, acumular, sem medida, criar uma arma e um apoio por

O Chanceler de Ferro do Antigo Egito

meio da força bruta do capital, idéia presente ainda hoje naquele, que, sempre pronto a vender tudo pelo ouro, pensa também tudo poder comprar, desde que possa pagar.

Já enriquecido e coberto de benesses por Apopi durante os anos de abundância, José, desde que a fome passara a reinar, acumulara uma fortuna colossal, pois ao depositar no tesouro do faraó, pelo menos oficialmente, a maior parte das riquezas que o Egito e a Ásia colocavam em suas mãos, guardava para si uma parte escolhida, menos embaraçosa, mas não menos substancial, que a que era transportada para a residência real e suas tesourarias. Vale dizer que o próprio faraó autorizara o chanceler a guardar para si uma parte desses bens; e José se aproveitara fartamente dessa permissão.

Foi o plano de colocar em segurança uma parte dessas riquezas, por receio do futuro, que tomou o espírito do Adon. Na opinião de Jacó, os tesouros do filho estariam mais seguros na tribo que no palácio, que poderia ser saqueado na primeira revolta popular. Para escondê-los definitivamente da raiva e do rancor dos egípcios, era urgente transportá-los para fora do país e depositá-los em local seguro.

O patriarca, que sabia estar próximo do fim, declarou que o túmulo de família que possuía perto de Hebron[1] era o abrigo menos exposto e que se José acompanhasse seu corpo para sepultá-lo no sepulcro hereditário, teria toda facilidade para conduzir o tesouro sem despertar suspeitas. Decidido isso, Jacó reuniu os filhos, confiou-lhes o que se planejava e os obrigou, sob terríveis juramentos e ameaça de maldição, a nunca tocar nas riquezas, que não somente eram propriedade de José, como destinadas por ele a formar o tesouro de Israel, um recurso supremo em caso de perigo ou desgraça para eles ou seus descendentes. O segredo deveria ser transmitido somente aos chefes de tribo, e mediante juramento. José, enquanto vivesse, teria o direito de tocar no tesouro; seus descendentes, somente caso deixassem o Egito conduzindo seu corpo. Enfim, todos os detalhes dessa misteriosa pilhagem foram estabelecidos. Em uma reunião secreta, todos os irmãos juraram respeitá-los, e o jura-

---

1 Hebron (Al-Khalil) - Antiga cidade canaanita, capital de Judá no governo do rei David. Atualmente situa-se na Jordânia.

J. W. Rochester

Jacó abençoa os filhos de José, de Rembrandt van Rijn - 1656.

mento era sincero, pois José os ameaçou dizendo que, mesmo em espectro, viria destruir o atrevido que afrontasse a sua vontade. E a fama do Adon como terrível mágico era notória para que alguém se arriscasse a desobedecer.[2]

Além disso, sempre prevendo alguma catástrofe, José estatuiu que, caso morresse de morte violenta, seus dois filhos entrariam para a tribo, da qual se tornariam membros. Rubem foi nomeado tutor eventual, e em suas mãos foi depositada uma grande soma, destinada aos rapazes por ocasião de sua maioridade.

O acerto de todos esses negócios, a colocação e o transporte clandestinos do que queria resguardar, absorviam o Adon de tal maneira que ele não deu atenção suficiente a uma circunstância que o desagradaria enormemente: a súbita aproximação de Hichelat e Armais. Enquanto o rapaz estava noivo, a princesa permanecera retraída. Contudo, após a morte de Serag, voltara a ser uma visita constante no palácio do Adon. E Armais visitava quase sempre a irmã quando a princesa estava lá. José concluiu daí que sua esposa favorecia o namoro da ilustre amiga e que prevenia a tempo tanto ela quanto o irmão.

O Adon começou a aparecer inesperadamente nos aposentos da esposa e convenceu-se logo de que seus maus pressentimentos estavam prestes a se realizar e que um casamento de seu cunhado com a filha do faraó tornava-se cada vez mais provável. Pôs-se, então, a procurar seriamente um meio de impedir essa eventualidade, quando a morte de Jacó o distraiu novamente.

Ele demonstrou e sentiu, verdadeiramente, um profundo pesar. Perdia o amigo fiel, o único que o amava sem restrições e

---

2 O segredo desse tesouro foi tão bem guardado que somente Moisés, com o consentimento de todos os chefes da tribo, tomou posse dele, pois a libertação do povo de Israel da terra da opressão foi considerada como o caso extremo previsto pelo grande homem do Estado, e mágico, seu fundador.

sem segundas intenções. Após mandar embalsamar o corpo do pai e encomendar um sarcófago dourado e incrustado, vestiu-se de luto e dirigiu-se ao Palácio Real, onde Apopi, com sua costumeira benevolência, deu-lhe as condolências. José agradeceu e prostrou-se:

— Meu senhor e benfeitor, venho pedir-lhe uma graça: jurei a meu pai moribundo que o sepultaria no túmulo de nossa família, perto de Hebron; permita-me cumprir esse dever filial. E como o falecido era o pai do homem que o senhor elevou assim tão alto, autoriza-me a fazer com que os egípcios guardem luto e que um séquito de sacerdotes e dignatários me acompanhe de acordo com o meu cargo.

Apopi fitou-o, espantado, e uma expressão de descontentamento e escárnio esboçou-se em seus lábios. Apesar da ascendência que seu favorito exercia sobre ele, e do hábito que adquirira de deixá-lo fazer o que quisesse, essa pretensão de impor um luto nacional pela morte de uma pessoa tão íntima lhe pareceu, e com razão, exorbitante.

— É estranho esse seu desejo, e certamente os sacerdotes e os nobres do Egito considerariam uma provocação e uma ofensa premeditadas que lhes fosse exigido prantear um simples pastor estrangeiro como um rei e impor-lhes os percalços de uma viagem assim tão longa para acompanhar sua múmia à última morada. Mas tudo bem, eu autorizo.

O olhar brilhante de José cravou como um raio as pupilas inexpressivas de Apopi.

— É verdade, faraó, meu pai não passava de um simples chefe de pastores, mas seu filho, depois do senhor, é o primeiro homem do Egito, e as honras que serão feitas à memória de seu pai somente aumentarão o respeito que devem ao seu servidor e a obediência que cada uma de suas ordens deve despertar. Sua vontade, poderoso senhor, é minha lei; mas prefiro colocar a seus pés o poder com que o senhor me investiu a deixar de honrar meu pai como ele merece.

O rei jogou a cabeça sobre o espaldar de sua poltrona e fechou os olhos; o rosto macilento e pálido exprimia um cansaço indescritível.

— Faça como você quiser — disse, após um instante de

silêncio —; e se ousar e não temer uma revolta, promulgue uma ordem que, repito, será considerada uma provocação e uma chacota. Decrete o luto e as exéquias apenas em seu nome. Estou doente e não quero ser importunado com representações por parte dos sacerdotes e dos dignatários.

Embora furioso com esse meio-consentimento, José não se deu por vencido; promulgou, sem protestar, um decreto que prescrevia ao Egito um luto de setenta dias e anunciou que um considerável séquito de escribas reais, conselheiros e outros funcionários, assim como dois portadores de leques do faraó, o grão-sacerdote de Tanis e toda uma série de sumidades sacerdotais o acompanharia a Hebron, para celebrar, com sacrifícios e cerimônias religiosas, as exéquias de Jacó. Além disso, soube agir tão bem junto a Apopi que este mudou de opinião e declarou claramente sua satisfação com as ordens dadas pelo Adon.

Esse decreto inesperado causou um verdadeiro estupor entre os egípcios; mas, pela primeira vez, à cólera misturou-se uma grande jocosidade: a obrigação de guardar luto e enterrar como rei aquele ínfimo pastor, de uma raça considerada tão abjeta que nenhum egípcio comeria com ele um pedaço de pão na mesma mesa, era tão declaradamente ridícula que os falatórios zombeteiros chegavam quase a abafar as imprecações. Em contrapartida, havia os mais irascíveis, que tomaram essa atitude como uma grande ofensa e que teriam respondido a esse desafio insolente com uma revolta e com massacres, se os chefes do movimento nacional, que mantinham relações freqüentes com Taa III, não tivessem achado que o momento era desfavorável para um levante e imposto a calma aos ânimos. Portanto, tudo continuou quieto e os dignatários egípcios se prepararam docilmente para a cansativa viagem que lhes era imposta pelo opressor. Quanto aos hicsos, que sob o poder de José ocupavam os principais postos, eles deram provas de um zelo e de uma lealdade sem limites, e disputavam a honra de acompanhar seu Adon e a múmia de seu pai.

✺ ☽ ✺

Asnath, durante essas semanas de luto, sentia-se aborrecida. Sabia, por intermédio de Armais, o que crescia na alma de seus compatriotas e sofria com eles o insulto e o ridículo que lhes era infligido. Até mesmo Hichelat parecia indignada com a imensa condescendência do pai, e algumas palavras mais ásperas traíram, diante de Armais e Asnath, o descontentamento da princesa com a presunção do Adon. Asnath agarrou a ocasião de deixar Tanis quase com alegria: aproveitando da notícia de uma doença muito grave de Ranofrit, pediu ao marido que a deixasse partir por duas ou três semanas, a fim de cuidar da tia, com o que José concordou.

Um incêndio que ocorrera durante uma noite, e que quase custara a vida de um de seus filhos, causou um susto pavoroso a Ranofrit e provocou sua doença. Putifar instalara a doente na casa de seu cunhado, e, quando Asnath chegou, encontrou seus parentes, que tinham chegado na antevéspera. Quase duas semanas se passaram em cuidados e vigílias incessantes. O perigo passou, mas as duas fiéis enfermeiras estavam completamente extenuadas.

Uma noite, Maia, por insistência da filha, tinha se deitado; a doente dormia e Asnath dirigiu-se para o jardim a fim de respirar o ar fresco e perfumado da noite. Primeiro, ela passeou pelo jardim, mas, sentindo-se fatigada, sentou-se em um banco encostado na parede da casa e escondido, em parte, por arbustos de jasmim. A alguns passos dali, encontrava-se uma janela que se abria para o gabinete de trabalho do grão-sacerdote. A jovem refletia, silenciosamente, há cerca de um quarto de hora, quando ouviu Potífera entrar com alguém. Eles acenderam uma lâmpada, cuja luz avermelhada se projetou sobre a folhagem. A conversa dos dois pouco interessou a Asnath: jamais ouvira o nome de Schebna e não lhe importava o caldeu, cuja ausência seu pai lamentava, irritando-se por ele ter se retirado para um lugar desconhecido para orar e jejuar justamente no momento em que mais se precisava dele.

Irritada com esse sussurro de vozes, já que desejava silêncio e solidão, a jovem se dispunha a entrar quando ouviu seu pai e seu visitante se erguerem vivamente, e, um instante depois, a voz do grão-sacerdote do Templo de Ptah perguntou com agitação:

— Estamos ao abrigo de ouvidos indiscretos?

— Fale sem medo — respondeu Potífera. — Todos os escravos foram afastados, conforme o seu pedido, minha esposa dorme e Asnath está cuidando de Ranofrit.

— Então, posso anunciar-lhe que soou a hora da libertação e que o cão fétido que ri de nossa dignidade não voltará mais a Tanis.

Asnath ergueu-se, tremendo, e pôs-se a escutar ansiosamente. Embora o sacerdote falasse em voz baixa, seus sentidos, superexcitados, faziam-na compreender cada detalhe do plano que ele expunha: um jovem sacerdote, chamado Rá-hotep, inimigo fanático de José, apresentara-se secretamente aos anciões do Templo e declarara que estava decidido a sacrificar sua vida pela libertação de seu país, e que, na primeira ocasião propícia, durante os sacrifícios funerários, degolaria o Adon.

— Você compreende — finalizou o grão-sacerdote — que lá, na terra de Canaã,[3] ninguém suspeitará de um atentado, e tanto a energia como a força extraordinária de Rá-hotep garantem o sucesso de sua empreitada. Os pomposos funerais do velho cão são, portanto, a última infâmia do opressor, e seus irmãos poderão, a seguir, depositar sua carcaça junto à de seu ilustre pai.

Tremendo como uma folha, com a cabeça em brasa, Asnath abandonou o banco e, como uma sombra, esgueirou-se até seu aposento. Desmoronando sobre um canapé, apertou com as mãos o peito oprimido; um sentimento infernal atormentava seu coração, suscitando uma luta interna que jamais experimentara. Sem querer, tornara-se cúmplice de um assassinato, do assassinato de seu marido, e não podia nem preveni-lo, nem impedir o atentado. Desde que ouvira que José estava irrevogavelmente condenado à morte, todos os seus rancores contra ele se dissiparam, deixando apenas a dor de perdê-lo. E, no entanto, seus lábios estavam selados, pois como poderia trair a sua casta e entregar ao carrasco os mais ilustres sacerdotes, talvez até seu pai? A jovem passou uma noite insone e, no dia seguinte, aproveitando uma mensagem insignificante que José lhe enviara, disse que ele a chamara e, no mesmo dia, partiu de volta a Tanis. Somente Maia se impressionou com o ar desfeito

---

3 Canaã - Nome bíblico da Palestina, a "Terra Prometida" dos israelitas.

O Chanceler de Ferro do Antigo Egito

da jovem, mas o atribuiu a um excesso de fadiga; os homens estavam tão preocupados que nada notaram.

Quando José, todo feliz com seu pronto retorno, veio saudá-la, inquietou-se com sua péssima aparência.

— Asnath, você está doente, parece muito cansada, pobre criança! — disse ele, abraçando-a com ternura.

— Sim, creio que passei muito frio — respondeu a jovem, dominando-se com um esforço quase sobre-humano.

O Adon mandou chamar um médico, que informou que Asnath tinha febre e prescreveu um repouso absoluto. Ela, de boa vontade, aceitou essas prescrições; estava contente de ficar só. O que se passava dentro de si era indescritível, e José inquietava-se com o estado de sua mulher, que lhe parecia estranho e perigoso.

Por fim, chegou o dia da partida. Desde o alvorecer, uma multidão imensa lotava todas as ruas que chegavam ao palácio do Adon com o único objetivo de ver a enorme caravana que se punha a caminho para a Síria. Todos admiravam o soberbo estrado funerário, colocado sobre uma carroça, e a tenda de couro bordado que cobria a urna funerária, os carros de duas e quatro rodas, ocupados pelos sacerdotes, escribas reais e outros dignatários, enfim, a fila interminável de burros e camelos que transportavam as bagagens, sob a vigilância de um exército de escravos, assim como os destacamentos de soldados que deviam escoltar o cortejo.

Estava tudo pronto; esperava-se apenas José, cujo carro, atrelado com dois soberbos corcéis, estava parado diante da grande entrada. Mas o Adon não aparecia.

Há cerca de uma hora, José se dirigira até a esposa para despedir-se. Encontrou-a sentada junto à janela. Sua palidez mortal e a agitação febril que a devorava visivelmente encheram o coração do Adon com uma nova ansiedade. Abraçou-a com ternura, recomendando que ela se cuidasse durante a sua ausência. Asnath ergueu os olhos e a estranha expressão com que seus olhos azuis o fitaram o impressionou. Mas o tempo o apressava, ele acenou uma última vez e se dirigiu para a porta.

— José! — murmurou subitamente Asnath, com uma voz abafada; e, lançando-se para ele, enlaçou convulsivamente seu pescoço.

290   J. W. Rochester

Surpreso com esse súbito impulso da esposa, sempre bravia e reservada, José apertou-a apaixonadamente contra o peito. Um imenso sentimento de felicidade o invadiu e, inclinando-se sobre ela, murmurou:

— O que você tem, minha querida? Não fique assim tão agitada.

Sem responder, Asnath desmoronou em seus braços, e ele viu, com assombro, que ela desmaiara.

José levou-a até o leito e somente quando o médico lhe assegurou que o estado de sua esposa não apresentava nenhuma gravidade é que decidiu deixá-la, antes que ela voltasse a si. Com o coração pesado, beijou uma última vez a pequena boca descolorada, os olhos fechados, e deixou o aposento. Alguns minutos depois, subia em seu carro e dava o sinal de partida, mas todos repararam a sombria preocupação que parecia pesar sobre ele. Em contrapartida, ninguém suspeitou que um tesouro considerável deixava clandestinamente a terra de Kemi.

Capítulo 6
O AMBICIOSO NÃO CONHECE OBSTÁCULO

Como também toda a família de José, seus irmãos, e a família de seu pai, somente deixaram na terra de Gessen os seus pequeninos, os seus rebanhos e o seu gado.

Com eles também subiram carros e cocheiros: era um cortejo muito imponente.

Chegando a Goren-Atad,[4] está além do Jordão,[5] fizeram uma grande e solene lamentação, e José celebrou por seu pai um luto de sete dias.

José voltou, então, ao Egito, bem como seus irmãos e todos os que tinham subido com ele para enterrar seu pai.

(Gênese, cap. L, 8 a 10 e 14)

---

4 Goren-Atad - É desconhecido o exato local da eira, citada na Bíblia, onde José e seus irmãos velaram a morte de Jacó; dependendo da versão bíblica, o termo também é traduzido como *Atbad, Goren-ha-Atad* ou *Aire de l'Epine*.
5 Jordão - Rio da Síria, Jordânia e Israel que se forma no norte do vale do Hula e depois de 330 km desagua no Mar Morto.

O vale estreito, cercado de montanhas arborizadas, no fundo do qual se erguia Hebron, tinha um aspecto insólito: em torno da colina solitária e silenciosa ao pé da qual fora cavada a gruta funerária, reinava há muitos dias o ruído e a animação de um vasto acampamento. De um lado, viam-se, em linhas simétricas, as tendas egípcias, no meio das quais se erguia a vasta tenda do Adon; à entrada dessa tenda, onde estavam plantados dois troncos de árvore ornados com bandeirolas, as sentinelas estavam de vigia. De outro lado, e separado dos egípcios por toda a largura do vale, localizava-se o acampamento dos pastores hebreus.

No dia seguinte à sua chegada ao vale de Hebron, José, acompanhado somente por seus irmãos, depusera no túmulo a múmia de Jacó, e durante duas noites consecutivas, sob pretexto de celebrar os ritos religiosos de seu povo, os filhos do patriarca retornaram sozinhos à gruta e lá esconderam os tesouros que haviam trazido. Ninguém os incomodou: cheios de desgosto e desprezo, os egípcios mantiveram-se afastados, persuadidos de que os "impuros Amu"[6] imolavam vítimas humanas secretamente, sem dúvida, crianças, as vítimas preferidas de seu deus sangüinário.

Na manhã do terceiro dia, segundo as ordens de José, começaram as cerimônias funerárias de acordo com o ritual egípcio. Sombrios e silenciosos, os sacerdotes e os dignatários se reuniram e, acompanhado de cantos comoventes, o imponente cortejo desceu para a gruta, na entrada da qual foram feitos inúmeros sacrifícios. Sem prestar atenção ao silêncio sinistro, ao ódio apenas contido de todos os egípcios presentes, José, altivo e impassível, presidia os sacrifícios.

A cerimônia chegava ao fim quando ocorreu um incidente inesperado: acabava-se de imolar um boi, e o sacerdote se reerguia, supunha-se, para cortar os membros ainda palpitantes do animal, quando, de repente, lançou-se precipitadamente para o Adon, brandindo o punhal sagrado banhado de sangue. Esse sacerdote era um jovem de estatura colossal, cujo rosto crispado, os olhos injetados e flamejantes de um ódio selvagem eram verdadeiramente aterradores. Involuntariamente, José deu um

---

6 Amu - Denominação dada pelos egípcios aos povos asiáticos.

passo para trás, enquanto um oficial de seu séquito, hicso de origem, se agarrava ao braço do alucinado no mesmo instante em que ele, furioso, golpeava o Adon. A arma desviou e, em vez de trespassar o peito, abriu profundamente a coxa de José.

Gritos se elevaram:

— Assassinato! Traição! Estão assassinando o Zaphnath--Paaneach!

Produziu-se um tumulto: uns se precipitavam para amparar José, que desfalecia, inundado de sangue; outros seguravam o sacerdote, tentando desarmá-lo. Mas este, dotado de uma força hercúlea, lutava vitoriosamente contra uma dezena de adversários; alguns, gravemente feridos, tinham rolado por terra, quando, desembaraçando-se bruscamente, o sacrificador deu um salto para trás:

— Morro pelo meu país; uma mão mais feliz que a minha, cão pútrido e maldito, saberá encontrar o caminho do seu coração — gritou ele com uma voz retumbante. Depois, com a rapidez de um raio, plantou o punhal em seu próprio peito e desabou pesadamente.

José foi levado para a tenda e sua ferida, que não oferecia perigo, foi enfaixada. Todavia, dores lancinantes e uma grande perda de sangue o retiveram no leito e retardaram em mais de oito dias a partida da caravana.

Essa tentativa de assassinato provocou um verdadeiro estupor nos dois acampamentos. No primeiro dia, os gritos e os clamores somente cessaram quando já era noite cerrada: todos os hicsos espumavam de ódio por essa tentativa ousada e acusavam a casta sacerdotal de conivência. Os sacerdotes permaneceram calmos: nada podia ser provado, e nem o Adon nem o faraó arriscariam torná-los responsáveis pelo ato insensato de um fanático que agira sob o impulso do momento. No fundo da alma, bem entendido, eles deploravam amargamente que um infeliz azar tivesse frustrado o plano de Rá-hotep e custado a vida do corajoso patriota.

Assim que suas forças permitiram, José retomou o caminho do Egito. Entretanto, durante as longas horas em que estava só, embalado pelo passo cadenciado de seus carregadores, pensava no passado e no futuro, e um indescritível sentimento

O Chanceler de Ferro do Antigo Egito

de amargura, de raiva e de angústia oprimia seu coração. O atentado de Rá-hotep esclarecera subitamente todo o recente comportamento de Asnath desde o seu retorno de Mênfis e seu adeus desesperado. Tinha sido, então, um plano urdido de longa data, não por um louco arrebatamento de um fanático, que pretendera vitimá-lo... e Asnath sabia que queriam assassiná-lo e se calara. Não obstante, ela o amava e traíra-o como jamais o fizera: essa convicção fazia o coração de José bater com um sentimento do qual a alegria e a dor tinham partes iguais. Pensava durante dias inteiros, procurando sondar esse coração de mulher que era um enigma para ele; e, diante dessa preocupação, as complicações e dificuldades de sua situação política acabavam por se dissipar e esmaecer momentaneamente. Com uma febril impaciência, desejava rever Asnath, ler em seus olhos azuis a impressão que seu retorno causaria.

Em Tanis, a notícia da tentativa de assassinato, trazida por um mensageiro, causou barulho, despertando as mais diversas reações. Cada egípcio tremia de ódio e lamentava que o opressor tivesse escapado; cada hicso aclamava triunfalmente a saúde do homem que considerava seu mais sólido apoio. Apopi demonstrou uma viva cólera e, em conversa com o grão-sacerdote de Ptah, a quem mandara chamar, declarou duramente que tornaria toda a casta sacerdotal responsável, caso ocorresse outra tentativa contra seu primeiro conselheiro. Além disso, ordenou que se festejasse, com sacrifícios e cerimônias de ação de graças, o dia feliz em que o Adon retornaria são e salvo à capital, e enviou mensageiros para felicitar seu favorito.

Sobre Asnath, a notícia de que José escapara do perigo mortal que o ameaçava produziu uma terrível comoção: a idéia de revê-lo são e salvo fazia seu coração bater de amor e alegria; o medo das conseqüências que esse atentado poderiam ter para sua casta, as cruéis represálias que seu marido não deixaria adotar contra os sacerdotes enchiam-na de desesperada angústia, e sua perturbação era tanta que nem mesmo pensava na falsa posição que criara para si mesma com a imprudência com a qual traíra a sua cumplicidade.

Asnath era mulher em toda a acepção da palavra: viva e exaltada por natureza, nascida sob os raios ardentes do Sol tropical, desejava o amor, a felicidade; Hor estava longe, longe dos olhos, longe do coração, e o homem mais bonito e mais ilustre do Egito, que lhe pertencia como esposo, que a amava apaixonadamente, ela deveria odiar e tratar com indiferença por ordem de sua casta. Seu jovem coração se contorcia sob o impulso das duas correntes contrárias que o despedaçavam, pois para o amor não existe nem raça, nem preconceito de classe. E, no entanto, a disciplina imposta por esse preconceito era tão poderosa sobre a filha de Potífera, que ela neutralizava o sentimento mais poderoso do coração humano.

Jamais, contudo, esse conflito íntimo fora tão pesado e doloroso como no dia do retorno de José a Tanis. Asnath sentia-se incapaz de assistir à essa recepção, que Apopi transformara em verdadeiro triunfo, e enviou somente os filhos com seus acompanhantes.

O dia da chegada foi festejado em Tanis como um retorno real. Desde a alvorada, foram feitos sacrifícios em todos os templos: o sangue das vítimas fumegava nos altares, e, com os dentes cerrados e fel na alma, os sacerdotes se prostravam diante das estátuas dos deuses, agradecendo-os por terem protegido a vida do primeiro funcionário do Estado. Talvez jamais tantas maldições secretas tenham se acumulado na cabeça execrada daquele que se honrava oficialmente por ordem do faraó. A seguir, pomposas procissões sacerdotais, sob o canto de padres e sacerdotisas, dirigiram-se para fora das portas da cidade a fim de receber *in corpore*[7] o herói do dia, e apresentarem suas felicitações. O próprio Apopi, coisa inusitada, fora ao seu encontro até o Templo de Sutekh, e quando José se prostrou e beijou o solo com lágrimas de alegria e reconhecimento, ele o autorizou a, no futuro, beijar seus pés.

Após ter feito sacrifícios no Templo de Sutekh, o faraó, acompanhado de seu chanceler, retornou à residência real, onde um esplêndido banquete reuniu as sumidades da corte e da cidade. Ao retornar ao seu palácio, José teve ainda que participar da recepção de toda uma série de delegações de seus subordinados, e a noite já tinha caído quando, enfim, ele se retirou para seu gabinete particular e dispensou todo mundo,

---

7 *In corpore* - Expressão latina que significa "em corpo"; pessoalmente.

O Chanceler de Ferro do Antigo Egito

proibindo que o importunassem sob qualquer pretexto. José ainda estava enfraquecido pelo ferimento, e o cansaço desse dia o esgotou. Pálido e nervoso, estendeu-se sobre um leito de repouso e esperou Asnath, que deveria agora vir saudá-lo. Sua ausência na cerimônia da manhã não o surpreendera; ela não quisera recebê-lo diante do rei e sob os olhos dos sacerdotes.

Ele, porém, esperou em vão. A cada leve ruído, endireitava-se, pensando ouvir o passo da jovem egípcia ou ver sua silhueta esbelta se desenhar sob a sombra da colunata: ousaria ela não vir, sabendo-se cúmplice dos sacerdotes? Já nervoso e superexcitado, José foi subitamente tomado por um desespero, um desgosto sem nome. Enterrou a cabeça nas almofadas e lágrimas ardentes transbordaram de seus olhos. Ah! Por que pusera os pés na terra de Kemi? Por que o destino, zombeteiro, fizera do selvagem pastor, livre e feliz, o Adon do rei Apopi?

Nos desertos verdejantes da terra de Canaã, não teria conhecido tantas honras, mas também não teria colhido tanto ódio. Todos os privilégios que usufruía não passavam de uma aparência enganosa sob a qual estavam encubados o desprezo e a raiva. Nessa mesma manhã, quando, com gelada altivez, escutara os protestos de devoção dos sacerdotes, as torrentes de adulação que eram derramadas a seus pés, seu olhar não havia procurado nessa multidão se, entre os homens vestidos de linho ou os guardas de honra que o aclamavam, não surgiria um alucinado brandindo um machado brilhante ou um punhal cortante para abater como a um réptil venenoso aquele que era proclamado o filho mais glorioso do Egito? Tudo, tudo com o que ele se inebriava era uma ilusão e não conseguia preencher o vazio do seu coração. Esse palácio era um deserto árido, e, de repente, essa solidão e esse silêncio lhe pareceram insuportáveis; o desejo de rever Asnath, de apertar em seus braços a filha de seu inimigo mortal, Potífera, arrebatou-o com violência; tinha um estranho gosto em chamá-la de esposa e de se saber amado por ela, cujo pai o tinha por um cão fétido. E, depois, queria ouvir de sua própria boca se ela sabia que ele deveria morrer.

José saltou de seu leito, suas têmporas latejavam, todo o seu corpo queimava, e tremores nervosos o sacudiam; atravessou quase correndo a longa galeria e penetrou no aposento de sua mulher.

Asnath também estava só. Sentada em uma cadeira junto à janela, lutava consigo mesma há horas, procurando analisar o que afligia sua alma e pôr um fim nesse penoso combate. Queria ter corrido para José, que parecia ter ressuscitado, e, no entanto, um sentimento que não podia definir a impedia de fazê-lo. Recostada sobre o espaldar, com os olhos fechados e as mãos convulsivamente unidas sobre os joelhos, a jovem estava de tal forma perdida em seus pensamentos que não ouviu a entrada do marido e nem notou que ele se inclinava sobre ela. O caos de seus sentimentos estava tão claramente desenhado em seu rosto desfeito que José sobressaltou-se.

— Asnath! — murmurou com um misto de angústia e amor.

A jovem endireitou-se tremendo, depois, esquecendo de tudo, atirou-se nos braços do marido. Por um momento, eles ficaram abraçados, mudos; mas, de repente, José se desvencilhou e, inclinando-se, perguntou num tom imperioso:

— Asnath, você sabia que eu devia morrer?

Ela recuou, pálida como um cadáver:

— José, José, não me pergunte nada — murmurou com um olhar suplicante.

— Fale! — disse ele com voz rouca, serrando suas mãos até quase quebrá-las.

Contudo, vendo sua angústia mortal, acrescentou, tentando dominar-se:

— Fale sem medo, juro pela memória de meu pai que jamais trairei suas palavras, mas quero, enfim, saber a verdade. Você sabia que eu caminhava para a morte quando me deixou partir?

Asnath tremia como uma folha, mas, vencida pelo olhar flamejante que pesava sobre ela, respondeu com voz abafada:

— É verdade; eu sabia que queriam assassinar você, mas se isso ocorresse novamente, ainda assim eu deveria deixar você partir, quaisquer que fossem meus sentimentos, pois minha memória seria condenada à execração, caso eu traísse a minha casta.

O Chanceler de Ferro do Antigo Egito

José repeliu-a e, por um momento, encostou-se, cambaleante, em uma cadeira. A tempestade que crescia dentro dele tirava-lhe o fôlego. Mas, quase imediatamente, ele se endireitou.

— Eu venci o destino e vencerei a sua casta — disse com o olhar flamejante. — E que eles tremam, esses assassinos, pois inventarei torturas de Amenti para fazê-los expiar todo o mal que me fazem.

Ele deu-lhe as costas e retornou para o seu aposento. Toda a sua fadiga desaparecera momentaneamente. Com passo vivo, caminhou de um lado para o outro, absorvido pelo furacão interior, e uma onda de pensamentos cruéis, malignos, inspirados pela exasperação que sacudia cada fibra de seu ser, inundava seu cérebro. Desse caos se desprendia o desejo violento e tenaz de tirar Asnath da influência deletéria de sua casta; mas onde escondê-la ou como separá-la de todos de forma infalível, para que nem a mão nem a voz dos sacerdotes pudesse atingi-la? Mil projetos irrealizáveis surgiam e eram rejeitados de imediato e, por fim, quebrado, extenuado, José deixou-se cair no leito, e sua louca excitação acabou por extinguir-se em um sono pesado e profundo como um desmaio.

Quando despertou, muito tarde, no dia seguinte, sua natureza de aço reencontrara o equilíbrio, mas no fundo de sua alma permanecia acumulado o fel provocado pela tempestade moral que experimentara, assim como a idéia de afastar Asnath de todos os olhares. Contudo, no momento, esse plano vago e inacabado foi rechaçado por assuntos mais urgentes. Em primeiro lugar, uma enorme sobrecarga dos mais diversos assuntos se acumulara durante a sua ausência. Além disso, a questão política tinha se agravado: os relatórios de seus agentes secretos provavam a José que a surda agitação das massas populares, definitivamente arruinadas, aumentava a cada dia; elas ainda estavam caladas, mas algo de pesado, de incompreensível, pairava no ar, não pressagiando nada de bom. Bandos de larápios esfaimados vagavam pelos campos; ajuntamentos tinham se formado em torno dos armazéns públicos, e embora essa multidão esfarrapada não tivesse tentado nada e fosse dispersada a cada vez que os soldados marchavam sobre ela, vociferações, ameaças e até mesmo gritos sediciosos, como "Abaixo o Adon!

Morte ao usurário!", podiam ser ouvidos.

Em último lugar, dizia-se que massas consideráveis de homens vigorosos, embora desprovidos de tudo, tinham encontrado asilo nos templos, onde esse poderoso elemento poderia se tornar, em um dado momento, uma terrível arma nas mãos dos sacerdotes.

José puxou ainda mais as rédeas com seu punho de ferro. Patrulhas de soldados percorriam os campos, perseguindo e punindo impiedosamente com o bastão e a prisão os infelizes que deixavam suas aldeias desoladas; os destacamentos que guardavam os armazéns foram dobrados; um cordão triplo de sentinelas vigiava dia e noite os arredores da residência real e do palácio do Adon; por fim, uma vigilância, tão severa quanto possível, foi estabelecida sobre os templos, embora quanto a isso o controle fosse dos mais difíceis, em vista da vasta extensão dos recintos fechados sagrados, da enorme população que eles abrigavam e da hostil e obstinada desconfiança com a qual as corporações sacerdotais se opunham a qualquer ingerência e a qualquer controle em seus assuntos internos. Compreende-se que semelhante situação tornou duplamente desagradável, e mesmo perigoso, para José a união de Armais com Hichelat, que se tornara iminente, pois uma conversa entre sua mulher e seu cunhado, que surpreendera certa vez, mostrou que houvera um esclarecimento entre o oficial e a princesa, e que, assim que Armais voltasse de uma viagem a Heliópolis, escolheriam a primeira ocasião favorável para falar com Apopi e obter seu consentimento.

José julgou que seu cunhado queria entender-se com Potífera antes de dar o passo decisivo, e previa o partido que o orgulhoso grão-sacerdote tiraria dessa aliança. Em todo caso, podia propor a Apopi um compromisso que resolvesse todas as dificuldades, se este último designasse como herdeiro da coroa o esposo de sua filha. Todos os sacerdotes se uniriam de boa vontade a esse faraó oriundo de sua casta. Com um só golpe, terminariam, então, todas as conspirações, todas as intrigas clandestinas com Taa III; e, para alcançar tamanho resultado, Apopi poderia muito bem sacrificar seu chanceler, a criatura que elevara e que podia destruir; ele, José, cairia, vítima expia-

O Chanceler de Ferro do Antigo Egito

tória, e o povo, saciado em seu ódio, retornaria abertamente à dinastia reinante.

A perspectiva de uma semelhante eventualidade fez José estremecer; era político o suficiente para não acreditar na gratidão e esperar fidelidade de quem quer que fosse. Assim, pensou em se garantir e, como primeira medida preventiva, tentou casar Hichelat com um príncipe estrangeiro, mas o rei, evidentemente influenciado pela filha, disse que não queria se separar dela. Surgiu, então, no cérebro do Adon, o plano fugazmente evocado por seu falecido pai, de desposar Hichelat e ocupar, ele mesmo, o trono do faraó, em vez de deixá-lo ser ocupado por seu inimigo mortal.

Quanto mais sondava e ruminava esse plano, mais ele lhe sorria, pois servia maravilhosamente à sua ambição e ao seu ódio, e até mesmo ao sentimento que o perseguia desde seu retorno de Hebron: um desejo selvagem de seqüestrar Asnath, de separá-la tão bem de sua casta, que nem uma sombra de sua influência pudesse atingi-la.

Sua decisão tornou-se logo irrevogável e, com a energia e a prontidão que lhe eram próprias, pôs-se a executá-la. Em primeiro lugar, preparou o esconderijo onde sua mulher deveria desaparecer, a fim de que, uma vez oficialmente livre, pudesse desposar a princesa. Para forçar esta última a aceitar, reservara meios que acreditava serem irresistíveis.

Há anos, mandara construir diversos anexos e edifícios em seu palácio, e como jamais confiara na afeição do povo, a maioria dessas edificações era de sólidas construções que tornaram sua residência mais parecida com uma fortaleza do que com o palácio arejado, frágil e alegre de um grande egípcio.

Em um desses misteriosos anexos, onde, segundo a opinião do povo, o Adon escondia os tesouros que extorquia, encontravam-se também inúmeras criptas muito vastas, entre as quais uma, que se comunicava com um pequeno pátio por intermédio de um corredor, cercado de altas e espessas muralhas, um segundo caminho secreto desembocava no Nilo. Na realidade, esse local fora destinado originalmente para servir de retirada para José e sua família em caso de revolta; de lá, caindo a noite, ele poderia ganhar o rio e se dirigir para Avaris. Ele decidiu instalar a infeliz Asnath nesse inencontrável esconderijo, que possuía ainda a vantagem de se comunicar, por corredores secretos, com seus próprios aposentos, o que servia a seu plano de visitar a jovem sem que ninguém suspeitasse dessas saídas clandestinas.

Após ter preparado tudo e escolhido como futuro guardião da prisioneira um negro surdo-mudo, estúpido e devotado como um cão, José apenas esperou o momento de agir.

A partida de Armais para Heliópolis pareceu-lhe uma ocasião favorável, e, na manhã do dia em que o oficial deixaria Tanis, uma inesperada catástrofe comoveu toda a cidade.

Asnath sempre gostara da noite e de fazer passeios noturnos e solitários pelo Nilo. Tanto em Mênfis quanto em Tanis, todos conheciam a barca pintada e dourada na qual a jovem, acompanhada da ama-de-leite e de uma criada, fazia seus passeios cotidianos.

No dia ao qual nos referimos, Asnath jantara em seus aposentos, com o marido, e queixara-se de dor de cabeça; a seguir, esperando que o frescor da noite lhe fizesse bem, partira como de costume. Mas as horas passaram sem que retornasse.

Quando José, que trabalhara até tarde, veio se deitar e notou que a esposa não voltara, teve um espantoso acesso de cólera por não ter sido avisado de semelhante incidente. Imediatamente, soaram o alarme e o próprio José comandou as buscas pelo rio. Elas foram em vão, e somente no dia seguinte o barco de Asnath foi encontrado, por pescadores, boiando com a quilha para cima. Os cadáveres de duas acompanhantes e de um remador foram pescados ou devolvidos pelas águas; os corpos de três outras e da jovem permaneceram desaparecidos. O que teria ocorrido? Que acidente provocara essa trágica aventura? Ninguém pôde resolver esse mistério.

Enquanto toda Tanis discutia sua morte prematura, e lágrimas e clamores dolorosos enchiam o palácio do Adon, Asnath repousava, mergulhada em um sono letárgico, na cripta onde, morta viva, deveria vegetar no futuro. Já no barco, a jovem, tomada de um peso de chumbo, meio adormecida, não tivera consciência nem da catástrofe que fizera soçobrar sua embarcação, nem de seu transporte pelo subterrâneo.

O Chanceler de Ferro do Antigo Egito

301

A noite caía quando, enfim, ela despertou. A princípio, não se deu conta do que se passara e por que razão se encontrava nesse lugar desconhecido e estranho. Cansada, com a cabeça pesada, levantou-se; mas, à medida que examinava a cripta iluminada por duas lâmpadas suspensas no teto e mobiliado somente com uma mesa, um leito, duas cadeiras e um armário esculpido, e constatava que estava trancada em uma prisão subterrânea, um tremor nervoso tomou conta dela. Como se tivesse sido tomada pela loucura, pôs a correr no subterrâneo, chocando-se contra as paredes e soltando gritos desesperados.

Não tinha dúvida que José a aprisionara; mas por quê? Para se vingar dos seus ou para deixá-la morrer de fome e se desfazer dela? Com um grito selvagem, agarrou a cabeça com as mãos e rolou pelo chão; desta vez não estava inconsciente, mas fora tomada por uma espécie de entorpecimento, e foi como se fosse por um véu que viu a porta maciça se abrir e um velho negro, de alta talhe, se aproximar, trazendo uma taça e uma ânfora.

Ele ergueu Asnath, fez com que se sentasse e, por meio de gestos, incitou-a a beber.

— Quero sair! — gritou com uma voz rouca; mas o negro pareceu não entender.

Com bondade, ele retirou um pano que cobria a mesa e mostrou os pratos cheios de carnes frias, bolos e pães; a seguir, abriu um grande cesto e mostrou que ele continha túnicas e uma caixinha de jóias, assim como o armário, que continha vasilhas para se lavar e todos os pequenos objetos elegantes indispensáveis à toalete de uma mulher. Asnath, porém, não via nada: uma vez convencida de que tinha um carcereiro, e que esse carcereiro era surdo-mudo, foi tomada por tamanho desespero que sua cabeça rodou e ela tombou, completamente desfalecida. Vendo-a cair ao chão, o negro meneou a cabeça e levou-a para o leito; depois, visivelmente confuso, deixou o subterrâneo.

Uma hora mais tarde, a porta se reabriu e José entrou, seguido do guarda. Agitado e visivelmente inquieto, aproximou--se do leito sobre o qual a jovem jazia, lívida e inerte como se estivesse morta. Soltando um palavrão abafado, ergueu-a como uma criança e fez sinal para o negro, que se apressou em abrir uma portinha tão bem disfarçada na muralha que Asnath não a havia notado, e, por um longo corredor abobadado, levou a jovem pelo corredor cercado de paredes. Lá, havia um banco de pedra junto a uma pequena fonte que corria murmurando para um tanque de pedra. O Adon sentou-se, sustentando a esposa, e colocando a outra mão na fonte, molhou-lhe a fronte e as têmporas. O frescor da água e o ar puro e perfumado da noite tiraram Asnath de sua prostração; ela abriu os olhos e, vendo-se nos braços do marido, seu primeiro pensamento foi de que tivera um pesadelo. Contudo, um olhar em volta, pelo pátio desolado, cercado de muralhas, convenceu-a do contrário, e, soltando-se bruscamente das mãos de José, gritou:

— Por que você está me aprisionando aqui como uma criminosa? Explique o que significa esta odiosa violência; quero saber!

A respiração lhe faltou e, ofegante, ela apertou o peito com as mãos. José fitava-a inebriado, com o olhar ardente: jamais ela lhe parecera tão encantadora quanto nesse momento de desespero e exaltação, frágil, diáfana, trêmula, com seus olhos cintilantes e cheios de lágrimas e cercada, como por um manto, pelos cabelos desfeitos na agitação.

— Você bem que poderia adivinhar a razão que me faz agir assim — disse após um silêncio. — Uma esposa que se torna cúmplice do assassinato do marido é uma criminosa. Além disso, você não acha natural que eu trate de escondê-la da maldita influência de sua casta? Aqui, o olhar glacial de um sacerdote não impedirá cada um dos seus impulsos ou não comprometerá sua memória à execração por você dizer: "amo você".

— E é para se vingar que você inventou essa crueldade, condenando minha família às angústias inomináveis da incerteza sobre a minha morte?

— Sua família!... — um sorriso cruel franziu os lábios de José. — Fique certa de que sou mais clemente do ela jamais fora comigo, e dou a ela a possibilidade de se tranqüilizar e chorar em paz, pois, a esta hora, todos acreditam que você se afogou no Nilo.

Asnath nada respondeu; sentia-se até mesmo incapaz de chorar. A idéia de que a tomavam por morta, que nenhum dos seus sequer a procurava, que estava perdida, destruída, tomou-a de uma tal angústia desesperada que, por um momento, pensou que seu coração se quebrara, e um surdo gemido escapou de seus lábios.

José reaproximou-se.

— Asnath, acalme-se; outras razões também ditaram a minha conduta. Amo você, e somente aqui, onde nenhum olho inimigo a verá, nenhuma voz raivosa atingirá seus ouvidos, você, enfim, se torna minha inteiramente; poderei me embevecer com sua beleza, confiar-lhe o que oprime meu coração.

Ele enlaçou-a e quis beijar seus lábios, mas o toque do seu braço pareceu despertar a jovem; ela jogou-se para trás e, repelindo-o com horror, murmurou com voz abafada:

— Você ainda ousa zombar de mim, monstro? Seu amor não passa de uma mancha e de uma desgraça. Odeio você, carrasco da minha vida, da minha felicidade, da mesma forma que você é o carrasco do Egito. Se você se aproximar, eu o sufocarei! — disse, sacudindo as mãos crispadas.

José empalideceu levemente e seu olhar continuava a se fixar, ardendo de paixão, no rosto desfeito da jovem.

— Louca criança — murmurou com uma voz velada —, entenda: você está sob meu poder absoluto e deve tentar me amolecer, não me desafiar. É com essas mãozinhas frágeis que você deseja me sufocar, quando dispõe de armas bem mais poderosas para me escravizar? Eu repito: amo você, Asnath; e o tempo passará e eu lhe darei a liberdade. A meu lado, você se sentará no trono dos faraós. Mas para que eu possa galgar esse último degrau do poder, foi preciso que você desaparecesse momentaneamente. O que me custaria matá-la se de fato eu quisesse me desfazer de você? Jamais farei isso, pois a amo, não posso viver sem você.

Ele se animou ao falar; toda a sua paixão, amordaçada e dissimulada há tantos anos, transbordava nesse instante. Outrora, teria evitado cuidadosamente trair o quanto era escravo, para que nem ela nem seus próximos abusassem de sua fraqueza. Mas, agora, que as paredes e o céu eram as únicas testemunhas dessa conversa, deixava-se levar, e, ao contato com esse elemento desencadeado, de cujo poder não suspeitava, Asnath se calou, surpreendida. Paralisada, não resistiu quando ele a atraiu para si e cobriu-a de beijos ardentes; mas, de repente, ela cobriu o rosto com as mãos e desatou em soluços convulsivos.

José estremeceu; as lágrimas que caíam sobre suas mãos o agitavam apesar de tudo. Não pensara que esse momento seria tão amargo para ele.

— Asnath — murmurou, caindo a seus pés. — Não chore assim. Juro por Elohim — e ergueu a mão solenemente — que lhe darei a liberdade, e que tudo o que puder fazer para abrandar seu aprisionamento momentâneo eu farei. Diga-me o que deseja; todos os objetos que quiser ter aqui, você terá; toda tarde, ou toda noite, virei passar algumas horas junto a você; apenas me ame e acredite em mim. Veja, estou mendigando a seus pés.

— Farei tudo que você quiser, apenas me liberte deste lugar assustador — murmurou ela, comovida.

— Eu o farei assim que possível, e se você me ama como eu a amo, suportará pacientemente esse tempo de reclusão. Aqui, virei extrair forças, confiar a você meus planos. Somente você saberá de tudo, verá minha alma, conhecerá o momento em que tomarei o cetro, e você sairá deste subterrâneo para partilhar o meu trono.

Toda a ambição, todo o orgulho desmedido que enchia sua alma, ardia em seu olhar, vibrava em sua voz, e essa energia, esse poder dominador que impregnava todo o seu ser tornava sua beleza positivamente fascinante; por um momento, Asnath, subjugada, esqueceu que era seu carrasco quem estava a seus pés, não pensou o quão falaciosas eram aquelas palavras, que a torrente de paixão que a tudo inundava era apenas o véu enganador de uma terrível realidade; viu somente os olhos brilhantes de amor. O murmúrio dessa voz metálica a embriagava, e, enlaçando-se no pescoço do marido, apertou os lábios sobre a sua boca, essa boca traiçoeira que prometia o céu mas a condenava ao inferno.

O Chanceler de Ferro do Antigo Egito

Capítulo 7
OS PRIMEIROS ESTRONDOS DA TEMPESTADE

A história do Egito menciona apenas um Adon, além de José, que comandou o país inteiro. O rei Horemheb (Horus, segundo Manetho) da XVIII Dinastia, segundo o relato de um monumento conservado em Turim, antes de subir ao trono, ocupou diversos altos cargos que o aproximaram da pessoa do faraó. Este, por sua vez, ficou tão satisfeito com seus serviços que finalmente o elevou à condição de Bohir, ou seja, de Epítrope,[1] o intendente de todo o país. Nessa condição, sem ter um igual junto a si, Horemheb foi Adon durante muitos anos, até que se tornou herdeiro do trono definitivamente e foi o detentor da coroa real.

Decorre de tudo isso que o Adon do país inteiro ocupava um cargo tão elevado, que tinha por direito o título de Moschel ou Schallith, quer dizer, de príncipe ou regente real.

Brugsch,
Histoire de l'Egypte sous les Pharaons.

Várias semanas tinham se passado. A notícia do trágico fim de Asnath enchera de estupor e desespero toda a família de Potífera. Maia, alquebrada e envelhecida, passava os dias em lágrimas e orações, e somente o grão-sacerdote, após um momento de dolorosa prostração, reconquistara uma estranha calma. Recusava-se a celebrar as cerimônias funerárias em memória da filha antes que decorresse um ano, à espera, dizia, que as águas rejeitassem seus restos. Além disso, acrescentou à recompensa fixada por José para qualquer um que reencontrasse o corpo de sua esposa uma soma equivalente.

Enquanto centenas de pescadores e pessoas de todas as condições vasculhavam os juncos e o rio em todo o seu percurso até o mar, movidos pelo desejo de ganhar uma fortuna, a pobre Asnath continuava a vegetar em sua prisão. Há muito tinha se apagado o enlevo passageiro que provocara a ardente cena

---

1 Epítrope - Figura de retórica que consiste em conceder o que poderia ser discutido para dar mais força ao que se pretende provar.

de amor que se desenrolara entre ela e o marido no primeiro dia de seu aprisionamento. José tinha mantido a palavra: quase todo dia, visitava-a, levando-lhe presentes e guloseimas, afirmando-lhe seu amor apaixonado, contando-lhe as notícias da corte e da cidade, confiando-lhe seus planos, exceto o de desposar Hichelat.

A jovem, todavia, escutava-o com crescente indiferença. Não mais acreditava num afeto que impunha semelhante tortura, e o mundo do qual tinha sido separada também se tornava cada vez mais indiferente para ela. A melancolia, o desespero, o desejo de rever seus parentes corroíam-na, e somente a desoladora convicção de que devia manejar seu terrível perseguidor, de quem estava à mercê nessa inacessível prisão, motivava a coragem de não rejeitá-lo abertamente. Mas ela empalidecia e emagrecia a olhos vistos, ficava deitada por dias inteiros em uma morna apatia, e somente quando se sentia sufocada ia ao pátio solitário refrescar-se com o ar puro da noite.

Certa noite, quando mirava o céu estrelado com um olhar desesperado, sentada no banco de pedra, estremeceu repentinamente e saltou como se estivesse eletrizada: a brisa trazia-lhe o som longínquo de clarins e de um canto sagrado que, pouco a pouco, se aproximava, aumentando de potência.

Imediatamente, ela distinguiu claramente os coros de sacerdotes e sacerdotisas cantando um hino sagrado; depois, as vozes ficaram fracas e se perderam na distância. A jovem ouvira, palpitante: era para a cidade dos mortos que a procissão se dirigia, para fazer sacrifícios em honra daqueles que repousavam junto a Osíris e, entre eles, talvez pronunciassem seu nome. Sua família chorava por ela, enquanto ela se extinguia neste túmulo. Com uma inesperada violência, o desejo de viver despertou dentro dela e desencadeou em sua alma uma tempestade de desespero. Como louca, rasgou as vestes, correndo pelo pátio e se batendo contra os muros. Por fim, cambaleante e extenuada, retornou ao subterrâneo. Essa prostração, todavia, foi curta: sua alma atormentada, desesperada por um auxílio humano, voltou-se para a divindade, procurando socorro e proteção.

Arrancando do pescoço um amuleto de Rá que seu pai havia lhe dado, caiu de joelhos e, apertando a estátua contra os lábios, murmurou com exaltação:

— Deus poderoso de quem meu pai é o grão-sacerdote, que dos santos do santo vê a face e recebe ordens, dá um sinal de que ouve a minha voz, que vê minhas lágrimas; deus-sol, que leva luz e calor a todos os vivos, ilumina esta masmorra e diz--me se devo esperar minha libertação ou perecer neste túmulo, pois, se assim for, prefiro cravar um punhal em meu coração e sacrificar meu sangue, como uma libação sobre seu altar, enquanto minha alma liberta retornará junto a meu pai para fazê--lo descobrir a verdade. Responde-me, Deus Poderoso! É a filha de Potífera quem implora, de seu devotado servidor, que engrandece e embeleza seu santuário e lhe oferece dádivas consagradas com suas mãos puras; dá-me um sinal de sua proteção.

Asnath pronunciara essa evocação com uma voz cada vez mais alta e vibrante; tremendo de exaltação, com os braços estendidos, o olhar flamejante, exigia imperiosamente um sinal divino, parecendo mais que ordenava ao deus em vez de implorar. E, de repente, da figurinha de ouro e cornalina que apertava convulsivamente brilhou um feixe de estrelas multicoloridas, e uma nuvem esbranquiçada desenhou-se no fundo obscuro da cripta. A fraca claridade da lâmpada de óleo apagou-se diante da luz ofuscante que cintilava da nuvem, e, de repente, uma forma humana, cercada de feixes de raios dourados, ergueu--se a alguns passos de Asnath. Era um adolescente de estatura alta e esbelta, vestido com uma túnica de uma brancura tão brilhante que era difícil suportar seu brilho; sobre sua fronte brilhavam sete estrelas matizadas como um prisma; seu rosto era de uma beleza sobre-humana e seus grandes olhos serenos refletiam uma calma inalterável.

— Vim atender ao seu apelo, filha de meu fiel servidor — pronunciou uma voz harmoniosa e velada. — Como recompensa pela sua fé, declaro que você sairá desta prisão e viverá livre, assim como está próxima a libertação da terra de Kemi do jugo que a esmaga. Os filhos de Amon-Rá tomarão lugar no trono e em todos os templos os seguidores dos deuses cantarão o hino da libertação. Espere, pois, sem se lastimar e com paciência, filha de Potífera, e creia na palavra de seu deus.

A luz apagou-se bruscamente, a radiante visão desapareceu, e Asnath caiu sobre as lajes. Contudo, endireitou-se após um instante, e uma ardente oração de ação de graças elevou-se de seu coração ulcerado para o deus misericordioso que iluminara a sua prisão com um raio de imperecível esperança. Sim, ela acreditava com toda a alma que não estivera sonhando, pois a seus pés jazia uma flor de lótus, fresca e coberta de orvalho, que o imortal lhe deixara como um sinal material de sua graça.

Enquanto isso, José se preparava para tentar o golpe decisivo para garantir a mão da princesa para si. É verdade que queria esperar que um certo tempo decorresse após a morte da esposa, que fingia lamentar profundamente, mas diversas circunstâncias vieram impeli-lo a apressar o desenlace e garantir uma posição inatacável. Em primeiro lugar, o ódio do povo contra ele aumentava em proporções inquietantes e começava a transbordar em demonstrações jamais ousadas anteriormente. Certo dia, chegou a tomar a proporção de uma verdadeira sedição, e isso apesar da presença do faraó.

Uma festa anual estava sendo celebrada, e Apopi, acompanhado de José e de toda a sua pomposa corte, dirigiu-se para o templo. Uma multidão, sem dúvida, inusitada, e como jamais se vira desde que a miséria e a fome dizimavam o povo, concentrou-se ao longo de todo o percurso do cortejo, e somente sob pancada e golpes de vara, aplicados sem distinção sobre as espinhas descarnadas e as cabeças teimosas dessa turba humana, os guardas conseguiram franquear a passagem do trono portátil sobre o qual estava Apopi, coberto de insígnias reais. A multidão permanecia silenciosa, mas bastava que fosse rechaçada em um ponto, que refluía em um outro com uma tenacidade irresistível. Quando, após ter feito o sacrifício, o rei deixou o Templo, as massas populares tornaram a se fechar repentinamente, esmagando tudo que a impedisse, e, de súbito, as faces magras e os olhos flamejantes dos homens que estavam à frente encontraram-se junto à liteira real:

— Dá-nos pão, dá-nos pão sem arrancar os farrapos que nos restam! — gritaram centenas de vozes.

Apopi ficou tão branco quanto a túnica que vestia, e somente o costume o ajudou a conservar a imobilidade indiferente prescrita pela etiqueta. Ele baixou os olhos e pareceu estar

O Chanceler de Ferro do Antigo Egito

surdo, mas quando, de repente, aos gritos de "pão!, pão!" se misturaram vociferações furiosas, e centenas de vozes urraram "Abaixo o Adon! Morte ao usurário, ao opressor! Fora o chacal que se farta com a nossa ruína!", o cetro tremeu visivelmente na mão do faraó, e crispações nervosas desfiguraram seu rosto.

O vermelho da cólera inundou o semblante de José; com um gesto brusco, ele chamou um oficial de seu séquito e deu algumas ordens. Quase imediatamente, uma fanfarra ressoou, e os soldados, lançando-se sobre a multidão a tapas e pontapés, forçaram-na a recuar. Gritos de aflição; os urros dos feridos foram cobertos pelo som das trombetas. Mas, repentinamente, as massas exasperadas retomaram a carga e clamores ferozes cobriram qualquer outro barulho, pedras e paus começaram a voar, punhais brilharam nos punhos erguidos, e é difícil prever o que teria acontecido se naquele instante crítico um ataque de cavaleiros hicsos de lança em punho não tivesse feito uma passagem e libertado o cortejo real, que reganhou apressadamente o palácio. A multidão foi pisoteada, varrida por um destacamento de carros que seguia os cavaleiros, e o povo se dispersou, deixando para trás cerca de vinte mortos e uma centena de feridos.

Chegando em sua residência, o faraó mandou chamar José e, com sombria agitação, ordenou que se distribuísse trigo de graça aos habitantes mais pobres de Tanis e seus arredores. O Adon teve que obedecer; no dia seguinte foram feitas grandes distribuições aos esfaimados e a calma pareceu ter se restabelecido. Contudo, essa cena causou uma impressão tão forte ao espírito do rei que ele caiu doente naquela mesma noite: as crises nervosas abateram-no com uma violência inusitada. Apesar da fraqueza que se seguia a esses ataques, Apopi delirava: as cenas da revolta assombravam sua imaginação e seu estado inspirou grandes preocupações aos médicos. Após quinze dias, a saúde do rei começou a melhorar, mas ele permanecia fraco, tremia ao menor ruído, sofria de insônias e, quando adormecia, era perseguido por sonhos aterradores: via o povo furioso invadir o palácio, assassinos se esgueirando até o seu leito, tropas de famintos devorando-o, e despertava com gritos selvagens, causando inquietação em seus acompanhantes.

O mais inquieto de todos era José. Se Apopi morresse antes de torná-lo seu genro e reconhecê-lo como herdeiro da coroa, tudo estaria perdido. Por isso, ele resolveu agir assim que o faraó estivesse suficientemente restabelecido para falar. Além disso, temia que a princesa se antecipasse e obtivesse autorização para desposar Armais. É verdade que os jovens estavam impedidos de se ver e de se falar desde o desaparecimento de Asnath, mas José suspeitava que eles se correspondiam por intermédio de alguém que ainda não conseguira descobrir, de tão bem guardado o segredo.

José não gostava de Hichelat, que era a única de toda a família real que nunca lhe demonstrara a afabilidade quase servil dos primos do rei, que o temiam, e mesmo de Namourod e sua esposa, que o tratavam como a um igual e, não tendo filhos, mimavam e estragavam seus dois filhos, mantendo-os em sua casa por dias inteiros desde que os tinham como órfãos.

Somente a orgulhosa jovem jamais renunciara à sua soberba real; jamais, com um gesto de generosidade, dispensara-o de uma única genuflexão prescrita pela etiqueta, e, desde o desaparecimento de sua esposa, parecia nutrir por ele uma hostilidade mal disfarçada. Assim, a alma vingativa de José se deleitava antecipadamente com a vingança refinada que engendraria contra ela. Imaginava com que júbilo mordaz dobraria aquela cabeça orgulhosa, forçando-a a se submeter a ele como esposa, e tudo o que Hichelat sofreria de humilhação quando Asnath reaparecesse, sua legítima mulher, enquanto ela não passaria de sua concubina. De resto, ela era suficientemente bela para distraí-lo durante sua semiviuvez.

Certa manhã, portanto, preparou-se para ir ao palácio.

Os documentos que outrora tinham servido para coagir Armais deveriam ajudá-lo agora a conquistar Hichelat e a destruir definitivamente as chances de seu rival.

Quase na mesma hora, em uma pequena sala do palácio que era parte dos aposentos privativos do rei, encontravam-se Apopi e sua filha. Eles tinham jogado damas, mas, cansando-se rapidamente, o faraó estendera-se sobre uma cama de repouso, e Hichelat, sentada em um tamborete a seus pés, fitava com um olhar ansioso o rosto lívido e descarnado do pai.

O Chanceler de Ferro do Antigo Egito

— Por que está tão silenciosa e triste, minha filha, se seu sorriso é minha última alegria, a visão que espanta os fantasmas que me perseguem? — perguntou, de repente, o rei.

A jovem endireitou-se vivamente e, ajoelhando-se, enlaçou o pescoço do pai.

— Ah! Se quisesse, o senhor poderia tornar-me tão feliz, que o sorriso jamais deixaria os meus lábios — murmurou, pressionando a face enrubescida contra o peito do rei.

— Fale francamente, minha querida. Existem hoje tão poucas pessoas felizes no Egito que não peço nada além de poder dar alegria ao menos à minha filha — respondeu Apopi, com um sorriso melancólico.

— Dá-me Armais como esposo, o filho do grão-sacerdote de Heliópolis — disse a jovem em tom suplicante. E, sucintamente, contou sua história de amor.

— E ele, ama você? — perguntou o rei sobressaltando-se.

— Tanto quanto o amo, com toda a sua alma.

O faraó ergueu-se com o rosto constrito e caminhou a passos largos pelo aposento. Por fim, parou diante de Hichelat, que esperava ansiosa.

— Tenho que pensar sobre isso e conversar com o Adon; quero saber se ele julga prudente dar você a um homem cujo pai é meu inimigo pessoal e a alma de todas as intrigas urdidas com o "hak" de Tebas.

Uma sombria inquietação inundou o rosto da princesa.

— O senhor fará que a minha felicidade e o meu futuro dependam da fantasia desse homem, que somente a sua vontade tirou da lama? — disse com indignação. — Oh, pai! Meu casamento com Armais, o egípcio, o ligaria muito mais seguramente à casta sacerdotal que as crueldades do Adon, que somente exasperam o povo contra o senhor.

— Você não entende nada disso, Hichelat, e peço que se abstenha de usar termos ofensivos ao falar de um conselheiro e servidor de quem já tive prova de fidelidade — disse Apopi, franzindo as sobrancelhas.

Nesse momento, ouviu-se o som, fraco por ser ainda distante, de um sinal militar.

— É o Adon que chega. Vou falar com ele imediatamente.

Retire-se, minha filha; esta noite você conhecerá a minha decisão.

Sem responder, Hichelat deixou o quarto. Mas, em vez de se dirigir a seus aposentos, escondeu-se entre as dobras amplas e espessas do reposteiro. Mantinha-se imóvel já há alguns minutos, quando José entrou. Ele estava visivelmente agitado e preocupado e, após saudar o rei e beijar seu pé, declarou ter um assunto grave a lhe relatar.

— O que aconteceu? Você parece agitado — perguntou Apopi, designando-lhe um tamborete.

— Sim, faraó, meu mestre e benfeitor, minha alma está triste por ter que confiar aos seus ouvidos o plano de uma conspiração odiosa, cujo objetivo sacrílego é atentar contra a sua vida.

Vendo o rei empalidecer, ele acrescentou vivamente.:

— Não se agite, meu rei, enquanto este seu servidor viver, velarei para que nem um fio de cabelo caia de sua cabeça sagrada e venerável. É para obter a autorização para exterminar esses miseráveis como merecem que vim até aqui.

Ele expôs rapidamente todos os detalhes do atentado tramado por Armais e seus amigos, e acrescentou, terminando:

— O que me é particularmente doloroso é que o instigador dessa abominação é Armais, o irmão de minha falecida esposa. Mas, por mais duro que seja destruir um parente assim tão próximo, não posso hesitar quando se trata da vida de meu soberano.

— Ah, miserável traidor! E ele ousa ainda pedir minha filha em casamento? — gritou o rei, tremendo de indignação.

José, por um instante, ficou mudo de espanto, depois disse com desprezo:

— Francamente! Ele é ainda mais audacioso do que eu supunha! Sem dúvida esperava, como noivo da princesa, ter mais facilidade para se aproximar de sua real pessoa e poder atacar com mais segurança. Hoje mesmo farei com que o traidor seja preso.

Leve e silenciosa como uma cobra d'água, Hichelat esgueirou-se para fora de seu esconderijo e correu como nunca para os seus aposentos, onde se fechou. Apanhando, então, uma tá-

O Chanceler de Ferro do Antigo Egito

bua, traçou apressadamente a mensagem:

Fuja, Armais! José acaba de revelar ao rei o seu complô para o assassinar. Apresse-se; dentro de algumas horas você e seus cúmplices serão presos. Fuja, e que os deuses o perdoem!

Após fechar e selar a missiva, chamou Ouna, confiou-lhe a tábua e ordenou que ele a levasse, sem demora, ao jovem oficial. O anão, que era justamente o desconhecido intermediário da correspondência da princesa com Armais, desapareceu rapidamente, enquanto Hichelat retomava o caminho do quarto de seu pai, ligeira e rápida como uma sombra. Quando lançou um olhar para o seu interior, viu o rei colocar seu selo em um papiro e depois estendê-lo a José.

— Isto é suficiente. Dentro do prazo mais curto possível, o processo deverá ser instaurado e os culpados executados.

— Mas como contarei à infeliz Hichelat que aquele que ela ama está condenado à morte? Minha língua se recusa. Miserável! Roubar o coração da criança para matar com mais certeza o pai! — acrescentou, crispando os punhos.

— Quando a princesa souber os verdadeiros motivos do amor de Armais, certamente arrancará de seu coração um sentimento tão indigno — respondeu José.

O faraó levantou-se bruscamente e saiu, quase esbarrando em Hichelat sem perceber.

Pensativo, José inclinava-se sobre a mesa e examinava a assinatura real, quando sentiu uma mão sobre seu braço. Virou-se e, com espanto, reconheceu Hichelat. Um único olhar sobre o rosto lívido da princesa, sobre seus lábios trêmulos e seus olhos flamejantes, bastou para José compreender que ela sabia o que acabara de ocorrer. Decididamente, a sorte o favorecia: a presa que cobiçava, entregava-se em suas mãos.

Com todos os gestos de respeito, ia se prostrando, mas, pela primeira vez, a jovem o deteve.

— Deixe as formalidades, Adon, é para implorar a você que vim até aqui. O acaso me fez ouvir o que acaba de relatar ao rei. Bem, quero lembrar-lhe que Armais é o irmão de sua pobre falecida Asnath; ao tormento por que seu Ka^2 está passando, de ver seu corpo privado de sepultura, você ainda quer acrescentar o de abandonar seu filho ao carrasco? — disse, com voz entrecortada.

— O que posso fazer, princesa? Ele mesmo se condenou à morte ao tramar um regicídio, e, para falar com franqueza, espanta-me que você interceda por um homem que quis matar seu pai.

— Eu amo Armais — disse com orgulhosa sinceridade — e não posso acreditar que ele tenha pretendido assassinar meu pai. Mas não importa, as aparências estão contra ele; que ele desapareça então, que fuja, esconda-se em qualquer região distante. Somente não quero que ele morra, e venho suplicar, Adon, a você, que tem poder sobre o rei, que obtenha dele uma comutação da pena ou me ajude com sua própria autoridade a salvá-lo. Veja, para amolecer seu coração, estou pronta a implorar de joelhos.

Lágrimas ardentes impediram-na de continuar, mas, deslizando aos pés de José, elevou para ele as mãos unidas.

O Adon ergueu-a com firmeza.

— O que está fazendo, princesa? Ficaria feliz em poder ajudá-la, mas fazer o que me pede significa quase arriscar minha própria cabeça. Entretanto, existe um meio de conciliar tudo, se você de fato ama o traidor a ponto de não recuar diante de nada para salvá-lo.

— Estou preparada para fazer qualquer sacrifício, mesmo que seja para dar a minha vida — respondeu Hichelat sem hesitar.

— Bem, então, diga-me primeiramente o que você quer.

— Que você deixe Armais e seus cúmplices fugirem.

— Isso eu não posso fazer por preço algum. A justiça deve seguir seu curso para todos os conspiradores, exceto para o meu cunhado. Fecharei os olhos para a sua fuga, com a única condição de que, para me garantir de qualquer responsabilidade e me tornar inatacável no futuro, você, princesa Hichelat, aceite tornar-se minha esposa.

— Eu? Você me quer como esposa, sabendo que amo Ar-

---

2 Ka - Termo egípcio para denominar a alma, parte imortal e eterna da própria Divindade.

O Chanceler de Ferro do Antigo Egito

mais? — exclamou ela, por fim, tremendo.

— Não é o seu coração, mas a sua mão que peço; e justamente porque você ama Armais, proponho que escolha entre a cabeça dele e eu — respondeu duramente José. — Além disso, peço que observe que não temos tempo de discutir; decida-se. A partir do momento em que eu deixar esta sala, tudo estará acabado, e, ainda nesta noite, o culpado será preso e submetido à tortura.

Com um grito surdo, a jovem cobriu o rosto com as mãos e encostou-se, cambaleante, no canapé ocupado anteriormente por seu pai. Uma luta atroz desenrolou-se dentro dela. Percebera claramente, nas pupilas esverdeadas que a fitavam, que seria mais fácil amolecer o granito de um obelisco do que o homem inflexível que lhe impunha essa condição inaudita. E, no entanto, a idéia de pertencer a ele causava-lhe tamanho horror, que por um instante a morte de Armais lhe pareceu preferível. Sim, sua morte, mas e a tortura? Que espécies de suplícios esse demônio não inventaria para se vingar de sua recusa? Sua cabeça rodou e um gemido abafado escapou-lhe; contudo, seus lábios permaneceram mudos.

Lentamente, José enrolou o papiro e se dirigiu para a porta; mais um passo ele cruzaria a soleira, e Armais estaria perdido.

"De que vale o meu amor se ele recuar diante do sacrifício?" Esse pensamento passou como um raio pelo cérebro dolorido da jovem.

— Fique, eu aceito — murmurou ela com voz rouca.

Um brilho de triunfo irradiou-se dos olhos de José; com dois passos, ele voltou para junto da princesa:

— Está bem, nosso acordo está selado. Não preciso dizer que isso deve ficar entre nós; mas que garantia você me dá de que cumprirá sua promessa, uma vez que Armais esteja longe?

Hichelat empertigou-se e seu olhar, flamejante de orgulho e desprezo, mediu o Adon dos pés à cabeça.

— A minha promessa! Ela é garantida pela minha palavra de princesa. A filha de um faraó não regateia nem engana, mesmo quando é a sua vida que está perdida. Sem dúvida, você me julga por si mesmo e quem sabe já esteja tramando uma traição. É você, desprezível mercador de vidas humanas, quem deve me garantir que Armais não será morto após me extorquir a promessa de tornar-me sua esposa.

José empalideceu de cólera.

— Você erra ao me insultar, princesa. Em um acordo como o nosso é justo se acautelar contra a versatilidade de uma mulher, e notarei tarde demais a fuga de Armais somente se você consentir que hoje mesmo eu comunique a alegria que me cabe ao faraó.

— Bem, eu apenas repito que também preciso de uma garantia da sua sinceridade; dá-me esse documento que tem em mãos, eu o devolverei dentro de três dias.

Sem esperar uma resposta, arrancou o papiro das mãos do Adon, estupefato, e acrescentou com desprezo:

— E agora, corra para anunciar ao pobre e cego rei que desconfia de todos, exceto da serpente que tirou da lama, que não bastam a você todas as honras com que ele o cobriu, que é preciso ainda sua filha para lhe servir de pedestal e estender suas mãos até a coroa.

Virou-se e saiu correndo.

José seguia-a com um olhar irônico e rancoroso:

— Cuidarei para que você se torne mais humilde, mulher altiva e perigosa, perspicaz como um verdadeiro inimigo — resmungou, arrumando-se para ir imediatamente ter com o rei.

Mergulhado em um profundo marasmo, Apopi estendera-se sobre uma cama de repouso; dispensara todo mundo, e até mesmo a entrada do Adon, o único que tinha o direito de se apresentar a ele a qualquer hora, pareceu-lhe custosa. À medida que José, em termos humildes, mas firmes, expunha seu pedido, acrescentando que a princesa consentia em desposá-lo, um rubor febril coloriu as maçãs do rosto do rei. Seu orgulho despertava, insinuando-lhe que, da parte desse escravo libertado, era um excesso de imprudência pretender a mão de sua filha, que, além disso, amava outro. Por um momento, teve a tentação de mandar prendê-lo e jogá-lo à gentalha ínfima de onde o havia tirado. Mas esse impulso de energia apagou-se tão rápido quanto viera: enfraquecido pela doença, desacostumado à atividade governamental, Apopi acostumara-se a viver à sombra da vigilância de seu chanceler... e não era esse homem um gigante que

O Chanceler de Ferro do Antigo Egito

317

refreara os sacerdotes, desarmara Taa III, tornara tributárias de seu cetro todas as províncias do Alto Egito? Não era verdade que ele possuía um olhar perspicaz para descobrir qualquer conspiração e que sua mão de ferro abatia qualquer revolta? O que faria sem ele, abandonado às dificuldades inauditas da situação? Assim, de repente, o frágil rei sentiu quase um alívio diante da idéia de estar ainda mais unido a esse homem forte e perigoso; baixou a cabeça e simplesmente perguntou:

— O que houve para que Hichelat, que afirmara amar o traidor, mudasse de idéia assim tão rápido?

— Filho de Rá, um coração de mulher é como a cera mole, mas devo dizer que ela surpreendeu uma parte de nossa conversa. Após a sua saída, veio até a mim e quis saber o papel de Armais no complô. Sua alma afastou-se, então, do miserável e, concedendo a mão a este seu servidor, ela atingiu duplamente o traidor. Espero que o tempo e um amor fiel conquistem-me o coração de sua divina filha, se sua bondade inefável me concedê-la como esposa.

— Que assim seja, pois! Há muito que você me é próximo e muito querido, e alegro-me em poder conceder-lhe a suprema recompensa de se tornar um membro de minha família — respondeu Apopi com voz fraca, estendendo a mão para seu terrível favorito.

Quando, meia-hora mais tarde, José deixou os aposentos reais, chamou o comandante de Tanis e todos os conselheiros presentes no palácio, contou-lhes o que se passara e ordenou que, na aurora do dia seguinte, fossem anunciadas, a toque de trombetas, em todos os quarteirões de Tanis, as bodas do Adon com a filha do faraó.

๛☉๙

Caiu a noite, Tanis estava mergulhada no sono, e, mesmo na imensa residência real, qualquer ruído, qualquer movimento cessara. Nessa hora, somente as sentinelas vigiavam, e uma mulher, sentada junto a uma mesa, com a cabeça encaixada entre os braços, parecia dormir se o tremor nervoso que por alguns instantes sacudia seu corpo não mostrasse que chorava silenciosamente.

Era Hichelat. A inquietação e o desespero tiraram-na do leito. Nessa mesma noite, sua coragem fora submetida a uma nova prova: fora chamada pelo pai, na companhia de quem se encontravam sua irmã, o príncipe Namourod e alguns parentes e dignitários, entre os quais o Adon. Investigando o rosto desfeito da filha com um olhar demorado, o rei perguntara se era seu desejo desposar José e, diante de sua resposta afirmativa, colocara sua mão entre as suas. Mas o que aumentava a tortura da jovem era que Ouna ainda não retornara, e ela não sabia se Armais tinha partido. Mas já estava bem decidida a destruir os planos de José, caso ele fizesse alguma perfídia, matando-se.

Após vestir uma ampla túnica noturna e mandar trançar os cabelos, a princesa dispensara as mulheres, proibindo-as de incomodá-la, e, devorada pela angústia, levantara-se e fora se sentar em uma saleta contígua ao terraço. O ar estava fresco, mas ela não deu atenção e, apoiando-se na mesa, deu livre curso às suas lágrimas.

Esperava assim há mais de uma hora, quando surgiu no terraço um pequeno ente disforme, que se esgueirou pelo quarto e tocou levemente seu braço, e murmurou:

— Silêncio!

Hichelat endireitou-se num sobressalto.

— Ouna, onde você esteve por tanto tempo? — disse com reprovação.

— Não pude vir, minha real senhora, mas o que fiz alegrará seu coração. Agora, venha, ele está no jardim e não quer partir sem vê-la.

— Vamos! — respondeu a jovem, pegando a mão do anão e conduzindo-o pelo terraço.

Apesar da escuridão quase completa que reinava sob a espessa vegetação, Ouna e sua acompanhante correram com uma segurança e uma rapidez que provavam seu conhecimento profundo do local, e logo chegaram à parte do jardim real que se alongava pelo Nilo. Lá, em um banco escondido em um maciço espesso, estava sentado um homem envolto por um manto escuro e agitado por uma impaciência nervosa, arrancando aos punhados as folhas de um arbusto próximo; de repente, uma

O Chanceler de Ferro do Antigo Egito

319

sombra branca surgiu à entrada do bosque e murmurou com uma voz abafada:

— Armais! — se jogou em seus braços.

Por um momento, os jovens ficaram silenciosamente abraçados, mas, de repente, Armais afastou a jovem e perguntou com uma voz entrecortada:

— É verdade o que me contaram no Templo? Você está noiva do Adon? O que significa semelhante decisão?

— Ela significa que, por esse preço, assegurei a sua vida e a segurança da sua fuga. Mas você, Armais, responda: como pôde decidir matar meu pai apesar de me amar?

— Eu quis matá-lo outrora, quando vim a Heliópolis, nunca depois que me apaixonei por você — respondeu indignado. E, rapidamente, relatou o que se passara e contou que José já tinha usado os mesmos documentos para forçá-lo a casar com Serag.

— Agora ele os utilizou para me destruir e ficar com você. Mas, por esse preço, não quero viver, e o matarei ou perecerei antes que você seja entregue a esse monstro — terminou o jovem, tremendo de ódio.

— Não tente nenhuma loucura que o poria a perder sem me salvar — respondeu Hichelat. — Se minha súplica e minha tranqüilidade tiverem algum valor para você, fuja. Que o meu sacrifício não seja em vão.

Ao se inocentar de ter tido uma intenção odiosa, você livrou meu coração de um peso esmagador. E agora, parta, viva por Potífera e por seu país, vinga-me e vinga o Egito do opressor, mas jamais se esqueça de que Apopi foi meu pai.

— Viverei, então, para a vingança e pela esperança de tirar você do miserável, que perecerá pelas minhas mãos. E, então, seremos felizes, pois nada poderá separar nossos corações; e se antes eu já a amava, agora eu a adoro e a reverencio como à própria Ísis.

— Adeus, Armais! Um pressentimento me diz que meus olhos físicos jamais tornarão a vê-lo, mas em seu coração a pobre Hichelat viverá para sempre. Adeus! Adeus! Parta, os minutos são preciosos.

Ela enlaçou seu pescoço e apertou seus lábios com alguns

beijos apaixonados, mas, quando Armais quis detê-la mais um pouco, escapou de seus braços e desapareceu na sombra das árvores.

Hichelat retomara correndo o caminho do palácio, mas, após ter atravessado inúmeras alamedas, parou de repente e, num louco acesso de desespero, atirou-se sobre a erva úmida e permaneceu imóvel. Parecia-lhe que Armais levava com ele seu coração, sua vida, seu futuro, e que iria rolar por um abismo mais terrível que o Amenti.

Por meio de que instinto Ouna a reencontrou? É difícil dizer... mas, com pavor, o anão constatou que sua jovem senhora, transida de frio em sua leve túnica de linho, perdera a consciência. Assustado, ergueu sua cabeça, friccionou-lhe a mão e acabou por fazê-la voltar a si.

Com a cabeça em brasa, os membros pesados como o chumbo, Hichelat arrastou-se até seu aposento e se deitou. Contudo, quando no dia seguinte suas criadas penetraram em seu quarto, inquietas por não terem sido chamadas, encontraram a princesa estendida, em completa prostração, com os olhos amorfos, inundada por um suor gelado. Ela não reconheceu ninguém, e os médicos que foram chamados declararam que seu estado era dos mais perigosos. Algumas horas após as alegres fanfarras anunciarem aos habitantes de Tanis as bodas do Adon com a filha do faraó, correu a notícia de que a jovem princesa, atacada por uma febre perniciosa, lutava entre a vida e a morte.

O Chanceler de Ferro do Antigo Egito

Capítulo 8
RÁ MANIFESTA SUA VONTADE

A imagem do deus é o verdadeiro mistério do santuário. Preces, sacrifícios, rituais misteriosos fazem com que a divindade desça do céu para animar e dar vida à estátua de pedra. Até os sacerdotes da Igreja estavam convencidos de que as estátuas pagãs, às vezes, ganhavam vida e exerciam sobre o espectador uma influência diabólica.

Brugsch, *Steininschrift und Bibelcort*

O Sol começava a se elevar acima da cordilheira, seus raios inundavam de ouro e rubis as águas do Nilo e, ao longe, os templos e obeliscos de Tebas.

Deslizando lentamente sobre as águas baixas do rio sagrado, comprimido entre bancos rasos e massas abruptas de lama negra cozida e recozida ao Sol, avançava um barco muito simples, pintado de preto e munido de uma pequena cabine. Seis remadores trabalhavam penosamente para fazer a embarcação avançar, servindo-se tanto de longas varas quanto de remos, quando a profundidade da água o permitia.

Despertados, sem dúvida, pelos gritos do piloto, dois homens saíram da cabine e, apoiando-se no mastro, observaram o horizonte. Um deles, um homenzinho obeso, de ar jovial e evidentemente de natureza agitada, pôs-se a conversar com os marujos, enquanto seu companheiro, um jovem esbelto e de estatura alta, permanecia silencioso, fitando com um olhar sombrio a paisagem desolada que se estendia pelas duas margens. Realmente, o deserto parecia invadir a terra de Kemi: por toda parte, a areia recobria os campos, e a vegetação mirrada, de folhagens empoeiradas, mal se distinguia da camada amarelada cintilante que brilhava nessa atmosfera ardente e ofuscante.

— Olha, lá está Tebas; em algumas horas, benditos sejam os deuses!, nós aportaremos — exclamou o homenzinho cuja cabeça raspada revelava ser um sacerdote.

— Para quem a viagem foi de dor, a chegada não traz alegria — respondeu o jovem suspirando. A seguir, apontando a margem, acrescentou com amargura: — Que coração não se partiria diante desta visão desoladora! Isto é o Egito, esse deserto poeirento em uma época do ano em que a seara deveria estar cobrindo a terra? Este rio meio seco é o Nilo, cujas águas majestosas deveriam, há mais de um mês, levar para toda parte a fecundidade e a vida? Ah! Quando se esgotará a cólera dos deuses?...

O rosto do sacerdote tornou-se sombrio.

— Você tem razão, Armais, é terrível este tempo que atravessamos, e neste ano ainda não podemos contar com uma colheita. Como alimentaremos os miseráveis durante mais um ano?

Armais nada respondeu e, em silêncio, ambos entraram novamente na cabine. Somente ao se aproximar de Tebas é que o jovem recomeçou a falar com seu companheiro, escriba de um templo de Mênfis, que o havia acompanhado em sua fuga e que ele encarregara das mensagens para seu pai e Hichelat. Pouco depois, aportaram, e os remadores depuseram sobre o cais diversos cestos contendo a parca bagagem do viajante. O escriba chamou alguns carregadores e os dois companheiros se separaram: um, para se dirigir ao Templo de Amon, e Armais para se dirigir à casa de Hor, o chefe dos arqueiros reais.

A tristeza e a miséria que corroíam o Egito pesavam também visivelmente sobre a antiga capital do Alto Egito e não era mascarada, como em Tanis, pelo luxo faustoso da corte faraônica.

O antigo noivo de Asnath ocupava uma pequena, mas confortável, residência, não longe do palácio de Taa. Ele quase caiu de susto ao ver Armais chegar, mas, com a franca cordialidade que o caracterizava, apertou-o entre os braços, instalou-o rapidamente em um aposento contíguo ao seu, e, após o viajante se reconfortar com uma refeição, conversaram de coração aberto. Todavia, as notícias trazidas por Armais tornaram rapidamente sombrios os rostos dos interlocutores, e o anúncio do desaparecimento de Asnath mergulhou Hor num desespero misturado com ódio.

— Em outro tempo, eu acreditaria em um infeliz acidente, mas desde que José expôs seus planos em relação a Hichelat, não tenho mais dúvidas de que Asnath foi assassinada. Ela tinha que dar lugar a uma esposa de raça real, que abre para

José o caminho do trono — terminou Armais. — Ah! Quando, enfim, iremos a Tanis castigar esse cão pútrido e arrastar pelas ruas seus membros ensangüentados? — acrescentou com os dentes cerrados.

Hor endireitou-se e passou as mãos pelo rosto desfeito.

— Quem sabe? Essa hora está mais próxima do que você pensa. Você vem bem; a propósito: hoje mesmo haverá uma reunião muito séria na casa de Taa. Os "haks" de todos os nomos do Alto Egito vieram a Tebas para deliberar se não seria possível tentar um levante geral, que poria fim a uma situação que se tornou intolerável. A miséria aqui é atroz; todos os príncipes se tornaram tributários, o povo é escravo de Apopi. À custa dos maiores sacrifícios, os templos e os nobres alimentam os soldados a fim de conservar um exército de homens vigorosos, mas isso não pode durar muito mais tempo, e o exército, como o resto, será dizimado pela fome. É, portanto, quase uma necessidade arriscar algum golpe decisivo, e você vem bem a propósito para esclarecer os chefes e o rei acerca do estado dos ânimos, das forças dos hicsos e suas medidas de defesa. Vou logo ter com o rei e pedir autorização para levar você comigo ao conselho secreto esta noite. Descanse enquanto espera, para ter o espírito claro. Precisamos trabalhar bem para, enfim, vingar nossa felicidade destruída tão miseravelmente — terminou o chefe dos arqueiros com um olhar de raiva feroz.

À hora em que o calor sufocante começava a dar lugar a um agradável frescor, Hor e Armais se dirigiram a pé para o palácio de Taa III; ambos estavam sérios e, remoendo sua dor pessoal, conversavam somente sobre assuntos de Estado.

Hor colocava seu jovem acompanhante a par da situação: caracterizou-lhe os "haks" que estariam reunidos e, por fim, informou que os preparativos de guerra, empreendidos há tantos anos por Taa III, com uma energia extraordinária, tinham terminado conforme as circunstâncias permitiam: a flotilha estava pronta, as armas e munições tinham sido acumuladas nos depósitos e o velho rei, valente e com uma firmeza indômita, esperava impacientemente o momento de agir, de realizar o sonho de sua vida, livrando o Egito do jugo dos opressores. Hor acrescentou que Taa encontrara uma ajuda ativa em Ahmes, que se tornara um jovem sábio e enérgico para além de sua idade. Quanto a Kames, o herdeiro da coroa, seu estado doentio o afastava desses assuntos e, segundo todas as previsões, sua vida não duraria muito tempo.

Após uma breve espera, os dois homens foram introduzidos na sala do conselho, onde todos, exceto Taa III, já se encontravam reunidos. Ao fundo, sobre um estrado elevado de dois degraus, encontrava-se a cadeira real, junto da qual um tamborete destinado a Ahmes. Dos dois lados do trono haviam assentos baixos para os nomarcas e alguns sacerdotes do mais alto grau. Sobre as esteiras, estavam agachados vários escribas e, mais ao fundo, estavam agrupados os oficiais de alta patente, os conselheiros militares do rei. Hor e Armais juntaram-se a eles, mas o primeiro parara para trocar algumas palavras com seus amigos, quando a entrada dos dois príncipes pôs fim às conversas.

Taa III pouco mudara. A idade ainda não pudera cobrir seu corpo robusto, seu rosto bronzeado transpirava saúde e, sob espessas sobrancelhas brancas, seus olhos negros cintilavam uma energia juvenil. O pequeno Ahmes tornara-se um belo jovem, esbelto e elegante na forma, com uma severidade precoce que o fazia parecer mais velho.

Após saudar amigavelmente os nomarcas e o resto da assembléia, Taa sentou-se e abordou diretamente o assunto. Explicou a seus aliados o estado da questão, os preparativos feitos e por fazer, enfim, a necessidade de tentar um levante se não se quisesse arriscar ficar a tal ponto arruinado e dizimado pela fome, que qualquer tentativa de caçar o estrangeiro, o qual, como uma aranha venenosa, açambarcava, pouco a pouco, seu território e seu povo, se tornasse impossível. Por fim, pediu-lhes que ouvissem um homem que chegara de Tanis e que poderia dar a todos os detalhes necessários, antes de emitirem suas opiniões.

Quando Armais prostrou-se diante do trono, Taa fez sinal para que ele se levantasse e disse com benevolência:

— Soube por Hor em quais circunstâncias você veio procurar refúgio em Tebas; seja bem-vindo, nobre filho do venerável Potífera, aqui você encontrará amigos; e eu, e os nobres aliados

O Chanceler de Ferro do Antigo Egito

aqui presentes, esperamos que você sirva à causa da libertação da terra de Kemi com o mesmo desvelo de seu ilustre pai.

Você acaba de ouvir o quanto é grave a decisão que discutimos aqui. Diga-nos, você que vem de Tanis, tudo o que sabe sobre o estado do país, a disposição dos ânimos, os meios de defesa dos "chasous" e as medidas que ele tomaram para o caso de um ataque de nossa parte.

Armais inclinou-se modestamente diante dos príncipes, depois, com palavras e imagens claras, expôs, em primeiro lugar, o que tocava à questão militar; depois, descreveu a miséria e a exasperação do povo, o ódio feroz que o Adon causava a todas as camadas da população, que aguardava somente um sinal de Tebas para se revoltar como se fosse um só. Quando Armais mencionou a revolta, gritos de satisfação foram ouvidos, mas a notícia das bodas de José com a princesa Hichelat provocou uma verdadeira tempestade. Todos entenderam que o cruel opressor do Egito apressava-se em agarrar com uma mão audaciosa a coroa do faraó.

— Segundo a opinião de meu pai e de todos os sacerdotes, não podemos dar tempo para que o miserável possa deter o poder supremo. Todos chamam o senhor de libertador, filho divino de Rá. Com a sua chegada, milhares de aliados se juntarão aos seus soldados, pois, tanto nas cidades como nos campos, cada coração egípcio bate pelo senhor. Até os deuses estão a seu favor, os astros predizem a sua vitória e sinais terríveis provam que o "chasou" e seu indigno servidor esgotaram a paciência dos imortais com suas iniqüidades — finalizou Armais, com o olhar inflamado.

Teve início uma discussão animada e fervilhante; todos os príncipes nomarcas optavam pela guerra e queriam-na o mais rápido possível, ávidos por vingar suas perdas e se livrarem das odiosas obrigações. Todavia, alguns anciãos, temendo os riscos de um fracasso, aconselharam a esperar. As discussões começavam a ficar acaloradas quando o velho grão-sacerdote de Amon-Rá levantou-se e pediu um instante de silêncio.

— O que o olho humano não consegue sondar, os imortais podem ver; para eles, o futuro não tem segredos, e as palavras de nossos adivinhos, assim como as notícias que recebemos

326   J. W. Rochester

hoje da parte dos veneráveis profetas de Mênfis, Sais e Heliópolis, parecem provar que os deuses estão a nosso favor. Mas para que não paire mais nenhuma dúvida, venha, ó rei, consultar seu pai divino em seu santuário. O que ele disser, você fará.

— Seu conselho é sábio, venerável pai, e eu o acatarei. Amanhã consultarei meu pai em sua morada sagrada e, se sua cólera contra o Egito estiver apaziguada, ele me responderá. Amanhã à noite nós nos reuniremos novamente aqui e transmitirei a todos as palavras do grande deus — respondeu Taa levantando-se e saudando a assembléia, que se dispersou tumultuosamente agitada.

A época que descrevemos, o Templo do grande Deus de Tebas ainda estava longe de ser o monumento colossal, cujas ruínas impressionam o viajante moderno tanto por suas dimensões quanto pela riqueza e originalidade de sua ornamentação. Amon-Rá não era ainda a primeira divindade do Egito; seu Templo era uma edificação bem simples, em calcário branco, com portas em granito e pilares sextavados que decoravam o seu interior. A miséria geral também atingia as comodidades da casa do deus, que, como se sabe, era sustentada pela corte real e, no lugar de receber do povo donativos e oferendas, era, agora, o deus quem alimentava os famintos com os parcos rendimentos de seus domínios.

No dia seguinte à reunião do conselho, Taa dirigiu-se ao Templo e foi recebido à porta por dois sacerdotes descalços e de cabeça raspada, que, após se prostrarem, introduziram-no, assim como ao seu séquito, ao pátio destinado aos sacrifícios. O rei, que na véspera tinha se purificado com um banho no Nilo, sacrificou dois touros brancos, leite, incenso e perfumes preciosos, após o que o grão-sacerdote o envolveu com faixas sagradas, borrifou-o com água lustral e o purificou uma última vez com a fumaça do incenso. A seguir, conduziu-o até a entrada do santuário e se retirou.

Sério, recolhido, o rei penetrou no Santo dos Santos: era uma sala de pequena dimensão, cujas paredes eram cobertas de placas de couro até metade da altura; a luz oscilante de uma lâmpada suspensa no teto iluminava fracamente a base quadrada, ricamente decorada, sobre a qual ficava a barca de

Amon, balançando-se sobre ornamentos dourados e incrustações do naos, em parte recoberto por um tecido branco. Após ter se prostrado e orado silenciosamente, Taa abriu as portas do naos. Ligeiramente visível na penumbra que a envolvia, via-se a estátua do deus, cujos olhos de esmalte reluziam com um brilho fosforescente.

— Deus poderoso, que distribui vida e graça, você que criou com suas mãos tudo o que existe, que não possui nem começo nem fim, de quem se origina toda a seiva da vida e cujo sopro cria as almas, ouve minha prece — murmurou o rei, erguendo as mãos. — Venho implorar a você, que é a força, que é o todo, que é a harmonia, que ouve as súplicas dos cegos, fracos, perclusos, que não compreendem sua sabedoria. Ouve-me, Amon-Rá, meu pai celeste, e lança um raio de luz sobre o caminho tenebroso do destino do povo de Kemi. Devo tentar libertar o Egito do jugo esmagador dos "chasous"? Você combaterá ao meu lado, enchendo de terror os inimigos, dando a vitória a seus filhos? Cabe a mim unir o Alto e o Baixo Egito em um império, a fim de que das cataratas ao mar todos os povos cantem a glória de Amon-Rá e adorem o seu poder?

Nesse instante, um raio dourado surgiu ao fundo do naos, iluminando os membros dourados do deus, sua barba negra trançada e seus olhos, que fitavam Taa como se estivessem vivos. Repleto de um terror supersticioso, o rei viu a cabeça da estátua inclinar-se três vezes; depois, elevou-se uma voz harmoniosa, vibrante e metálica, mas como que velada pelo distanciamento.

— Vá, meu filho — disse ela —; eu o autorizo a quebrar o jugo do estrangeiro impuro que infesta a terra de Kemi e ousa aquecer-se com meus raios; em todo lugar que brandires sua acha d'armas,[3] a vitória o precederá, e o sangue fumegante dos inimigos será um aroma agradável às minhas narinas. Minha cólera será apaziguada. E as águas sagradas do Nilo, por tanto tempo retidas, virão, no tempo certo, trazer-lhes a fecundidade e a abundância. A glória e o triunfo iluminarão o fim de sua vida e sua memória bendita e venerada viverá eternamente como libertador de meu povo. Mas será sobre a cabeça de Ah-

---

3 Acha d'armas - Antiga arma, semelhante ao machado de cortar lenha.

mes que colocarei a dupla coroa; abençoarei sua posteridade e dele nascerão os maiores faraós que jamais reinaram sobre a terra do Nilo. Para que ninguém duvide do que acabo de dizer, que Ahmes coloque em meu santuário uma varinha cortada da árvore sagrada, que eu, com um sinal visível, darei provas da graça com que os cobrirei.

O raio apagou-se bruscamente; silêncio e escuridão encheram o santuário novamente. Arrepiado de um místico terror, Taa prostrou-se, adorou o deus benevolente que o enchera com uma nova esperança, depois, fechou as portas do naos e se retirou.

Com o rosto inflamado, compartilhou com o grão-sacerdote o que acabara de escutar, e ficou decidido que, após se purificar por três dias de jejum e oração, o jovem príncipe traria ao Templo um galho da árvore sagrada de Pérsea,[4] que ele mesmo cortaria e que seria colocado no santuário por uma noite.

O rumor acerca da resposta favorável dada ao rei pelo próprio Amon-Rá e de que seria dado um sinal visível de sua graça, espalhou-se rapidamente por Tebas e seus arredores, excitando em todas as classes da população uma emoção mesclada de alegria e ansiedade. A desgraça os atingira de forma tão dura, sofria-se há tanto tempo, que todos os corações estavam desacostumados a ter esperança.

Assim, na noite do terceiro dia, uma multidão inumerável aglomerou-se por todo o caminho entre o palácio e o Templo: logo apareceu, cercado de portadores de tochas, a cadeira portátil sobre a qual estava sentado Ahmes, trazendo na mão a varinha de madeira que acabara de cortar. O belo e enérgico rosto do jovem príncipe expressava uma solene gravidade.

Diante da cerca do Templo, as massas populares estavam tão compactas que o cortejo abriu passagem com dificuldade. Entretanto, assim que a liteira apareceu, as maciças portas de bronze se abriram e o príncipe foi recebido por sacerdotes portando tochas, que o introduziram no primeiro pátio; depois dele, entraram todos os dignatários de seu séquito e o tanto

4 Pérsea - "Entre as diversas árvores que, nessa qualidade, eram objetos de uma veneração especial, estava, mais que todas as outras, a espécie chamada pelos gregos de Pérsea. Já nos tempos mais remotos, os egípcios devotavam-lhe uma atenção especial. Até mesmo os primeiros cristãos do Egito herdaram essa antiga crença e criaram uma graciosa lenda para tranformar sua santidade pagã em santidade cristã." *(Brugsch, Steininschrift und Bibelwort)*

O Chanceler de Ferro do Antigo Egito

de povo que o pátio e corredores puderam permitir, pois, desta vez, a cerimônia era pública e, diante de todos, suplicar-se-ia ao deus que cumprisse sua promessa.

Do interior do Templo, avançou, então, uma procissão de sacerdotes, trazendo a barca de Amon-Rá, que foi colocada sobre uma base preparada para a ocasião. O grão-sacerdote abriu as portas do naos. A seguir, apresentou ao príncipe uma caixinha aberta, dentro da qual colocou a varinha de Pérsea. Sobre a tampa da caixa, o pontífice fixou sete círios de cera virgem e colocou-a sobre uma mesa baixa, diante do naos aberto. Erguendo os braços, o grão-sacerdote pronunciou uma invocação ao deus benevolente, pedindo-lhe que demonstrasse diante de todo o povo que autorizava seu servidor a depositar no santuário a varinha do príncipe e provar, por meio de um sinal visível, a glória e a felicidade que reservava a ele e a sua posteridade.

Todos caíram de joelhos, e fez-se um grande silêncio. Todos os olhos fixavam, imóveis, a barca sagrada, e, após um instante, viu-se uma fagulha brilhar no fundo do naos e dilatar-se em uma chama que bruxuleou. Uma segunda centelha, sobre a cabeça da estátua, pairou no ar crepitando e veio iluminar os sete círios sobre a tampa da caixinha.

Um murmúrio de alegria misturada com temor supersticioso percorreu as fileiras do povo e, somente quando a barca e a caixinha que o grão-sacerdote segurava tinham desaparecido no interior do Templo, a multidão se dispersou, séria e recolhida, mas ansiosa para o dia seguinte.

Desde a alvorada, a massa, ainda mais compacta que na véspera, invadiu todas as ruas, e clamores acolheram a liteira real, sobre a qual estavam Taa III e Ahmes, pálido de emoção. Atrás deles, avançavam os nomarcas e os altos funcionários presentes em Tebas; entre eles, Hor e Armais.

No grande pátio, diante de uma estátua de Amon-Rá, os sacerdotes sacrificadores, armados de punhais reluzentes, mantinham-se junto às vítimas, ornadas com flores e faixas, que seriam imoladas. Após Taa sacrificar um touro, assistido pelo príncipe, ambos penetraram no Templo e, enquanto o sangue fumegante das vítimas continuava a escorrer, alguns veneráveis sacerdotes conduziram os príncipes ao santuário, em cuja entrada eles pararam junto a Ahmes, enquanto Taa entrava no Santo dos Santos. Desta vez, uma luz doce e azulada, semelhante a um luar, iluminava a pequena sala. Ela vinha de uma chama iluminada com sete tripés, colocados em torno da barca de Amon, diante da qual o grão-sacerdote estava ajoelhado, com os braços erguidos, imóvel, com uma expressão de fanática exaltação. Um aroma doce e penetrante enchia o ar, enquanto, ao longe, se ouvia uma música deliciosa; vozes suaves harmonizavam-se ao som de harpas, ora elevando-se em acordes majestosos, ora perdendo-se num harmonioso murmúrio.

Quando o rei se prostrou, um sopro semelhante a um vento de tempestade encheu subitamente o santuário, uma luz ofuscante resplandeceu do naos, e, quando se apagou, a lâmpada suspensa ao teto iluminou apenas o tabernáculo do deus. O grão-sacerdote reergueu-se e, pegando a caixinha aberta, apresentou-a ao rei: no fundo, repousava o ramo de Pérsea, marcado por Ahmes. Entretanto, a varinha estava coberta de folhas e flores, e entre elas via-se um fruto maduro.

Vibrando de emoção, Taa deixou o santuário acompanhado pelo grão-sacerdote e, aproximando-se de Ahmes, que o esperava tremendo de inquietação e impaciência, entregou-lhe o ramo florido.

Com a rapidez de um clarão, a notícia do milagre espalhara-se no exterior, despertando na multidão uma verdadeira alegria, que se transformou em um furacão de entusiasmo quando surgiu a liteira real, que avançava lentamente, dando tempo a todos de contemplar a maravilhosa varinha, carregada de folhas e flores, que Ahmes erguia em suas mãos, saudando o povo com um sorriso radiante. Uma verdadeira efervescência tomou conta das massas arrebatadas e inflamadas como o Sol que os iluminava. A miséria, a ruína, a fome estavam esquecidas. Será que alguém ainda poderia se desesperar, tremer diante do futuro, quando o próprio Rá prometia a glória ao rei e ao seu herdeiro, e ao povo de Kemi todos os bens da terra? O Nilo transbordaria, e suas águas fecundas levariam a cada um o pão de cada dia, o sossego, o trabalho e, coroando tudo, a expulsão do estrangeiro. Vertendo lágrimas de felicidade, esses homens, cuja maioria não possuía mais nada além de um farrapo de te-

O Chanceler de Ferro do Antigo Egito

cido grosseiro para cobrir o corpo, se atiravam nos braços uns dos outros, abraçando-se como irmãos, felicitando-se pela alegria que os esperava. Um grito elevou-se de milhares de bocas:

— Viva Sekenen-Rá-Taa, o rei bendito do céu! Viva Ahmes, a esperança do país de Kemi! — e prostraram-se, rendendo homenagem a esses dois homens como aos mais poderosos faraós.

O ímpeto geral contagiara até mesmo os nomarcas, dentre os quais, mais de um, no fundo da alma, aspirava para si o lugar supremo. E foi sob o vigor desse furacão de entusiasmo que os dois príncipes voltaram ao palácio.

A partir desse dia, os últimos preparativos para a guerra foram feitos com um ardor febril: cada um trabalhava como que para si mesmo, e os mensageiros secretos levaram a todos os principais templos do reino de Apopi a notícia de que, no mais tardar em dois meses, Taa III deixaria Tebas com seu exército para cercar Mênfis.

Capítulo 9
QUEM SEMEIA VENTO, COLHE TEMPESTADE

> José comandava todo o Egito, e o trigo só era vendido aos povos sob sua ordem.
>
> (Gênese, cap. XLII, 6)

> Não havia pão em toda a terra, pois a fome tornara-se muito dura e a terra do Egito e a de Canaã desfaleciam de fome.
>
> (Gênese, cap. LXVII, 13)

Durante três semanas, a vida da princesa Hichelat permaneceu por um fio; a juventude, porém, triunfou e lentamente ela recobrou a saúde. Contudo, por ordem dos médicos, a jovem foi instalada em uma casa de campo perto de Tanis, a fim de ficar isolada de qualquer incômodo e agitação, e seu casamento com o Adon foi adiado por dois ou três meses. Durante o primeiro período de convalescença, José, com bastante freqüência, visitava sua noiva, mas, irritado com a fria indiferença que ela lhe manifestava invariavelmente, um dia reprovou-a por mostrar sua frieza de maneira tão ostensiva.

— Acho que você se esqueceu de que foi para comprar a vida de um ser amado que lhe concedi a minha mão — respondeu Hichelat, medindo-o com um olhar de desprezo e desdém.

— Fora do nosso trato, não existe nada em comum entre a filha do faraó Apopi e o homem infame que ele tirou da lama para sua desgraça e de seu povo. Poupa-me, portanto, dessas acusações ridículas. Vendi a você a minha pessoa e os direitos que dela fazem parte, pode contar com isso. O futuro provará que a cólera dos deuses o impedirá de desfrutá-los e o abaterá, por mais mágico que você seja.

Tremendo de fúria, José dera-lhe as costas e, desde então, fez somente visitas oficiais à sua futura esposa. Além disso, os assuntos políticos absorviam todo o seu tempo. Com tenacidade e energia, preparava-se para ultrapassar o último obstáculo que o separava do objetivo supremo que ambicionava. O frágil faraó, completamente dominado por seu terrível favorito, cego pelo desejo de ver a filha predileta ocupar o trono, concordara que José fosse proclamado herdeiro da coroa. Para esse importante ato político, o rei e seu futuro genro decidiram fixar a data do casamento, que deveria ser celebrado com toda a pompa real. Oficialmente, nada tinha sido anunciado, mas, como sempre acontece entre os íntimos do rei, seus parentes e subalternos administrativos, sabia-se que se preparava a elevação do Adon, e era de se esperar que a perspectiva de saudar como príncipe herdeiro o antigo escravo de Putifar despertasse os mais diferentes sentimentos.

Absorvido por seu orgulho, mais duro e impiedoso do que nunca, José não dava atenção à atmosfera pesada, sufocante, cheia de agitações, que pesava sobre Tanis como uma nuvem de chumbo.

A miséria e a fome tinham provocado uma perniciosa epidemia, que dizimava o povo; os cadáveres enegrecidos e inchados dos desgraçados espalhavam-se pelas ruas e estradas, e jamais a atividade dos templos atingira proporções tão vastas: carregados de provisões e remédios, os sacerdotes de grau inferior circulavam pelos bairros pobres e pelas aldeias distribuindo cuidados e esmolas às crianças, mulheres e velhos. Os homens sãos e jo-

O Chanceler de Ferro do Antigo Egito

333

vens desapareciam pouco a pouco dos campos, concentrando-se insensivelmente nos miseráveis bairros de Tanis ocupados pelos egípcios. Os jovens famintos e doentes encontravam asilo entre as sagradas paredes dos templos. Nos subterrâneos, nos imensos depósitos vazios, pululavam exércitos de homens exasperados, dispostos a tudo, e por toda parte os caridosos benfeitores, sempre cuidando dos doentes e distribuindo alimento aos famintos, insinuavam docemente que os sofrimentos presentes eram uma punição pela apatia do povo de Kemi, por sua submissão ao estrangeiro impuro, e que, se surgisse a ocasião de romper esse jugo vergonhoso, cada um deveria sacrificar sua vida e tudo o que ainda possuísse por esse objetivo, a fim de reconquistar a benevolência dos imortais.

Nas acomodações improvisadas nos templos, os servidores dos deuses tinham discursos mais explícitos, sempre circulando entre a multidão esfarrapada que abrigavam. Para consolar os moribundos e tratar os doentes, os veneráveis padres diziam em voz alta que era tempo de dar um fim a essa intolerável situação, que os armazéns públicos continham trigo suficiente para alimentar toda Kemi durante dois anos ainda, que bastava tomar o que pertencia ao Egito e a seus filhos, em vez de se ficar assistindo os "chasous" impuros fartarem-se por nada; que esses estrangeiros pestilentos, ao contrário dos egípcios, não pagavam com sua liberdade e seus bens cada bocado de pão, pois o cão impuro, adornado com o título de Adon, não deixava os "chasous" morrerem de fome. Mas aproximava-se o tempo em que soaria a hora da vingança, os astros o previam, as visões e profecias o anunciavam, era preciso somente estar pronto e agir no momento decisivo.

Após discursos assim tão insidiosos, os rostos pálidos se tingiam com uma animação febril; com um ardor fanático brilhando nos olhos e cheios de ódio selvagem, os homens tentavam brandir as armas, assegurar-se de que seus músculos tinham readquirido força suficiente para sustentar um arco ou para sufocar o "chasou", se lhes caísse nas mãos. E, justamente no momento em que José considerava a infeliz população a tal ponto enfraquecida e desencorajada que lhe seria impossível tentar alguma coisa contra o governo, seus inimigos tinham preparado e atiçado, na sombra, uma terrível arma de destruição, que somente aguardava a hora de agir.

Além disso, era contra o perigo que vinha de um outro lado que o Adon, secretamente, tomava as medidas mais enérgicas. Um de seus espiões trouxera de Tebas a notícia das manifestações celestes que prometiam a expulsão dos "chasous" e o retorno da abundância, dos preparativos de guerra de Taa III e do entusiasmo inusitado que movia a população do Alto Egito. Apesar do novo e terrível perigo criado pela perspectiva de uma guerra que, sem dúvida, seria acompanhada de um levante de todos os egípcios súditos de Apopi, a natureza de aço de José não esmorecia. Com energia e prontidão, tomou as medidas de defesa: as guarnições de Tanis e Mênfis foram dobradas, todos os chefes de tropa e comandantes de aldeia receberam instruções detalhadas, escritas de seu próprio punho; transportou uma parte considerável de seus tesouros para sua tribo, que foi instruída a estar pronta a fugir para Avaris ao primeiro sinal. Mas tudo isso foi feito com discrição, enquanto oficialmente preparavam-se as comemorações e festejos do seu casamento com Hichelat. Contudo, agressivo e fervendo de ódio, José mostrava-se mais e mais impiedoso, e o orgulho pelo lugar supremo que ocuparia dentro de algumas semanas fazia-o desprezar cada vez mais qualquer cautela.

Dois acontecimentos ocorridos em Tanis, nessa época, expuseram particularmente a crueldade de José e sua brutal violência contra a casta sacerdotal; mas também o preveniram de que a corda que estendera violentamente sobre a paciência da população estava prestes a se romper.

Um desses acontecimentos foi o processo contra os conspiradores, companheiros de Armais, acusados de pretender assassinar o rei. Todos eram jovens pertencentes às mais importantes famílias egípcias; dois deles tinham conseguido fugir, mas nove foram presos, submetidos impiedosamente à tortura, depois condenados à morte. O estupor e o desespero tomaram todos os corações, mas essa sentença produziu um efeito fulminante sobretudo sobre um sacerdote chamado Ameni, primeiro hierogramatista do Templo de Ísis. Entre os condenados, encontrava-se seu único filho, um jovem de vinte e três anos, a última criança que o destino lhe deixara e que ele adorava cegamente. Em vão, o infeliz pai tentou de tudo para salvá-lo: suplicou a Apopi e rolou em lágrimas aos pés do Adon, mas o rei manteve-se surdo e José foi insensível às súplicas e à dor do ancião. O Adon ainda declarou que somente por uma graça insigne, por piedade pela sua idade e pela sua dignidade sacerdotal, ele também não seria condenado como pai de um regicida.

O jovem Amenhotep foi executado, mas, desde esse dia, seu desafortunado pai caiu em um marasmo profundo, fugindo de todos e parecendo ruminar algo que não explicava; todos acreditaram que ele tinha perdido a razão.

Certa manhã, quando José ia subir na liteira, um homem surgiu inesperadamente da multidão, esgueirou-se como uma enguia pelos soldados da escolta e, tirando um punhal da cintura, tentou acertar o Adon em pleno peito. Mas, por mais inesperado que tenha sido o ataque, um dos oficiais hicsos teve a presença de espírito de afastar o braço do assassino com um golpe violento; a arma desviou-se e, em vez de atingir o coração, abriu com um longo rasgo o ombro e o braço do Adon, que tombou, inundado de sangue; o culpado, imediatamente agarrado e amarrado, era o velho Ameni.

José foi imediatamente levado para casa e o médico que cuidou da ferida disse que ela não era grave, pois o punhal não o ferira profundamente. Entretanto, o Adon, furioso, ruminou uma vingança requintada, para eliminar de vez e de todos qualquer desejo de nova tentativa.

A notícia do atentado chocara os amigos do velho sacerdote, e alguns dignatários sacerdotais dirigiram-se imediatamente ao palácio do Adon com a intenção de explicar que Ameni estava louco; mas não foram recebidos; José mandou que voltassem no dia seguinte, visto que se sentia muito fraco pela perda de sangue.

Saboreando de antemão o ultraje cruel que infringiria à casta odiosa, José mandou chamar o chefe da polícia de Tanis, um rude e cruel hicso chamado Sabou, que o povo apelidara de carrasco, e ordenou que, assim que viesse a noite, fosse erguido um patíbulo diante de Templo de Ísis, que Ameni fosse enforcado vestido com as vestes sacerdotais e que, diante do cadafalso,

336 J. W. Rochester

fosse colocado um destacamento de soldados para impedir que qualquer um se aproximasse durante três dias. Passado esse tempo, o corpo deveria ser levado para fora da cidade e jogado como alimento para os corvos. Uma escrita sobre o peito do culpado deveria mencionar seu nome, sua posição e a sentença que recebera pelo seu ato.

Quando os serviçais do Templo abriram as portas de bronze do recinto sagrado aos primeiros raios do Sol levante, foram fulminados pela visão de um patíbulo no qual balançava o corpo do venerável Ameni, com as vestes sacerdotais. Sobre sua cabeça raspada já rondavam algumas aves de rapina.

Em um piscar de olhos, o Templo inteiro levantou. Uns mudos de horror, outros como que tomados de loucura, rolando no chão, os sacerdotes se comprimiram junto da entrada: o ultraje era tanto que os orgulhosos servidores dos deuses se perguntavam se não seria o fim do mundo que se aproximava, se os deuses tolerariam semelhante iniqüidade.

Logo, uma enorme multidão cobriu a praça diante dos pilares; porém, aterrorizado e tremendo, o povo não ousava se aproximar do cadafalso guardado pelos soldados de ar selvagem e arma em punho. Ninguém notou que do Templo surgiam homens pálidos e magros, com os olhos brilhando de uma raiva selvagem, esgueirando-se entre a multidão, murmurando palavras de indignação, insuflando a revolta e a vingança por uma ofensa tão profunda.

— É nosso dever — repetiam eles — livrar o corpo ultrajado do venerável Ameni. Deixaremos que esse amigo dos pobres, que consolava os doentes e os sofredores, cujo desespero levou a vingar a morte horrível de seu único filho, continue pendurado como um malfeitor, privado de sepultura? Será uma vergonha se, como covardes, permanecermos como espectadores, inativos, quando o opressor que se abarrota com nossos bens, que nos deixa morrer de fome, começa a enforcar nossos sacerdotes, os benfeitores que se arruínam para nos alimentar. Se deixarmos, ele conduzirá nossos deuses à rua.

Tais discursos caíam como uma semente fecunda sobre um terreno fértil; as massas caladas e petrificadas de espanto começaram a ondular como um mar agitado. Seguiu-se um estrondo surdo. Quem deu o primeiro passo? Quem deu o sinal de agir? Ninguém poderia dizer. Mas, de repente, de todas as partes, a multidão avançou e, sob essa pressão irresistível, os soldados da guarda foram esmagados, pisoteados antes mesmo de poderem usar as armas. Em um piscar de olhos, o patíbulo foi abatido, o corpo de Ameni agarrado, e, carregando o cadáver como um troféu, a multidão avançou pela entrada do Templo como uma avalanche, enquanto os que não conseguiam entrar saciavam sua raiva reduzindo a pedaços os restos do patíbulo e deixando em frangalhos os corpos dos soldados hicsos. Apenas um comboio de carros e cavaleiros conseguiu pôr em fuga os revoltosos. Mais prudentes do que na primeira escaramuça, eles se dispersaram em todas as direções, abandonando os membros ensangüentados de suas vítimas, que apressaram em arrastar para o Nilo. As portas do Templo foram fechadas imediatamente.

Esse acontecimento provocou uma severa investigação; José, fervendo de fúria, mandou enforcar ou açoitar todos os suspeitos de terem participado da revolta, mas não se atracou de novo com os sacerdotes, julgando que havia lhes dado uma lição suficiente para o momento. Fingiu, portanto, acreditar que Ameni agira em um estado de loucura e reservou as represálias mais enérgicas para quando se tornasse faraó. Além disso, o dia marcado para o casamento estava próximo e ele não queria estragar, com execuções e qualquer novo acesso de exasperação popular, a pompa real de suas núpcias.

Para essa solenidade, José fazia grandes preparativos: os grão-sacerdotes de todos os templos do reino estavam convocados a comparecer em Tanis; fartas distribuições de grãos e vestes eram prometidas ao povo, e, no palácio do Adon, todos que se apresentavam eram regalados com vinho, cerveja e acepipes.

Oito dias antes do casamento, quando toda a cidade estava mergulhada no sono, um grupo numeroso reuniu-se em uma das criptas do Templo de Ísis; lá estavam os grão-sacerdotes e os mais veneráveis dignatários sacerdotais de Tanis, Mênfis, Sais, Bubastis,[5] Heliópolis e outras cidades do Baixo

---

5 Bubastis - Antiga cidade egípcia, situada no nordeste do país, no Delta do Nilo. Foi capital do país durante as XXII e XXIII Dinastias.

Egito, alguns militares, entre os quais Racapou e Putifar, e dois mensageiros de Taa III, vindos na véspera para anunciar que o rei e seu exército tinham deixado Tebas em direção a Mênfis.

Discutia-se em voz baixa essa última notícia, quando Potífera entrou, acompanhado de um homem de alta estatura, envolto em um manto sombrio. Debaixo do capuz, uma longa barba branca caía sobre o seu peito.

— Meus amigos, trago um aliado cujo poder e ciência irão nos ajudar no momento decisivo — disse o grão-sacerdote, cujo rosto severo refletia uma sombria satisfação. — Vocês todos sabem que chegou o momento em que precisaremos morrer ou vencer o miserável opressor que, com sua mão impura, se prepara para tomar a coroa e o cetro. O assassinato de Ameni já mostrou o que nos aguarda quando ele dispuser do poder supremo. Inimigo de nossos deuses e de nosso povo, ele gostaria de nos destruir. Mas, cansados dos crimes desse homem, os imortais enviam-nos uma ajuda: o mestre que dotou o miserável do conhecimento que possui vem para destruir o que criou.

O desconhecido removeu o capuz e revelou o rosto calmo e majestoso de Schebna. O grão-sacerdote de Ptah, em Mênfis, e alguns sacerdotes de Tanis, que evidentemente o conheciam, cercaram-no alegremente, abraçando-o como a um irmão. Mas, vendo o espanto dos outros, Potífera virou-se para eles.

— Em poucas palavras, amigos, vou explicar a presença do venerável Schebna. Mais de uma vez, vocês se lembram, nós nos perguntamos por que sorte esse pastor nômade poderia ter adquirido o terrível conhecimento de que dispõe, segredos desconhecidos até mesmo por nós.

— Mas eu quis saber, pois ninguém, como eu, foi atingido no coração por esse cão fétido, que destruiu meus filhos, embranqueceu meus cabelos e enrugou minha fronte com todos os ultrajes que me fez sofrer. Certo dia, quando, sozinho no santuário, eu implorava a Amon-Rá que me permitisse, como única recompensa por meus longos serviços, lavar o coração no sangue do opressor, o deus me inspirou uma idéia salutar; um emissário meu estabeleceu-se próximo à família do Adon, e esse homem hábil e prudente logo soube, pelos selvagens e falantes pastores, que no tempo em que José ainda vivia entre eles, encontrava-se na tribo um velho sábio caldeu que se interessava pelo jovem e o tinha instruído com o conhecimento secreto. Isso foi para mim um rasgo de luz. Graças às relações que existem entre todos os santuários, sem distinção de sangue, pude descobrir o nome e o refúgio de Schebna; falei a ele sobre nossa desgraça e pedi sua ajuda. Ele veio uma primeira vez e, tendo experimentado toda a ingratidão do miserável, que tentou aprisioná-lo, viveu algum tempo escondido aqui em Tanis, depois, em Mênfis, que deixou para se retirar para o deserto. Agora, ele voltou por vontade própria, para nos oferecer a sua ajuda.

— Sim, voltei para isso. Eu desencadeei o mal e é justo que agora eu o destrua — respondeu solenemente Schebna, quando todos o cercaram para apertar-lhe a mão.

A discussão foi retomada com um novo ânimo e ficou decidido que o dia do casamento também deveria ser o último dia do poder do Adon, e que a confusão da festa seria aproveitada para desencadear a revolta em diversos pontos e matar José.

— Que essa seja a minha obra! Dou a vocês a minha palavra de que meu aluno de outrora não verá o Sol do dia seguinte — observou Schebna.

— A você, irmão, cabe o direito de abater o monstro a quem você deu unhas e dentes, e será justo que o dia em que esse audacioso criminoso ornar a fronte com o uraeus, a víbora real o penetre com sua picada mortal — respondeu Potífera com um sorriso de profunda ironia.

❧ ◎ ☙

Pálida, sombria, silenciosa, Hichelat voltara a Tanis, onde a aguardava uma alegria furtiva. Por intermédio de um sacerdote, recebera uma mensagem de Armais, informando-a de sua feliz chegada em um lugar seguro, por prudência ele não citava Tebas, em termos apaixonados assegurando-lhe seu amor, suplicando-lhe que não perdesse a coragem, tendo em vista que esperava firmemente que os deuses ainda lhes concedessem a felicidade. A princesa pressionou com os lábios essas linhas traçadas pela mão amada, enquanto lágrimas amargas inundavam suas faces.

Não esperava mais nada; "Dentro de quarenta e oito horas, não se tornaria a esposa do maldito?" E o pensamento de que uma fatalidade cruel conservara-lhe uma vida que só inspirava desgosto, quando a morte estivera tão próxima, provocava-lhe uma cólera desesperada.

Segundo um antigo costume, as jovens festejavam a véspera de seu casamento com uma reunião com as amigas, jogos, danças e uma troca de lembranças mais ou menos preciosas, de acordo com a posição e a fortuna da noiva. Hichelat, porém, recusou-se firmemente a seguir o costume; sob o pretexto de ainda se sentir fraca e cansada por sua doença, declarou que queria ficar sozinha e passar em recolhimento e oração sua última vigília de solteira.

Apopi, inquieto com a palidez e a morna apatia da filha, concordara com seu desejo. Assim, na véspera das núpcias, Hichelat encontrava-se sozinha em seus aposentos. Até mesmo sua melhor amiga, Neftis, filha do comandante de Tanis, retirara-se para o aposento contíguo, diante do abatimento e do mutismo da princesa. Durante horas, a princesa não se movera do terraço; deitada sobre um canapé, com o olhar perdido no vazio, pensava que essas horas que corriam tão rápido eram as últimas da sua liberdade, que no dia seguinte pertenceria a José; e diante da idéia de ser sua mulher, de sofrer sua presença a qualquer hora, um suor gelado a inundava e um indescritível sentimento de horror e repulsa apertava sua alma.

Durante todo o dia reinara um calor tórrido; o ar pesado, ardente e sufocante, oprimia sua respiração. À tarde, nuvens negras invadiram o céu, um vento violento começou a soprar e algumas trovoadas distantes anunciaram a chegada de uma tempestade. Vendo que sua amiga não dava atenção a esses presságios inquietantes, Neftis foi para junto dela e convenceu-a docemente a entrar. Hichelat ergueu-se sem objeção e as duas jovens subiram para o gabinete de trabalho da princesa, onde, para grande pesar de Neftis, a jovem se instalou junto à janela e logo recaiu em seu devaneio. Em contrapartida, a filha do comandante, que se sentara em uma almofada junto a ela, fixava o exterior ansiosamente. Por uma clareira dos jardins, podia-se ver o Nilo, cujas vagas eram fustigadas pelo vento, fazendo dançar como cascas de nozes as embarcações que se apressavam em ganhar a margem.

Logo a noite caiu completamente e um verdadeiro furacão se desencadeou. Relâmpagos fulgurantes rasgavam o céu negro, a trovoada soava sem interrupção, fazendo o palácio tremer até as fundações; o vento, soprando, dobrava e torcia as palmeiras e as grandes figueiras como talos de palha. Por fim, uma chuva torrencial começou a cair com estrondo.

Muda de terror, Neftis cobrira o rosto com as mãos, mas Hichelat permanecia calma e indiferente. Esse desencadeamento dos elementos a aliviava: parecia mesmo que sua tempestade interior se descarregava na tempestade exterior, que todo o desespero que comprimia dentro de si chorava, bramia, gritava no assobio do vento e nos estrondos dos raios. Com um longo suspiro, ela apoiou a cabeça no encosto de seu canapé e fechou os olhos.

De repente, um estranho ruído chegou a seus ouvidos e, paralisada de espanto, ela viu as águas do Nilo transbordarem, aumentarem como montanhas, inundarem os jardins e rolarem suas ondas turvas e espumantes para o palácio; com uma rapidez vertiginosa, as águas subiram, penetrando em todas as passagens, inundando seu aposento e ameaçando engoli-lo. Nesse instante, surgiu desse mar tumultuoso um homem de estatura gigantesca; uma barba esbranquiçada, cintilante como gotas de orvalho ao sol, emoldurava um rosto de uma beleza severa e, no entanto, juvenil. Uma coroa de lótus coroava sua fronte, e seus olhos, de um sóbrio azul, refletiam a calma suprema da força consciente. Agarrando a princesa com seus braços vigorosos, ele a apertou contra si. Hichelat sentia o contato do peito pulsante do deus desconhecido, tinha consciência de que as águas geladas a afundavam, arrastavam-na; sentia-se morrendo. Em vão quis se debater, soltar-se: o abismo a engolia. Com um grito surdo, ela despertou.

Seu olhar turvo errou sobre os objetos conhecidos que a cercavam e que estavam iluminados docemente pela lâmpada suspensa no fundo do recinto, para fixar-se em Neftis, ajoelhada junto a ela, fitando-a ansiosamente.

— Foi um sonho ou uma visão? De qualquer forma, foi um

aviso de morte — murmurou, arrepiando-se. — Venha, Neftis, quero me deitar; cuide de mim até o nascer do dia.

❦

Apesar da extraordinária satisfação dada a seu orgulho e do triunfo de cingir o uraeus, que o esperava dentro de alguns dias, José estava atormentado por uma vaga inquietação, e somente sua vontade de ferro e a orgulhosa confiança que seu poder inspirava conseguiam dominar esses maus pressentimentos. Esse estado de espírito provinha de duas causas: a primeira era sua posição diante de Asnath, que o aborrecia cada vez mais; há muitas semanas não visitava a jovem, cujo mudo desespero e visível definhamento o irritavam, e a simples idéia de ela morrer antes que ele pudesse fazê-la reaparecer, para se vingar de Hichelat e degradá-la, enchia-o de furor. A segunda causa, que o preocupava ainda mais, era uma série de maus presságios que tinham se sucedido nos últimos tempos: os astros consultados tinham dado uma resposta desfavorável, anunciando em seu caminho perigos desconhecidos; o pôr-do-sol mostrara o dobro de sua grandeza habitual e aparecia cercado por três círculos azulados, o que, segundo os adivinhos caldeus, predizia a destruição do rei do país.

José interpretara esse presságio como a morte de Apopi, que desapareceria para lhe dar lugar no trono, mas, na manhã do dia que precedia seu casamento, um fato de mais mau agouro ainda veio alarmá-lo: um cão desconhecido esgueirou-se até a grande sala do palácio do Adon, sujou o luxuoso recinto, depois vomitou sobre os degraus e, para o cúmulo da desgraça, escapou sem que se soubesse como e por onde. Era notório para qualquer um que semelhante incidente significava a morte do senhor da casa.

Uma nuvem sombria cobriu a fronte de José e quando, à noite, veio a tempestade, a inquietação, a vaga angústia que o perseguia o dominou com redobrada violência; de cabeça baixa, ele subiu pela escada da torrezinha que conduzia ao seu observatório. Queria observar os raios e escutar a tempestade, essa voz retumbante das forças planetárias.

Taciturno, com as sobrancelhas franzidas, encostou-se

O Chanceler de Ferro do Antigo Egito

343

em uma pequena coluna, fixando atentamente o céu e os ziguezigues de fogo que, rompendo as nuvens negras, pareciam castigar a terra.

A luz baça dos raios iluminava fantasticamente a alta estatura do Adon, vestido de branco, e seu rosto característico, frio e intrépido no meio do furacão que bramia ao seu redor.

De repente, um feixe de fogo iluminou o horizonte inteiro, e um trovão pareceu bater na torrezinha, que balançou sobre a base. Aturdido, José fechou por um momento os olhos, mas quando os reabriu, um grito de louco terror atingiu sua garganta. Agachado sobre a balaustrada do observatório, estava a esfinge de seu protetor; mas seu rosto, outrora tão calmo, estava sombrio e ameaçador, seus olhos flamejantes, e a estrela em sua fronte, vermelha como o sangue, lançavam faíscas crepitantes.

— Ingrato, que alimentei com a seiva de meu ser, que reanimei com meu sopro e abriguei sob minhas asas — vociferou a voz do ser misterioso —, o que você fez desta terra de Kemi onde o tornei grande e poderoso? Você semeou ruínas e cadáveres; meu ventre secou sob sua cruel avidez, e as maldições que pesam sobre você fizeram pender para o abismo a balança do seu destino. Não o protejo mais. Que sua sorte se cumpra, e que as emanações do mal, acumuladas pela sua passagem sobre a terra, recaiam sobre seu coração como uma grande nuvem de chumbo que o sufocará.

Alongando suas imensas asas, a esfinge ergueu-se nos céus, enquanto José sentia como se um golpe de martelo o tivesse atingido na cabeça e desmoronava inconsciente.

Quando reabriu os olhos, era pleno dia; estava estendido em seu leito e Pibisi, seu fiel escravo, esfregava seu rosto e suas mãos com essências aromáticas.

— Que os deuses sejam louvados, senhor! — exclamou alegremente. — Cheguei a pensar que estivesse morto ao encontrá-lo no observatório, e ia mandar chamar o médico quando o senhor se moveu. Que Osíris seja louvado!

José endireitou-se, com a cabeça pesada, e murmurou:

— Sim, um raio deve ter caído em nosso jardim e me aturdiu.

— Em nosso jardim, não, mas fez estragos incríveis — respondeu Pibisi. — Um dos pilares defronte do palácio do faraó rachou de alto a baixo; depois, no Templo de Sutekh, ele quebrou a cabeça do deus e seu altar. O povo está muito abalado com semelhante desgraça.

José ergueu-se, sombrio e oprimido. Os presságios de desgraça acumulavam-se e isso justamente no dia em que festejava seu supremo triunfo. Mas seu indômito orgulho e essa tenaz presunção, própria da raça semita, o mantiveram de pé; com o ousado desembaraço herdado por todos os seus descendentes, e que os faz estender uma mão ávida, não só para a riqueza de qualquer nação, mas também para os cargos mais elevados, o chanceler do rei Apopi já se via sentado solidamente no trono faraônico e capaz de tudo enfrentar. Esquecia que a Fortuna é uma deusa caprichosa que, com freqüência, se diverte em esmagar sob sua roda aqueles a quem julga ter dado demais.

Com sua atividade costumeira, o Adon ocupou-se dos assuntos mais urgentes e, em seguida, paramentou-se para a cerimônia que se preparava.

Quando examinou no espelho de metal sua bela e imponente figura, experimentou a touca em forma de elmo e ornada com o uraeus que deveria usar no palácio; um sorriso de orgulhosa satisfação franziu seus lábios, e, empertigando-se, ele murmurou:

— Pobre e ínfimo, venci o destino; faraó do Egito, eu o enfrentarei!

Capítulo 10
A NOIVA DO NILO

No Palácio Real tudo era ruído e alegre animação; bandeirolas tremulavam por toda parte, guirlandas enlaçavam-se, longas fileiras de carros e liteiras conduziam os dignatários e suas esposas cobertas de jóias. Somente os danos provocados pelo furacão, o pilar semidemolido, os mastros arrancados, as árvores desenraizadas, assim como os barrancos profundos cavados nas ruas pelas torrentes de chuva contrastavam dolorosamente com esses preparativos de festa. Entretanto, a enxurrada também tinha tido seu lado bom: a folhagem teve o espesso manto de poeira que a recobria lavado com bastante água, parecia reanimada, com uma nova vida; o ar readquirira o frescor. Assim, apesar da desordem e da lama fenomenal, as ruas transbordavam de gente, e centenas de embarcações enfeitadas rasgavam as águas aumentadas e ainda tumultuosas do Nilo.

Na grande sala do trono, aglomerava-se a brilhante multidão de cortesãos e dignatários, e, cortando esse fundo multicolorido, destacava-se, como uma faixa embranquecida, a ala dos sacerdotes, que, impassíveis, sérios, concentrados, formavam um grupo à parte. Em frente a eles, no fundo da sala, sobre um degrau, havia uma mesa e um banco onde estavam dois escribas reais segurando um papiro enrolado sobre um prato de ouro.

Em pouco tempo surgiu Apopi, conduzindo pela mão a filha, ricamente trajada e coberta de valiosas pedrarias. A princesa aparentemente estava calma, e talvez a sua beleza nunca tivesse brilhado com tanta luminosidade. No entanto, ela estava tão branca quanto a túnica bordada de ouro e pérolas que vestia, e seus olhos, ora cintilantes com um fogo febril, ora velados e apagados, denunciavam sua agitação interior.

Assim que o rei e sua filha tomaram seus lugares sobre o estrado e os abanadores e o séquito se agruparam em torno deles, José fez sua entrada na sala. Avançando firmemente em direção ao trono, prosternou-se. Apopi, porém, ergueu-o com bondade e depois, virando-se para a assembléia, declarou em palavras breves, mas claras, que a saúde frágil o forçava a pensar no momento em que Osíris o chamaria para si e que, por isso, tinha como dever de rei nomear desde logo um sucessor. Acreditava não poder escolher alguém mais digno do que o homem que se tornaria esposo de sua filha, o sábio e prudente conselheiro que salvara o Egito da fome, por quem todos já estavam habituados a ser governados e cuja bondade e energia eram a mais firme garantia de prosperidade do Estado. Era, portanto, seu desejo que José fosse considerado o herdeiro do trono, e, a seguir, ele iria assinar o ato que daria força de lei a essa disposição.

Descendo do estrado, o rei dirigiu-se para a mesa sobre a

qual os escribas se apressavam em desenrolar o papiro e assinou o importante documento que entregava o Egito a seu cruel opressor. Após apor o selo real, Potífera e alguns outros dignatários foram convidados a assinar também, após o que dois camareiros apresentaram, sobre uma bandeja, a touca púrpura em forma de elmo e ornada com dois uraeus de ouro, de uso dos príncipes reais, que foi colocada na cabeça de José em troca do claft. Apopi tomou, então, a mão da filha e colocou-a sobre a de seu noivo. Uma leve palidez cobriu o belo rosto de José, e um arrepio nervoso percorreu sua pele: finalmente chegava ao topo do estranho e incrível futuro que Schebna predissera. Com os olhos cintilantes e as narinas palpitantes, ele empertigou-se em toda a sua altura e seus dedos cerraram como um tornilho a mão gelada da princesa, enquanto gritos e aclamações erguiam-se na sala e a corte desfilava diante deles para as felicitações.

Segundo o programa, a cerimônia nupcial seria celebrada no Templo de Sutekh. Contudo, após a destruição da imagem do deus pelo raio, Apopi ordenara que a estátua de Hathor fosse levada ao palácio, e seria diante dela que aconteceria a cerimônia religiosa. Em uma sala contígua, a estátua da deusa fora arranjada sobre um altar portátil, todo coberto de flores. Atrás dela, os sacerdotes se dispuseram em um semicírculo, e, enquanto as cantoras do Templo entoavam um hino sagrado, o grão-sacerdote uniu sobre a chama de um tripé as mãos do novo casal. Hichelat, muda e pálida como uma estátua de cera, parecia indiferente ao que se passava.

Uma súbita escuridão invadiu a sala, e um relâmpago, acompanhado de um trovão, pareceu brotar do teto e apagou a chama do tripé. Hichelat soltou um grito e, jogando-se para trás, perdeu a consciência. Lívido e respirando com dificuldade, José segurou sua jovem esposa, enquanto um murmúrio de espanto percorria as fileiras de espectadores. Mas logo a claridade do dia retornou e constatou-se, com espanto, que as flores que ornavam a estátua de Hathor estavam queimadas e que, sobre o altar, jazia uma serpente morta. De onde ela teria vindo? Escondera-se entre as guirlandas? Ninguém sabia, e os sacerdotes permaneceram mudos e impassíveis.

Pouco a pouco, e graças à etiqueta, todos se tranqüilizaram

O Chanceler de Ferro do Antigo Egito

e a festa retomou seu curso. Apenas a noiva faltou à festa: fora levada sem consciência para seus aposentos, e todos notaram a palidez, a sombria preocupação de Apopi e as crispações nervosas que, com freqüência cada vez maior, sacudiam sua face.

Somente quando veio a hora de se dirigir ao palácio de seu marido é que Hichelat reapareceu e tomou lugar no assento portátil ornado de pedrarias. Contudo, no momento em que José ia se colocar junto a ela, um oficial de seu séquito abriu precipitadamente a rica multidão que cercava a liteira e apresentou uma correspondência que um batedor quase morto de fadiga acabara de trazer, dizendo que era de importância capital.

José abriu a mensagem e, à medida que lia, uma súbita palidez cobria seu rosto: o chefe dos armazéns de trigo mais próximos de Tanis escrevia que, desde a véspera, uma multidão crescente cercara os depósitos, tomara-os de assalto e pilhara o trigo, apesar da resistência desesperada dos soldados. Pedia reforços, pois a massa de rebeldes aumentava incessantemente.

Virando a mensagem, o novo príncipe real traçou algumas linhas que ordenavam a expedição "incontinenti" de um corpo de tropas considerável para o cenário dos tumultos e a punição, sem misericórdia, dos rebeldes. Após ter ordenado o envio imediato dessa ordem ao comandante da guarnição de Tanis, José tranqüilizou-se e tomou seu lugar junto à sua jovem esposa.

Um longo silêncio estabeleceu-se. José, involuntariamente, lembrara-se de Asnath, do dia em que, desse mesmo Palácio Real, conduzira-a à sua nova morada. Como um turbilhão, passaram diante dele as peripécias de sua união até seu último encontro no subterrâneo, e a lembrança do pequeno rosto pálido e emagrecido, do olhar amorfo e desesperado da inocente prisioneira encheu subitamente seu coração de um insuportável mal-estar. Passando a mão pela fronte, tentou livrar-se desses pensamentos inoportunos e virou-se para sua nova esposa: a princesa não parecia mais tão abatida e desesperada como durante a cerimônia, seu olhar calmo e orgulhoso parecia inquirir a multidão que, formando fileiras, comprimia-se dos dois lados da rua; apenas uma ruga estranhamente dura e amarga estava cravada no canto de sua pequena boca empalidecida.

— Hichelat, você não vai me honrar com um raio de bene-

J. W. Rochester

volência? — murmurou José, inclinando-se para ela e tomando sua mão, que reteve entre a sua. — Seu esposo, ao que me parece, merece mais do que esse silêncio gelado. A vontade do faraó, seu pai, tornou-me seu igual e destruiu o último escrúpulo de seu orgulho. Entre a filha do rei e o herdeiro do trono, não existe mais abismo.

O olhar da princesa voltou-se para ele com rancoroso desprezo.

— Não tenho mais pai desde o momento nefasto em que, com sua cega fraqueza, ele escolheu como herdeiro o homem que abomina o Egito e que, com suas próprias mãos, deu o golpe que destruirá seu trono. E se a presunção cega você, olhe esta multidão muda e leia em suas faces sinistras a alegria que sentem em tê-lo por soberano. Nenhuma voz egípcia se fez ouvir para saudar sua elevação, e o céu, cansado de seus crimes, apagou a chama sagrada sobre a qual fui ligada a você. Quanto a se tornar meu igual, você jamais o será, e entre a princesa Hichelat e o escravo de Putifar, no dorso de quem dançou o bastão do guarda, sempre existirá um abismo.

Lívido, com os olhos injetados de sangue, José, por um momento, foi incapaz de responder; apenas seus dedos se fecharam como um torno em volta do punho da jovem, enterrando profundamente em sua carne o pesado bracelete que ela usava.

— Insensata, não se esqueça de que a partir de agora tenho sobre você os direitos de um esposo. E não me desafie de maneira assim tão insolente! — ameaçou José com voz rouca. — Quanto a Putifar e Ranofrit, eu os farei pagar, sobre o cadafalso, as calúnias que ousam propagar contra o herdeiro do trono.

Apesar da dor aguda que triturava seu braço, Hichelat permaneceu impassível e, no tom baixo e velado em que transcorria a conversa, respondeu com cruel ironia:

— Você pretende me assassinar como fez com Asnath? Pensa que assassinando os mais nobres filhos do Egito aumentará sua própria nobreza? Tome cuidado e não se esqueça de que Ranofrit é irmã de Potífera, de que a paciência popular tem limites e que você poderia acabar mal, linchado pelos seus atos. Quanto a mim, digo que, mesmo revestido com a coroa, você permanece o cão fétido, e nenhuma posição de realeza esconderá sua origem abjeta.

Com os lábios vibrando de raiva, José apressava-se em responder, quando a liteira parou e o cerimonial de recepção interrompeu a conversa.

Pelo caminho até o palácio, comprimia-se uma enorme multidão, devorando com voracidade os bolos e acepipes que eram distribuídos por um exército de escravos, enquanto outros derramavam nos copos de grés, que se esvaziavam rapidamente, vinho, cerveja e leite. Sob as colunatas, os intendentes davam vestimentas ou argolas de cobre a quem se apresentava, convidando os que se aproximavam a soltarem gritos de alegria em honra do príncipe real. O povo, contudo, permanecia silencioso, assim como tinha se prostrado silenciosamente à passagem do cortejo nupcial. Mas as massas que chegavam comprimiam-se como uma muralha viva em torno do palácio, obstruindo todas as ruas adjacentes, e os soldados do posto, assim como os intendentes, começaram a ter receio. Entretanto, sem uma ordem especial, ninguém ousava dispersar com violência a população silenciosa e modesta que não demonstrava nenhuma hostilidade. De repente, como atendendo a um sinal, as massas se agitaram e, com um irresistível ímpeto e gritos selvagens, se arremessaram para o interior do palácio.

Na grande sala, o festim chegava ao fim. Todos tinham comido e bebido fartamente, como provavam as faces inflamadas dos convivas, especialmente dos "chasous", pois os egípcios tinham mantido a sobriedade.

Ao fundo da sala, sobre um estrado elevado em muitos degraus, estava arrumada uma mesa para duas pessoas, e lá, sobre cadeiras douradas, sentavam o príncipe real e sua esposa, dominando toda a assembléia e respondendo com graciosas saudações aos brindes e vivas de seus hóspedes.

Hichelat não tocara em nada e José dissimulava com esforço a tempestade que crescia dentro dele, provocada pelas palavras ofensivas da esposa e pela acusação de assassinato que ela lhe jogara na cara. Cheio de fel, pensava em uma forma de puni-la o mais exemplarmente possível, quando gritos, clamores, cada vez mais próximos, atraíram a sua atenção. O barulho de uma luta, entremeado de bramidos de "Morte ao Adon! Morte ao opressor" fez-se ouvir distintamente, e todas as conversas cessaram. Mas, antes que os convivas se recuperassem do estupor, uma tropa de soldados ensangüentados, tentando em vão deter uma onda de homens esfarrapados que os cercava do todos os lados, irrompeu na sala. Os convidados, apavorados, saltaram de suas cadeiras, mas, quase no mesmo instante, muitos deles caíram atingidos por golpes de punhal. José, que se levantara, viu com horror todos os egípcios cobrirem a cabeça com clafts vermelhos que tinham trazido escondidos sob suas vestes e, compreendendo que estava diante de uma conspiração preparada há muito tempo, saltou do estrado e, esgueirando-se pela multidão distraída, resvalou por uma porta lateral. O tumulto era tal que ninguém notou seu desaparecimento. Na sala, ocorreu um verdadeiro massacre; todo aquele que não estivesse usando o claft vermelho era abatido sem misericórdia, e, enquanto uma parte da multidão, embriagada de sangue, saciava seu ódio sobre os hicsos, outros assaltavam as mesas, disputando as iguarias e a louça, esvaziando ânforas e arrancando dos cadáveres, dos feridos e das mulheres, as jóias que usavam.

Hichelat também se erguera e, agarrada convulsivamente ao encosto de sua cadeira, contemplava, pálida e muda, a cena assustadora e medonha que se desenrolava a seus pés. Inopinadamente, a atenção da multidão dirigiu-se para ela, o estrado foi cercado e os olhares ferozes dos alucinados fixaram-se avidamente sobre a jovem que, imóvel em suas vestes bordadas de ouro, cintilando de jóias, parecia um ídolo elevado sobre um altar.

Durante alguns segundos, o respeito inato, o hábito de prosternar na poeira diante dessa mulher na fronte de quem se erguia o uraeus, pareceu refrear os revoltosos, mas de repente vozes ressoantes gritaram:

— Morte à mulher do traidor, do opressor!

— Não, ao Nilo com a filha de Apopi; sacrifiquemos ao rio sagrado esta noiva real!

— Sim, talvez o deus se deixe tocar por semelhante vítima! Que ela pague pelos crimes de seu pai e de seu esposo!

Vendo homens esfarrapados investirem sobre ela, sentindo suas mãos calejadas a agarrarem e erguerem como um troféu sobre suas cabeças, Hichelat perdeu a consciência.

Potífera, que desde o início da confusão procurara, em vão, chegar ao estrado, empalideceu; jurara a Armais proteger e salvar a jovem, cujo generoso sacrifício lhe conservara o filho. Mas tudo aconteceu tão rapidamente que lhe foi impossível alcançar Hichelat, isolada e à vista de todos sobre seu estrado, para salvaguardá-la com sua presença e o respeito que sua veste branca inspirava. Ao ouvir os gritos da multidão, ele compreendeu que a desafortunada estava perdida e que seria mais fácil arrancar uma presa da garganta de um leão do que subtrair do povo supersticioso e feroz a vítima que ele destinava ao rio sagrado. Os sacrifícios humanos eram coisa habitual, e, desde a fome, inúmeras vítimas, sobretudo meninas, tinham encontrado a morte no rio, que se acreditava poder aplacar com semelhantes oferendas, para que a inundação retornasse e fecundasse os campos.

A torrente humana que levava Hichelat corria agora para o Nilo, aclamada por selvagens exclamações de alegria da multidão que se abria para lhes dar passagem. Temendo ser ele próprio pisoteado, e compreendendo que no momento não havia controle sobre o terrível elemento que ele e seus confrades tinham desencadeado, Potífera, sinceramente afligido pelo golpe que seu filho teria, retirou-se para um nicho, aguardando o que se seguiria.

Chegando à margem do rio, os que levavam a princesa se apropriaram de um barco embandeirado que aguardava seus senhores, remaram até o meio do Nilo e, com o grito de "Aceite esta noiva real, rio sagrado, e volte a nos ser favorável", lançaram Hichelat nas ondas. O frescor da água fez a jovem voltar de seu desfalecimento; por um momento ela flutuou, agitando fracamente os braços na superfície das ondas. Os raios do Sol poente pareciam ouro sobre suas vestes e cercavam-na com uma auréola mágica. Depois, bruscamente, ela afundou e desapareceu.

Gritos de uma alegria frenética acolheram a morte da inocente vítima; e a multidão, satisfeita em sua vingança e em suas esperanças supersticiosas, retomou correndo o caminho do palácio do Adon para ter sua parte na pilhagem.

Enquanto isso acontecia, José ganhara seus aposentos particulares sem obstáculos. No tumulto geral, ninguém lhe prestou atenção e ele respirou aliviado ao penetrar em seu quarto, onde reinava o silêncio e a ordem habituais. Sem perder tempo, precipitou-se pelo corredor secreto que levava à prisão de Asnath; dali poderia ganhar o Nilo e, graças à noite, se dirigir para Avaris, de onde voltaria com forças suficientes para castigar os rebeldes.

— Esperem, miseráveis! Eu os farei pagar por esta hora! — rosnava, crispando os punhos, quando um obstáculo inesperado deu novo rumo aos seus pensamentos: acabara de esbarrar em uma porta fechada de que não havia pensado em pegar a chave.

Soltando uma injúria, retrocedeu o caminho e, como um cervo encurralado, retornou ao seu quarto. Apesar de ter voltado, não encontrou a chave, que habitualmente trazia sempre junto a si, e ocorreu-lhe que talvez tivesse perdido na véspera, quando desmaiara no observatório. Subiu a escada em espiral de quatro em quatro degraus e lançou-se precipitadamente sobre a pequena plataforma, mas ao mesmo tempo soltou um grito abafado e, tomado de vertigem, lançou-se para trás: apoiado na balaustrada, no mesmo lugar onde, na noite precedente, vira a esfinge, estava Schebna, em sua longa veste branca. Sobre a pequena mesa ao seu lado, via-se a taça no fundo da qual José engastara o talismã; mas a pedra misteriosa tinha sido extraída e repousava sobre uma almofadinha feita da pele manchada de uma serpente, enquanto a taça estava cheia até a metade com um líquido cor de sangue.

Ao ver o homem a quem demonstrara uma ingratidão tão covarde, sua presença nessa hora fatal fez José estremecer. "Por que milagre ele se encontrava ali? O que vinha fazer: destruí-lo ou salvá-lo?"

— Schebna! — gritou de repente, com angústia. — Você, o mago, teria vindo aqui para se vingar?

Um misterioso sorriso errou pelos lábios do caldeu.

— Há muito tempo eu poderia tê-lo feito, se quisesse, mas

a vingança é o brinquedo fútil das almas cegas, dominadas pela matéria, que duvidam da justiça e, por seu pequeno e mesquinho rancor, previnem e desviam somente o choque ao seu redor, o qual, em vez de atingir o culpado, atinge a eles mesmos. Toda vingança humana não passa de um fogo de palha se comparada à justiça das esferas.

— Se você desdenha de se vingar, perdoa-me Schebna, e salve-me em nome do afeto que me dedicava outrora; você pode, você sabe como — gritou José erguendo para o sábio suas mãos suplicantes.

O sábio meneou a cabeça.

— Ajudar como você deseja, não posso. Não depende de mim interromper a torrente do mal que você acumulou e que o esmagará. Seus momentos estão contados, pois você não soube se manter no equilíbrio entre a caridade e o poder. O trono que você ergueu sobre a ruína dos homens desmorona e você deve deixar seu corpo efêmero para aprender, em migrações futuras, a subir sem se embriagar com o poder, a equilibrar a grandeza com o amor, o poder com a justiça.

Você esqueceu que as pragas enviadas pelos imortais para pôr à prova os povos não devem ser empregadas como instrumentos de ambição pessoal; esqueceu que é o mesmo verme de terra que essa multidão que, neste momento, pilha seu palácio, e que só precisou esperar para abatê-lo e o precipitar na lama de onde você veio. Todavia, vim para salvá-lo, mas libertando-o para a morte. Veja esta taça: ela contém um veneno sutil que, em alguns instantes, o libertará desse corpo do qual você abusou. Mas apresse-se, pois seus inimigos o procuram e tornarão sua morte mais dura.

Pálido, tremendo, José recuou, fitando com um olhar apavorado o líquido púrpura, que era a morte. Um suor gelado o inundou; não queria morrer, tinha horror do abismo desconhecido, e por todas as fibras de seu corpo robusto, por todas as aspirações de sua alma apaixonada, agarrava-se à vida, ao poder, à esperança da vingança.

— Não quero morrer! — gritou exasperado.

— Insensato, imagina que pode lutar contra a vontade dos imortais? — disse Schebna com um sorriso indefinível.

J. W. Rochester

E, designando a pedra misteriosa que, enegrecida, fumegante, parecia cercada de lama negra, acrescentou:

— Veja o talismã que o ajudou durante a vida; ele vai se dissolver. Da ampulheta da sua existência correm os últimos grãos de areia. E agora, olhe para lá! — ele indicou o Nilo que, inundado de ouro e púrpura pelo Sol poente, podia ser visto ao longe. — O turbilhão humano que ali se precipita conduz Hichelat, sua inocente vítima, para sacrificá-la ao rio sagrado em expiação pelos crimes de outrem. Mas o resto da multidão revira seu palácio e encontrará Asnath, sua legítima esposa, sua outra vítima inocente. E você está sendo procurado também: ouve esses clamores ferozes, os gritos de "Morte ao opressor". Você deve morrer; pode apenas escolher o tipo de morte. Prefere ser jogado do alto desta torre ou linchado vivo e seus membros ensangüentados arrastados pelas ruas? Não vale mais morrer livremente, cumprindo por si mesmo o ato de condenação que, sem hesitar, você decretou para tantos desgraçados, sacrificando-os à sua ambição ou à sua vingança? Morra, insensato! A vida deu-lhe tudo: todas as honras, todas as satisfações de seu orgulho; em seu último dia, foi feito príncipe, esposo de uma filha de rei, herdeiro do trono do Egito. Cada momento que passa pode arrancar tudo isso de você e entregá-lo à vergonha e ao suplício.

Prometo proteger seus restos dos ultrajes populares, mas apressa-se, o barulho se aproxima e nada poderei fazer se o encontrarem vivo.

O caldeu inclinara-se, estendendo-lhe a taça, e seu olhar flamejante, fascinador, imperioso, penetrava José como uma chama, colando-o ao lugar que ocupava.

Tremendo, com os olhos dilatados, lívido como uma máscara de cera, o chanceler de ferro do rei Apopi ouvia as palavras do caldeu, que soavam em seu ouvido como a voz dos juízes de Amenti. Compreendia que Schebna tinha razão; os gritos, os clamores aproximavam-se, já parecia ouvir os passos dos assassinos na escada da torre. Maquinalmente, com a mão gelada, agarrou a taça, mas seus pensamentos fervilhavam, uma angústia sem nome o sacudia, e o horror da morte fazia com que ainda hesitasse, quando Schebna pousou a mão sobre seu ombro e disse com voz profunda e vibrante:

— O nascimento e a morte são os dois grandes mistérios que o homem sonda a cada vida com um novo espanto, pois, quando morre para a vida espiritual, é para tentar, cheio de impulso e de esperança, a prova que se impôs para avançar; depois, tremulando, a alma entra no invisível, com a consciência dos atos bons e maus que cometeu. Mas somente o covarde recua diante do inevitável.

Com um movimento brusco, José levou a taça aos lábios e esvaziou-a com um trago. No mesmo instante, sentiu como uma chama correr por suas veias, tudo girar diante dos seus olhos e, aturdido, desmoronou sobre um banco colocado próximo à mesa. Schebna segurou-o, observando sem nenhuma emoção as contrações convulsivas que sacudiam o moribundo. Uma vez ainda, José reabriu os olhos, respirou penosamente; depois, sua cabeça tombou inerte e o corpo estirou-se e permaneceu imóvel. No mesmo instante, a pedra misteriosa estourou crepitando e se dispersou em átomos.

Com calma e sem esforço aparente, o caldeu ergueu o cadáver, carregou-o sobre os ombros e desceu a escada. Quem o visse nesse instante certamente teria se espantado com a força hercúlea desse ancião, que não se vergava sob esse enorme fardo.

Quando Schebna penetrou no quarto de dormir, ouviu atrás da porta o tumulto e o bulício de uma luta; eram os soldados hicsos da guarda do Adon que, acreditando que ele tivesse fugido para esse aposento, defendiam a entrada com a tenacidade do desespero, enquanto a população enraivecida procurava forçar essa última retirada de seu opressor.

— Vim a tempo — murmurou Schebna, depositando o cadáver sobre o leito de prata maciça rodeado de cortinas de tecido fenício; e cobriu os pés de José com uma pele de pantera.

Essa cama quase real, preparada para o herdeiro do trono do Egito, recebia apenas seu cadáver. Inclinando-se, o caldeu contemplou o belo rosto imóvel, que já adquirira a estranha e misteriosa expressão que refletem os traços daqueles que sondaram o mistério da morte. Em sua rica veste, coberta de pedrarias, com o uraeus sobre a fronte, José estava ainda soberbo.

Ao ouvir a porta quebrar-se com um estrondo, Schebna empertigou-se, suspirando, e, retirando de suas vestes uma estrela incrustada de pedrarias, suspensa em uma corrente de ouro, estendeu-a sobre o peito e depois se postou à cabeceira do leito.

Diante da visão majestosa do ancião vestido de branco, com um cintilante ornamento sobre o peito, os rebeldes que invadiam o aposento recuaram indecisos.

— Parem, egípcios! Aquele que procuram já se condenou, e sua alma culpada comparecerá diante dos temíveis juízes do Amenti. Vejam: eis o que resta de seu opressor. Vocês estão vingados; portanto, retirem-se sem tocar em nada no quarto por onde a morte passou, para que uma indelével impureza não se junte a vocês.

Mudos e espantados, os rebeldes contemplavam o corpo inerte do homem que os tinha feito tremer durante tantos anos, e esse velho desconhecido, cujo olhar fulgurante parecia trespassá-los. Depois, tomados de um súbito pânico, precipitaram-se para fora do aposento a fim de levar a seus irmãos a assombrosa notícia da morte do Adon.[6]

Enquanto uma parte dos invasores se precipitava para os aposentos de José, um outro grupo de saqueadores penetrara no corredor secreto que ficara aberto quando o Adon correra para procurar a chave que lhe faltava. Persuadidos de que tinham encontrado o caminho dos subterrâneos onde estavam escondidos os tesouros, foram tomados de uma verdadeira fúria de avidez. Sob o esforço furioso de seus braços e de seus machados, a porta que detivera José cedeu, assim como uma segunda porta, e logo o bando ávido e feroz penetrou em um subterrâneo iluminado por duas lâmpadas suspensas no teto. Mas, em vez dos tesouros esperados, eles encontraram uma mulher vestida de branco, pálida de pavor, encostada à parede.

— Quem é você, mulher, e o que faz aqui? Se você é uma

---

6 "Nos antigos relatos egípcios, sinceros à sua maneira, os retoques teocráticos, as modificações sacerdotais se superpõem às vezes no mesmo parágrafo, e é preciso, para discerni-los, uma visão mais aperfeiçoada...
Da mesma forma, nas partes históricas da Bíblia, as relações se penetram de tal forma, os cinzéis dos compiladores talharam de uma maneira tão caprichosa, que freqüentemente é preciso renunciar a realizar nessas misturas bizarras.
Tudo é duvidoso nesses tempos distantes para os quais Israel possui somente lendas e mal-entendidos." (Renan, *Histoire du peuple d'Israel*)

O Egito salvo por José, de Abel de Pujol - 1827.

vítima do estrangeiro, diga-nos seu nome e nós a devolveremos à sua família — exclamou um dos chefes do bando, elevando sua tocha para iluminar melhor o canto escuro no qual a mulher tinha se refugiado.

— Levem-me para fora desta prisão horrorosa e conduzam-me à casa de meu pai, Potífera, o grão-sacerdote de Heliópolis — exclamou a jovem, estendendo o braço para eles. — Sou Asnath, a esposa desafortunada do Adon.

Os homens entreolharam-se surpresos:

— Eis uma infâmia bem digna do infiel: enganar a pobre gente fazendo-a procurar um corpo que jamais esteve no Nilo e desposar uma outra mulher enquanto a esposa legítima apodrece num subterrâneo! — observou com desprezo um enorme pescador. — Mas venha, nobre mulher, e nada tema: somos os libertadores da pátria e demos a esse cão pútrido um festim de núpcias que ele não esquecerá.

Vendo Asnath cambalear e fechar os olhos, o homem amparou-a, tentando, com bondade, encorajá-la; depois, ele e mais um segundo a ergueram, e, supondo que o subterrâneo não tivesse outra saída, retomaram o mesmo caminho. Quando desembocavam do corredor, encontraram-se com a multidão superexcitada que vinha do quarto mortuário.

— Ele está morto! Ele está morto! — gritavam vários homens, agitando os braços, com os olhos desvairados.

— Quem está morto? Fale, Taoum, e acalme-se — gritou um dos homens que carregavam Asnath, tentando parar um homem grande que corria esbaforido.

— Ele, o Adon! Eu o vi com meus olhos, estendido morto sobre sua cama de ouro branco e, à sua cabeceira, velava o deus de sua tribo; ele tem um Sol sobre o peito e uma barba que cai até o chão — respondeu o homem, antigo fabricante de sandálias, apoiando-se na parede para tomar fôlego.

— E nós encontramos a esposa do miserável, sua verdadeira esposa, e estamos levando-a para o venerável Potífera — disseram os caçadores de tesouros, retomando seu caminho com Asnath, que, aturdida, esmagada, pensava estar perdendo a razão.

Na sala contígua, eles encontraram Potífera, que, acompanhado de alguns outros sacerdotes, deixara os aposentos luxuosos, metamorfoseados em campo de batalha, e procurava chegar aos jardins com seus amigos.

— Pai! — gritou Asnath estendendo-lhe os braços.

Sem prestar atenção à estupefação de seus companheiros, o grão-sacerdote precipitou-se para ela, apertando-a contra o peito:

— Você está viva, minha criança querida! O conhecimento sagrado não me enganou! — exclamou, cobrindo-a de beijos.

Tantas emoções sucessivas tinham atingido a jovem, já doente e enfraquecida, que, de repente, desmoronou, inconsciente, nos braços do pai.

— Temos que nos apressar em deixar este lugar de desgraça; não podemos saber até onde irá o furor do povo, e os "chasous" acabarão por intervir — observou um jovem sacerdote, aproximando-se vivamente e despojando-se de seu manto. — Permita-me, nobre Potífera, levar sua filha e guiá-lo até os jardins. Sobre o Nilo, encontraremos algum barco que nos levará ao Templo.

O conselho era sábio e foi aceito prontamente. O jovem sacerdote levou Asnath, desfalecida, e, quando chegaram ao Tem-

O Chanceler de Ferro do Antigo Egito

359

plo, deram-lhe os cuidados e constataram o quanto ela empalidecera, emagrecera e mudara. Fervendo de indignação, Potífera desejava deixar Tanis, e a aurora apenas clareava o horizonte quando ele partiu com a filha para Mênfis, onde se encontrava sua mulher. Lá, junto da mãe, de Putifar e Ranofrit, cercada de todos que amava, ela voltou à vida. Depois veria Hor, e, sob o eflúvio quente de seu amor, renasceria para a felicidade.

Capítulo 11

O POVO REVOLTADO PRECISA ODIAR ALGUÉM

Terminado o festim das núpcias, Apopi, cansado e doente, retirara-se para seu quarto de dormir e, ordenando que seu séquito permanecesse no aposento contíguo, estendeu-se sobre um leito de repouso e adormeceu profundamente, embalado pelo canto de seu harpista. Ele repousava já há cerca de duas horas, quando o chefe da guarda, pálido, agitado, precipitou-se pelo aposento real, desafiando a etiqueta. E quando Apopi, despertado pelo tilintar das armas, levantou assustado, o homem lhe disse com uma voz entrecortada, enquanto se punha de joelhos:

— Perdoe-me incomodar seu repouso, faraó, mas uma terrível revolta acaba de eclodir na cidade. O Amenti parece querer vomitar todos os seus demônios, toda Tanis está em ebulição e o povo invadiu o palácio do príncipe real onde está pilhando e assassinando. Já tomei todas as medidas para garantir a segurança de sua residência e de sua pessoa sagrada, mas venho receber suas ordens para as outras disposições.

O rosto do rei cobriu-se de uma palidez lívida, mas o perigo que sua filha e seu genro corriam despertou momentaneamente sua energia e sua resolução. Dominando as dores agudas que começavam a lhe importunar, ordenou que o palácio de José fosse cercado por um cordão de soldados e que o povo fosse expulso a qualquer preço; cargas de carros e cavaleiros deveriam, ao mesmo tempo, varrer as ruas.

A execução dessas ordens, contudo, encontrou dificuldades

inesperadas: um corpo de tropas considerável já havia deixado Tanis, por ordem de José, para libertar os armazéns públicos; uma grande parte dos chefes encontrava-se na festa e não se sabia nada sobre seu destino. A urgência do perigo estimulou o ardor dos hicsos, e os primeiros esforços das tropas foram dirigidos para o palácio do Adon, completamente invadido pelo povo. Foi um verdadeiro cerco; os rebeldes, embriagados de sangue e vinho, lutavam com fúria, pois tinham se apoderado das armas encontradas nos corpos da guarda do palácio e com os soldados mortos, e cediam aos poucos. Após duas horas de um combate acirrado, as tropas regulares venceram a multidão indisciplinada e o palácio foi evacuado. Nas ruas escuras e lamacentas, o tumulto logo se arrefeceu, o povo dispersou-se em um piscar de olhos e, quando a Lua surgiu, Tanis parecia ter retomado sua calma e sua ordem habituais.

No palácio de José, após ter sido expulso o último rebelde, foram colocados postos de soldados em todas as saídas; os mortos foram carregados, os feridos egípcios impiedosamente eliminados. Os escravos, escribas e funcionários que habitavam a imensa residência começaram a reaparecer dos jardins, grutas e despensas onde tinham se refugiado, mas um mudo estupor tomou conta de todos quando o cadáver do Adon foi encontrado, jazendo sobre o leito suntuoso. Há anos eles estavam acostumados a ver o poder supremo concentrado na mão de ferro, agora inerte e gelada. Tanto essa poderosa inteligência, essa vontade enérgica e sutil velara por eles, os hicsos e os egípcios que tinham abandonado a causa nacional, que eles se sentiam ao seu abrigo. E aos homens pálidos e trêmulos que se comprimiam em torno do leito mortuário parecia que o próprio pivô da máquina governamental acabara de ruir. Momentaneamente, eles sentiram-se fracos e perdidos, depois, decidiram advertir o faraó das desgraças que tinham ocorrido.

Lívido, com os olhos ardentes, Apopi andava aflito pelo seu aposento; os espasmos nervosos sacudiam-no, mas o próprio excesso de excitação parecia dominar o mal que habitualmente o abatia. Assim, sem fraquejar, ele ouvia os relatos dos mensageiros, que de quinze em quinze minutos prestavam conta das peripécias da revolta e dos progressos das tropas que li-

O Chanceler de Ferro do Antigo Egito

361

bertavam o palácio do herdeiro. Quanto à morte de Hichelat, ninguém ainda decidira lhe anunciar.

À entrada de um oficial superior, cujo ar perturbado e desesperado não previa nada de bom, o rei parou e, com uma voz rouca, perguntou se o palácio estava enfim cercado.

— Sim, filho de Rá, os rebeldes foram expulsos e fugiram, mas o que tenho a informar é de tal forma horrível, que minha boca se recusa, oh faraó, a pronunciar as palavras da desgraça — respondeu o oficial prostrando-se. Depois, sob a ordem do rei, relatou, hesitante, o fim trágico da princesa, a morte inesperada e misteriosa de José e o massacre dos numerosos dignatários, seus mais próximos conselheiros e mais fiéis servidores.

Apopi, a princípio, permaneceu aturdido. Depois, tomado por um desespero inominável, arrancou as vestes, verteu torrentes de lágrimas e amaldiçoou o povo e os deuses que, de um só golpe, arrebatavam-lhe a filha bem-amada e o fiel chanceler, que lhe garantira a tranqüilidade por tantos anos. Um profundo desvanecimento pôs fim à sua terrível superexcitação.

ᕯᐸᘐᐴᕵ

Como sempre, o Sol ergueu-se radioso, e seus raios dourados inundaram as ruas mudas e desertas de Tanis, cuja população parecia ter desaparecido como por encantamento; todas as casas estavam fechadas, os locais sagrados não estavam abertos nessa manhã e as maciças construções dos templos erguiam-se como tantas fortalezas, sombrias e ameaçadoras. Destacamentos de soldados estavam acampados em todas as praças e em todas os cruzamentos, e somente o passo cadenciado das patrulhas nas ruas vazias perturbava o silêncio.

Por volta das dez horas da manhã, a liteira real, cercada de uma numerosa escolta, saiu do palácio e se dirigiu para a residência do Adon. Pálido como um espectro, com os traços fatigados, Apopi estava sentado sobre o trono portátil. Ao amanhecer, tão logo voltara de seu longo desfalecimento e assim que recobrou um pouco de força, ele demonstrou o desejo de ver uma última vez seu favorito.

O palácio do Adon estava cercado por um cordão de soldados, as sentinelas vigiavam as saídas, e, nos aposentos devastados, onde não se pensara em restabelecer a ordem, saltavam por todo lado os terríveis traços dos acontecimentos da véspera: as salas e escadas estavam cobertas de cacos de armas e louça, o sangue salpicado pelas paredes e os móveis, os estofados e os reposteiros tinham sido arrancados e pisoteados. Tudo, em uma palavra, demonstrava a obstinação da batalha.

Mudo, com as sobrancelhas franzidas, o rei atravessou esse local desolado, e somente quando se viu no quarto mortuário onde José, vestido com suas vestes de cerimônia, jazia sobre o leito tal como Schebna o colocara, sua dor transbordou e lágrimas amargas inundaram seu rosto. Ele fitou longamente os traços rígidos de seu fiel conselheiro, os quais já tinham adquirido a tonalidade baça e esverdeada da decomposição, e, após ordenar que o Adon fosse embalsamado como as múmias reais, mandou que trouxessem os filhos de José. Os dois meninos tinham sido escondidos por seus preceptores, e, somente quando os rebeldes foram expulsos do palácio, foram reconduzidos aos seus aposentos. Mas as crianças tinham visto muito do massacre e nenhuma forma de persuasão tinha ainda conseguido acalmar o seu pavor.

Apopi abraçou os pobres pequenos, declarou que os adotaria, transmitindo-lhes todos os direitos de seu falecido pai, e imediatamente levou-os com ele para o Palácio Real. Lá, ordenou a alguns dignatários, reunidos às pressas, que convocassem para a noite um conselho extraordinário, que enviassem mensageiros aos templos para intimar os sacerdotes a comparecerem diante dele e, além disso, que anunciassem, a seguir, ao som de trombetas, que Manassé tinha sido reconhecido como herdeiro da coroa[7] e que naquele mesmo dia seria conduzido pela cidade em um dos carros reais a fim de que todos lhe prestassem homenagens.

Tudo foi feito segundo as ordens do rei, e Manassé, vestido com as insígnias de príncipe real, passeou em grande pompa

---

7 "Os Joséfitos sempre guardaram ares de superioridade em relação às suas épocas, quando tinham conquistado posição. Esses Joséfitos eram, ao que parece, homens com uma cultura superior a de seus contríbules. Suas crianças nascidas no Egito, talvez de mães egípcias, eram simplesmente os israelitas." (Renan, *Histoire du peuple de Israel*)

O Chanceler de Ferro do Antigo Egito

pelas ruas; uma multidão quase exclusivamente composta por hicsos comprimiu-se pelo percurso do cortejo, mas ela estava oprimida: angústia e medo estavam estampados em todos os rostos. Enquanto essa cerimônia, insignificante naquelas circunstâncias, transcorria nas ruas de Tanis, diante do palácio de José ecoavam bramidos selvagens e clamores de desespero: seus irmãos, com seus familiares e serviçais, tinham se reunido, pedindo aos gritos para entrar na casa de seu ilustre parente:

— Deixem-nos ver nosso pai, nosso benfeitor — gritavam as mulheres com suas vozes agudas.

— Desgraça! Desgraça! A luz de nossos olhos apagou-se, o calor que nos reaquecia nos abandonou!

Por fim, deixaram-nos entrar e, cheios de desespero, eles deram adeus ao corpo um pouco antes de os embalsamadores o levarem.

Manassé acabara de voltar de sua volta triunfal, quando um segundo cortejo penetrou na residência real. Era uma padiola de galhos de palmeira, trazida por pescadores. Sobre esse leito de folhagens, coberta por um manto grosseiro, repousava Hichelat, cujo corpo os pobres trabalhadores do Nilo tinham encontrado enganchado nos juncais. O cadáver da infeliz criança foi levado para seus aposentos, colocado sobre um leito, e as mulheres que a serviam se puseram a secar seu rosto e a limpá-lo das algas e da espuma que sujavam seus membros e suas vestes. Mas esse trabalho foi logo interrompido pela entrada do rei. Ao ver a filha estendida como se estivesse dormindo, com uma expressão de profunda paz em seu rosto lívido, Apopi pareceu tomado pela loucura: com gritos e torrentes de lágrimas, precipitou-se para o chão, rasgando as vestes e se maldizendo por ter autorizado esse casamento, que repugnava Hichelat e tinha se tornado a causa de seu miserável fim.

Contudo, os assuntos de Estado não permitiram que o infeliz pai se entregasse inteiramente à sua dor, e o anúncio de que o conselho extraordinário o esperava foi lembrar-lhe os deveres de rei.

Nervoso, desfeito, dominando com esforço as dores internas que recomeçavam a torturá-lo, Apopi juntou-se a seus conselheiros. A situação discutida não serviu para acalmá-lo.

Além de José, tinham perecido seus auxiliares mais ativos e hábeis, inúmeros chefes militares, renomados e difíceis de serem substituídos de pronto; diferentes armazéns tinham sido pilhados e destruídos, e a população egípcia adquirira uma postura tão hostil e ameaçadora que era de se esperar um levante geral.

O conselho apenas terminava, quando foi anunciado que os sacerdotes chamados pelo rei solicitavam ser admitidos. Ao ver seus implacáveis adversários, que o tinham como a causa de todas as suas desgraças, Apopi sentiu o sangue ferver, e somente o hábito de dissimular seus sentimentos deu-lhe força para escutar com aparente calma o discurso do grão-sacerdote de Hathor, que, em palavras firmes e dignas, expressava os sentimentos de fidelidade que sua casta sentia pela pessoa do faraó e sua dor pela morte de Hichelat. Ele acrescentou que os abusos do Adon tinham provocado a revolta e que todos deploravam que a confiança do rei tivesse sido captada por um indigno, que tinha levado a audácia a ponto de aprisionar sua esposa legítima para estender a mão impura para a princesa, filha do faraó.

Ao ouvir essas terríveis palavras, um vermelho violáceo invadiu o rosto de Apopi.

— Quero provas! Tragam Asnath até aqui! — exclamou com voz rouca.

Quando o grão-sacerdote respondeu que, infelizmente, a jovem já tinha partido com seu pai, mas que era possível apresentar-lhe os homens que a tinham encontrado, Apopi soltou uma gargalhada estridente:

— Mentira! Infame calúnia! — gritou. — Vocês pensam que eu não os conheço, homens vis e cheios de ódio, que me amaldiçoaram e empestaram com uma doença incurável; que, sem descanso, solapam meu trono e que agora querem desonrar minha filha em seu túmulo? Essa maquinação infernal é obra de Potífera, e, se Asnath vive, é porque seu pai a escondeu para se vingar do homem desafortunado que perseguiu com seu ódio, e para torná-la uma arma contra ele e minha filha.

Mas minha paciência terminou. Ainda possuo o cetro e resta-me poder suficiente para destruir todos vocês. Antes que amanheça, enforcarei todos vocês, e seus corpos, atirados aos corvos, servirão de bodes expiatórios à memória de Hichelat e José. Guardas! Prendam-nos! — berrou Apopi, saltando de seu trono, com espuma nos lábios e os olhos injetados de sangue.

Ao apelo do faraó, soldados e oficiais precipitaram-se pela sala, esperando suas ordens. Mas o excesso de raiva e excitação nervosa tirou subitamente a palavra de Apopi; com os punhos crispados, a boca aberta, o rosto convulsionado, ele estava horrível e assustador. A seguir, caiu como uma massa sobre o chão e rolou em apavorantes convulsões. Todos correram para a sua volta, e, aproveitando a desordem provocada por esse incidente, os sacerdotes deixaram apressadamente o palácio.

À noite, enquanto o faraó se debatia em um assustador ataque de sua doença, um mensageiro coberto de suor trouxe a notícia de que Taa III marchava sobre Mênfis.

Capítulo 12

A AURORA DA XVIII DINASTIA

> Chegou ao poder sobre o Egito um novo rei que não conhecia José.
>
> (Êxodo, cap. I, vv. 8)

Sem obstáculos, e apressando-se o máximo possível, Potífera chegara a Mênfis. Não é possível descrever a alegria de Maia e Ranofrit ao reverem viva aquela que há oito meses todos pranteavam como morta. O esgotamento extremo de Asnath, porém, moderava essa alegria, inspirando em todos os maiores temores por sua vida. Assim, durante alguns dias, Potífera deixou-se absorver inteiramente pelos cuidados com a filha. Todavia, o dever o chamava de volta a Heliópolis, e ele se dispunha a partir, confiando a Putifar a tarefa de acompanhar sua esposa e Asnath dentro de algumas semanas, quando uma ordem inesperada do governador de Mênfis proibiu que qualquer pessoa deixasse a cidade, cujas portas foram fechadas e a guarnição preparou-se ativamente para resistir ao cerco do exército de Taa, que se aproximava. Em um primeiro momento, Potífera ficou muito inquieto com esse impedimento, mas depois encontrou um meio de

366   J. W. Rochester

expedir a Heliópolis uma mensagem por meio da qual transferia os poderes de seu cargo a seu irmão mais novo, Rameri, em cuja prudência e energia podia confiar. Assim, seguro quanto a esse ponto, entregou-se inteiramente a uma misteriosa atividade, que absorvia todos os sacerdotes de grau superior.

Em vista do cerco que se aproximava, o grão-sacerdote de Ptah incitara Potífera e seus próximos a se estabelecerem no Templo, atrás de uma espessa proteção, onde estariam abrigados, e cujos subterrâneos secretos, preparados para ocasiões assim, ofereciam uma retirada quase totalmente segura caso os hicsos, exasperados com uma derrota, resolvessem massacrar os habitantes da cidade.

Asnath, com a mãe e a tia, acomodaram-se, portanto, em um pequeno aposento contíguo ao do grão-sacerdote. A saúde da jovem melhorava visivelmente, mas ela continuava sombria e apática: durante dias inteiros permanecia sentada no pequeno terraço, mergulhada em um mudo delírio.

Jamais ela se informara dos detalhes da morte de José, nem da sorte de seus dois filhos, e, somente à noite, na solidão, dava livre curso às lágrimas, às angústias e aos arrependimentos que dilaceravam seu coração. Era um estado de espírito difícil de descrever: o ódio e a cólera que sentira por José desde o seu aprisionamento tinham se dissolvido pouco a pouco, afinal, não estava tudo acabado, ele não estava morto, destruído de forma cruel? Jamais reveria aqueles olhos fascinantes, cujo olhar faziam seu coração bater mais forte, não ouviria mais aquela voz que, apesar de dura e imperiosa para os outros, tinha para ela somente inflexões tão ternas! Sim, ela o amara com toda a alma. Até mesmo o seu aprisionamento, que todos os seus reprovavam como uma crueldade e uma infâmia de José, era para ela uma prova da paixão tenaz do Adon. Teria sido fácil matá-la, se ele quisesse de fato desembaraçar-se dela! E, quem sabe, se a inexorável pressão de sua casta não tivesse cavado entre eles um abismo, talvez a ambição não tivesse invadido a alma de José a esse ponto e a felicidade doméstica o tivesse tornado menos duro?

Todos esses pensamentos surgiam no espírito de Asnath, enquanto ela permanecia deitada em seu leito de repouso,

O Chanceler de Ferro do Antigo Egito

367

muda, com os olhos fechados. Todo o passado retornava, evocando mil incidentes, alegres ou tristes, de sua vida conjugal. Mas ela disfarçava cuidadosamente seus pensamentos, e tremia em trair sua tristeza com alguma lágrima furtiva. Sentia que nenhum dos seus suspeitava da possibilidade de que o homem impuro ao qual a tinham sacrificado por necessidade política, por sua poderosa e sedutora personalidade, pudesse ter vencido o preconceito de casta e ter sido amado. Esse preconceito era ainda tão poderoso, que a simples idéia de ter seu pensamento adivinhado por Potífera fazia Asnath corar, tremer e selar os lábios. Um sentimento cada vez mais imperioso a impelia a querer saber da sorte dos filhos e arrancava-lhe lágrimas ardentes na solidão da noite.

Apesar disso, acontecimentos da mais alta gravidade logo absorveram todos os espíritos e desviaram da jovem a atenção de seus próximos: o exército de Taa III aproximava-se, e os hicsos preparavam ativamente uma defesa desesperada. O cerco seria longo e desastroso, sem dúvida, pois Mênfis era um lugar importante e difícil de atacar.

Os hicsos sabiam bem que, enquanto continuassem senhores do Médio Egito, sua causa não estaria perdida; assim, fortificaram por toda parte a antiga capital, cercando-a com uma muralha ameada de vinte metros de espessura, que precedia um fosso profundo, com 30 a 40 metros de largura, ladrilhado no fundo, e cujas contra-escarpas eram guarnecidas de pedras polidas, o que aumentava as dificuldades da escalada. Sobre os muros, sobretudo do lado da planície, os hicsos elevaram montes de madeira, uma espécie de matacão, de onde poderiam lançar pedras, flechas e dardos sobre os sitiantes. Mas, além dessa proteção, própria de todas as cidades da Antigüidade, Mênfis possuía uma cidadela, uma segunda fortaleza que fechava cerca de um terço da cidade em sua parte mais importante; lá estavam situados os principais templos, os palácios sacerdotais, as prisões, as casernas, as lojas de víveres e de munições, assim como a residência do comandante. O cinturão que cercava esse coração da cidade, também com uma espessura de vinte metros, estava, além disso, munido de saliências e revestido de um pavimento de pedra rebocado de cal, o que lhe valia o nome de muro branco.

Certa manhã, as sentinelas assinalaram a proximidade do exército inimigo e, na noite desse mesmo dia, um círculo intransponível cercava Mênfis; tão longe quanto a vista permitia, erguiam-se as tendas e empilhavam-se as bagagens do acampamento egípcio, enquanto a flotilha de Taa cobria o Nilo, desembarcando, incessantemente, tropas, víveres e máquinas de guerra.

Um cerco em regra teve início, mas como se todos os egípcios da guarnição simpatizassem com os sitiantes e lutassem somente a contragosto, os soldados de Taa obtiveram algumas vantagens, que encheram de raiva o comandante de Mênfis, um velho hicso, enérgico e cruel. Com impiedosa severidade, ele ordenou alguns castigos exemplares entre as tropas egípcias: alguns oficiais foram enforcados ou degradados, os soldados açoitados. Após isso, aparentemente, cada um passou a cumprir seu dever com zelo, fechando no fundo da alma o patriotismo inoportuno.

Algumas semanas penosas transcorreram. Os víveres começavam a se tornar raros, os doentes e feridos aumentavam numa proporção inquietante, quando se espalhou a notícia de que um exército enviado por Apopi avançava para libertar Mênfis. Os hicsos retomaram a esperança e se prepararam para uma saída que daria sustentação ao esforço dos seus e atingiria no flanco as tropas de Taa.

Na noite que precedeu a batalha que, por assim dizer, deveria decidir a sorte do Egito, uma misteriosa atividade teve início nas criptas do Templo de Ptah, preparadas há tempos com essa intenção. A mais ampla das salas subterrâneas fora arrumada como um templo; as paredes, assim como as colunas atarracadas que sustentavam a abóbada, eram cobertas de pinturas simbólicas, que se referiam à ciência hermética ou a cenas extraídas dos livros dos mortos.

No centro, tinha sido cavada uma vasta bacia, que canais subterrâneos, sabiamente arranjados, alimentavam com a água do Nilo que corria por outros canais, formando um pequeno braço do rio sagrado no fundo dessa cripta. No meio da bacia, sobre diversos degraus, emergindo da água, elevava-se um fragmento triangular de basalto negro, e, sobre essa espécie de altar,

O Chanceler de Ferro do Antigo Egito

um aerólito[8] sagrado repousava no fundo de uma escudela de pedra na qual eram fervidos óleo odorante, ervas, grãos diversos e pedaços de resina. Um jovem sacerdote, completamente nu, estava ajoelhado sobre os degraus, alimentando cuidadosamente esse fogo, que não devia se apagar. Fazendo face à pedra triangular, em um nicho da parede, erguia-se sobre um altar a estátua do deus Ptah, ornada de flores de lótus e galhos de palmeira. Diante dessa efígie do grande deus protetor de Mênfis, dois sacerdotes sacrificavam e oravam sem interrupção; um candeeiro de sete braços, suspenso na abóbada por uma corrente, clareava a estátua com uma luz avermelhada.

Os sete grão-sacerdotes dos principais templos de Mênfis, Heliópolis e Sais, que a sorte reunira naquele lugar, assim como os profetas e iniciados de grau superior, estavam divididos em três grupos, que, cada um, por sua vez, celebravam um estranho ritual que continuava dia e noite, sem interrupção.

A começar pelos grão-sacerdotes, três homens postavam-se entre o altar e a bacia e, com os braços erguidos para o céu, recitavam, em voz alta, orações e encantamentos, clamando pela bênção e a proteção dos deuses para o exército de Taa, implorando e exigindo a vitória sobre os hicsos e a tomada da cidade pelo legítimo soberano da terra de Kemi.

A tensão dessa vontade coletiva era tal que suas veias saltavam, inchadas como cordas, e o suor corria abundante sobre seus corpos. Dois sacerdotes de grau inferior sustentavam seus braços erguidos, e somente quando eles desfaleciam, completamente esgotados, eram conduzidos à bacia, onde eram mergulhados na água; a seguir, eram-lhes oferecidos, como reconforto, o vinho sagrado e o pão da comunhão, enquanto três outros sacerdotes, ou profetas, tomavam o seu lugar. Quando os membros dos três grupos tinham passado por esse ritual fatigante, que deveria continuar até a rendição definitiva da cidade, os primeiros recomeçavam; todos jejuavam e repousavam apenas o estritamente indispensável.[9]

A batalha que se travou no dia seguinte sob os muros de Mênfis foi sangrenta e aguerrida; mas, apesar da bravura deses-

8 Aerólito - Meteorito; objeto interplanetário caído na superfície do globo terrestre.
9 Um fato análogo é relatado na Bíblia: Moisés, orando enquanto Aaron e Josué seguravam seus braços erguidos, dá a vitória aos israelitas.

perada dos hicsos e da saída da guarnição, eles foram completamente abatidos e dispersados; uma grande parte, rechaçada pelos egípcios em direção ao rio, afogou-se no Nilo; o resto fugiu em desordem, e até as tropas da guarnição, substancialmente dizimadas, tiveram grande dificuldade para reganhar seu abrigo atrás das muralhas.

Sem dar-lhes tempo de se recuperar dessa derrota, Taa III ordenou um assalto e, após dois dias de combate, tomou a primeira cerca.

Os hicsos fecharam-se na cidadela, mas sabiam que sua posição era precária, que, se as melhores previsões se realizassem, não poderiam contar com uma ajuda externa antes de muitas semanas e que, uma vez que já faltavam víveres, seria impossível esperar tanto tempo. Portanto, sabiam que a fome, se não os soldados de Taa III, logo os expulsaria de sua última posição.

Duas semanas atrozes transcorreram: os pastores defendiam-se com a raiva do desespero, descarregando seu ódio sobre os habitantes, degolando qualquer egípcio que ousasse se mostrar nas ruas. A população, terrificada, confinava-se em suas casas, e todos que tinham possibilidade se refugiaram nos templos. Sabe-se que um templo egípcio, com sua parede ameada de dez metros de espessura, suas portas de bronze maciças, com o exército de sacerdotes e seguidores que fechavam seu entorno, representava por si só uma pequena fortaleza. A massa de refugiados reforçava as defesas dos santuários; assim, por ordem dos sacerdotes, todos os homens sãos foram escolhidos e armados; as mulheres, as crianças e os velhos, assim como os tesouros do Templo, foram escondidos nas criptas, e cada um se preparou para vender sua vida por um preço bem alto.

Certa tarde, o comandante de Mênfis voltou para casa, sombrio e preocupado como nunca: estivera sobre as muralhas desde a madrugada, e um furioso assalto dos egípcios tinha sido rechaçado. Mas o velho soldado tinha muita experiência para saber que o fim estava próximo. Assim, julgou ser o momento de pôr em execução as últimas ordens enviadas por José, que prescreviam que fossem deixados aos egípcios somente ruínas e cadáveres. O chanceler de ferro do rei Apopi estava morto, mas sua vontade ainda parecia viva, e suas ordens supremas seriam executadas com a impiedosa crueldade que lhes inspirara.

Um conselho dos chefes hicsos reuniu-se durante a noite, e de manhã somente uma parte das tropas ocupou as muralhas; o resto dos soldados, dividido em bandos, percorreu a cidade reduzindo tudo a fogo e sangue. Todo egípcio que fosse apanhado era degolado impiedosamente, sem distinção de idade ou sexo; mas a fúria maior foi dirigida aos templos. Os mais importantes resistiam, notadamente o templo de Ptah, vigorosamente defendido por seus sacerdotes, apesar dos golpes de aríetes[10] dirigidos contra suas portas. Em contrapartida, um pequeno santuário foi tomado, horrivelmente devastado, e seus sacerdotes arrastados diante do Templo de Ptah; uns foram decapitados e suas cabeças lançadas pelas cercas do Templo, outros foram empalados vivos e colocados de modo a formar uma lúgubre alameda em direção à porta principal.

Esse pavoroso massacre já durava dois dias, quando os turbilhões de chama e fumaça que se elevavam do interior da cidadela, assim como a frouxidão da defesa, despertaram a atenção dos sitiantes. Pressentindo o que se passava, Taa ordenou um assalto geral: todos, chefes e soldados, dividiam as apreensões de seu rei; em um piscar de olhos, as escadas foram erguidas e, desafiando nuvens de flechas e lanças que choviam sobre eles, os egípcios escalaram os muros.

Entre os primeiros, Hor e Armais atingiram o alto, enquanto um impetuoso ataque, dirigido pelo próprio rei, forçava uma das portas da cidadela. Em menos de uma hora, os sitiantes eram senhores do lugar, mas a visão da cidade saqueada, do sangue que enlameava as ruas e as casas, dos amontoados de cadáveres que cobriam o solo, fez com que um ódio ensandecido tomasse conta dos egípcios: eles investiram sobre os destroços do exército dos hicsos e um combate corpo a corpo foi travado.

Enquanto isso, os gritos de guerra dos egípcios chegaram aos ouvidos dos defensores do Templo de Ptah e um jovem sacerdote subiu apressadamente sobre o pilar mais elevado para

---

10 Aríetes - Antiga máquina de guerra para abater muralhas; madeiro pesado, com ponta recoberta de ferro, usado para romper as portas das fortalezas.

ver o que se passava: logo constatou que os sitiantes tinham penetrado na fortaleza e que um combate, cujo resultado não deixava mais dúvidas, tomava as ruas. Louco de alegria, ele desceu as escadas como um furacão e precipitou-se pelo pátio interno, gritando:

— Glória seja feita aos deuses: a cidade está tomada, Taa é o vencedor!

Em um piscar de olhos, todo o Templo se agitou: uns correram para os pilares, a fim de se certificarem da veracidade da boa notícia, outros se lançaram para os subterrâneos. Era proibido entrar na cripta misteriosa onde os grão-sacerdotes e seus ajudantes continuavam a orar, mas na sala contígua havia um grande escudo de bronze suspenso, sobre o qual um velho guardião dos símbolos sagrados deu três golpes retumbantes: era o sinal convencionado, anunciando que o céu cedera às súplicas que lhe eram dirigidas e concedera aos filhos de Kemi a vitória tão esperada.

Uma hora mais tarde, uma procissão solene se distribuía pelos pátios e alamedas, preparando-se para deixar o Templo assim que os sacerdotes dessem o sinal. Como por milagre, surgiram das criptas a barca de Ptah, incrustada de ouro e pedrarias, e o boi Ápis,[11] ornado com fitas, cercado por seus sacerdotes vestidos de linho, enquanto as sacerdotisas e as cantoras, com suas harpas de ouro na mão, preparavam-se para entoar o hino sagrado. Todos os rostos estavam pálidos, e sobre os traços emagrecidos e fatigados liam-se as marcas das privações, das angústias e dos sofrimentos; mas em todos os olhos brilhavam a esperança e a alegria do triunfo.

O combate com os remanescentes desorganizados da guarnição tinha terminado rapidamente, e Taa, que coberto de sangue e poeira combatera como um simples soldado, ordenou a um de seus tenentes que exterminasse ou prendesse o restante dos hicsos. Depois, seguido de seus oficiais e da maior parte de seus soldados, dirigiu-se para o Templo de Ptah. Ao deparar-se com os cadáveres empalados dos sacerdotes, a dor e a cólera assombraram o másculo rosto do velho rei, mas ele não teve

---

11 Ápis - Deus touro cultuado em Mênfis que, segundo a tradição egípcia, teria nascido de uma vaca virgem com o deus Ptah.

tempo de expressar sua indignação, pois, nesse instante, as vibrações harmoniosas e potentes de um hino sagrado abalaram a atmosfera, as portas de bronze abriram-se e a procissão, imponente e majestosa, avançou ao seu encontro. À sua frente vinham Potífera e o grão-sacerdote de Ptah, trazendo o pão e o vinho sagrados.

Profundamente emocionado, Taa parou, e quando os dois velhos pontífices se prosternaram diante dele, ele os ergueu vivamente e abraçou-os como irmãos. Vendo isso, um entusiasmo sem nome tomou conta de todos; os egípcios esqueceram os males sofridos, as ruínas e os cadáveres que formavam uma lúgubre moldura ao seu redor, e de milhares de bocas ergueu-se o grito:

— Viva Sekenen-Rá-Taa-Kene, o glorioso faraó, o libertador da terra de Kemi!

Em meio à alegria e às aclamações gerais, o rei juntou-se à procissão e dirigiu-se para o santuário, onde fez um sacrifício solene a Ptah, agradecendo-o com uma profunda emoção por ter mantido a promessa feita tantos anos antes pela boca do antigo profeta, e por tê-lo conduzido vitorioso a Mênfis para fazer aquele sacrifício sobre seu altar.

Após o faraó ter deixado o Templo, retirando-se para a residência do comandante a fim de repousar um pouco, Hor e Armais puderam abrir passagem até Potífera, que, todo feliz, abraçou os dois jovens e depois os conduziu à pequena habitação que ocupava no domínio sagrado e na qual acabavam de entrar as mulheres, libertas da sufocante estada nos subterrâneos. O encontro com Asnath causou nos dois oficiais uma verdadeira comoção; eles ignoravam ainda sua miraculosa ressurreição e, num primeiro momento, pensaram estar diante de um espectro.

Ao saber que a jovem tinha sido aprisionada pelo Adon, Hor tremeu de raiva, depois a apertou apaixonadamente contra o seu coração. Enfim, ela estava livre e, se ele sobrevivesse à guerra, nada mais o impediria de fazê-la esquecer, por força do afeto, tudo que sofrera. Silenciosamente, Asnath apoiou a cabeça contra o peito de seu antigo noivo: o caos de sentimentos que se agitava dentro dela era tal que ela se perdia em suas contradições. Ah! Seu sonho da véspera do noivado com José era verdadeiro! Seu coração despedaçado e dividido não lhe pertencia mais; e era sem coração que ela apareceria diante do tribunal de Osíris.

A alegria que Potífera e sua esposa sentiram ao reencontrarem Armais vivo e coberto de glória foi turvada pelo desespero do jovem ao saber do triste fim de Hichelat. Mas eles se consolaram em pensar que até mesmo esse excesso de dor o esgotaria e que o tempo, esse grande remédio, faria o filho esquecer sua perda.

Além disso, faltava tempo para se entregar às questões particulares: a cidade, saqueada e coberta de cadáveres, exigia imperiosamente uma pronta reorganização e, além disso, Taa III concedera somente três dias de descanso. Ele queria ir para Tanis a passos largos e, se possível, acuar o inimigo secular em seu último refúgio: Avaris. Putifar foi nomeado governador de Mênfis, e Potífera preparou-se para retornar a Heliópolis, onde sua presença era extremamente necessária.

Na véspera da partida do grão-sacerdote e do exército, Potífera, fervilhando de atividade e rejuvenescido vinte anos, trabalhava em seu gabinete quando foi interrompido pela entrada de Asnath.

— O que deseja, minha criança? — perguntou, fitando a jovem, que pálida e indecisa permanecia de pé diante dele.

— Pai, venho pedir que o senhor tome providências para que meus filhos me sejam entregues. Seu pai está morto: abandonados e sem proteção, eles podem morrer durante o cerco de Tanis — respondeu ela em voz baixa.

Potífera mediu-a com um olhar surpreso e aborrecido; era a primeira vez que ela demonstrava interesse pela sorte dos filhos.

— Não depende de mim atender o seu desejo — respondeu ele, franzindo as sobrancelhas. — Você esqueceu que Apopi proclamou Manassé seu herdeiro? Ele, portanto, não entregará os dois meninos, que estão junto a ele em seu palácio, e, se for o caso, irá levá-los para Avaris. Além disso, acho estranhas essas suas apreensões pelos descendentes do homem abjeto que foi o carrasco do Egito.

O Chanceler de Ferro do Antigo Egito

375

É uma vergonha para você ser mãe deles, e agora que um novo futuro se abre para você, pode esquecê-los tranqüilamente. Os deuses, sem dúvida, lhe concederão filhos em cujas veias correrá o sangue de um pai tão nobre quanto você.

Um súbito rubor inundou o rosto pálido de Asnath, que, empertigando-se com vivacidade, disse com a voz vibrante:

— Não sinto vergonha dos filhos de José nem de ser mãe deles. Ele está morto, odiado e destruído, mas isso não impede que tenha sido e que permaneça na memória dos povos como o maior homem de seu tempo; sob sua mão de ferro, dobraram-se o faraó, nossa poderosa casta e todo o povo. E se meus filhos herdaram a energia e a sabedoria de seu pai, o Egito poderá orgulhar-se deles.

Ante as palavras inesperadas da filha, Potífera ergueu-se empalidecendo, depois, agarrando bruscamente seu braço, murmurou com voz entrecortada:

— Desgraçada! Você o amou! Você, a filha do grão-sacerdote de Heliópolis, amou um escravo liberto, um cão abjeto, que a agarrou com suas mãos impuras para aprisioná-la como uma criminosa assim que você atrapalhou sua ambição.

Os olhos de Asnath lançaram chamas: todo o sofrimento e a amargura acumulados em sua alma durante anos transbordaram de uma só vez:

— Pai, o senhor esquece que foi por sua ordem e dos sacerdotes que desposei José. Jamais esqueci o que devia ao senhor e à nossa casta; desprezei o Adon diante do mundo, e a ele só demonstrei indiferença e desdém, jamais disse que o amava. Mas não comandamos o coração. Esse homem que fez tanto mal a todos vocês, cobriu-me de amor; sempre foi bom para mim. Muitas causas o levaram a uma insaciável ambição, mas, apesar disso, ele não conseguiu me matar, o que teria sido muito fácil, e demonstrou mais amor em minha prisão do que jamais o fizera no palácio. Eu me submeti às ordens cruéis da minha casta e não fui nem esposa, nem mãe, como é direito da mais pobre mulher do povo, mas maldizer a memória de José, isso eu não posso fazer.

Potífera escutou estupefato; somente nesse momento compreendia o quanto tinha sido cruel em sua cegueira, quanto sofrimento impusera à sua filha. Envolvido pelo fanatismo político e pelo orgulho de casta, o sacerdote sufocara o pai.

Com um movimento brusco, puxou a jovem em seus braços e pousou um beijo em sua fronte:

— Perdoe-me, filha querida, por ter sido tão cego, tão cruel com você — murmurou. — Hoje mesmo enviarei uma mensagem a Tanis, para o grão-sacerdote do Templo de Hathor, e, se for humanamente possível, seus filhos lhe serão entregues.

Em Tanis, enquanto isso, o tempo que transcorrera tinha sido bem duro: o ataque que acometera Apopi no dia seguinte à morte do Adon, durante sua conversa com os sacerdotes, tinha degenerado em uma perigosa doença, que colocou sua vida em perigo por várias semanas.

Foi o príncipe Namourod quem, apesar de fraco e também doente, tomou a direção dos assuntos de Estado. Ele, porém, viu-se diante de uma dificuldade quase insuperável: a morte inesperada de José desorganizara toda a máquina governamental. O poder fora abandonado tantos anos nas mãos do hábil chanceler, que, sem ele, todos se sentiam perdidos; era preciso não só restabelecer a ordem e a disciplina, mas preparar a defesa, esbarrando, a cada passo, na surda hostilidade, na traição e na má vontade da população egípcia.

Entretanto, a iminência do perigo despertou toda a energia dos hicsos e, rapidamente, eles se reagruparam e abriram campanha para libertar Mênfis.

Foi um golpe terrível quando chegou a notícia do fracasso desse exército; contudo, Apopi, que recuperara um pouco da força, tomava medidas enérgicas para reagrupar novas tropas, quando um soldado, que por sorte escapara do massacre da guarnição de Mênfis, trouxe a notícia da tomada da fortaleza e da aproximação de Taa III, que avançava para Tanis a passos rápidos.

Um conselho extraordinário reuniu-se naquela mesma noite, e Apopi quis presidi-lo apesar da sua extrema fraqueza. Movido por um último lampejo de orgulho e energia, o rei declarou que pretendia defender Tanis até a última extremidade; mas todos os chefes presentes protestaram. Eles disseram que a cidade estava muito fraca para resistir vitoriosamente a um

O Chanceler de Ferro do Antigo Egito

cerco, e exigiram imperiosamente que a autoridade real fosse colocada ao abrigo pelas inexpugnáveis fortificações de Avaris. Apopi teve que ceder.

Uma vez tomada essa decisão, a partida do faraó foi apressada de maneira febril; inúmeras carroças, mulas e camelos foram carregados com os tesouros reais e encaminhados para Avaris.

Quarenta e oito horas mais tarde, o último rei pastor do Egito, lívido, desfeito, estendido como um espectro descarnado sobre as almofadas púrpuras de sua liteira, deixava Tanis para não mais voltar. Em uma segunda liteira, encontravam-se Manassé e Efraim, os insignificantes herdeiros do trono destruído que seu pai quisera ocupar.

A partida do faraó provocou um verdadeiro pânico na cidade: os que eram hicsos e tinham a possibilidade também se puseram em fuga para Avaris; mas como sentiam que partiam para sempre, procuravam saciar sua raiva na medida do possível. Assim, os dignatários incendiavam seus próprios palácios, e as cenas de assassinato e carnificina que tinham ensangüentado Mênfis repetiram-se nas ruas de Tanis.

Alguns dias depois desses acontecimentos, Taa III ocupou, sem resistências, a capital de seu inimigo, recebido com um eufórico entusiasmo pela população egípcia, e com um ódio mudo pelo que restara dos hicsos.

O velho rei resolveu permanecer em Tanis por um bom tempo. A cidade estava semidestruída, deixara de existir uma administração regular, era preciso restabelecer a ordem, tirar a limpo os despojos e, por fim, tomar medidas para acuar os hicsos em seu último refúgio e impedi-los de retomar a ofensiva. Taa estabeleceu-se, portanto, no palácio abandonado por Apopi, e foi tentando dar um pouco de ordem na residência real, devastada e saqueada, que Armais fez uma descoberta que o perturbou e, ao mesmo tempo, causou uma triste alegria: em uma das salas vazias ele encontrou a múmia de Hichelat. Os embalsamadores tinham-na entregue um pouco antes da fuga de Apopi, mas o funeral não pudera ser celebrado; depois, na confusão da partida, o corpo tinha sido esquecido. Quanto à múmia de José, ela tinha sido levada pelos membros de sua tribo, que, em sua ingenuidade supersticiosa, imaginavam que os restos de seu poderoso protetor poderiam lhes servir de proteção no futuro.

Armais derramou sinceras lágrimas pelo trágico fim da generosa jovem que se sacrificara para salvá-lo, e jurou para si mesmo permanecer fiel à sua memória. Pouco tempo depois, ele e Hor partiram para Heliópolis; Armais levou consigo o corpo de Hichelat, para sepultá-lo no túmulo de sua família. Quanto a Hor, ele tinha sido nomeado pelo faraó para um cargo elevado na Cidade do Sol, e apressara-se em acertar definitivamente suas relações com Asnath e em celebrar seu casamento o quanto antes.

Alguns dias após sua chegada a Heliópolis, vendo Asnath evitar com evidente aborrecimento uma conversa definitiva, e triste e magoado com semelhante comportamento, Hor dirigiu-se a Maia, pedindo-lhe que falasse com a filha e descobrisse, se possível, os motivos de sua estranha conduta.

Surpresa e aborrecida, a esposa do grão-sacerdote foi ter com a filha de imediato e abordou sem rodeios a questão de seu casamento com Hor, seu único e legítimo noivo, a quem somente as circunstâncias excepcionais tinham impedido de manter a palavra.

Um vivo rubor inundou bruscamente o pálido rosto da jovem.

— Jamais pensei em recusar o compromisso que me liga a Hor, somente não sei como agir e como ele receberá a notícia de que me tornarei mãe de uma terceira criança... do outro — disse ela em voz baixa.

— Ah! Era o que nos faltava! Que desgraça, que escândalo! — exclamou Maia, com cólera. — Agora entendo a sua tristeza, infeliz criança... — e uma longa lista de títulos honoríficos e injúrias abateram-se sobre a memória do falecido Adon, o miserável que procurara prejudicar o máximo possível todo mundo, mesmo após a morte.

Asnath abaixara silenciosamente a cabeça e escutava com um ar sombrio, quando a entrada de Ranofrit interrompeu as exclamações da cunhada. Tomando conhecimento do que se passava, a esposa de Putifar exclamou, rindo:

O Chanceler de Ferro do Antigo Egito

— Pare de gritar e se agitar, Maia! Grande coisa! Se Hor perdoa a Asnath os dois filhos de José, não fará grande alarido por causa de um terceiro, e não será isso que impedirá que a união se consolide.

— Você, de fato, tem razão: como não pensei nisso eu mesma? Colocarei Hor a par da verdade — respondeu Maia, subitamente aliviada. E, sem esperar pelo consentimento da filha, saiu precipitadamente.

EPÍLOGO

Passaram-se anos. Sekenen-Rá-Taa III, "O Grande Vitorioso", tinha voltado ao seio de Osíris, e Kames, seu sucessor, seguira-o após um reinado muito breve. Contudo, a memória do glorioso rei que dera um golpe mortal no poder dos hicsos permanecera viva e venerada; seu modesto túmulo, na necrópole de Tebas, tornara-se um lugar de peregrinação, oferendas e inúmeros sacrifícios.

Ahmes I ocupava o trono há seis anos e acabara de ilustrar seu reino com a tomada de Avaris. Após um longo cerco, o inexpugnável refúgio dos detestados opressores tinha caído. Da foz do Nilo até as cataratas, a terra sagrada de Kemi estava livre.

Na cidade santa de Heliópolis, preparava-se uma importante e grandiosa solenidade: o jovem rei tinha vindo celebrar sua coroação segundo o antigo costume, e, pela primeira vez em quinhentos anos, um faraó iria cingir a coroa vermelha e branca do Alto e do Baixo Egito.

Desde a véspera desse dia solene, uma extraordinária animação enchia a cidade: de todos os nomos, mesmo os mais distantes, nomarcas, sacerdotes e dignatários tinham vindo a Heliópolis para assistir à grande solenidade nacional. Sem dúvida, entre os "haks" não faltavam os que estavam secretamente descontentes, que se sentiam lesados em sua pequena ambição pessoal, pela ascensão de um único e poderoso soberano. Mas, já que o momento não era apropriado para seus protestos, eles fingiam compartilhar o entusiasmo geral.

Desde o nascer do dia, uma multidão enfeitada e alegre se comprimia nas ruas embandeiradas; todas as casas estavam ornadas com guirlandas de flores, e mesmo a mais humilde cabana exibia um galho verde. A multidão era compacta, sobretudo nas cercanias da residência real, e a alegria e a ingênua bonomia, próprias do povo egípcio, manifestavam-se de todas as formas: falava-se sobre a ornamentação de festa do palácio, contavam-se, à meia-voz, anedotas que evidenciavam o caráter do faraó e de seus principais conselheiros, todos trocavam cumprimentos e brincadeiras, enquanto comiam os bolos que tinham trazido ou comprado dos mercadores ambulantes, pois, mesmo no tempo de Ahmes, já existiam representantes modestos da especulação.

Todos estavam felizes e alegres, sem restrição; a fome e os sofrimentos passados pareciam esquecidos, pois há anos as inundações abundantes do Nilo tinham trazido a abundância e a riqueza. Também os sacerdotes mendicantes, que circulavam entre as cerradas fileiras de espectadores, trazendo suspensos sobre o peito capelinhas portáteis, faziam excelentes negócios: cada um exaltava o poder miraculoso e a eficácia protetora do deus ou da deusa, cuja estátua trazia e que expunha à veneração dos fiéis, que beijavam com devoção a capelinha e depois depositavam diversos donativos na sacola de couro suspensa no ombro do portador.

As trombetas ruidosas que anunciavam o início da cerimônia puseram um fim nas conversas, e todos os olhos se fixaram com avidez no cortejo que acabava de desembocar do pátio do palácio para se distribuir pela rua, precedido pelos batedores reais, que, armados com varinhas douradas, afastavam a multidão, liberando uma larga passagem para a procissão.

Um arrepio de orgulho e entusiasmo correu por entre as massas quando todos puderam contemplar o imponente desfile de soldados brilhantemente armados, trazendo galhos floridos, dos príncipes aliados e dos dignatários. E quando, enfim, surgiu o trono portátil, cercado por uma floresta de leques, sobre o qual estava Ahmes e sua esposa Nofritari, gritos de alegria e exclamações frenéticas saudaram o jovem rei, que não era mais um estrangeiro como Apopi e seus predecessores, mas um

O Chanceler de Ferro do Antigo Egito

381

verdadeiro filho de Rá, a própria incorporação da vitória e do triunfo do Egito sobre o inimigo secular.

Enquanto isso, uma segunda procissão deixava o santuário do Templo do Sol e, lentamente, dirigia-se ao encontro do faraó pelos imensos pátios e alamedas de figueiras. Lá, avançavam os cantores e cantoras do Templo, com a harpa sobre os ombros, precedidos de seu mestre de capela, que, com uma varinha na mão, regia o canto dos hinos sagrados; a seguir, vinha uma longa fila de sacerdotes, trazendo as estátuas e os símbolos dos deuses, a barca de Rá, sob um dossel, e ornada de flores, os profetas e iniciados e, por fim, Potífera, que oficiava, ornado com todas as insígnias da primeira dignidade sacerdotal do reino, trazendo na mão o cetro, marca de suas altas funções.

Quando os dois cortejos se encontraram, o rei desceu de seu trono e avançou na direção do grão-sacerdote, que o esperava sob o pilar que precedia a entrada no local sagrado. Após ter aspergido o soberano com água benta, Potífera o conduziu pelo grande pátio do Templo, no meio do qual estavam dois altares carregados de insígnias sagradas; e lá, ao som dos hinos e em meio a turbilhões de incensos, o faraó fez um sacrifício em honra de seu pai imortal. Depois, após o desenrolar das imponentes cerimônias de consagração e depois de o rei cortar com uma foice de ouro o feixe que lhe era apresentado, um sacerdote, sob a ordem de Potífera, soltou quatro pássaros, que saíram voando em todas as direções, enquanto o grão-sacerdote exclamava com uma voz retumbante:

— Dêem livre curso às quatro vidas: Amset, Sis, Soumants e Kebhshniv;[12] dirijam-se para o Sul, o Norte, o Ocidente e o Oriente e digam aos deuses dessas regiões que Horus, filho de Ísis e Osíris, cobriu a cabeça com a coroa real e que o faraó Ahmes I também cingiu o duplo diadema do Alto e do Baixo Egito!

Na tarde desse grande dia, enquanto o faraó, recolhido no palácio, repousava da longa e fatigante cerimônia, e o povo em regozijo enchia com seus gritos de alegria todas as ruas de Heliópolis, uma pequena reunião de amigos íntimos e próximos

---

12 Possíveis referências aos quatro filhos de Horus — Amset, Duamutef, Hapy e Kebehsenuef —, que juntos detêm o título de "Senhores dos Pontos Cardeais"; além dessa função, esses gênios eram responsáveis pela proteção dos vasos canópicos, recipientes onde eram depositadas as víceras embalsamadas dos defuntos.

acontecia na casa de Potífera.

Junto a uma ampla janela que se abria sobre um jardim, o velho pontífice estava sentado, conversando com Putifar e Racapou. A idade e as preocupações tinham curvado a alta estatura do grão-sacerdote, e rugas profundas faziam sulcos em sua larga fronte; suas sobrancelhas espessas escondiam, porém, olhos que cintilavam uma energia e um fogo juvenis. O antigo comandante de Heliópolis aposentara-se, e era Hor quem agora ocupava esse cargo importante. Quanto a Putifar, ele continuava no comando de Mênfis. Um pouco afastado, havia um segundo grupo, composto por Hor, Ranofrit, Armais e sua mãe. E, no fundo da sala, dois belos jovens, filhos de Putifar, brincavam ruidosamente com uma encantadora menina de doze anos e um robusto rapaz de nove.

Apenas Asnath faltava nessa reunião de família: ela morrera há seis anos, consumida por uma doença que tinha resistido a todos os remédios; como uma lâmpada sem óleo, apagara-se sem sofrimento, após seis anos de casamento com Hor, deixando para seu desesperado esposo um filho e a filha póstuma de José, que ele adotou e a quem amava com um sentimento paternal.

Apesar de profundamente abalado pela perda de sua querida filha, Potífera tinha considerado essa morte como uma libertação, e a estranha doença da jovem como um último efeito do sortilégio com o qual o Adon empestara sua alma, inspirando-lhe uma indigna paixão. Aos olhos do grão-sacerdote, Asnath ainda era uma vítima da política e da maldade de Apopi; um amor de sua parte, por um homem impuro a quem a tinham dado em sacrifício, era para ele inadmissível e só podia ser proveniente de um malefício. Assim, ele celebrou junto ao corpo da filha os ritos misteriosos de purificação e oficiou pessoalmente seu funeral. Por ocasião da cerimônia de abertura dos olhos e dos ouvidos ao duplo etéreo, Potífera ergueu as duas mãos sobre a múmia e, chamando três vezes o nome da jovem, pronunciou com exaltação:

— Abro seus olhos para a luz extraterrestre, abro seus ouvidos para voz dos deuses e, usando dos poderes de que disponho como primeiro servidor do grande deus de Heliópolis, liberto seu coração do malefício pelo qual o hebreu a acorrentou

O Chanceler de Ferro do Antigo Egito

a ele, quebro o elo da força impura e liberto você do homem nefasto que, quando vivo, inundou-a de sofrimentos, e morto, sugou sua vida, atraindo-a para si. Vá, minha filha querida, livre e reconfortada, diante do trono de Osíris e dos quarenta e dois juízes do reino das sombras, e diga-lhes: "Sou a filha de Potífera, purificada de toda a influência mágica e inocente por minha vida; se fui maculada pelo contato de um impuro, foi para tirar da casa do deus e de seus servos a cólera do estrangeiro; eu me sacrifiquei por minha casta e por meu povo, e peço para não encontrar meu coração muito pesado em sua balança e ser admitida nos campos da luz eterna".

Essa cena e esse discurso causaram uma profunda impressão em todos; o próprio grão-sacerdote retomara sua calma, e, além disso, outra coisa estranha, parecia ter esquecido a origem da filhinha de Asnath e demonstrava-lhe grande afeição, apesar da semelhança chocante da menina com o Adon. Ela possuía os mesmos cabelos castanhos encaracolados, os grandes olhos esverdeados, impenetráveis e profundos, o sorriso encantador e o nariz ligeiramente aquilino de seu falecido pai. Mas Potífera não parecia notar e mimava a criança, que tinha o nome egípcio de Ísis.

Ranofrit ainda era uma vigorosa e afável matrona, mas Maia envelhecera e emagrecera extremamente; silenciosamente estendida sobre sua poltrona, ela contemplava Armais com uma mistura de orgulho maternal e pesar. Ele atingira o desabrochar de sua máscula beleza, e sua rica vestimenta e o colar soberbo que Ahmes lhe havia dado naquela mesma manhã aumentavam ainda mais sua bela aparência. Entretanto, uma frieza altiva e severa emanava de todo o seu ser, e sua indiferença pelas mulheres era proverbial.

Armais manteve a palavra e, apesar dos pedidos e das tentativas de persuasão dos seus, permanecera solteiro.

— E isso por uma estrangeira, uma filha dos "chasous", é vergonhoso! — Maia não deixava de dizer, quando Armais não estava presente; toda vez que vinha, caía por terra um novo plano matrimonial.

Nesse momento, o jovem guerreiro falava com Hor sobre um grande sacrifício funerário que se propunha a celebrar, no dia seguinte, em memória de Hichelat, em seu túmulo de família. Às palavras de seu cunhado, lamentando o trágico fim da princesa, Armais respondeu suspirando:

— Sim, foi uma morte terrível, e confesso que não posso acreditar que uma inocente vida humana seja uma oferenda agradável ao rio sagrado; o faraó pensa a mesma coisa, e disse-me recentemente que pretende promulgar em breve uma lei que abolirá os sacrifícios humanos ao Nilo.

— Contanto que uma decisão dessa, por mais justa e humana que seja, não irrite o povo, que está habituado a essas oferendas ao rio.

— Eles serão substituídos por figuras de cera, o que, espera-se, contentará todo mundo. E minha pobre Hichelat terá sido uma das últimas, e, certamente, a mais nobre vítima desse costume selvagem — disse Armais.

Mas ele foi impedido de continuar por Putifar, que exclamava alegremente:

— O que vocês estão sussurrando em separado? Venham aqui esvaziar uma taça em honra do glorioso faraó, que os deuses conservem e cubram de glória!

Todos se aproximaram do grupo formado pelo grão-sacerdote e seus amigos, junto de quem os escravos tinham acabado de colocar, sobre uma mesa, vinho, frutas e doces. Até as crianças acorreram, e a pequena Ísis, com um bolo dado por Hor nas mãos, sentou-se sobre um banco, aos pés de Potífera, para saboreá-lo à vontade.

A conversação tornou-se geral, e vários brindes entusiasmados já tinham sido erguidos, quando Racapou exclamou alegremente:

— Ah, como agradeço aos deuses por terem me deixado viver até este dia glorioso em que esvaziamos as taças em honra de nosso rei legítimo e da libertação do Egito! Quem poderia ter sonhado com isto no dia em que tivemos que receber o Adon em Heliópolis com todas as honras reais?

Lembra-se, Potífera, como aquele cão pútrido se refestelava, sentado entre nós dois na festa, deixando-se homenagear e recebendo graciosamente as honras? Maldito canalha! — Racapou cuspiu tão energicamente ao relembrar quanto o fizera outrora. — Até mesmo o excesso de atenção que ele lhe demonstrava fez com que você se transtornasse... e até perdesse os sentidos — terminou o antigo comandante de Heliópolis, rindo ruidosamente.

Após ouvir as palavras de seu velho amigo, o rosto de Potífera tinha se entristecido.

— Sim — disse ele, repousando sua taça com ar sombrio —, jamais esquecerei aquele nefasto incidente, que foi a principal causa da perda de Asnath. Se eu não tivesse adoecido, aquele homem jamais teria visto minha filha, e incalculáveis desgraças teriam sido evitadas. Oh, como o odeio pelo inferno a que ele me submeteu — continuou ele, esmurrando a mesa com o punho crispado. — E se revivemos com novos corpos, eu o reconheceria sob esse novo invólucro e o faria pagar por seus crimes e seus malefícios. Mas, até lá, que ele seja maldito, maldito! Que sua alma erre sem repouso entre os monstros do Amenti e que todo o sangue e todas as lágrimas que ele fez correr no Egito recaiam sobre ele e sua memória.

Todo o fel, todo o ódio que estava encubado na alma de Potífera transbordara subitamente com a lembrança evocada por Racapou. Um vermelho escuro inundava seu rosto, e seus olhos lançavam chamas devoradoras. Nesse momento, uma pequena mão carinhosa tocou seu braço, e uma voz clara perguntou:

— Vovô, quem foi o homem malvado que o senhor acaba de amaldiçoar, como ele se chamava?

O grão-sacerdote estremeceu e seu olhar sombrio e incerto pousou nos olhos esverdeados de Ísis, que se ergueram para ele sorridentes e curiosos. Um profundo silêncio estabeleceu-se, pois a ingênua pergunta, feita pela filha daquele o qual estava sendo amaldiçoado tão impiedosamente, provocara um sentimento desagradável em todos os presentes.

Potífera recompôs-se primeiro e, passando a mão pelos cachos espessos de sua menininha, disse:

— Você jamais conheceu esse homem, e seu nome nada significará para você; mas, quando crescer, você saberá mais sobre ele e seus atos.

— Nunca, porém, se isso depender de mim; ela não saberá que ele foi seu pai — murmurou Hor.

— Como você quer que ela ignore para sempre a verdade? E se, ao conhecer toda a execração que se liga ao nome de José, ela também o odiar; isso será terrível, pois, afinal de contas, ele ainda é seu pai — disse Maia, também em voz baixa e inclinando-se para seu genro.

— Você acha que ela o amará ao saber que em suas veias corre o sangue impuro do opressor de seu povo? Não, se eu puder e conseguir evitar, ela jamais saberá que o Adon foi seu pai. Ela é minha filha e assim permanecerá.

Vendo a penosa impressão que continuava a pesar sobre os presentes, Armais encheu as taças e, erguendo a sua, disse com calma e gravidade:

— Não evoquemos mais o passado, não vamos mais reabrir as feridas que o presente glorioso deve nos ajudar a cicatrizar. Pensemos, antes de tudo, no futuro que se mostra radioso para todos nós e para a terra de Kemi, enfim libertada do jugo do estrangeiro. Bebamos uma última vez, meu pai e, vocês, meus amigos, em honra do nosso faraó Ahmes, de sua divina esposa Nofritari, e de sua linhagem, que, pressinto, dará ao Egito os mais gloriosos soberanos que jamais o governaram.

— Você tem razão — disse Potífera, erguendo-se e levantando sua taça. — Viva o Egito, sua grandeza e sua glória, até o fim dos séculos, e maldição a qualquer estrangeiro que ouse, com seu pé impuro, pisar em seu solo sagrado!

FIM

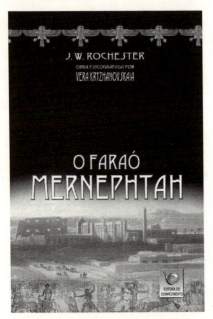

O Faraó Mernephtah
J.W. ROCHESTER
Formato 14 x 21 cm • 320 p.

A atualidade ressalta aos nossos olhos tudo o que o passado construiu. O homem é instrumento divino de transformação, usufruindo e sofrendo os resultados de suas manobras. Cada ato, pensado ou não, é um movimentador de forças que podem abalar as estruturas de nações inteiras.

Nesta obra, Rochester revela o teor oculto da carta de alforria ansiada pelos líderes do povo hebreu, em que a cláusula principal não era a liberdade com dignidade, mas a liberdade à custa de sacrifícios incalculáveis para todos, sob a sombra da vaidade e da ambição dos seus mentores.

Aqui, acompanhamos o processo doloroso, não do nascimento de uma nação de eleitos, mas de um ato cirúrgico, frio e calculado, para extrair um povo do meio de outro.

Através das páginas de *O Faraó Mernephtah*, é possível perceber uma nova visão de um acontecimento que foi apresentado pela educação religiosa como um fato acabado, reforçando a importância de repensar sempre e analisar mais atentamente velhos conceitos.

Belíssima narrativa; enorme aprendizado!

A Vingança do Judeu
J.W. ROCHESTER
Formato 14 x 21 cm • 488 p.

Uma tradução mais aprimorada, uma linguagem moderna e acessível ao leitor atual — é assim que se apresenta esta nova edição de *A Vingança do Judeu*, um dos maiores best-sellers do autor J.W. Rochester, mestre na arte de tecer insólitas tramas e de descrever com minucioso detalhismo suas personagens, seus sentimentos e os ambientes que as cercam.

Repleta de instrutivas lições morais, esta obra conta a história de um rico banqueiro judeu que se apaixona por uma condessa cristã e, vendo-se repudiado pelo preconceito racial, tenta desposá-la à força, ameaçando a família com títulos vencidos. Mas uma inusitada situação leva a bela jovem a casar-se com um nobre cristão. Sentindo-se traído, o judeu planeja a mais sórdida vingança: troca dois recém-nascidos e acaba criando o filho do rival como autêntico judeu.

Fenômenos sobrenaturais impressionantes, que eclodiam com intensidade naquela época, possibilitando que os porta-vozes do além-túmulo dessem o seu vivo testemunho de que a alma é imortal e renasce incessantemente em busca da perfeição, fazem desta trama uma prazerosa e instigante leitura.

Episódio da Vida de Tibério
J.W. ROCHESTER
Formato 14 x 21 cm • 196 p.

Episódio da Vida de Tibério é uma obra inaugural na literatura rochesteriana; a primeira de uma série que expõe ao leitor a intimidade de ilustres personalidades históricas, retratando-as como elas realmente foram em sua época, sem quaisquer interferências por parte daqueles que escreveram a História, sob a forte impressão do momento.

Aqui, é o verdadeiro Tibério que se propõe a dar testemunho de seu fascínio por Lélia, uma princesa germânica por quem ele nutriu um amor doentio, em mais de uma encarnação. Submetido ao "poder" de Rochester, um profundo conhecedor do comportamento humano, o imperador romano confessa toda a crueldade e obstinação de seu caráter; mas não o faz sozinho; revela-se sob a mira daqueles que o acompanharam naquela encarnação; e o mais interessante: dão os seus testemunhos pessoais sobre as confissões de Tibério.

É com maestria que Rochester expõe os vívios e virtudes dos personagens desta obra! Certamente o leitor ficará ansioso por conhecer melhor a trajetória de vidas pregressas e as inúmeras responsabilidades que dela resultam.

Herculanum
J.W. ROCHESTER
Formato 14 x 21 cm • 352 p.

Herculanum é mais um dos clássicos da literatura rochesteriana, tão apreciada por um enorme público — espiritualista ou não. Com seu estilo peculiar, Rochester escolhe como palco o glorioso Império Romano, à época de sua encarnação como Caius Lucilius, no primeiro século da era cristã, descrevendo com maestria o cenário e os costumes dos habitantes da antiga cidade de Herculanum que, juntamente com Pompéia, é destruída pelo Vesúvio no ano de 79 d.C. Numa narrativa envolvente, relata os laços de simpatia e animosidade que o ligam a familiares, amigos e companheiros de antigas jornadas, os quais, durante várias existências, caminham juntos em busca do progresso espiritual. E a grande surpresa: teremos o prazer de conhecer a trajetória espiritual de Allan Kardec — presente nesta obra através do venerável Pai João — e seu encontro com o amado mestre Jesus.

Ter acesso a esta brilhante obra histórica, é, além de viajar no tempo acompanhando Rochester em sua caminhada, desfrutar de valiosas lições sobre a verdadeira importância do amor e do perdão.

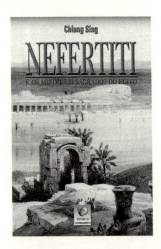

Nefertiti e os Mistérios Sagrados do Egito
CHIANG SING
ISBN 85-7618-065-0 • Formato 14 x 21 cm • 352 pp.

Nefertiti e os mistérios sagrados do Egito não é uma obra a mais sobre a terra dos faraós; é uma contribuição séria e importante para aqueles que desejam penetrar no âmago da história do antigo Egito e desvendar os sagrados mistérios de seu povo, seus costumes, seus deuses e seus governantes. O leitor pode aceitar ou não as conclusões que Chiang Sing apresenta, porém é incontestável a seriedade dos seus documentos e a inegável honestidade das fontes que ela utilizou como alicerce para a confecção desta obra histórica. Inspirada nos papiros, Chiang Sing preferiu adotar a versão de que Nefertiti é quem foi a incentivadora do culto a Aton no Egito, contribuindo para a transformação das idéias religiosas de seu esposo, o faraó Akhnaton. "Que cada um escolha a sua própria versão. A verdadeira talvez nunca venha a ser conhecida", afirma o diplomata egípcio Mohamed Salah El Derwy admirador e amigo da autora.

O CHANCELER DE FERRO DO ANTIGO EGITO
foi confeccionado em impressão digital, em outubro de 2023
Conhecimento Editorial Ltda
(19) 3451-5440 — conhecimento@edconhecimento.com.br
Impresso em Luxcream 70g, StoraEnso